Michael Goldberg ist Unternehmensberater. Unter vielen anderen hat er die CIA über lange Jahre hinweg beraten. Er lebt in Los Angeles. Goldberg hat an verschiedenen Universitäten Recht gelehrt und zahlreiche Kongresse zum Thema Enneagramm organisiert.

Deutsche Erstausgabe Mai 1998
Copyright © 1998 für die deutschsprachige Ausgabe
Droemersche Verlagsanstalt Th. Knaur Nachf., München
Das Werk einschließlich aller seiner Teile ist urheberrechtlich geschützt.
Jede Verwertung außerhalb der engen Grenzen des Urheberrechtsgesetzes
ist ohne Zustimmung des Verlages unzulässig und strafbar.
Das gilt insbesondere für Vervielfältigungen, Übersetzungen,
Mikroverfilmungen und die Einspeicherung und Verarbeitung
in elektronischen Systemen.
Titel der Originalausgabe: »Getting your Boss's Number«
Copyright © 1996 by Michael J. Goldberg
Originalverlag: HarperSanFrancisco, an Imprint of HarperCollins
Publishers, New York
Umschlaggestaltung: Agentur Zero, München
Umschlagfoto: G+J Fotoservice/Photonica, Hamburg
Satz: Ventura Publisher im Verlag
Druck und Bindung: Clausen & Bosse, Leck
Printed in Germany
ISBN 3-426-82126-5

5 4 3 2 1

Michael Goldberg

Die Persönlichkeitszahl im Beruf

Das Enneagramm: Kollegen, Chef und Firma
im Spiegel der neun Archetypen

Aus dem Amerikanischen von Susanne Reichert

Inhalt

Einführung

Harry, ein junger Marketing-Manager einer großen Software-Firma, rief mich an, weil er etwas wissen wollte. Als echter Ellbogenmensch und fähiger Geschäftemacher war er eine Drei – ein Typ, der anpackt, ein Workaholic, einer, der alles hinkriegt. Harrys Firma war von einer großen alteingesessenen Firma aufgekauft worden, und er mußte jetzt seinem – wie er sich ausdrückte – »Aufpasser« Bericht erstatten, »der vom Geschäft nichts versteht«.

Schnell ordneten wir den Chef als Typ ein: seine Art, im letzten Augenblick nein zu sagen, sein Mißtrauen, seine Tendenz, anderen Vorwürfe zu machen und mit dem Schlimmsten zu rechnen. Er war eine Sechs. Das Problem kristallisierte sich heraus: Eine forsche Drei ist der Alptraum der vorsichtigen Sechs.

»Sagen Sie ihm«, sagte ich, »was Sie nicht tun können. Warum es nicht funktioniert. Erklären Sie ihm die Schwachstellen Ihrer Projekte.«

»Was?« fragte Harry ungläubig.

»Sehen Sie, Sie sind vorgeprescht, wie Sie es immer machen. Aber Sechser sind Kassandras. Sie wollen unbedingt wissen, daß man auch die negativen Aspekte im Griff hat.«

Zwei Tage später rief Harry mich an, und Erleichterung schwang in seiner Stimme mit. »Ich bin erstaunt«, sagte er. »Als ich die Probleme aufzählte, hörte er aufmerksam zu. Er entspannte sich sichtlich. Dann gab er mir grünes Licht für ein paar Projekte. Ich hatte nie ein harmonischeres Verhältnis zu ihm. Je negativer ich war, desto glücklicher war er!«

Einige Monate später fügte Harry hinzu: »Das Enneagramm

bringt ans Licht, welches Spiel man eigentlich spielt, was einem wichtig ist und was nicht. Den Enneagramm-Stil eines anderen zu kennen ermöglicht echte Kommunikation. Aber den eigenen Stil zu kennen, das verändert einen völlig.«

Das Enneagramm basiert auf alten philosophischen Traditionen und ist eine elegante Methode, mit der man tiefgründig und mitfühlend Menschen und ihre Beziehungen betrachten kann. Es beschreibt neun grundlegende Weltanschauungen, neun verschiedene Arten, in der Welt zurechtzukommen. Jeder der neun Persönlichkeitstypen ist so etwas wie ein Weg durchs Leben, auf dem es möglicherweise Hindernisse und Fallen geben kann. Jeder Typ hat seine angeborenen Talente, Beschränkungen und blinden Flecken, seine Art zu denken, zu handeln und zu sein. Jeder sucht nach bestimmten Informationen – Fakten, Gefühlen und Kenntnissen –, während er andere Informationen ignoriert, besonders all das, was nicht zu seinen vorgefaßten Vorstellungen und Neigungen paßt.

»Jedermann ist, wohin er auch geht, von einer Wolke tröstlicher Überzeugungen umgeben«, sagte Bertrand Russell, »die ihn wie Fliegen an einem Sommertag begleiten.« Wenn Ihre Enneagramm-Nummer aufgerufen wird, dann sind Sie dran.

Das Enneagramm offenbart die unbewußten Vorstellungen, die bestimmen, wie Sie sich selbst sehen, Ihre Arbeit erledigen, welche Beziehung Sie zu Ihren Kollegen haben und wie Sie Entscheidungen treffen. Statt aufgrund falscher »tröstlicher Überzeugungen« zu handeln, können Sie mit klarer Absicht die wahre Quelle Ihrer Talente und Fähigkeiten anzapfen.

Das Enneagramm gibt nicht nur Aufschluß über die Stärken und Beschränkungen Ihrer eigenen Weltanschauung, es offenbart auch, was sich hinter dem Verhalten Ihres Chefs, Ihrer Mitarbeiter, Ihrer Kunden und Ihrer Angestellten verbirgt. Mit dem Enneagramm sind Sie in der Lage zu verstehen, warum andere in der ihnen eigenen Weise so bizarr, unbedacht, aufdringlich, eigennützig, verführerisch oder charmant handeln. Wenn Sie erst einmal wissen, wie Menschen Dinge aus ihrer Sicht sehen, können Sie ihr Verhalten als logische Folgeerscheinung einer logischen Lebensphilosophie begreifen, die in ihren Augen völlig vernünftig ist, ob Sie nun damit einverstanden sind oder nicht.

Sie können dann Ihre Botschaft auf die tiefverankerten Befürchtungen des Zuhörers abstimmen, auch wenn diese Befürchtungen nicht deutlich ausgesprochen werden oder gar nicht bewußt sind.

»Uns selbst so zu sehen, wie uns andere sehen, ist eine sehr nützliche Gabe«, schrieb Aldous Huxley. »Genauso wichtig ist die Fähigkeit, andere so zu sehen, wie sie sich selbst sehen.« Viele von uns erliegen wie Harry der Versuchung, die anderen Typen als fehlerhafte Ausgabe ihrer selbst zu betrachten. Aber das Enneagramm lehrt, daß wir uns in wichtigen Punkten unterscheiden:

- Einser wollen die Dinge in Ordnung bringen.
- Zweier wollen anderen helfen.
- Dreier wollen schwer arbeiten und erfolgreich sein.
- Vierer wollen ihre wahren Gefühle ergründen.
- Fünfer wollen objektive Informationen haben.
- Sechser machen sich Sorgen um Probleme und wollen wissen, was hinter den Kulissen passiert.
- Siebener wollen aufregende, positive Möglichkeiten haben und wahnsinnig viele Erfahrungen machen.
- Achter wollen die volle Macht ausüben.
- Neuner wollen sich in alle Spieler einfühlen und sich einen Gesamteindruck verschaffen.

Das ist die ganze Enneagramm-Methode in Kurzform: die eigene Weltsicht genau zu kennen und dann andere Menschen von dem einzigen Standpunkt aus zu betrachten, an den sie gewöhnt sind – ihrem subjektiven Standpunkt. Die neueste Management-Mode ist zwar in bestimmten Situationen durchführbar, aber zugleich mit allen Vorteilen und Beschränkungen der Enneagramm-Vorliebe ihres Erfinders behaftet. Sie können mit Zielen managen (wie die Drei Peter Drucker) oder im Chaos aufblühen (wie Tom Peters, eine Sieben). Im Gegensatz dazu ist das Enneagramm das schwer definierbare »große Netz«: Es umfaßt die unterschiedlichen Handlungsweisen Ihres Chefs, Ihrer Kollegen, Ihrer Arbeiter, Ihrer Berater und Ihre eigenen; es zeigt nicht nur, wie sie interagieren, sondern wie einer vom anderen abhängig ist; es zeigt ihren Wert und ihre Notwendigkeit in unterschiedlichen Situationen auf, und es ermöglicht Ihnen, sich bewußt, kreativ und effektiv mit ihnen zu koordinieren.

Das Schöne am Enneagramm ist, wie gut es *in der Arbeit* funktioniert. Ich habe mit Managern beim CIA gearbeitet und das Enneagramm benutzt, um Führungs- und Management-Verhalten zu analysieren. Ich habe gesehen, daß das Enneagramm für Organisationen attraktiv ist, die ihre Führungspersönlichkeiten fördern wollen, ob es sich nun um führende multinationale oder kleine gemeinnützige Unternehmen handelt. Das Enneagramm zeigt Ihnen, wie Sie Ihre persönlichen Kräfte und Fähigkeiten einsetzen und bewußt solche, die Ihnen nicht so vertraut sind, miteinbeziehen. Zumindest geht es beim Enneagramm darum zu lernen, wie man Wirkung erzielt. Ich arbeite mit einem Autohersteller, der mit diesem System Konzepte für Marketing und Verkauf erstellt. Ich war in mehreren Krankenhäusern, in denen die Verwaltung mit dem Enneagramm zur persönlichen Weiterentwicklung, Planung und Konfliktlösung arbeitet. Und selbst bei mehreren Consulting-Firmen setzen wir das Enneagramm ein, um die Entscheidung der Kunden zu erleichtern und Probleme zu lösen. Das Enneagramm läßt sich in den unterschiedlichsten Bereichen anwenden.

Auf den folgenden Seiten erscheinen Manager und Arbeiter aus all diesen Organisationen sowie andere meiner Klienten – Rechtsanwälte, Ärzte, Psychologen, Headhunter, Hersteller, Wissenschaftler, Führungskräfte der Werbebranche und Angestellte bei der Regierung, gemeinnützigen Organisationen und Bürgerinitiativen – manchmal habe ich die Namen geändert, damit die Vertraulichkeit gewahrt blieb.

Enneagramm-Stile am Arbeitsplatz

In der Arbeit hat jeder Enneagrammtyp ein charakteristisches Programm und trifft seine Entscheidungen innerhalb eines ganz bestimmten Rahmens. Zweier sehen Schwierigkeiten eher als menschliche Probleme (»Wir brauchen in dieser Firma ein besseres Programm zur Unterstützung der Arbeitnehmer«). Sechser stellen Fragen, mit denen sie Übereinstimmung und Autorität überprüfen (»Wir müssen dafür sorgen, daß der Chef weiß, was er tut.«).

- Einser messen an einem objektiven idealen Standard und wollen das Richtige tun.
- Zweier haben die zwischenmenschlichen und emotionalen Belange im Auge, wollen sich nützlich machen und andere von sich abhängig wissen.
- Dreier wollen hart arbeiten und etwas erreichen, um erfolgreich zu sein und bewundert zu werden.
- Vierer konzentrieren sich auf ihre eigene Kreativität und inbrünstige Gefühle und wollen die besten Hersteller, Versorger oder Lieferanten sein.
- Fünfer möchten möglichst unkompliziert an Informationen herankommen, diese verstehen und wollen Hüter der Weisheit oder Spielleiter sein.

- Sechser machen sich um die versteckten Punkte und alle möglichen Risiken Gedanken, um sich zu wappnen.
- Siebener wollen sich ihre Optionen offenhalten und richten ihre Aufmerksamkeit auf aufregende positive Ideen, Möglichkeiten und Erfahrungen.
- Achter wollen dafür sorgen, daß sie die Macht und Kontrolle übernehmen und auch behalten.
- Neuner wollen alle unter einen Hut bringen, damit am Arbeitsplatz alles reibungslos läuft und es keine Konflikte gibt.

Manchmal bedeutet Ihr charakteristischer Stil, daß Sie das falsche Problem lösen, weil Sie meist innerhalb ganz bestimmter Bezugsrahmen handeln und dabei andere übersehen. Chuck, eine überschwengliche Sieben und Inhaber einer Firma für Badebekleidung und Sonnenbrillen, dachte, er habe ein Problem mit der Arbeitsmoral, als seine Firma einging. Also erhöhte Chuck die Vergünstigungen für seine leitenden Angestellten. Aber sein wahres Problem war nicht die Arbeitsmoral, sondern die Qualitätskontrolle und fehlende Finanzkontrolle. Diese Probleme wurden Chuck nur langsam, in Gesprächen mit seinem Konkursverwalter, klar. Wie sagte doch Abraham Maslow: »Wenn Sie nur einen Hammer haben, sieht plötzlich alles wie ein Nagel aus.«
Zwar ist keiner der Typen an sich schlecht, doch wenn man unbewußt einem Enneagrammstil verhaftet ist, schränkt man seine Flexibilität, Phantasie und seine Wahlmöglichkeiten ein. Aufgrund Ihrer eingefahrenen Sichtweise entgehen Ihnen wichtige Teile des Ganzen. Das Wissen um Ihre Vorzüge und die der Menschen, mit denen Sie zusammenarbeiten, eröffnet mehr als nur Perspektiven; es klärt den Geist, so daß Differenzierung möglich wird. Es öffnet das Herz für die Erfahrung anderer. Es konzentriert den Willen, so daß Sie aus Ihren eingefahrenen Bahnen herauskommen und konzentriert, absichtsvoll, kraftvoll und effektiv handeln können.

Das Enneagramm von Organisationen

Ursprünglich wurde das Enneagramm bei Gruppen und größeren Firmen angewendet. Wie wir sehen werden, haben Organisationen genauso wie Individuen ihre charakteristischen blinden Flecken und auch ihre Stärken.

Jeder, ganz gleich welcher Typ, muß zum Enneagrammstil seines/ihres Arbeitsplatzes oder Teams eine Beziehung finden. Das Enneagramm ist meines Wissens die überzeugendste und präziseste Methode, um sich mit der Kultur einer Organisation vertraut zu machen. Es bringt Arbeitnehmer und Chefs gleichermaßen dazu, sich auf wichtige Fragen zur eigenen Arbeitsgruppe zu konzentrieren: Was sind die Ziele des Unternehmens? Was geschieht mit diesem Team, wenn jemand versagt? Wie werden Entscheidungen gefällt und wie wird geplant? Den Enneagrammstil Ihrer Firma zu kennen bedeutet, daß Sie nicht gegen Windmühlenflügel zu kämpfen brauchen.

- Einser-Organisationen haben strenge Normen und Betriebskontrollen, um den hohen Qualitätsstandard aufrechtzuerhalten (Motorola).
- Zweier-Organisationen sind Menschen, die ihr Augenmerk auf die emotionalen Bedürfnisse der Mitarbeiter und Kunden richten (Mary Kay Cosmetics).
- Dreier-Organisationen sind dynamische Leistungstypen, deren Marketing, Verkauf und Produktion hocheffizient und imagebewußt sind (McDonald's, Federal Express).
- Vierer-Organisationen bieten unverwechselbare Produkte und Dienstleistungen an, die Extravaganz, Eleganz und guten Geschmack zeigen (Ritz-Carlton, Henri Bendel).
- Fünfer-Organisationen konzentrieren sich darauf, Informationen und Ideen genau in die richtigen Bahnen zu lenken (C-SPAN, M&M/Mars).

- Sechser-Organisationen geht es besonders darum, Bedrohungen durch die Konkurrenz durch mehr Wissen und Loyalität der Mitarbeiter abzuwehren (der CIA).
- Siebener-Organisationen haben immer neue Ideen, weil sie mit interdisziplinären Netzwerken arbeiten, um auf einem ständig sich verändernden Markt zu überleben (3M).
- Achter-Organisationen bleiben an der Spitze, indem sie Macht und Kontrolle ausüben und mit Ellbogen auf einem wilden Markt Maßstäbe setzen (Microsoft).
- Neuner-Organisationen bewältigen unüberschaubaren Informationsfluß durch routinierte Arbeitsweise. Ihre Kennzeichen sind Vorhersagbarkeit und Ordnung, Geduld und Gleichmut (das amerikanische Postwesen).

Die Art, wie eine Organisation Individuen behandelt, deren Enneagrammeigenschaften von ihrer eigenen abweichen, zeigt ganz klar, was in dem System geschätzt wird und was nicht. Keine Organisation kann Perspektiven, die das Enneagramm aufzeigt, ignorieren oder aberkennen, ohne daß dies Folgen hat. *Die »oberste Direktive« des Enneagramms ist, das zu schätzen, was Sie nicht sind.*

Die neun Persönlichkeitstypen des Enneagramms

Am besten erschließt man sich das Enneagramm, wenn man sich seine Typen in Aktion ansieht. Wenn ich Kurse gebe, lasse ich die unterschiedlichsten lebenden Vertreter jedes Typs zu Wort kommen, die ihre Strategien und Perspektiven in Lebenssituationen offenbaren. Es kann zwar viel über das übliche Verhalten, die Idiosynkrasien und Veranlagung der Typen gesagt werden, aber man kennt sie erst dann wirklich, wenn man sie kennenlernt. Das ist der Zweck dieses Buches.

Es folgt eine kurze Beschreibung von allen neun Enneagramm-typen.

Eins: Der Perfektionist. Einser wollen alles richtig machen. Kritische, idealistische, wertende Einser treffen Entscheidungen mit einem inneren »einzig richtigen Weg« im Kopf. Sie wollen, daß ihre Arbeit ihre extrem hohen Maßstäbe widerspiegelt. Obwohl sie andere mit ihren ständigen Moralpredigten, Belehrungen und Kontrollen gängeln und ihnen ein Gefühl von Abgelehntwerden vermitteln, richtet sich ihr heftigster Zorn nach innen, gegen sich selbst. In ihrer besten Phase sind diese aufrichtigen, pingeligen, energiegeladenen und mustergültigen Menschen ehrlich und idealistisch und besitzen überragende Kritikfähigkeit und eine klare Vorstellung davon, wie etwas sein sollte.

Zwei: Der Helfer. Nette, emotional verführerische und manipulierende, auf Beziehungen orientierte Zweier machen sich für wichtige Personen unentbehrlich und lassen sich von ihnen anbeten, um auf diese Weise Macht und Einfluß zu erlangen. Zweier sind die Mächte hinter dem Thron. Sie haben ein ausgezeichnetes Gespür für die Gefühle, Gelüste und Vorlieben anderer. Sie glänzen im Kundendienst, egal ob mit Kunden innerhalb oder außerhalb der Firma. Die jüdische Mutter, die italienische Mamma, die Selfmade-Frau und die Chefsekretärin sind Archetypen. Andere sehen die Zweier vielleicht als stolze, machthungrige Kriecher. Aber die besten Zweier können wirklich sensibel, hilfreich und ergebene »dienende Führer« sein, die andere inspirieren und deren beste Seiten zum Vorschein bringen.

Drei: Der Produktive. Dreier wollen dafür gepriesen werden, daß sie die Arbeit machen. Als begeisterte, effektive, höchst leistungsfähige, wettbewerbsorientierte, aggressive Workaholics richten Dreier ihr Augenmerk auf den Preis (das Endergebnis) und wollen für ihre Leistungen geliebt werden. Andere halten die Dreier, die so auf Image und Zustimmung erpicht sind, vielleicht für berechnend, gekünstelt und unsensibel. Aber die besten Dreier sind charismatische Führungspersönlichkeiten, eifrige, effektive, praktisch denkende Problemlöser und vollendete Teamspieler, die andere motivieren können. Dreier wissen, wie die Welt funktioniert und wie man sich in diesen Fällen verhält.

Vier: Der Kenner. Vierer fühlen sich zum Authentischen, Wunderschönen, dem Wahren (das immer außer Reichweite liegt) oder zum Ungewöhnlichen und Extravaganten hingezogen. Melancholische, romantische, elitäre Vierer suchen unter der Oberfläche nach dem tieferen Sinn und beweisen bei ihren eigenen Belangen guten Geschmack. Sie treffen Entscheidungen, die von ihren schwankenden Gefühlen abhängen. Anderen erscheinen sie möglicherweise als großartige Tragiker oder scharfe Kritiker. Die besten Vierer sind Experten für Kreativität und Schönheit, die ein leidenschaftliches, von Extravaganz, Eleganz und gutem Geschmack gekennzeichnetes Leben führen.

Fünf: Der Weise. Fünfer wollen ihre persönliche Domäne meisterhaft beherrschen. Emotional distanziert und knauserig wollen sie die Welt von einem sicheren, geschützten Aussichtspunkt aus beobachten und inzwischen Fakten, Theorie und Informationen sammeln. Auf andere mögen Fünfer wie gefühlsmäßig distanzierte, wissenschaftliche Lebensbeobachter wirken, die sich in ihrem Büro oder hinter einem Berg von Daten oder großer Sachkenntnis verschanzen. Die besten Fünfer sind sensibel für Grenzen und achten diese und können auf ihrem Gebiet Zauberer – glänzende, große, hingebungsvolle, aber etwas unzugängliche Führungspersönlichkeiten und Unternehmer und scharfsinnige Analytiker, Theoretiker und Ratgeber – sein.

Sechs: Der Troubleshooter. Sechser rechnen immer mit dem Schlimmsten. Sie grübeln darüber nach, wem man vertrauen kann, ob der Chef kompetent ist und was schiefgehen könnte. Andere sind vielleicht von der übergroßen Vorsicht der Sechser, ihrem Zögern und ihrem Mißtrauen frustriert. Aber die besten Sechser sind originelle Denker, einfallsreiche, treue, sensible, intuitive, ergebene und höchst mutige Partisanen, besonders wenn es darum geht, ihr Team, ihren Chef oder sich selbst zu verteidigen. Es ist sagenhaft, wie sie verborgene Beweggründe und Sorgen anderer ergründen und insbesondere die Fallstricke auf dem Weg aufstöbern.

Sieben: Der Visionär. Siebener wollen sich alle optimistischen Optionen offenhalten. Als gewinnende Romantiker mit viel Energie, als innovative und optimistische Planer sind Siebener den herrlichen Möglichkeiten der Vision, die sie spinnen, so verfallen, daß es ihnen schwerfällt, die negativen Seiten und Haken daran wahrzunehmen. Auf diese Weise vermeiden sie es, sich festzulegen, und gehen Schmerz, Konflikten, langweiligen Verpflichtungen und Routinearbeit aus dem Weg. Möglicherweise können diese enthusiastischen Initiatoren von Projekten diese nicht bis zum Schluß durchziehen. Andere erleben sie unter Umständen als narzißtisch, schwärmerisch und unverantwortlich. Die besten Siebener sind begabte Visionäre, geistreiche, einfühlsame Idealisten, inspirierend, charmant, ideenreich und bringen begeistert Menschen zusammen.

Acht: Der Tonangeber. Achter wollen Macht und Kontrolle. Den raumeinnehmenden, unverblümten und herrschsüchtigen Achtern fehlt die Zurückhaltung, und sie bringen ihre Gefühle (ob positiv oder negativ) unbekümmert und lautstark zum Ausdruck und empfinden sie auch so. Streitlustig suchen sie nach Konfrontationen (oft ohne es zu merken) und meinen, die Wahrheit werde sich bei einem Kampf offenbaren, und sie konzentrieren sich auf ihre eigenen Stärken und die Fehler der anderen. Andere fühlen sich von ihrem tyrannischen Auftreten und ihrer Skrupellosigkeit abgestoßen. Die besten Achter sind hervorragende, kühne Stützen und Unternehmer und bauen Imperien auf, wobei sie sich von Hindernissen oder Anstand nicht beeindrucken lassen. Als geborene Paladine verhalten sich tonangebende Achter oft wirklich beschützend und fördernd gegenüber den Schwächeren, die ihnen unterstehen.

Neun: Der Vermittler. Neuner wollen alle Menschen und alle Standpunkte unter einen Hut bringen und Uneinigkeit vermeiden. Neuner sind beschwichtigend und schließen leicht Kompromisse; sie haben einen klaren Blick und identifizieren sich so stark mit den Bedürfnissen, der Begeisterung und den Standpunkten ihrer Kollegen, daß die Wünsche anderer ihre eigenen zu sein scheinen. Anderen kommen die Neuner womöglich wie gleichgültige, zähe Arbeitstiere, wie Bürokraten vor, egal wo man sie findet, und Kollegen nervt vielleicht dieser Zwang der Neuner, nie eindeutig Stellung zu beziehen und ihre Tendenz zur Unentschlossenheit. Die besten Neuner sind warm- und offenherzig und übernehmen für andere eine Führungsrolle, indem sie sie inspirieren; sie kristallisieren die Position und die Wünsche anderer heraus, ohne daß ihr eigenes Programm dazwischenkommt. Sie sind auf natürliche Weise mit dem Fluß der Ereignisse in der Gruppe und der Organisation verbunden. Deshalb können sie (unabhängig von der Art der Arbeit) hervorragend Teams aufbauen, Grenzen überbrücken und die Rolle des Diplomaten einnehmen.

Ein Warnhinweis

Obwohl das Enneagramm neun Typen beschreibt, wird garantiert nur ein einziger Typ gefährlich, nämlich der »Enneagrammer«, der alles anhand der Typen zu erklären versucht. Wie gewisse College-Studenten, die die Psychologie entdeckt haben, versteht diese Person jetzt einfach alles. Was der Enneagrammer meistens nicht begreift, ist, daß eine oberflächliche Typisierung, die auf Verhalten, nicht auf Absicht beruht, mehr Schaden als Nutzen anrichten kann. Ebenso ist es Unsinn, die Typen in besser oder schlechter einzuordnen. Keiner der Typen hat Unbescholtenheit, Engagement, Intelligenz, Visionen, Herz und Werte für sich allein gepachtet. Wie wir sehen werden, ist jeder Typ ein Kontinuum von hohem Entwicklungsstand, Sachkenntnis und Effektivität am einen und Verwirrung und Unsicherheit am anderen Ende.

Die Anwendung des Enneagramms

Meist sind die Menschen von den neun Enneagramm-Typen fasziniert, die subtil, reich und offenbarend sind. Sie erkennen die Typen mühelos bei ihren Kollegen und Freunden, besonders ihren Ehegatten und bei anderen Teilnehmern eines Enneagramm-Workshops. Dies ist meist ein bewegender, überraschender Prozeß, der viel Spaß macht.

Das Enneagramm wurde vor langer Zeit als Instrument für *Entwicklung*, nicht zur Etikettierung, entworfen. Die Persönlichkeitstypen bilden nur den Anfang. *Das Enneagramm ist ein Instrument, mit dem Sie die verschiedenen Zugkräfte Ihres Typs klären, ausbalancieren und beherrschen können.* Wenn Sie sie verstehen, brauchen Sie sich nicht auf das Verhalten Ihres Typs zu versteifen. Sie können dann selbst Zugang zu allen Enneagramm-Stilen bekommen und somit effektiver handeln, sich stärker mit anderen verbinden und Veränderung und Transformation herbeiführen. In dieser Hinsicht erfüllt das Enneagramm in der Arbeitswelt, bei Auseinandersetzungen und Mißverständnissen, für die Planung und das Training und für integre Einflußnahme eine höchst wichtige Funktion, so daß Sie sich deutlich und bestimmt Gehör verschaffen können.

Unabhängig von den besonderen Aspekten Ihres Typs ist das einzig Wichtige der *Standort*. Der Standort eines jeden Typs im Enneagramm in Beziehung zu den anderen ist wesentlich; jeder Enneagramm-Typ ist so etwas wie ein Kräftefeld, auf das spezifische Zugkräfte – in Form der anderen Enneagrammpunkte – einwirken. Einige Kräfte treiben Sie voran oder halten Sie zurück. Manche inspirieren Sie und geben Ihnen Macht. Durch diese vielfältigen Kräfte wird aus dem Enneagramm mehr als nur eine Ansammlung interessanter Schubladen, in die Sie Ihre Kollegen und sich selbst stecken können. Beim Enneagramm geht es um Bewegung.

Neben unserem eigentlichen Standort beeinflussen in erster Linie vier andere Punkte unsere Fühl- und Verhaltensweisen. Das sind die Trostpunkte* oder Höchstleistungspunkte und die Streßpunkte und die Punkte zu beiden Seiten unserer Heimbasis: die beiden »Flügel«.

Höchstleistungs- und Streßpunkte

Auf dem Enneagramm-Symbol ist jeder Punkt mit zwei anderen durch Pfeile verbunden. Bewegung *in Pfeilrichtung* ist in Richtung Streßpunkt. Bewegung *gegen die Pfeilrichtung* ist in Richtung Höchstleistungspunkt (manchmal wird er als »Herz«- oder »Sicherheitspunkt« bezeichnet, denn wenn wir umschwenken, fühlen wir uns sicher). Höchstleistungs- sowie Streßpunkte sind wichtige Enneagramm-Leitsterne. Der Streßpunkt beschreibt, wie Sie in die Knie gehen, wenn es Ihnen zuviel wird. Der

---

* Anmerk. d. Übers.: Begriff ist dem Buch »Das Enneagramm« von Rohr/Ebert entnommen.

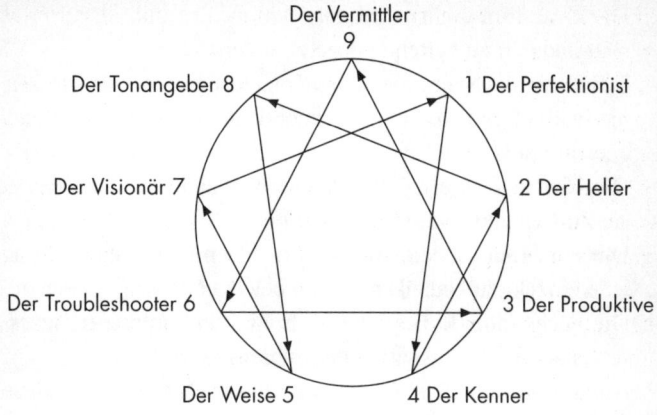

Der Vermittler
9

Der Tonangeber 8   1 Der Perfektionist

Der Visionär 7   2 Der Helfer

Der Troubleshooter 6   3 Der Produktive

Der Weise 5   4 Der Kenner

Höchstleistungspunkt beschreibt, was passiert, wenn Sie locke-
rer werden und in einen »fließenden Zustand« geraten.

Der Streßpunkt

Der Streßpunkt kommt zum Tragen, wenn's kracht. Wir beginnen, uns wie unser Streßpunkt zu verhalten, wenn wir die Nase
voll haben oder das Interesse verloren haben. Unsere Welt
schrumpft. Wir sind robuster und empfindlicher als sonst, ver-
wirrter. Die unbekümmerte Neun fängt beispielsweise an, wie
eine Sechs zu denken. Sie kommt sich ungewöhnlich selbstzwei-
felnd und mißtrauisch vor. Andere Menschen erscheinen ihr
nicht mehr vertrauenswürdig. Sie mißtraut ihren Beweggründen.
Der Streßpunkt ist der Ort, an dem wir uns wie ein Opfer fühlen:
Opfer des Systems, anderer Menschen, unseres Chefs, unseres
eigenen Versagens. Wir sind frustriert, gekränkt und machen uns
selbst und/oder anderen Vorwürfe.

– Die Eins (auf Vier) wird von Gefühlen wie Melancholie und
  Neid überflutet, statt sich von Werten leiten zu lassen.

- Die Zwei (auf Acht) wird zur Dampfwalze mit Chefallüren, statt anderen zu helfen und sie zu unterstützen.
- Der Drei (auf Neun) platzt der Kragen, sie ist unentschlossen, überwältigt und passiv statt schnelldenkend, aktiv und schnell entschlossen.
- Die Vier (auf Zwei) wird abhängig von anderen und erregbar statt distanziert und selbstbeherrscht.
- Die Fünf (auf Sieben) sprudelt vor Ideen und Theorien, statt jede einzeln zu bedenken und zu bewerten.
- Die Sechs (auf Drei) stürmt nach vorn und produziert besessen, statt an die Auswirkungen zu denken.
- Die Sieben (auf Eins) hält starr und kritisch an einer einzigen Lösung fest, statt spielerisch und aufgeschlossen mehrere in Erwägung zu ziehen.
- Die Acht (auf Fünf) wird überempfindlich und verschlossen, statt mutig und engagiert zu sein.
- Die Neun (auf Sechs) wird mißtrauisch, anklagend und isoliert sich, statt unbekümmert und vertrauensvoll zu sein und die Verbindung zu anderen aufrechtzuerhalten.

Aber der Streßpunkt hilft den Menschen andererseits, den Streß zu überstehen. Sie können (innerlich) vor Wut platzen oder Sie können sich fassen und etwas über Konzentration und Härte lernen. Eine von Angst gelähmte Sechs kann zu ihrem Streßpunkt, der Drei, gehen und trotzdem ein Projekt ablehnen. Eine Sieben, die überall und nirgends ist, kann die Dinge an ihrem Streßpunkt, der Eins, recht schnell in Ordnung bringen.

Der Höchstleistungspunkt
Der Höchstleistungspunkt ist da, wo wir alles auf die Beine stellen, wo wir das Wesentliche sehen können. Wir kennen unsere wahren Bedürfnisse und wissen, wie wir ihnen gerecht werden.

Das ist der expansive Fließzustand: Wir sind in unserer Mitte, im Fluß, wir fließen vor Kreativität und Inspiration über und lassen unsere Gaben auf andere herunterregnen. Im Fließzustand genießen Sie es, Ihr Geschick, Ihre Kräfte und Fähigkeiten einzusetzen. Es ist der Ort der *Virtuosität.* »Ich denke gern mit einer Gruppe schlauer Menschen im Siebener-Zustand«, sagt Carl, der Siebener-Berater, »aber wenn es Zeit ist, mich zurückzuziehen, muß ich allein sein. Ich gehe zur Fünf.«

Unser Höchstleistungspunkt mobilisiert unser wahres Potential. Wenn die Neun auf ihren Höchstleistungspunkt, die Drei, zugeht, sieht sie klar und hat spezifische Ziele vor Augen. Die Handlung stellt sich automatisch ein. Ihre Umgebung scheint ihre scharfsichtige, aufgabenorientierte Konzentration zu teilen. Die Dinge werden erledigt.

- Die Eins (auf Sieben) öffnet sich phantasievollen Möglichkeiten und alternativen Strukturen, statt stur die einzig richtige Methode zu fordern.
- Die Zwei (auf Vier) begibt sich nach innen und sucht dort ihren eigenen Weg, statt sich hinter der Sorge um andere zu verstecken.
- Die Drei (auf Sechs) wird nachdenklich, introspektiv und vorsichtig, statt sich auf einen karriereorientierten Egotrip zu begeben.
- Die Vier (auf Eins) verbindet sich mit handfesten, ewiggültigen Wahrheiten statt mit ungestümen, kurzlebigen Emotionen.
- Die Fünf (auf Acht) verpflichtet sich bereitwillig, sich einen Ruck zu geben und einen Unterschied zu machen, statt sich einfach abzusondern und zu beobachten.
- Die sonst so argwöhnische und einsiedlerische Sechs (auf Neun) vertraut dem Prozeß und der Organisation und fühlt sich im Einklang mit dem Team.

- Die Sieben (auf Fünf) sammelt auserlesene Ideen, Nachdenklichkeit und Weisheit, statt verschwenderisch alles, was ihr in den Sinn kommt, zu erwägen und wieder zu verwerfen.
- Die Acht (auf Zwei) aktiviert den Beschützer und Ernährer, statt zielstrebig nach persönlicher Macht und Rache an Feinden zu streben.
- Die Neun (auf Drei) wird leistungsfähig und effektiv und handelt auch wie eine Neun, statt jede Position einzunehmen und dadurch unbeweglich zu werden.

Die Flügel

Jeder Punkt hat neben sich zwei Flügel, einen Flügel gegen den Uhrzeigersinn (bei der Zwei ist das die Eins) und einen Flügel im Uhrzeigersinn (bei der Zwei ist das die Drei). Ich nenne den Flügel gegen den Uhrzeigersinn den Schattenpunkt und den Flügel im Uhrzeigersinn den Verbündetenpunkt. Wenn Sie die Flügel Ihrer Mitarbeiter kennen, bekommen Sie ein Gespür dafür, wovor sie davonlaufen und wohin sie gern gehen würden.

Der Schattenpunkt

Der Flügel gegen den Uhrzeigersinn ist der abgelehnte Teil des Selbst, das, was C. G. Jung den Schatten nannte. Jeder Enneagrammtyp wirft einen ganz bestimmten Schatten.

Der Schatten ist der Teil von uns, über den wir sagen: »Du lieber Himmel, so bin ich nicht!« Der Schatten erscheint möglicherweise als komisch oder verachtenswert. Es sind unsere gefährlichen oder unangenehmen Gefühle und Wünsche, unsere hochnäsigen Urteile, unsere schuldbehafteten Geheimnisse. Aber der Schatten kann auch hervorragende Anteile von uns enthalten, die wir nicht anerkennen. Oft projizieren wir unser Schattenmaterial auf andere; eine ehrgeizige Vier verachtet die Drei wegen ihres schnöden Materialismus. Wenn Sie die Schatten der Menschen kennen, wissen Sie eine Menge über sie (meistens mehr als sie selbst).

Wir versuchen, vor dem Schattenpunkt davonzulaufen, der uns buchstäblich vom äußeren Kreis des Enneagrammdiagramms aus verfolgt. Wie beruhigend zu wissen, daß Ihr Kollege, eine brave, allzu beherrschte, überorganisierte Eins, beständig gegen das Chaos kämpft (auf Neun) oder daß eine sorglose Sieben vor wilder Furcht und Paranoia flüchtet (auf Sechs).

Wenn wir den Schatten als Teil unserer selbst anerkennen, können wir Zugang zu der enormen Macht und Energie bekommen und sie kanalisieren, die wir vielleicht damit vergeuden, um vor ihm wegzulaufen. Beispielsweise sind Siebener immer optimistisch und in Bewegung – aus Furcht, ihre Ängste (auf Sechs) würden sie einholen. Die Weisheit für die Siebener beginnt dann, wenn sie wissen, daß sie ihre Angst in ihrem Schattenpunkt festhalten; sind sie sich dessen erst einmal bewußt, brauchen sie nicht mehr davor wegzulaufen.

Der Verbündetenpunkt

Der Flügel in Uhrzeigerrichtung ist so etwas wie ein Gegenmittel für den eigenen Enneagrammstil, das ihnen die Macht zum Handeln verleiht. Betrachten Sie den Verbündetenpunkt, um zu sehen, was Sie vorwärtstreibt, was Sie anregt, was Sie aus Ihrem Morast herausholen wird. Er ist das Wunschziel jedes Enneagrammtyps: der Katalysator für Transformation. Solch ein Wissen ist enorm hilfreich. Wie gut zu wissen, daß beispielsweise Ihr Kollege, eine Workaholic-Drei, sich mit seinem Herzenswunsch (Vier) wieder verbinden möchte und muß. Oder daß Ihre hitzige Chefin, eine Vier, abkühlt, wenn sie den Raum und den emotionalen Abstand der Fünfer-Perspektive hat, die Sie ihr bieten können.

Das Enneagramm lehrt uns, daß wir dann am besten sind, wenn

die Flügel sich im Gleichgewicht befinden. Manchmal neigen die Menschen mehr zu ihrem Verbündeten oder Schatten und loten lieber die Auswirkungen des einen über den anderen aus. Keiner von ihnen ist besser. Aber so oder so haben diese Leute damit zu tun, den Flügel, den sie übersehen haben, ins Gleichgewicht zu bringen.

Die Triaden

Das Enneagramm unterteilt die neun Typen in drei Gruppen:
- die Herzmenschen* (Zwei, Drei und Vier)
- die Kopfmenschen (Fünf, Sechs und Sieben)
- die Bauchmenschen (Acht, Neun und Eins)

Wir alle haben Zugriff auf alle drei Wahrnehmungsarten, genauso wie wir alle auf die anderen Enneagrammpunkte Zugriff haben, aber jeder von uns fühlt sich in erster Linie mit einem vertraut.

Die Herzmenschen
Das Thema der Zwei, Drei und Vier sind *Menschen*. Sie richten ihr Augenmerk auf Bewegung und *Bewegtsein*. Zweier konzentrieren sich nach außen auf die Gefühle anderer (Empathie). Vierer erforschen die eigene Psyche, gehen nach innen und in die Tiefe. Dreier vermeiden ihre eigenen Gefühle und die anderer, um ihre Arbeit erledigen zu können.

Zwei, Drei und Vier werden manchmal die Image- oder Eitelkeitspunkte genannt. Ihnen ist sehr viel an der Wirkung auf andere gelegen. Zweier wollen als unersetzliche hilfreiche Gefähr-

---

* Anmerk. d. Übers.: Begriff ist dem Buch »Das Enneagramm« von Rohr/Ebert entnommen.

ten bewundert werden, Dreier sonnen sich im Ruhm, den andere in ihren Leistungen sehen, und Vierer wollen, daß die anderen wissen, daß sie tiefgründig und authentisch sind. Durch diesen Stolz geraten all diese Punkte innerhalb ihres jeweiligen Bereiches in Konkurrenz zueinander.

Um eine Entscheidung zu treffen, *vergleichen* Zweier, Dreier und Vierer und *stellen Dinge einander gegenüber*. Sie wissen sofort, was wichtiger ist, und deshalb werden ihre Entscheidungen – innerhalb ihres Interessengebietes – meistens recht schnell getroffen.

Die Kopfmenschen

Punkt Fünf, Sechs und Sieben vertrauen auf *Ideen*. Mit Konzepten und Informationen machen sie in ihrem Reich Geld. Es sind visuelle Menschen (das Wort *Idee* leitet sich von dem griechischen Wort für »sehen« ab); ihr Hauptthema ist Angst.

Fünfer nehmen ihre Angst nach innen, und sie läßt sie erstarren. Siebener springen vor lauter Angst im Dreieck, statt damit zurechtzukommen, und benutzen sie, um sich in aufregende neue Möglichkeiten katapultieren zu lassen. Sechser kämpfen direkt mit Unerschrockenheit, indem sie entweder vor der Angst davonlaufen oder sich ihr zwanghaft aussetzen (Kampf oder Flucht). Menschen in dieser Gruppe suchen nach legitimer, vertrauenswürdiger Autorität; es ist ihre eigene innere Autorität, nach der sie unbewußt suchen.

Die Kopfmenschen *analysieren* gern, greifen ein Problem heraus und betrachten seine Bestandteile, um zu sehen, wie sie zusammenpassen, besonders im Zusammenhang mit einem System oder einer Theorie.

Die Bauchmenschen

Für Punkt Acht, Neun und Eins sind Fragen des *Willens* das zentrale Anliegen. »Wer hat den stärkeren Willen, du oder ich?«

Selbstgerechte Einser versuchen, anderen die »richtige Methode« aufzudrängen. Achter wollen ihren eigenen Kopf durchsetzen. Neuner versuchen zu vermeiden, ihren Willen zum Ausdruck zu bringen. Wenn ihr Wille auf Widerstand stößt, geraten alle diese Typen typischerweise in Wut. Achter kehren ihren Ärger nach außen und lassen ihn an anderen aus. Einser richten ihren Ärger gegen sich selbst. Die scheinbar friedlichen Neuner, die an ihrem eigenen Willen zweifeln, sind im Enneagramm zugleich die Unbekümmertsten (anfangs) und die Willensstärksten (später).

Acht, Neun und Eins entscheiden durch Vergleich mit Früherem: Wie haben wir das früher gemacht? In welche Kategorie paßt das? Eine Acht sprengt entweder rücksichtslos die Konventionen oder rechtfertigt sich, wie Saddam Hussein, durch Vergleich mit einem Vorgänger (Nebukadnezar). In beiden Fällen wird auf ein zurückliegendes Ereignis Bezug genommen. Neuner sind Gewohnheitsmenschen (»Warum sortieren wir die Post so? Weil wir es seit Truman so gemacht haben.«). Einser treffen Entscheidungen unter Bezugnahme auf die herrschenden Regeln.

Typ und Gegentyp

Es mag zwar verlockend sein, Ihre Kollegen nur aufgrund ihres Verhaltens in Enneagramm-Schubladen zu stecken, aber das kann irreführend sein. Wie wir gesehen haben, organisiert sich jeder Enneagrammtyp um ein grundlegendes Thema, wie die Angst bei der Sechs oder ein Gefühl des Verlustes bei der Vier. Aber ein Mensch kann auf dieses grundlegende Thema oder dagegen ausgerichtet sein, so daß Sechser in der phobischen Variante vor ihrer Furcht davonlaufen können oder, in der kontraphobischen Variante, zwanghaft auf das, was ihnen angst macht, zulaufen, wobei sie einen recht kühnen, furchtlosen Eindruck machen. Ähnlich ist der Gegentyp der typischerweise melancholischen und sehnsuchtsvollen Vier manisch, konzentriert sich immer noch auf Traurigkeit, stellt sich ihr aber entgegen. Der Schlüssel zum Verständnis der Enneagrammtypen ist, die strukturierenden Themen aufzudecken.

Wie man dieses Buch benutzen kann

Da das Enneagramm ein Kreis ist, können Sie an jeder beliebigen Stelle einsteigen. Vielleicht möchten Sie über den Punkt nachlesen, der vermutlich Ihr eigener ist. Oder Sie lesen lieber über die Person nach, mit der Sie zusammenarbeiten und die Ihnen derzeit die größten Schwierigkeiten bereitet. Ganz gleich, an welcher Stelle Sie in das System einsteigen, werden Sie auf energetische Wege zu jedem Punkt stoßen. Sie können immer von hier nach da gelangen.

Das Enneagramm ist ein wunderbares Werkzeug, mit dem Sie aus Menschen das Beste herausholen – es hilft Ihnen auch zu erkennen, wann Sie besser einen Bogen um sie machen sollten. Jeder Enneagrammtyp fühlt sich unter besonderen Umständen wohl oder hat zu kämpfen.

- Was wird vermieden? Läuft mein Mitarbeiter vor einem Schattenpunkt davon? Fünfern geht es gut, wenn sie die starken Emotionen anerkennen, die sie vermeiden (Schattenpunkt Vier).
- Was läßt sich verändern? Wie kann man die Kräfte des Verbündetenpunktes geltend machen? Zwanghafte, unnachgiebige Neuner, die im Morast stecken, erhalten umgehend Hilfe, wenn sie Prioritäten setzen (Verbündeter Eins).
- Welche Umstände und welche Umgebung ermöglichen Höchstleistungen? Siebener laden sich am besten wieder auf,

29

wenn sie Zeit für sich allein haben (Höchstleistungspunkt Fünf).

- Ist es Zeit für eine Konfrontation? Wodurch gerät mein Kollege in Streß? Sechser unter Termindruck hören auf, sich Sorgen zu machen, und legen sich ins Zeug (Streßpunkt Drei).

Das Enneagramm ist besonders dann hilfreich, wenn Sie merken, daß Sie mit anderen auf Konfrontationskurs sind. Je mehr Sie sich daran gewöhnen, die Welt vom Blickwinkel einer Problemperson zu sehen, um so effektiver werden Sie im direkten Kontakt mit ihr sein. Wenn Sie das Enneagramm kennen, können Sie auf die besten *Absichten* eines Kollegen reagieren, unabhängig von dessen *Verhalten*.

Das Enneagramm eignet sich auch, damit Mitglieder eines Arbeitsteams näher zusammenrücken, und hier finde ich es am hilfreichsten. Sie können sehen, wie Menschen unterschiedlicher Enneagrammpunkte aufeinander zugehen oder sich verfehlen. Sie können tatsächlich die möglichen falschen Annahmen und Schwierigkeiten anhand der vorgefaßten Meinungen eines jeden Enneagrammpunktes vorhersagen.

In den folgenden Kapiteln werden Sie Beschreibungen von jedem Typ sowie wahre Begebenheiten und Beispiele finden. Sie können das Enneagramm sofort wirksam anwenden. Und je mehr Sie damit arbeiten, desto mehr machen Sie sich das System zu eigen. Viel Spaß dabei.

EINS Der Perfektionist

Alias Das Vorbild, der Reformer, der Purist, der Richter.

Weltsicht Es gibt die richtige Methode; laß dich von mir belehren.

Gute Seiten Visionär, prinzipientreu, engagiert, stabil, ernsthaft, peinlich genau, diszipliniert, objektiv, gewissenhaft, edelmütig

Schlechte Seiten selbstgerecht, rücksichtslos, kaltherzig, arrogant, stur, urteilt über sich und andere.

Führungsstil nach Vorschrift, anhand von Beispielen, erfüllt die Anforderungen, achtet auf 100prozentige Qualität.

Glaubensbekenntnis keine Fehler machen.

Was sie mögen Pflicht, ethisches Gefühl, standardisierte Handlungsabläufe, die goldene Regel.

Was sie nicht mögen schlampige Arbeit; »Weil ich es sage«.

Gesprächs-/Kommunikationsstil predigen, belehren, tadeln; »Ich sollte«, »Sie sollten«.

Geben Ihnen das Gefühl, daß Sie ein klares und höheres Ziel haben, daß man fair mit Ihnen umgeht; und daß man – manchmal – kleinlich mit Ihnen umgeht, Sie auf Ihre Fehler hinweist und kritisiert.

Erscheinung adrett, gepflegt, sauber; starre Haltung, straffer, muskulöser Kiefer und harte Oberlippe.

Gutes Arbeitsumfeld geordnet, geplant, engagiert, jeder zieht am gleichen Strang, klare Ziele, an Normen orientierte Arbeit wird respektiert.

Schlechtes Arbeitsumfeld chaotisch, da wo sich grundlegende Voraussetzungen und Regeln verändern oder wo eher nach Gefühlen als nach Normen beurteilt wird.

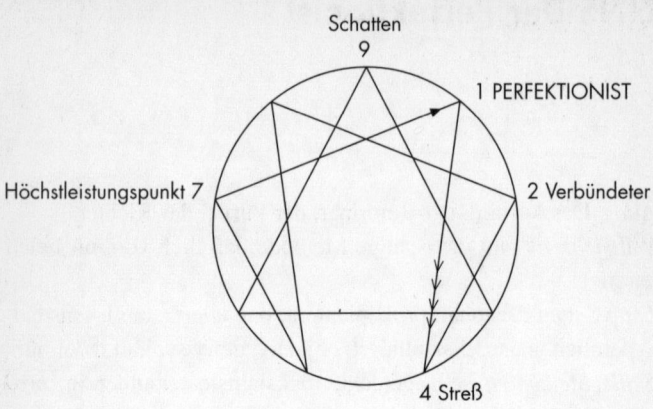

Bücher Steven Covey, *Principle Centered Leadership*; Benjamin Franklin, *Poor Richard's Almanac*; Konfuzius, *Der gute Weg. Worte des großen chinesischen Weisheitslehrers.*

Redewendungen »Ts, ts!«; »Gut Ding will Weile haben«; »Ein vernünftiger Mensch paßt sich an die Welt an. Der Unvernünftige versucht hartnäckig, die Welt an sich anzupassen. Deshalb hängt aller Fortschritt von dem Unvernünftigen ab« – George Bernard Shaw, eine Eins.

Überzeugte Einser Ross Perot, Konfuzius, Nelson Mandela, Margaret Thatcher, die Amish, die Puritaner, Singapur, Utopia.

Höchstleistungspunkt 7 Freude an vielfältigen Ausdrucksmöglichkeiten, Spontaneität, Phantasie und Erneuerung; zieht Alternativmöglichkeiten statt der einzig richtigen Methode in Betracht.

Streßpunkt 4 emotional, melancholisch, selbstkritisch, bemitleidet sich selbst, appelliert aber an Gefühle und innerpsychische Komplexität.

Verbündeter 2 wird *energetisiert*, indem sie Gefühle von anderen und für andere empfindet, durch Mitgefühl und Fairneß statt Gesetz; indem sie einem speziellen Menschen hilft.

Schatten 9 wird geerdet, indem sie »mit dem Strom fließt«, organische Prozesse respektiert und sich in andere hineinversetzt

Tugend Gelassenheit.

Laster Wut.

Bekanntschaft mit einer Eins

Johns Geschichte

John ist ein sehr erfolgreicher, beliebter leitender Angestellter in einer amerikanischen Versicherungsgesellschaft. Sein Spitzname lautet »Der Perfektionist«.

John ist höflich und hat äußerst gute Manieren. Wer ihn nicht kennt, hält ihn für pingelig und arrogant, ein bißchen kühl. Er spricht mit fester Stimme und artikuliert deutlich. Jeden Montag fertigt er für die kommende Woche ein Auftragsprotokoll an und bemüht sich dabei bewußt, seine Arbeit gemäß seinen Wertvorstellungen zu strukturieren. Und er ist stolz auf seinen Ruf als ehrenhafter Führer im moralischen Arbeitssumpf seines Unternehmens.

John sieht seine größte Stärke darin, »den Analytikern deutlich mitzuteilen, was getan werden muß«. Seine Analytiker stimmen dem zu: »Das Beste an John ist, daß er einem sagt, was das Unternehmen braucht, welche Regeln es gibt und wie man vorankommt.«

John bewahrt in seinem Schreibtisch überdimensioniert große Akten über jeden seiner Mitarbeiter auf. Links an der Akte ist ein Blatt angeheftet, auf dem oben der Name des Systemanalytikers steht – zum Beispiel Andrea. Hier trägt John Andreas Leistungen und Fähigkeiten ein. Auf der rechten Seite der Akte ist eine Liste mit der Überschrift »Die ideale Andrea«.

Hier trägt John ein, was jeder Angestellte braucht, um besser zu werden. John geht beide Listen mit der Mitarbeiterin durch und hakt die »idealen« Begriffe ab, wenn sie erfüllt sind. Der berufliche Werdegang eines Angestellten wird ungefähr für drei Jahre im voraus geplant. Zu meiner anfänglichen Überraschung wurde diese Art der Führung von fast allen geschätzt.

John ist als guter Textschreiber und Kritiker der Arbeit der Systemanalytiker wohlbekannt. »Ich würde ihn als brutal, aber gerecht bezeichnen«, sagt einer seiner Angestellten, der sich lieber einen Chef mit mehr Geschick für Menschen gewünscht hätte.

»John ist ein Typ, der große Mühen auf sich nimmt und sie an andere weitergibt«, sagte ein Kollege.

Auf diese Art Kritik reagiert John so: »Letztlich geht es darum, gute Arbeit zu leisten, gut mit seinen Ressourcen hauszuhalten und ein Qualitätsprodukt herzustellen. Wenn dazu die Kritik an Menschen gehört, auch wenn es sie verletzt, dann wird halt kritisiert. Wir machen hier keine windigen Produkte. In der Arbeit ist es mir egal, ob ich beliebt bin, und das können Sie zweimal unterstreichen.«

Erkennen Sie John? John ist eine Eins.

Die Grundvoraussetzung

Einser sind Menschen mit Prinzipien. Sie glauben an die richtige Methode, den ehrenhaften Weg, und sie wollen ihre Arbeit tadellos erledigen, egal, wie lange es dauert oder wie anstrengend es ist. Sie wollen Ihnen beibringen, es genauso zu machen.

Einser sind die guten Pfadfinder am Arbeitsplatz. Sie sind gewissenhaft, haben gute Manieren, sind gut organisiert, pünktlich und arbeiten hart. Sie richten ihr Augenmerk auf Details, Regeln und sind peinlich genau.

Aber gleichzeitig stehen die Einser auch unter Druck: Ringsum sehen sie nur das, was nicht stimmt – die mangelnde Kompetenz, das fehlende Engagement, keine Organisation, Selbstmitleid und Heuchelei, keine Höflichkeit, schlechte Grammatik und Orthographie und – vielleicht am schwerwiegendsten – fehlende Wertvorstellungen. Darüber ärgern sie sich.

Aber sie zerfließen selten in Selbstmitleid wie eine Vier oder verkriechen sich wie eine Fünf. Die Verbohrtheit um sie herum spornt sie dazu an, Abhilfe zu schaffen. Einser praktizieren Güte nicht nur, sondern predigen sie und haben eine Menge Energie, um Sie zu korrigieren.

Einser sind große, feuerspeiende Drachen mit sehr guten Manieren. Ihr Drachenfeuer kann heiligendes, reinigendes Feuer sein – mit dem sie manchmal Ihr Stehvermögen auf die Probe stellen und das Beste aus Ihnen herausholen – oder ein strafendes Höllenfeuer, das Sie fast verkohlen läßt. Da sie sich mit aller Macht um Anstand und Höflichkeit bemühen, flackert ihr Feuer als Stichflammen wie bei einem verstopften Vulkan durch. Die meisten Perfektionisten wissen nicht einmal selbst, daß sie ihre Kollegen angesengt haben.

Einser suchen nach den einfachen, aber ewiggültigen Wahrheiten und verlassen sich auf sie. Das ist die unkomplizierte, optimistische, gelebte Moral Benjamin Franklins, einer Eins. Franklin legte großen Wert auf Zurückhaltung, Ordnung, Sparsamkeit, Fleiß und Mäßigung. Später fügte er auf Drängen eines Mentors seiner ursprünglichen Liste noch Demut hinzu. »Ich kann mich nicht rühmen, besonders erfolgreich gewesen zu sein, mir diese Tugend wahrhaft anzueignen«, schrieb er, »aber ich kam gut damit zurecht, so zu tun, als ob.«[1]

Stephen Covey schreibt in seinem Buch *Die sieben Wege zur Effektivität*, S. 106[2]:

»Unsere Sicherheit entstammt dem Wissen, daß korrekte Prinzipien, im Gegensatz zu Zentren, die auf Menschen oder Dingen beruhen und häufigen Veränderungen unterworfen sind, beständig sind. Wir können uns auf sie verlassen.

Prinzipien regieren auf nichts. Sie werden nicht wütend und behandeln uns nicht anders. Sie lassen sich nicht scheiden und brennen auch nicht mit unserer besten Freundin durch. Sie sind nicht hinter uns her ... Prinzipien sind reife, fundamentale Wahrheiten, klassische Wahrheiten, allgemeine gemeinsame Nenner. Es sind fest gesponnene Fäden, die mit Genauigkeit, Beständigkeit, Schönheit und Stärke im Gewebe des Lebens verlaufen.«

Das ist in wenigen Worten die Weltanschauung der Eins.

Menschen, die sich an die Vorschriften halten

Um ihre Vorstellung von Perfektion in die Praxis umzusetzen, eignen sich Einser die offiziellen Normen – jeder höheren Autorität, mit der sie sich identifizieren – an. Das können ethische Vorstellungen, die standardisierten Handlungsabläufe eines Unternehmens, berufliche Verpflichtungen, Worte ihrer Eltern, die Firmenbibel oder die Bibel selbst sein.

Einser halten sich an die Vorschriften. Wenn sie kein Regelbuch in ihrer Abteilung finden, schreiben viele Einser selbst eines. Lucy, Krankenschwester auf einer Intensivstation, trat ihre Stelle an und entdeckte gleich, daß es keine Vorschrift zur Verabreichung von Medikamenten gab. Sie bestand darauf, eine zu schreiben, aber es dauerte neun Monate. Inzwischen gab es in der Abteilung keine Vorschrift. Einser verstehen die Notwendigkeit, formalisierte Systeme und Reglementierungen zu schaffen, aber sie handeln selten schnell und können sich in Nichtigkeiten verzetteln.

Einser glauben fest an vorbeugende Maßnahmen. Für den Fall eines Zusammenbruchs oder einer Krise sind sie mit Sicherungsverfahren schnell bei der Hand. Robert, eine Eins und Besitzer eines Geschäfts für maßgefertigte Möbel, hat detaillierte Checklisten für häufig eintretende Situationen erstellt, wie beispielsweise ein Verkaufsgespräch mit dem Kunden am Telefon oder die Herstellung eines Teiles überwachen, und diese Protokolle händigt er allen Betroffenen aus.

Psychologie

Einser hatten frühzeitig ihre Feuertaufe; typischerweise war ein Elternteil oder ein wichtiger Erwachsener anspruchsvoll oder sehr kritisch. Anders als Zweier und Dreier, die gelobt wurden (die Zweier für ihre Hilfsbereitschaft und die Dreier für ihre Leistungen), wurden Einser kurzgehalten und bei der Übertretung von Regeln scharf gerügt. Viele Einser können sich an den Moment erinnern, in dem sie schworen, nie mehr einen bestimmten oder überhaupt einen Fehler zu machen.

Einser waren meistens ernsthafte, adrette, brave Kinder, die lernten, ihre Wut unter Kontrolle zu haben (das Thema war immer Kontrolle) und ihre eigenen unschönen Bedürfnisse hintanzustellen. Sie beschlossen, sich lieber mit Richtlinien statt mit ihren Gefühlen zu identifizieren; manchmal identifizierten sie sich einfach mit dem Unterdrücker.

Aber wenn sie älter werden, stellen Einser immer wieder fest, daß sich die offiziellen Regeln nicht wie erwartet ausgezahlt haben. Einser fühlen sich gedemütigt, weil sie sich für ein falsches Versprechen verkauft haben, daß eine gerechte Welt ihr tadelloses Verhalten belohnen werde. Das führt zu schlimmem Groll und großer Verbitterung. Einser sind böse auf die Welt und noch böser auf sich selbst. Doch oft wissen sie es nicht, weil sie immer noch die Braven spielen. Als moralische Märtyrer sind sie oft besessen von der Ehre anderer, und zwar genau deshalb, weil sie spüren, daß sie ihre eigene verkauft haben, und zwar zu einem Schleuderpreis.

Die gute Nachricht

Einser sind pragmatisch. Sie sind harte Arbeiter, die eine Menge leisten. Wie John geben sie sagenhafte Mentoren ab.

Johns Chef in der Agentur, eine Drei, sagt: »Er ist einfach der beste Trainer, den man sich vorstellen kann. Wenn ich einen Angestellten hätte, der seine Fähigkeiten ausbauen müßte, würde ich ihn zuerst zu John schicken.«

Einser wollen, daß Sie Ihr Bestes geben. Sie wollen, daß das Projekt das beste wird. Sie verleihen einer normalen Tätigkeit Sinn und geben Ihnen das Gefühl, zu einem ehrenwerten, anständigen Unternehmen zu gehören. Sie achten auf Verwicklungen, auf die Bedeutung und die Folgen von Handlungen. Sie können Ihr Potential, Ihre *Tugend* sehen. Und sie wollen, daß auch Sie sie sehen.

Das macht sie zu echten *Visionären*. Sie sehen bei allem genau und deutlich eine idealisierte Variante – bei einer Person, einem Projekt, einer Beziehung oder der Lösung einer Zwangslage. Folglich können Einser Ihnen dabei helfen, sich über Ihre Arbeitspläne und -ziele Klarheit zu verschaffen. Sich bei einer Eins zu melden, bevor Sie ein Projekt beginnen oder eine wichtige Konferenz leiten, kann Ihnen wieder ein tiefes Gefühl von Zielbewußtsein geben.

Die besten Einser halten sich *an Prinzipien statt an Vorschriften*. Es ist ihnen mehr daran gelegen, Menschen zu helfen, ihre Selbstachtung zu bewahren und von ihrem besten Ich aus zu arbeiten, statt Kritik und Vergeltung zu üben. Sie werden daran arbeiten, aus der Firma einen »guten Bürger« zu machen. Sie sind an Themen wie der Gesundheit und Sicherheit der Angestellten, Produktqualität, dem fairen Umgang mit dem Kunden, Unternehmensphilosophie und Beteiligung an der Gemeinschaft interessiert.

Einser sind das Gewissen des Enneagramms (und aller Enneagrammtypen). Als *zutiefst moralische Idealisten* glauben sie, daß sie ihre Arbeit tun, weil sie richtig ist, nicht wegen des Geldes oder des Ansehens.

Einser sorgen für Qualität. W. Edwards Deming, ein aufbrausender Statistiker, der Vater der Qualitätsbewegung, war eine Eins. Für Deming ist der Weg zur Qualität der, »Variationen zu reduzieren«, indem man strenge statistische Kontrollen durchführt – eine solide Herangehensweise einer Eins. Deming sagte, Qualität müsse einem Produkt angeboren sein; es reicht nicht, (wie eine Sechs) Mängel durch eine anschließende Inspektion zu eliminieren. Deming war alles suspekt, was den Wert der Qualität beeinträchtigte, sogar Firmenführung mit Hilfe von Zielsetzungen, so wie es eine zielorientierte Drei machen würde. Und er betonte immer wieder, wie wichtig es sei, »ständig und auf Dauer zu verbessern«.

Von Wertvorstellungen getrieben

Alle Einser wollen helfen und bringen für das größere Wohl viel Energie und Begeisterung auf. Mein Freund Deke, der eine anspruchsvolle Spitzenposition als Forschungswissenschaftler in der Industrie bekleidet, bringt enorm viel Zeit ohne Vergütung im Internet zu und diskutiert ethische Fragen in seinem Forschungsbereich. Er leitet zwei Diskussionsgruppen, eine für Wissenschaftler und eine für Ethiker. Er verschickt lange, wohldurchdachte Mitteilungen. Einser arbeiten unermüdlich für alles, woran sie glauben.

Anders als Fünfer und Neuner können Einser nicht unbeteiligt bleiben. Wie Dreier handeln sie gern. Sie legen sich ins Zeug. Sie müssen einfach ihre Wertvorstellungen und Ansichten mitteilen, auch wenn man sie nicht darum bittet und selbst wenn sie nichts zu sagen haben. Anne ist Englischlehrerin am Gymnasium und hat keine richtige Erfahrung mit Computern. Aber als ihr Schulbezirk sich anschickte, einen Technologiedirektor einzustellen, der den Computerunterricht überwachen sollte, hatte Ann das Gefühl, daß die Arbeitsstelle für einen Technik-Experten unzutreffend beschrieben worden sei. Sie hatte strenge Maßstäbe: Diese Person sollte, wie sie sich ausdrückte, eine »unterrichtende Führungsperson« sein. Die Darlegung ihrer Ansichten wurde für sie zum Kreuzzug. Sie schrieb an das Einstellungskomitee. Sie traf sich mit ihrem Rektor, dem Präsidenten der Lehrervereinigung und sogar dem Superintendenten des Bezirks, um sicherzugehen, daß sie sie verstanden. Einser müssen ihre wichtige Vision zum Einsatz bringen: sie übernehmen die Verantwortung dafür, daß etwas geschieht.

Während jeder Enneagrammtyp auf bestimmte persönliche Werte fixiert ist, sind die perfektionistischen Einser diejenigen, die sich am selbstbewußtesten auf Fragen zu *Werten und Ethik* einstellen. Sie wollen das Richtige tun. »Es macht mir nichts aus, Leute zu feuern. Aber ich mag keine Leute entlassen«, sagt Rusty, eine Eins und Supervisor in einer Baufirma. »Wenn man jemanden feuert, hat man einen Grund, der mit der Arbeitsleistung in Zusammenhang steht.

Aber wenn man jemanden entläßt, hat das nichts mit der Leistung des Betreffenden zu tun. Es ist eine finanzielle, von außen auferlegte Entscheidung. Ich halte das nicht für richtig – und ich glaube nicht, daß es langfristig für die Firma gut ist.«

Perfektionisten

Einser besitzen alle Arbeitsplatzvorteile eines Zwanghaften. Sie sind pünktlich (für sie hat Pünktlichkeit eine moralische Dimension). Sie sind großartige Planer. Sie sind fast immer vorbereitet. Einser üben Kontrolle aus, indem sie sich besonders intensiv auf Details konzentrieren: »Achte auf die Pennys, und die Dollars sorgen für sich selbst.« Die meisten Einser führen wahrscheinlich mustergültige Notizbücher, Protokolle und Akten über ihre berufliche Tätigkeit.

Obwohl andere ihre Aufmerksamkeit für Details oft als Perfektionismus wahrnehmen, sehen sich die meisten Einser nicht so. Sie versuchen bloß, es richtig zu machen oder »sowenig Fehler wie möglich zu machen«.

Emile Coués Satz »Von Tag zu Tag geht es mir in jeder Hinsicht besser und besser« könnte das Mantra einer Eins sein.

Die schlechte Nachricht

George Abbott, der große Mann des Broadway-Theaters, war eines Tages beim Golfspielen und fiel auf dem Fairway hin. Abbott war damals über hundert Jahre alt. Da er nicht aufstand, beugte sich seine Frau über ihn und begann ihn zu schütteln. »Steh auf, George, steh auf!« bat sie ihn. »Leg hier nicht einfach so.« Nach einer Weile öffnete George seine Augen. »*Lieg* hier nicht«, sagte er.

Einser sind die Prediger und Grammatiker des Enneagramms; sie sind von Sünde und Syntax fasziniert, auch wenn ihnen manchmal das eigentliche Geschehen entgeht.

Welcher Wald?

Viele Einser können den Wald vor lauter Bäumen nicht sehen. Johns Chef in der Agentur sagt: »Ich schickte meine Werfer und Schläger zu ihm. Er konnte ihnen sagen, was bei ihnen nicht stimmte. Aber ich glaube nicht, daß ich ihn das ganze Spiel leiten lassen würde. Er ist zu sehr auf Einzelheiten fixiert. Er arbeitet zu schwer und ist zu intensiv.«

Einser sind eher darum bemüht, recht zu haben oder so zu erscheinen, als ihre Arbeit zu erledigen, und vermeiden daher Aufgaben, die sich ihrer Meinung nach nicht perfekt ausführen lassen. »Ich kann mit Phoebe einfach nicht mehr arbeiten«, sagt Joan, Vizepräsidentin für Entwicklung an einer großen Universität. »Da haben wir einen Krisentermin für ein Angebot, bei dem es um Millionen Dollar geht. Mit großen Teilen sind wir noch nicht fertig, und Phoebe müht sich ab, alles unter einen Hut zu bringen.«

Doch Einser halten sich für effizient, weil sie so schwer arbeiten. Aber einige Einser arbeiten hart, nicht clever. Die schlechtesten Einser sind die großen Pyrrhussieger, die mehr daran interessiert sind, einen moralischen Sieg davonzutragen und ihren Fall zu beweisen, als eine praktische Aufgabe zu erledigen.

Selbstgerecht und vorschriftengebunden

Das Schlechte an der Eins ist, wenn Qualitätsmanagement scheitert. *Business Week* berichtete über einen Hersteller für wissenschaftliche Geräte im Silicon Valley, der tausend seiner Manager an Qualitätsprogrammen teilnehmen ließ, um die Firmenkultur zu verändern. Sie taten es. Eine Einheit, die Hightechstaubsauger herstellte, erhöhte die pünktliche Auslieferung von 42 Prozent auf 92 Prozent. Eine seiner Serviceabteilungen schnellte an die Spitze der Industrielisten für pünktliche Reparaturen. Aber die Leute in der Staubsaugerherstellung waren so darauf konzentriert, den idealisierten Zeitplan einzuhalten, der die »Qualitätsproduktion« maß, daß sie keine Zeit hatten, die Anfragen der Kunden zu bearbeiten. Das Geschäft verlor schnell seinen Marktanteil. Die Reparaturabteilung stand so unter Druck, ihre Vorgaben zu erfüllen, daß sie sich nicht die Zeit nahm, den Kunden zu erklären, was sie falsch machten oder wie sie künftig Reparaturen vermeiden konnten. Sogar der Qualitätsmanager der Firma sagte: »In punkto Qualität gingen alle Charts direkt nach oben, aber alles andere ging nach unten.«[3] Einser müssen sich vergegenwärtigen, daß ihre kostbaren Maßstäbe nicht Selbstzweck sind. Man muß auch an die Kunden und den Markt (Verbündeter Zwei) sowie das Gesamtbild (Trostpunkt Sieben) denken.

Das Hauptproblem der Eins ist, daß es ihr mehr um die Form als den Gehalt oder um den Vorrang des Gesetzes vor der Fairneß geht.

Ernsthafte Probleme gibt es, wenn diese ehrenwerten Moralisten moralisierend werden, wenn das Belehren zum Predigen wird und wenn es nur »einen richtigen Weg« gibt. Dabei handelt es sich nicht so sehr um *meinen* Weg (wie bei der Acht) als vielmehr um *den* Weg. Sie drängen sich anderen oft »zu deren Besten« auf.

Die *Los Angeles Times* berichtete, daß ein Leser neulich mit seiner dreijährigen Tochter MacKenzie eine Puppenspielvorstellung besuchte. Die Kleine regte sich übermäßig über andere Kinder auf, die sich nicht an die angekündigten Regeln hielten. Als man ihr sagte, sie solle sich lieber um sich selbst kümmern und nicht so sehr um andere, rief sie: »Das kann ich nicht. Das wäre egoistisch.«[4]

Einser ertragen keine Dummköpfe – beim besten Willen nicht. Ihre Kritik kann brutal, erniedrigend, rücksichtslos und öffentlich sein.

Einser sind von einem Ideal, nicht von Kunden oder dem Markt getrieben (wie Zweier und Dreier). Eine »Null-Fehler"-Politik hört sich zwar großartig an, ist es aber in Wirklichkeit nicht, wenn sie für den Kunden keinen Vorteil bringt.

»Eine meiner Krankenschwestern verabreichte einem Patienten die üblichen Medikamente«, sagte die Oberschwester eines großen Krankenhauses in Texas, eine Zwei. »Das Verfallsdatum war um vier Tage überschritten. Die Apothekerin – sie ist eine Eins – hörte davon und rastete aus. ›Verwenden Sie niemals, niemals abgelaufene Medikamente!‹ Sie machte mich zur Schnecke. ›Nehmen Sie Vernunft an, Linda‹, sagte ich zu ihr. ›Sie wollen mir doch nicht erzählen, daß es vor vier Tagen irgendeinen Unterschied bei diesem Medikament gab. Diese Verfallsdaten sind sehr restriktiv. Die Tabletten waren da, und der Patient brauchte sie. Ich verstehe nicht, was das eigentlich soll.‹ Jedenfalls füllte sie ein Berichtformular aus, und es gab eine Untersuchung. Sie stellte ihren Fall sehr selbstgerecht dar.

Schließlich sagte ich zu ihr: ›Wenn Sie so beunruhigt sind, wie kam denn dann das Medikament überhaupt in die Apotheke?‹ Sie wurde ganz grün im Gesicht.‹

Das war die perfekte Retourkutsche für eine Eins.

Der innere Inquisitor

Lächle öfter. Aber erst wenn du deine Zähne mit Zahnseide gereinigt hast.

Eine Eins im Selbstgespräch

In der Arbeit fühlen Sie sich von einer Eins möglicherweise heruntergeputzt, aber das ist nichts im Vergleich zu der Inquisition, die in ihrem Kopf abläuft. Einser haben einen inneren Inquisitor, der ihr Verhalten überwacht und ständig kommentiert.

Dieses Gewissen der Einser, das sie so gewissenhaft macht, spricht nicht mit ruhiger, leiser Stimme. Es ist wie ein gedopter Jiminy Cricket: »Wie konntest du so blöd sein?« »Du solltest produktiver, kreativer, ordentlicher sein!«

Der innere Inquisitor ist schon schlimm genug, aber Einser meinen, jeder habe in sich einen ähnlichen Sklaventreiber. Einser meinen aber auch, daß andere Menschen dem eigenen Sklaventreiber anscheinend nicht zuhören. Folglich wirft die Eins, wenn die Arbeit anderer nicht zufriedenstellend ist, ihnen nicht nur mangelnde Kompetenz, sondern ein moralisch verwerfliches Verbrechen vor. Tom, ein Einser-Ingenieur, sagt über einen jungen Angestellten: »Er *kann* es besser. Er will bloß nicht das Erforderliche tun.«

Einigen Einsern fällt es schwer, sich auf einen Angestellten einzustellen, der in ihren Augen »sündig« ist – jemand, der zu viele Fehler macht oder die Vorschriften mißachtet. Sie neigen dazu, den Täter zu vernichten. Sünder haben eindeutig die Grenzen überschritten; es ist besser, sie einfach von der Bühne zu entfernen. Einser können Leute erbarmungslos und ohne Empathie feuern, wenn ihr Versagen vorsätzlich erscheint. Das Verhalten der Eins ist übertrieben absichtsvoll; sie stellen sich vor, andere träfen genauso bewußte – ja moralische – Entscheidungen. Die Gerechtigkeit der Einser ist so schnell wie die Hand Gottes und genauso strafend. Jonathan, Einkäufer bei einer Warenhauskette, hatte immer wieder Probleme mit dem Produkt einer bestimmten Firma. Als diese es trotz wiederholter Versprechen nicht reparierte, weigerte er sich, auch nur *eines* der Firmenprodukte zu führen, selbst diejenigen, mit denen es keine Probleme gab.

Viele Rechnungsprüfer, Buchhalter und Leute, die mit Zahlen arbeiten, sind Einser. »Ich bin gerne Buchhalterin«, sagt Cathy lächelnd, »weil man die Zahlen und Berichte schwarz auf weiß hat. Man kann den anderen beweisen, daß sie unrecht haben.«

Die unentwickelte Eins ist ein moralischer Buchhalter, der jedem Kredit und jeder Schuld nachgeht. Aber wie sagte doch Lao Tse: »Der geschliffene Buchhalter führt nicht Buch.«

Zwanghaft und übermäßig verantwortungsbewußt

Die Arbeitsidentität der Einser erhält ihre Form durch das unerbittliche Vermeiden von Fehlern.

Einser sind übermäßig verantwortungsbewußt. Kay, eine Eins und neue leitende Direktorin einer Stiftung, war meistens bis Mitternacht im Büro. Sie ärgerte sich über die Arbeitsbelastung, war aber unfähig oder nicht bereit, ein Wort darüber zu verlieren. Nachdem sie monatelang gearbeitet hatte und am Ende war, wandte sie sich schließlich an den Vorstandsvorsitzenden und erzählte ihm verärgert, daß sie eine Assistentin brauchte, wenigstens in Teilzeit. Er sagte: »Natürlich brauchen Sie Hilfe. Warum sind Sie denn nicht früher zu mir gekommen?« Als Kay mir diese Geschichte erzählte, füllten sich ihre Augen mit Tränen. Für eine Eins kann es demütigend sein zuzugeben, daß sie überarbeitet ist oder Hilfe braucht (das heißt, nicht perfekt ist).

Naiv

Im Gegensatz zu Sechsern, die verstehen, daß Arbeit Politik ist und daß Menschen aus Eigeninteresse heraus handeln, handeln Einser mit moralischen Höchstwerten, die andere vielleicht nicht sehen.

Ron, Chefwirtschaftsprüfer bei einem berühmten Fernsehstudio in Hollywood, eine Eins in einem Einser-Beruf, wollte seine beste Mitarbeiterin, die Buchhalterin Sarah, eine Neun, belohnen. Da kein Geld für eine Gehaltserhöhung zur Verfügung stand, bot er ihr, in bester Absicht, an, mehr Veranwortung und Autorität bei Entscheidungen zu übernehmen: aus seiner Sicht eine Chance, sich weiterzubilden. Eine Zeitlang reagierte Sarah darauf nicht, und als er nachfragte, lehnte sie ab. Sie empfand die Veränderung ihrer Arbeitsplatzbeschreibung als lästig, sah darin »noch mehr unbezahlte Arbeit«. Sie dachte, ihre gute Arbeit sei eine Gehaltserhöhung wert; mehr Verantwortung war nur ein Trostpflaster. Ron war fassungslos.

Mit einer Eins arbeiten
Eine Eins beeinflussen

Die Eins spricht am besten auf Argumente an, daß etwas *zum größeren Wohl* oder zum Wohl der Firma, des Teams oder der Arbeit an sich geschieht. Oder daß es gerecht ist. Oder daß es dazu beiträgt, das »Wort zu verbreiten«. Oder daß man etwas Wertvolles dabei lernt und dadurch ein besserer Mensch wird. Oder daß anderen dadurch geholfen wird.

Was Sie auch tun, argumentieren Sie nicht mit Zweckdienlichkeit oder einem schnellen Profit. »Kommen Sie, jeder tut es – wir können es hier wirklich schaffen« ist für die meisten Einser ein rotes Tuch. Anders als Dreier, die die Notwendigkeit begreifen, daß man das Verfahren abkürzen muß, um im ständigen Konkurrenzkampf seine Stellung zu behaupten, sehen Einser derartige Kompromisse als schäbige Masche, manipulativ und erniedrigend. »Auch wenn du das Ratten-Rennen gewinnst«, lautet der bekannte Spruch, »bleibst du eine Ratte.«

Am schnellsten treibt man eine fixierte Eins zum Wahnsinn mit der Bitte, eine Ausnahme zu machen oder einen besonderen Fall gelten zu lassen. Das Gesetz – der beste Freund der Eins – verlangt gleiche Behandlung für alle. Fairneß erfordert, für den gerechtfertigten Sonderfall Ausnahmen zu machen – ein offensichtlicher Mangel an Geordnetheit, der den Einsern ein Gefühl von Richtungs- und Hoffnungslosigkeit vermittelt, so als hätten sie ihren vertrauten moralischen Kompaß verloren.

Nur wenn eine Eins sich daran erinnert, daß sie es mit Menschen, nicht abstrakten Prinzipien zu tun hat, kann sie individuelle Zugeständnisse machen (Verbündeter Zwei).

Wie eine Eins Entscheidungen trifft

Zweier und Dreier sind Vergleichseinkäufer, die sich schnell für die bessere von zwei bestehenden Möglichkeiten entscheiden. Einser hingegen vergleichen bestehende Wahlmöglichkeiten mit der Idealmöglichkeit. Einser haben eine idealisierte Variante vor Augen, einen festverdrahteten Qualitätsstandard, und messen bestehende Wahlmöglichkeiten daran.

Japanische Baseballmanager haben ein präzises ideales Resultat im Kopf; ihre Art der Strategieführung ist die einer Eins. »Manager in Japan haben Angst, schnelle Entscheidungen zu treffen, weil sie Angst haben, einen Fehler zu machen«, so Warren Cromartie von den Tokyo Giants. »Sie müssen alles mit ihren Trainern ausdiskutieren, bevor sie sich rühren. Ich spielte ein Half-Inning in Osaka, das eine Dreiviertelstunde dauerte.«[5]

Einser sind zwar sehr wertend, doch tatsächliches Bewerten bedeutet Streß für sie; sie identifizieren sich mit Autorität oder Prinzipien oder Standards nämlich deshalb, weil dadurch die persönliche Bewertung überflüssig wird. Deshalb fände es eine Eins unverschämt, wenn Sie oder die Eins eine unabhängige Wertung aussprechen würden. Wen interessiert es, was *Sie* denken? Wieso suchen wir nicht einfach nach der richtigen Art zu handeln? An das Urteil einer Eins zu appellieren bedeutet, ihr zu zeigen, wie Ihre Vorschläge mit der Methode übereinstimmen, wie man Dinge normalerweise oder ehrenhaft oder bewußt tut und wie Ihre Ideen sich positiv gegenüber der einzig wahren Methode ausnehmen.

Sobald einmal Entscheidungen getroffen sind, beschäftigen sich die Einser immer noch zwanghaft damit, auch wenn sie sich nicht mehr rückgängig machen lassen.

In der Gruppe Entscheidungen zu treffen ist für Einser nicht immer einfach. Einige Einser haben möglicherweise mit einem endlosen Planungsprozeß zu kämpfen, der Geben und Nehmen als Teil der Gruppe beinhaltet. Es ist schwierig, sich anderen bei der Entscheidungsfindung anzuschließen, wenn man weiß, daß man von Anfang an recht hat.

Aber Einser können eine Entscheidungsfindung auch hervorragend erleichtern. Obwohl wir Einser eher als Richter statt als Vermittler sehen, sind entwickelte Einser äußerst unparteiisch und achten genau auf angemessene Zeit und faire Anhörung aller Seiten oder Beteiligten.

Der Führungsstil der Eins

Beherrsche die Menschen durch Vorschriften, halte Ordnung un-
ter ihnen mit Hilfe von Züchtigungen, und sie werden vor dir flie-
hen und jegliche Selbstachtung verlieren. Herrsche über sie mit
moralischer Kraft, halte Ordnung unter ihnen mit Hilfe von Ri-
tualen, und sie werden ihre Selbstachtung behalten und freiwillig
zu dir kommen.

Konfuzius, eine Eins,
über schlechte und gute Einser-Führung

Einser sind felsenfeste, gewissenhafte Führer, die von Anfang an
an das Ende denken. Sie haben eine klare Vorstellung des »kor-
rekten« Ergebnisses und eine von Prinzipien geleitete Methode,
dorthin zu gelangen.

Einser sind nur allzu bereit, andere zu korrigieren – eher teilen
sie Kritik als Lob aus –, aber es wäre ihnen lieber, wenn jeder –
so wie sie – einfach wüßte, was richtig ist. Das könnte bedeuten,
daß sie Sie an einem moralischen Maß messen, von dessen Exi-
stenz Sie vielleicht gar nichts wußten. Ohne Scheu führen sie
Leistungsbeurteilungen oder andere Beurteilungsmechanismen
durch.

Einser führen, indem sie Programme, Systeme und Handlungsabläufe einimpfen. Ob finanzielle, menschliche oder technische
Ressourcen, für jedes System gibt es eine richtige Methode, nach
der es geführt werden kann. Einser geben Aufträge und machen
Vorschriften. Sie halten die Menschen bei der Stange, und wenn
jemand vom Weg abkommt, treiben sie den Ausreißer wieder zurück. Maurice Lippens, Vorstand der Lippens AG, des europäischen Finanzdienstleistungs-Multis, nennt seinen Management-
stil »den Druck der Konventionalität ausüben«.

Einser-Führer haben meistens klare Grenzen. Dies zeigen sie, indem sie deutlich Aufgaben, Verantwortlichkeiten und Organisa-

tionsverbindungen vereinbaren. Sie wissen, wer was tun soll und wer wem Bericht erstattet. (Vergleichen Sie dies mit dem Führungsstil der Siebener, bei dem sich zweckmäßige Grenzen und Organisationsbeziehungen überlappen und immer verschieben.) Das führt zu starker, direktiver Kontrolle über die Leute, die für sie arbeiten, oder die Aufgaben, die sie oder ihre Gruppe ausführen sollen. Für eine Eins ist das Delegieren riskant; dabei kann es vorkommen, daß nicht zufriedenstellend gearbeitet wird. Einser wissen, daß sie in ihrem Aufgabenbereich fast alles besser machen.

Ein leitender Rechtsanwalt in einer Anwaltskanzlei in Buffalo, New York, schickte einen jungen Kollegen nach New York City, wo er Klage vor einem Bundesgericht erheben sollte. Er diktierte dem Kollegen, einem ehemaligen Studenten der Harvard Law School, ein langes, ausführliches Memo – bis hin zu Anweisungen, wie er ein Taxi am Kennedy-Flughafen rufen sollte, wohin er sich im Gerichtsgebäude am Foley Square wenden sollte und wo er ein Faxgerät finden konnte, um die Akten zurückzuschicken.

Arbeitsteams, die einer Eins Bericht erstatten, gehen oft sehr sanft an der Oberfläche vor. Unter Johns starkem Einfluß brachte beispielsweise sein Arbeitsteam in der Agentur gute Laune und menschliche Wärme mit ein. Gruppendynamisch zeigte sich nämlich, daß dieses Team besonders in sich geschlossen war, fast zusammenklebte. »Es scheint einfach so, als beziehe dieses Team Außenstehende mit ein und gliedere sie ein«, sagt John stolz. »Die Normen sind verdammt eindeutig.«

Vielleicht zu eindeutig. John beklagte sich bei mir, daß sein Arbeitsteam bloß kompetente Arbeit, nicht aber außergewöhnliche Arbeit leiste. Unter den Teammitgliedern herrschte äußerst große Herzlichkeit, aber nicht die Begeisterung, die John sich gewünscht hätte. Obwohl es im Team einige potentielle Größen gab, galt keiner als Star, und viele Teammitglieder äußerten ihren

Unwillen darüber, so exponiert zu sein. In einer Einser-Gruppe will keiner den großen Fehler machen. (Wie lautet doch die japanische Einser-Redewendung: »Das hohe Gras wird abgemäht.«) Und John fügte, fast als Nachsatz, hinzu: »Die Leute hier dazu zu bringen, ihre Meinung zu äußern, ist wie Zähneziehen.«

Die besten Einser-Führer schlagen einen moralischen Ton an, der nicht nur durchdringend, sondern durchführbar ist. Dies mag sich als Sorge um Produktqualität oder die Sicherheit der Arbeiter, soziale Verantwortlichkeit für das Unternehmen oder die Beteiligung am Gemeinwesen äußern. Die treibende Kraft ist, daß man die besten Absichten des Unternehmens anerkennt.

Der Arbeitsstil der Eins

Die besten Einser sind peinlich genau und arbeiten hart. Sie suchen nicht nach Abkürzungen. Sie wollen die Arbeit richtig erledigen. Einser sind sehr ordentlich. Sie mögen Programme und Pläne. Sie haben einen unerbittlichen Blick für Fehler. Alle Einser empfinden sich als von Werten getrieben.

Die Eins steht früh auf, erledigt Aufträge, Projekte und Berichte lange vorher aus Angst, zu spät zu kommen und nicht perfekt zu sein.

Einser sind in ihrem Streben nach dieser Vorstellung nüchtern und erbarmungslos, wozu für die meisten Einser Fairneß und Ehre gehören. Henry, eine Zwei, ist Vizepräsident des bereits erwähnten Krankenhauses in Texas. Er ist Supervisor von Linda, der Einser-Apothekerin. »Letztes Jahr hat Linda gute Arbeit geleistet, aber sie lag über dem Budget. Das zählt hier viel. Sie meinte, beim Kauf von Inventar gespart zu haben, also gab ich ihr eine überdurchschnittliche Gehaltserhöhung von 3,5 Prozent. Vier Prozent wären die Höchstgrenze gewesen.

Aber Linda meinte, sie habe der Arbeitsbeschreibung genau entsprochen und verdiene 4 Prozent. Die meisten Gehaltsverhandlungen dauern bei mir fünf Minuten; Linda und ich redeten zwei Stunden lang miteinander. Das fehlende halbe Prozent faßte sie als Abwertung ihrer gesamten Arbeit auf, was aber nicht der Fall war.

Sie vereinbarte für den darauffolgenden Tag einen Termin und kam mit zwei Aktenordnern wieder. Sie wußte genau, wofür jeder Penny ausgegeben wurde. Wen interessiert es, ob für jedes Aspirin Rechenschaft abgelegt wird? Aber sie war entschlossen, ihren Fall nachzuweisen. Sie sagte: ›Die Art, wie Sie meine Gehaltserhöhung erwogen haben, entspricht nicht den Vorschriften. Sie haben die Normen aufgestellt. Ich habe mich bis ins Detail daran gehalten.‹ Sie argumentierte, daß ich ihr niemals *persönlich* und *ausdrücklich* gesagt hatte, daß sie eine Überschreitung des Budgets ein halbes Prozent kosten würde. Wir hatten immer davon gesprochen, die Prioritäten der Apotheke zu berücksichtigen; sie faßte das so auf, als solle ihre Arbeit den Klassifizierungsnormen für Apotheken entsprechen, und genau das hatte sie getan.

Ich sagte zu ihr: ›Sie sind Abteilungsleiterin. Setzen Sie Ihren gesunden Menschenverstand ein. Sie müssen wissen, daß an der Steuerpflicht kein Weg vorbeiführt. Allen anderen war das klar.‹ Sie sagte: ›Mir war das nicht klar. Sie stufen mich niedriger ein, weil Sie etwas von mir erwartet haben, was nicht schriftlich festgehalten wurde und von dem ich nicht wußte, daß Sie es erwarten.‹

Schließlich gab ich nach. Sie war entsetzlich nüchtern. Sie war so lästig! Ich mußte zugeben, daß ich niemals ausdrücklich über die Konsequenzen gesprochen hatte für den Fall, daß sie ihr Budget überschritt, obwohl ich meine, jeder andere hätte sich das denken können. Aber in diesem Moment war mein Hauptgedanke, daß ich mit diesem Problem meine Zeit vergeudete. Ich sagte zu ihr: ›Okay, Sie haben recht.‹ Sie strahlte! Ich sagte: ›Ich werde Ihnen das halbe Prozent geben, weil Ihnen soviel daran liegt. Mir ist unsere weitere Zusammenarbeit wichtiger als die Dollars, die an diesem halben Prozent hängen. Aber kommen Sie niemals, niemals mehr in mein Büro und verlangen mehr Geld, weil Sie das Budget überzogen haben.‹ Mir wurde klar, daß man bei Einsern hundertprozentig wörtlich sein muß.«

Die Lernweise der Eins

Einser lernen von außen nach innen. »Welche Regeln und Normen gibt es?« fragt die Eins. »Ich werde sie übernehmen.« Machen Sie ganz deutlich, was erwartet wird. Improvisierte, locker organisierte Vorgaben können Einser nur schwer aufnehmen. Brainstorming und andere strukturierte Übungen können so lange gut funktionieren, wie die Regeln ausdrücklich genannt werden. Sie lernen, indem sie genau beobachten, sich ausführliche Notizen machen und tatsächliche oder geistige Checklisten erstellen. Dann haken sie jeden Punkt auf der Checkliste ab.

Die Einser-Organisation

Eine Einser-Organisation dirigiert, schreibt vor und korrigiert. Sie erzeugt von sich aus eine Fülle von Reglementierungen und Standard-Handlungsabläufen, die von A bis Z genau beschreiben, wie etwas getan werden soll. Dazu gehören eventuell Regeln für ethisches Verhalten oder angemessene Kleidung, Verkaufsprotokolle und selbst spezifische Vorgaben für das Temperament der Arbeitnehmer. Ein riesiger Möbelhersteller im Mittleren Westen händigt neuen Mitarbeitern ein 114seitiges Regelbuch mit Reglementierungen für Arbeitnehmer aus. Jeder Verstoß, von Zuspätkommen bis Angriff auf den Vorgesetzten, hat präzise Strafen zur Folge.

Auch in Ross Perots Firma Electronic Data Systems gab es in der Einser-Kultur strenge Vorschriften in bezug auf Kleidung und Äußeres und eine erbarmungslose Bereitschaft zu Überstunden. Richtig und falsch waren klar. Die Mitarbeiter schliefen nachts oft im Büro und reisten mit erstaunlich viel Arbeitsaufträgen im Land herum, wobei sie ihre Familien oft monatelang nicht sahen, so als befänden sie sich auf irgendeinem modernen Kreuzzug.

Diese zwanghafte – manchmal ausschließliche – Fixierung auf die Perfektion von Details bedeutet, daß Einser-Organisationen zwar hart arbeiten, sich aber von der Marktrealität und den eigentlich wichtigen Dingen entfernen. Die Einstellung »Bloß keine Fehler machen!« kann unerträglich und auch uneffektiv sein. Einser-Organisationen meinen, sie würden den »einzig wahren Weg« kennen. Diese Sturheit macht sie für alternative Abläufe und Prozesse unzugänglich – zum Beispiel in Fällen, in denen ein geringfügiger, unauffälliger oder unbedeutender Rückgang der Qualität die Effizienz und Wirksamkeit beträchtlich erhöhen würde.

Die besten Einser-Organisationen handeln nicht aufs Geratewohl. Sie tun, was sie ankündigen. Sie halten sich an Zeitpläne. Sie sind *ehrenhaft*. Sie arbeiten auf stetige Verbesserung hin.

Motorola mit seinem außergewöhnlichen, erbarmungslosen Schwerpunkt auf firmenweite Qualität ist ein berühmter Einser-Maßstab. Nach einer umfangreichen, firmenweiten Aktion zur Qualitätsverbesserung gewann Motorola als erster den Baldridge-Preis, den begehrten Preis des Handelsministeriums für Qualität. Aber als echter Einser-Bekehrer erwartet Motorola von jedem seiner zehntausend Lieferanten, einen Zeitplan zu liefern, wann auch sie sich für den Baldridge-Preis bewerben – andernfalls wird Motorola sein Geschäft anderswohin verlagern. Laut William Wiggenhorn, einem leitenden Personalleiter bei Motorola, müssen die Leute »unsere Definition von Arbeit und der Arbeitswoche akzeptieren; die Zeit, die nötig ist, um den Kunden perfekte Produkte zu schicken.«[6]

Am besten kommen Einser auf einem relativ stabilen Markt oder mit einem Produkt zurecht, das so innovativ ist oder so neue Maßstäbe setzt, daß es eine starke Wachstumskurve hat. Neue »Wahrheiten« in den neuesten, schnellebigen Maschen oder Trends oder auf einem turbulenten Markt zu finden und sich sofort und flexibel daran anzupassen ist nicht der Stil der Eins.

Das Beste aus einer Eins herausholen

Unmißverständliche Einser sind Absolutisten, die ihren Neuner-Schatten unterdrücken, wo Chaos, Zweideutigkeit und Widerspruch herrschen. Neuner wissen, wie sie sich auf die natürliche Ordnung verlassen können. Die absolutistischen Einser sind unfähig zu unterscheiden, welche Situation man sich selbst überlassen kann, so daß sie ihren Lauf nimmt (bei Schattenpunkt Neun), und es fehlt ihnen ein Mitgefühl für die wahren Bedürfnisse oder Wünsche anderer (Verbündeter Zwei). Wenn Einser ihre Flügel ins Gleichgewicht bringen, reagieren sie auf die subjektiven Anforderungen der Situation, statt eine idealisierte Lösung aufzudrängen.

Wenn Einser die Zugkräfte ihrer Flügel ausbalancieren, »Dinge laufen lassen« (auf der Neuner-Seite) und anderen dienen (Zwei), können sie sich auf die Tugend der Eins, Gelassenheit, berufen, wie es das berühmte Gelassenheits-Gebet zum Ausdruck bringt. »Gott gebe mir die Gelassenheit, die Dinge zu akzeptieren, die ich nicht ändern kann, den Mut, die Dinge zu ändern, die ich ändern kann, und die Weisheit, das eine vom anderen zu unterscheiden.«

Einser im Fließzustand eignen sich den Standpunkt der hochgeistigen Sieben an: ein aufregendes Panorama von Phantasie, Erneuerung und Optimismus. Überwältigte Einser versinken in einem chaotischen Meer melancholischer Gefühle, dem Standpunkt ihres Streßpunktes, der Vier. Diese Gefühle machen das, was der normalerweise unpersönlichen Eins widerfährt, zu etwas ganz Persönlichem und können sehr hilfreich bei der Streßbewältigung sein.

Streßpunkt: Vier

Einser bewegen sich unter Streß zur Vier. Die grundlegende Psychodynamik der Einser ist die Unterdrückung von Wut, und unter Streß können diese an sich sehr beherrschten Menschen zutiefst emotional werden – eine bestürzende Veränderung für die meisten Einser. In einem chaotischen Meer melancholischer, seelenvoller Gefühle klingt die selbstgerechte Eins jetzt jammernd und vorwurfsvoll. Sie fühlt sich wie das Opfer von Menschen, die die Wichtigkeit von Ordnung und Genauigkeit, Werten und Tugend einfach nicht verstehen, die zu emotional sind oder nicht gewissenhaft sind.

Unter Streß kann die Eins, die dem höheren Wohl und dem allgemeinen Wohlergehen an sich optimistisch gegenübersteht, an ihrer mangelnden Fähigkeit, eine Veränderung herbeizuführen, verzweifeln. Ihre Beschwerden wandeln sich von detaillierter Kritik an anderen zu selbstversunkener Hoffnungslosigkeit angesichts der eigenen Aussichten.

Aber die Eins im Vierer-Zustand ist auch ein Weckruf. Die Eins, die normalerweise so sicher ist, daß ihre objektiven Prinzipien auch für andere gelten, sieht nun verunsichert in ihr Inneres. Auf Vier wird sie an das Wesen und die Komplexität menschlicher Gefühle, besonders ihrer eigenen, erinnert.

Höchstleistungspunkt: Sieben

Bei Höchstleistung bewegen sich Einser von Zwanghaftigkeit zu Impulsivität, von »einem richtigen Weg« zur Freude an Mehrdeutigkeit, Spontaneität und Erneuerung, dem Kennzeichen der Sieben. Es ist ihnen nicht so wichtig, ob Pläne ins Wasser fallen oder ob ein Programm eingehalten wird. Sie »lassen los«. Sie nehmen sich nicht so ernst. Sie schweben.

Es verwundert nicht, daß Einser außerhalb ihrer üblichen Routine gute Arbeit leisten, bei Überseeaufträgen, bei denen sie nicht der verantwortliche Funktionär sind. Es fällt ihnen dann leichter, zur Sieben zu gehen.

Die Sieben inspiriert die Eins, gemeinsam eine Vision zu haben, mit den richtigen Leuten ein Netzwerk zu bilden und andere an Bord zu holen. Wenn die Eins sich zur Sieben erweitert, wird aus dem Prediger-Lehrer ein Mitarbeiter und Experimentierender, der bereit ist, über seinen Schatten zu springen und einen Fehler zu machen.

Einer Eins »Was-wäre-wenn«-Fragen zu stellen oder eine Gruppe zum Brainstorming aufzufordern ist eine wirksame Methode, um ein Siebener-Umfeld zu schaffen. Wir veranstalten einmal wöchentlich ein Brainstorming mit klar umrissenen Regeln für Johns verkrampfte Gruppe beim CIA, um mehr Kreativität, Unabhängigkeit, Risikobereitschaft und Spaß zu fördern. Ideen wurden ohne Kritik und Beurteilung erzeugt. Jede Idee war zunächst einmal in Ordnung. Das Ziel war Menge vor Qualität. Bei diesen Gegebenheiten konnten unmöglich Fehler – das Schreckgespenst der Eins – passieren. Alle waren begeistert; John entspannte sich, und aus der Gruppe stiegen ein paar Stars auf.

Flügel

Schattenpunkt: Neun

Einser finden ihren Schattenpunkt bei der Neun: eine chaotische, ungeordnete, undifferenzierte Welt, in der widersprüchliche, sogar unvereinbare Positionen wahr sind. Einser leben normalerweise in einer Schwarz-Weiß-Welt, in der es unter Umständen keine Gnade gibt, aber wenigstens ist die Gerechtigkeit sicher und prompt und, so wie sie ist, sinnvoll. Die Neun vereint alle Grauschattierungen in sich; dort läßt sich über alles verhandeln, und alles ist miteinander verbunden.

Aber der Schattenpunkt Neun verankert die Eins in der realen Welt der Menschen. Auf Neun sieht die Eins langsam, daß ihre so hartnäckig vertretenen Ansichten eine legitime Kehrseite haben. »Neuner haben mich immer verrückt gemacht. Ich haßte ihre Unentschlossenheit«, sagt John. »Aber jetzt suche ich sie mir genau wegen ihrer vielfältigen Ansichten aus. Ich frage: ›Was halten Sie davon?‹ und dann: ›Was halten Sie außerdem davon?‹ Das erweitert mein Grundgerüst. Einser sondern sich ab. Neuner bleiben in Verbindung. Das ist sehr hilfreich.« Einser verspüren den größten, Neuner den wenigsten Drang, andere im Enneagramm zu verändern. Auf Neun lernt die Eins loszulassen.

Verbündeter: Zwei

Auf Zwei, dem Reich der Aufmerksamkeit für andere, erinnern sich die Einser daran, daß sie nicht nur Verfahren, Vorschriften und Dogmen erlassen, sondern daß sie mit Menschen arbeiten, die Gefühle haben. Auf Zwei lernen die Einser, andere zu schätzen. Auf Zwei lernte John, sich eingehend mit dem Menschen vor ihm statt mit dem idealisierten Modell in seinem Kopf zu befassen.

»Die Zwei verändert mich auf zweifache Weise«, sagt John. »Was die Systemanalytiker betrifft, die für mich arbeiten, meine ich immer noch, daß ich verdammt gut weiß, wie ihre Karriere aussehen sollte. Aber statt nur einen idealen Plan zu entwerfen, höre ich eher auf ihre Begeisterung und ihre Herzenswünsche, um ihnen bei der Entscheidungsfindung zu helfen. Es geht mehr um sie.« Ein Leitartikel in der *Business Week* erinnert uns daran, daß »(auf 100% Qualität abzielendes Management) nur dann funktioniert, wenn ein Unternehmen herausfindet, worauf es seinen Kunden ankommt«.[7]

Die Zwei schafft Mitgefühl und ist der Ausweg für die Eins. Es gibt keine echte Moral (Eins) ohne Mitgefühl (Zwei).

Kardinalregeln

Wenn Sie mit einer Eins arbeiten

- Ordentlichkeit zählt. Das Medium ist die Botschaft. Neuigkeiten oder Ratschläge müssen ordentlich verpackt und kategorisiert werden.

- Seien Sie höflich und rücksichtsvoll. Einser glauben an die Etikette. Verwenden Sie die magischen Worte: *bitte, danke, gern geschehen*. Den meisten Einsern ist es lieber, wenn sich Ihr Äußeres innerhalb der herrschenden Vorschriften bewegt.

- Seien Sie pünktlich. Einser halten beflissen Zeitpläne ein, und wenn sie sich wegen Ihres Zuspätkommens verspäten, werden sie Ihnen nicht so bald vergeben.

- Mit freundlichem Necken und Humor kommt man weit. Wenn Sie andeuten wollen, eine Eins solle »dem Prozeß vertrauen« oder »sich treiben lassen«, lächeln Sie dabei.

- Halten Sie sich an den richtigen Dienstweg. Die Verwaltungsstruktur dient der Ordnung, einer Priorität für die Eins. Einser hassen es, wenn Sie sich darüber hinwegsetzen.

- Geben Sie Ihre Fehler ehrlich zu. Finden Sie die Stelle, an der Sie wirklich vom Weg abgekommen sind. Die meistens Einser werden Beurteilungsfehler verzeihen, wenn man sie zugibt. Aber Fehler, die eine Folge Ihrer schlechten Angewohnheiten sind – wie Ihre mangelnde Sensibilität oder fehlendes Organisationsvermögen oder Ihre unlauteren Motive, wie Vertuschungen und Manipulationen – können sie viel schwerer verzeihen.

- Halten Sie sich an die Vorschriften. Einser mögen viel Struktur und Definition bei ihren Aufträgen und Berichten. Wenn Sie der Chef sind, erklären Sie, wie etwas getan werden soll. Wenn Ihr Chef eine Eins ist, finden Sie heraus, wie er es haben will, und machen Sie es dann genau so.
- Statt einer Eins zu widersprechen, stellen Sie »Was-wäre-wenn«-Fragen. Das kann eine Siebener-Umgebung schaffen. (Mit Einsern nicht einer Meinung zu sein festigt ihre Position, weil es so aussieht, als stellten Sie ihre Werte in Frage.)
- Wenn Sie sich gegängelt fühlen, denken Sie daran, daß eine Eins nur versucht zu helfen.
- Fragen Sie um Erlaubnis, bevor Sie einen Einser-Mitarbeiter ins Gebet nehmen. »Ist jetzt ein guter Zeitpunkt, um ein Problem zu besprechen, das ich mit Ihrer Arbeit habe?« Einser verkraften Kritik nicht gut, aber sie sind gut darin, Erlaubnis zu erteilen.
- Übernehmen Sie Verantwortung. Tun Sie, was Sie sagen. Einige Enneagrammtypen verlieren sich in Details (Sieben und Neun zum Beispiel). Einser wollen Pünktchen auf dem *i* und einen Querstrich beim *t*.

Wenn Sie eine Eins sind

- Seien Sie ein Vorbild, kein Kritiker.
- Denken Sie daran, daß vieles von dem, was Sie sagen, als Kritik aufgefaßt wird, auch wenn Sie es nicht so meinen.

- Überprüfen Sie den Kontext/Rahmen. Ihre Kritik an anderen ist vermutlich richtig, aber Sie übertreiben es. Ihr Kontext ist wahrscheinlich verzerrt. Das ist ein Fehler. Welche Informationen (besonders die Gefühle anderer oder Alternativlösungen oder -verfahren) übersehen Sie? Es kommt nicht auf den Fehler an, sondern auf die Art, wie Sie darauf reagieren.
- Lassen Sie sich von Ihrer Vorstellung von Perfektion und Ihrem Verständnis für das, was falsch ist, leiten, nicht einschränken.
- Lassen Sie den Korken knallen. All diese unterdrückten Gefühle, Urteile und der Ärger werden weggesteckt, weil Sie sie für nicht akzeptabel halten. Statt dessen sind sie Ihnen hinderlich. Wenn sie unterdrückt werden, wirken Sie viel wütender, als Sie meinen.
- Behalten Sie Ihre Abmachungen für sich. Alle fixierten Einser quälen sich selber, wenn sie Dinge versprechen, die sie dann nicht einhalten können. Sie ändern die Spielregeln nach dem Spiel und setzen die Hürde höher, nachdem sie gesprungen sind.
- Lernen Sie, was »gut genug« bedeutet.
- Verzeihen Sie sich selbst.
- Kümmern Sie sich um Ihren eigenen Kram. Machen Sie Urlaub von der übergroßen Verantwortung für das moralische Wohlergehen anderer.
- Wollen Sie recht haben oder Präsident sein? Arbeit ist nicht die Inquisition; die anderen wollen keine lästigen Moralprediger oder Richter um sich haben.
- Ermuntern Sie andere, Fehler zu machen. Ihre strenge, urteilende Art könnte Mitarbeiter oder Kollegen dazu veranlassen, ihre Fehler zu verbergen und Ihnen dadurch die Informationen, die Rückmeldung oder die Weisheit vorzuenthalten, die Sie brauchen.

ZWEI Der Helfer

Alias Der Schutzengel, die Macht hinter dem Thron, der bedürftige Gebende.

Weltsicht Ich unterstütze andere und verleihe ihnen Macht. Ohne mich könnten sie nicht zurechtkommen.

Gute Seiten großzügige Helfer, die aus anderen das Beste herausholen; gewissenhaft, freundlich, offenherzig, voller Begeisterung und Lob; nett, entschlossen, liebevoll.

Schlechte Seiten verführerische Schmeichler; Manipulierer hinter den Kulissen, die die Wünsche anderer Leute aus Eigennutz erfüllen; Märtyrer; Chamäleons, die sich verändern, um anderen zu gefallen.

Führungsstil muntern *Menschen* auf und schenken ihnen Anerkennung; managen, indem sie andere begeistern und ermutigen;

Glaubensbekenntnis Ich werde gebraucht.

Was sie mögen persönliche Beziehungen; ihr Wunsch zu helfen; ihr besonderes Verständnis für Menschen und Talent im Umgang mit ihnen.

Was sie nicht mögen wissenschaftliche Beweise, Theorien, Gutachten, Wirtschaftstrends.

Gesprächs-/Kommunikationsstil Komplimente, Schmeicheleien, persönliche Fragen, verführerischer Charme.

Geben Ihnen das Gefühl, geschätzt, angehört und umsorgt zu werden; und – manchmal – manipuliert zu werden, gefangen und schuldig zu sein.

Erscheinung lieb und verführerisch; höchst anpassungsfähig an Publikum.

Gutes Arbeitsumfeld Arbeit mit Menschen: Therapie, Verkauf, Gesundheitsfürsorge, Dienstleistungen.

Schlechtes Arbeitsumfeld Arbeit ohne Menschen: Buchhalter, Forstaufseher, wissenschaftliche Forschung.

Bücher Mary Kay Ash, *Mary Kay on People Management;* Max De Pree, *Die Kunst des Führens*; Robert Greenleaf, *Servant Leadership*.

Redewendungen »Wo du hingehst, da will ich auch hingehen, wo du bleibst, da bleibe ich auch. Dein Volk ist mein Volk, und dein Gott ist mein Gott.«; »Du kannst alles im Leben haben, wenn du einfach anderen dabei hilfst zu bekommen, was sie wollen« (Zig Ziglar); »Der Applaus und die Anerkennung, die er darstellt, gehören zu den stärksten Kräften auf der Welt« (Mary Kay Ash).

Überzeugte Zweier Mary Kay Ash, Max De Pree, Mister Rogers, Leo Buscaglia, Sally Jessy Raphael, Desmond Tutu, der Kinderarzt T. Berry Brazelton, der Mode-Designer Isaac Mizrahi

Höchstleistungspunkt 4 eigene Ziele und Leidenschaften geltend machen und danach handeln.

Streßpunkt 8 herrischer Tyrann; rücksichtslos und machthungrig

Verbündeter 3 erhält Energie, wenn sie beschäftigt ist, etwas leistet und aufgrund ihrer Kompetenz und Effizienz respektiert wird.

Schatten 1 erdet sich, wenn sie Standards, Praktiken und Verfahren (die sie gern leitet) anerkennt und sich danach richtet.

Tugend Demut.

Laster Stolz.

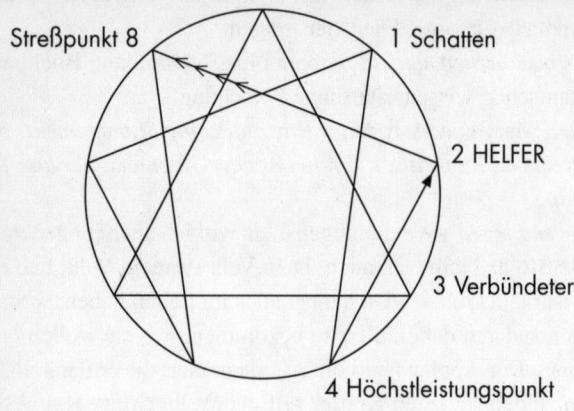

Streßpunkt 8   1 Schatten

2 HELFER

3 Verbündeter

4 Höchstleistungspunkt

Bekanntschaft mit einer Zwei

Rhondas Geschichte

Rhonda ist Vizepräsidentin für Studenten-Dienstleistungen bei einem Zweig der Staatlichen Universität an der Ostküste. Obwohl sie vollauf mit Aktivitäten auf dem Campus, in der Gemeinde und mit Familien beschäftigt ist, erübrigt sie immer Zeit für mich. »Ich könnte niemals den ganzen Tag am Schreibtisch sitzen«, sagt sie. »Ich manage, indem ich überall ein Schwätzchen halte.«

Jeder kennt sie, und auch sie kennt die meisten beim Namen; sie schenkt jedem Studenten oder Universitätsangehörigen echte, persönliche Aufmerksamkeit. Sie berührt Leute oft mit der Hand und blickt ihnen direkt in die Augen. Wenn sie mit Klagen kommen, zuckt sie nicht mit der Wimper. »Probleme sind eine Chance, den Leuten zu dem zu verhelfen, was sie wollen«, sagt sie. »Ich bin glücklich, meinen Zauberstab zu schwingen und das zu tun.«

Auf ihrem Schreibtisch steht ein Schild, das ihr ihr Personal geschenkt hat. Darauf steht: »Höchste Göttin des Universums.« Und darunter: »Ziehen Sie eine Nummer.«

Rhonda war früher Krankenschwester und wurde, während sie ihre drei Kinder großzog, Teilzeitlehrerin an der Universitätsschule für Gesundheitswissenschaften (School of Health Sciences). »Als die Stelle des Vizepräsidenten frei wurde«, sagte sie, »entschied ich mich, sie anzutreten, obwohl ich keine richtige Erfahrung oder Qualifikationen in der Verwaltung hatte.

Ich fand heraus, wer in der Einstellungskommission war. Ich brachte soviel wie möglich über die Betreffenden in Erfahrung. Ich hatte ein paar Beziehungen und sah keinen Grund, sie nicht spielen zu lassen. Sie veranstalteten gerade eine teure Suche auf Bundesstaatebene und weigerten sich, mich überhaupt zu einem Einstellungsgespräch einzuladen. Aber als ich erst einmal den Raum betreten hatte, hatte ich die Stelle. Ich stimmte meine Antworten auf jeden in der Auswahlkommission ab. Wenn ich mich anstrenge, kann ich die meisten Menschen dazu bringen, mich zu mögen.

Ich erinnere mich, daß ein älterer Typ dabei war, dem die Erhaltung der Universitätstraditionen am Herzen lag; es gab auch ein jüngeres Vorstandsmitglied, das viele Erneuerungen wollte. Später fand ich heraus, daß jeder dachte, ich sei ihre beste Verbündete.«

Jetzt hat Rhonda ihr Talent unter Beweis gestellt, und niemand bedauert die Entscheidung. Als sie ihre Fünf-Jahres-Plakette erhielt, waren viele schockiert, daß sie die Stelle erst seit fünf Jahren innehatte; so sehr war sie ein Teil der Institution geworden. »Ich arbeite mit meinen Abteilungsleitern. Ich löse Konflikte. Ich gehöre vielen Ausschüssen an. Ich überwache die Funktionen des Personals und der Entwicklung sehr genau. Was mich aufrechthält, ist, daß ich Einfluß auf die Studenten habe. Andernfalls wäre meine Arbeit sinnlos.«

Carter, der Universitätspräsident, eine Sechs, verläßt sich voll und ganz auf sie. »Viele meinen, Rhonda leite die Universität. Ich habe sehr viel Vertrauen zu ihr. Von allen, die für mich gearbeitet haben, kann sie mit mir am besten umgehen. Sie bringt ihre Anliegen ein, schlägt eine Lösung vor und sagt: ›Denken Sie darüber nach.‹ Und das tue ich.«

»Na ja, sie ist ziemlich manipulativ«, kommentiert ein Dekan der Sozialwissenschaften. »Sie spielt hier eine sehr wichtige Rolle, aber man darf sie nicht zum Machtspiel herausfordern. Für andere tut sie scheinbar alles. Aber sie ist sehr ehrgeizig und will sich nicht dreinreden lassen.«

Ich teile ihr die Kritik mit. »O bitte«, sagt sie mit großen Augen und faßt mich am Arm. »Ich soll mächtig sein? Ich bringe nicht mal abends meine Kinder rechtzeitig ins Bett. Ich will gern im Hintergrund sein«, sagt sie, »Probleme lösen und anderen die Anerkennung zollen.«

»Aber Sie wollen gern dafür beachtet werden, oder?« frage ich. Sie strahlt. »Wäre das denn so schrecklich?«

Über ihren Erfolg sagt sie: »Im Gymnasium hätte man nie für möglich gehalten, daß ich erfolgreich sein würde. Aber zufällig war ich die Freundin des Jungen, dem man die größten Erfolgschancen einräumte.«

Erkennen Sie Rhonda? Rhonda ist eine Zwei.

Die Grundvoraussetzung

Zweier sind »Menschen«-Menschen, und für sie ist jedes Geschäft ein Geschäft mit *Menschen*. Jim Autry, der ehemalige Verlagsmanager, bringt die beiden Glaubensbekenntnisse der Zwei auf den Punkt, wenn er schreibt: »Es gibt kein Geschäft. Es gibt nur Menschen.« Mary Kay Ash, die Kosmetikmagnatin und eine der erfolgreichsten Unternehmerinnen überhaupt, ist eine Zwei.

»Für mich bedeutete ›P & L‹ viel mehr als Profit und Verlust (profit and loss)«, hat sie geschrieben, »es bedeutete Menschen und Liebe (people and love).«[1]

Zweier schießen sich auf die emotionalen Bedürfnisse von Menschen in ihrer Umgebung ein – ihren Chef, Kollegen oder Kunden – und reagieren dann geschickt, erbarmungslos und meisterhaft auf sie. Sie sind die außergewöhnlich vorausahnende Sekretärin oder persönliche Assistentin und die einfühlsame, nährende, behütende Chefin. Zweier sehen sich als die Macht hinter dem Thron – und sind es oft auch.

Als solche besitzen Zweier beachtliche Macht und Einfluß. Sie können ihre fehlende fachliche Autorität ziemlich nebensächlich erscheinen lassen. Als ich bei einer kleinen Regierungsstelle arbeitete, schmiß größtenteils die Sekretärin des Direktors, eine Zwei, den Laden. Als »Pförtnerin« des Chefs – eine Standardposition der Zwei – bestimmte sie, wer ihn wann sprechen durfte und welche Papiere auf seinem Schreibtisch landeten. Er war eine Sechs und dankbar, daß sie Bittsteller von ihm fernhielt. Sie kannte seine Prioritäten; sie kümmerte sich meisterhaft um *seine* Vorgesetzten und ganz persönlich um ihn: Ihr machte es nichts aus, ihm Kaffee zu kochen und Sandwiches zu bringen.

Zweier können echte Schutzengel eines Projekts oder einer Organisation sein. Sie sind verantwortungsbewußt, engagiert und zuverlässig. Mit ihrem echten Einfühlungsvermögen bauen sie ihr Leben rund um die Menschen auf, die ihnen wichtig sind. Sie spüren, wenn jemandes Gefühle verletzt werden, und wissen, wie sie ihn besänftigen können. Sie haben eine Antenne für eventuelle Feindseligkeiten zwischen Kollegen und bemühen sich geschickt, sie zu versöhnen.

Für sich selbst verlangt die Zwei auf direkte Art nicht viel. Aber die Sache hat einen Haken. Zweier glauben, daß ihre Bedürfnisse, wenn sie sich meisterhaft um Ihre kümmern, ebenso meisterlich erfüllt werden. Verführerisch und geschickt ziehen sie an jenen verborgenen Fäden und machen andere Menschen genauso meisterhaft von sich abhängig, wie Dreier ihre Arbeit erledigen. Zweier gewinnen allmählich an Macht und Einfluß, weil wichtige Menschen sich auf sie verlassen.

Sie sonnen sich gern in diesem Ruhm, der auf sie zurückfällt, besonders in der Anerkennung, die sie für ihre Rolle als Stütze bekommen: Sie stehen im Mittelpunkt und sind wichtig.

Die besten Zweier bieten von Herzen kommende, individuelle Dienstleistung ohne Verpflichtungen; die schlechtesten verwickeln Sie in ein Netz unausgesprochener Verpflichtungen. Viele Zweier vereinen Elemente beider Typen in sich.

Die Gefälligkeitsbank der Zwei

Marley, meine damalige Kollegin bei der Regierung, ist mittlerweile eine hohe Beamtin im Gesundheitsministerium. Als Zwei wurde sie in der *Washington Post* als »Leiterin einer exklusiven Gefälligkeitsbank« beschrieben. Damit war nichts Illegales gemeint, sondern einfach die Begabung, Menschen dazu zu bringen, ihr einen Gefallen zu schulden. Sie spezialisiert sich beispielsweise darauf, die perfekte Person für staatliche Stellen zu finden, die besetzt werden müssen. Arbeitgeber und Arbeitnehmer sind erfreut und haben das Gefühl, ihr, und nicht einander etwas schuldig zu sein.

Wenn es einer Zwei aber nicht gelingt, das zu bekommen, was ihr ihrer Meinung nach zusteht, ist sie mit Sicherheit beunruhigt und nimmt in Gedanken möglicherweise Rache. Barry, ein Rechtsanwalt, sagte zu meiner Assistentin Samantha: »Geez, meine Sekretärin, hat mich heute ohne Zwischenpause für eine Konferenz nach der anderen eingetragen.«

Samantha, eine Zwei, erkannte das Problem sofort. »Barry, haben Sie letzte Woche den ›Tag der Sekretärin‹ vergessen?«

»Ja, tatsächlich, den habe ich vergessen«, sagte er. »Warum?«

Barry, eine Drei, hatte den Zusammenhang zwischen seiner Vergeßlichkeit und dem Verhalten seiner Sekretärin übersehen.

Zweier *brauchen* Anerkennung; deshalb zollen sie anderen soviel Anerkennung. Das Firmenmagazin bei Mary Kay Cosmetics heißt *Applause*. »Jeder mag Lob«, sagt Mary Kay. »Wenn Sie jemandem etwas, das 40 Cents wert ist, in einer Schachtel mit Anerkennung im Wert von 100 Dollar schenken, ist das tausendmal wirkungsvoller, als ihm etwas für 100 Dollar in derselben Schachtel mit Anerkennung im Wert von 40 Cents zu schenken.« Ihre berühmten Verkaufs-Preisverleihungen – bei denen sie ihre besten Leute mit Diamantringen, Nerzmänteln, rosafarbenen Cadillacs und teuren Urlaubsreisen belohnt – »bemühen sich um ausgefeilte Inszenierung und Glamour, die einer Cecil-B.-DeMille-Produktion würdig wären«.[2] Bei diesen Preisverleihungen danken Mary Kay alle Gewinner dafür, daß sie dies ermöglicht hat, und zwar mit Recht.

Psychologie

Anders als Einser und Achter, die als Kinder bestraft wurden, erinnern sich Zweier daran, daß sie ermutigt und belohnt wurden. Es waren Kinder, die ihr Augenmerk auf Beziehungen legten; sie wurden als hilfsbereite, aufmerksame und fürsorgliche Personen geliebt. Zweier lernten früh, daß ihr Weg zum Erfolg in dieser Welt von dem bewundernden Lächeln ihrer Mitmenschen erleuchtet sein sollte. Eine mir bekannte Anwältin, eine Zwei (die sich auf Adoptionen spezialisiert hat), erzählte mir, daß sie als junges Mädchen, während ihre Eltern in der Kirche waren, zu Hause alle Betten machte, einfach aus Freude darüber, wie erfreut sie bei ihrer Rückkehr sein würden.

Aber hinter den Kulissen war das Leben einer Zwei in der Kindheit nicht so rosig. Zweier waren oft schon allzu früh fürs Kochen und Saubermachen verantwortlich und mußten sich um ihre Geschwister und sogar um ihre Eltern kümmern, die sie beide in den Schatten stellten und von ihnen abhängig waren. Zweier bekamen zwar möglicherweise viel Zeit und Aufmerksamkeit von Eltern und anderen wichtigen Personen, aber im Herzen glaubten sie, diese Aufmerksamkeit für ihre meisterhaft geleisteten Zweier-Dienste, nicht aber für ihr wahres Selbst verdient zu haben.

Daher sind Zweier aufgeblasen, was ihren Einfluß betrifft, bekommen aber in bezug auf ihren wahren Selbstwert einen Dämpfer. Sie sind zugleich stolz und gedemütigt.

Zweier werden zu Papas Töchterchen und Mamis kleinem Mann; sie waren der Liebling der Lehrer, der protegierte Star. Sie verstanden es meisterhaft, die Wünsche von Autoritätspersonen in ihrem Leben durch Schmeichelei und Dienen zu erfüllen. Dadurch, daß sie gebraucht wurden, fanden sie zu ihrer (falschen) Identität.

Als Kinder glaubten Zweier, es sei egoistisch und unverschämt, die eigenen Bedürfnisse zu befriedigen. Als Erwachsene halten Zweier ihre eigenen lästigen Bedürfnisse immer noch für aufdringlich und meinen, es sei egoistisch, sie direkt und offen zu befriedigen.

Eine Zwei mag völlig genügsam, als Selfmade-Person, entweder wohltätig oder gebieterisch erscheinen, ohne wahre eigene Bedürfnisse, und hat immer eine Schar Menschen um sich, die von ihr abhängig sind. Oder sie wirkt wie ein sklavisch Ergebener oder Gefolgsmann ihres Chefs oder Meister in ihrem Reich, bereit, dementsprechend zu handeln. Die beste Zwei versteht es, die Kluft zwischen individuellem Selbstwert und berechtigter gegenseitiger Abhängigkeit bewußt zu überbrücken.

Die gute Nachricht

Zweier sind betörende dienstbare Geister. Es scheint, als sagten sie zu den Menschen: »Dein Wunsch ist mir Befehl.« Barbara Eden als dienstbarer Geist in der Fernsehserie *Bezaubernde Jeannie* war eine klassische Zwei. Sie war immer enttäuscht, daß ihr Gebieter sein Leben ohne ihre Zauberkünste leben wollte.

Aber viele Zweier sind auf subtilere Art dienstbare Geister. Die Römer glaubten, jede Wesenheit werde von einem Geist geleitet – dem »genius«, der sie inspiriere. Die gute Seite der Zweier ist ihre unheimliche Fähigkeit, sich auf Ihren einzigartigen »genius« einzuschießen *und ihn dann zu füttern*. Sie merken es vielleicht gar nicht. Sie sind dann einfach rundherum zufrieden mit sich.

Die besten Zweier fragen: »Wie kann ich Ihnen *als Mensch* dabei helfen, Ihre Arbeit besser zu erledigen?« Andy, eine Zwei und Manager eines Computer-Verkaufs- und Service-Unternehmens, fiel auf, daß einer seiner Verkaufsangestellten hinterherhinkte. Er tadelte ihn nicht, sondern rief ihn zu einem langen Gespräch in sein Büro. Er erfuhr von den Erfahrungen des Mitarbeiters, der vor kurzem eingewandert war, und seinen Schwierigkeiten, sich an Amerika anzupassen. »Ich hatte das Gefühl zu erfahren, wer er war; ich konnte es ihm leichter machen, in seiner Arbeit erfolgreich zu sein. Er spürte, daß ich ein Auge auf ihn hatte und ihn anfeuerte, und holte in kurzer Zeit auf.«

Zweier kümmern sich um jeweils einen Menschen und reagieren auf individuelle Bedürfnisse.

Geschick im Umgang mit Menschen

Zweier können Ihnen meisterhaft den Arm verdrehen, aber es mag Ihnen (zumindest am Anfang) wie eine wunderbare Massage vorkommen. »Carter gefällt es, daß ich auf die Leute im Vorstand persönlich eingehen kann«, sagt Rhonda, die Vizepräsidentin der Universität. »Wenn er mit anderen spricht, hat er ein Programm im Kopf. Manchmal bedeutet das, daß er nicht persönlich auf sie eingeht. Einmal versuchten wir, einen wohlhabenden Spender dazu zu bewegen, Mitglied in unserer Vorstandskommission zu werden. Auf einer Konferenz nannte Carter ihm alle Vorteile einer Mitgliedschaft in der Kommission. Er sprach über die Finanzen der Universität, die Einrichtungen und unsere künftigen Bedürfnisse – und merkte einfach nicht, daß der Typ kurz davor war abzuspringen. Er winkte nämlich ab. Schließlich erhob er sich zum Gehen und sagte zu Carter: ›Nun, alle wichtigen Entscheidungen trifft meine Frau.‹ Ich wußte, daß ich schnell handeln mußte. Ich sah mit großen Augen zu ihm auf und sagte: ›Wenn ich Ihre Frau wäre, würde ich Ihnen raten, es zu tun!‹ Er schmolz dahin! Und natürlich wurde er dann Mitglied der Kommission.«

Enneagramm-Zweier sind das »Universal-Lösungsmittel«. Sie kommen mit den unterschiedlichsten Menschen zurecht, indem sie in verschiedene Rollen für die verschiedenen Welten schlüpfen, in denen sie handeln. Zweier berichten, daß sie in diesen verschiedenen Rollen *aufrichtig* sind. So mag eine Zwei verführerisch und dienerisch bei einem Chef, aber eine Diva bei ihren Mitarbeitern sein. Den meisten Zweiern erscheinen beide Rollen authentisch und angemessen. (Im Gegensatz zu Neunern, die auch höchst anpassungsfähig sind, aber ein und dieselbe Rolle beibehalten und auf den Chef, Mitarbeiter und alle anderen zugehen.)

Zweier sind die fröhlichen Spezialisten für die kleinen Aufmerksamkeiten am Arbeitsplatz, weil sie die Menschen genauso anerkennen, wie sie es sich wünschen. Sie denken an Geburtstage und Hochzeiten, sie sammeln im Büro Geld für Geschenke und Beerdigungskränze. Zweier bringen auch schnell ihre Dankbarkeit zum Ausdruck – die sie natürlich auch von Ihnen erwarten! Mary Kay backt immer noch selbst Plätzchen für die Verkäuferinnen, die von der Beraterin zur Filialleitern befördert werden. »Einige Frauen nehmen sogar ein Plätzchen für ein Kind oder eine Beraterin in ihrer Abteilung mit – einfach weil ›Mary Kay es gebacken hat‹. Also ist ihnen meine kleine persönliche Note offensichtlich wichtig.«[3]

Kundenorientiert

Zweier sind kundenorientiert, im Gegensatz zu Dreiern, die marktorientiert sind. Eine Drei sagt: »Ich arbeite in dieser Branche, laßt uns auf Kundenfang gehen!« – und dann kann sie einen außerordentlich guten Kundendienst bieten. Die Zwei sagt statt dessen: »Ich diene diesen Menschen, also muß ich in dieser Branche arbeiten!« McDonald's, ein Dreier-Unternehmen, will möglichst viele Hamburger verkaufen. Aber Zweier reagieren auf Individuen. Den alten Burger-King-Slogan muß eine Zwei geschrieben haben: »Have it your way at Burger King!«

»Ich freue mich sehr, wenn ich auf dem Gesicht von Menschen Anerkennung sehe«, sagt Mimi, eine Zwei, die für eine große Singles-Agentur arbeitet. »Es ist viel wert, andere Menschen glücklich zu machen und ihnen ein gutes Gefühl zu vermitteln. Wenn ich Menschen nicht glücklich machen kann, habe ich wirklich das Gefühl, versagt zu haben.«

Zweier erwarten, daß die ihnen Untergebenen genauso stolz kundenorientiert sind wie sie selbst. »Ich gebe meinen Managern ihre Autonomie«, sagt Kevin, eine Zwei und Leiter eines Warenhauses. »Ihre Abteilung ist ihr Laden. Ich erwarte im Gegenzug nur eines: ›Lassen Sie einen Kunden mit einem Problem erst dann zu mir, wenn Sie mich zuvor davon in Kenntnis gesetzt haben. Bis der Kunde zu mir kommt, will ich ihm sagen können, daß das Problem bereits gelöst wurde.‹ Das ist im Service hier so üblich.«

Die absoluten Insider

Obwohl Zweier beflissen und manchmal naiv wirken, sind sie die absoluten Insider. Sie kennen ihre Organisation genauso gut wie jeder andere, weil sie wissen, was die Leute im Sinn haben.

Wenn Zweier auf andere zugehen, erfahren sie, was los ist. Jackson, ein Zweier-Bürokrat, erzählte mir: »Mein Chef sagt: ›Ich hatte noch nie mit einem Mann zu tun, der soviel mit Menschen redet wie Sie.‹« Aber Zweier können genausogut zuhören, je nachdem, was erforderlich ist, damit sich die Leute wohl fühlen. »Ich stelle bewußt Fragen«, sagt Marilou, eine Rezeptionistin. »Früher oder später erzählen die Leute gern von sich.«

Die schlechte Nachricht

Zweier sind ehrgeizig. Im schlimmsten Fall können diese scheinbar sanften und hilfsbereiten Menschen zu rücksichtslosen, machthungrigen Manipulierern werden. Zweier haben keine Scheu, sich anderen aufzudrängen oder sich in Ihre Angelegenheiten einzumischen. Einige Zweier werden sogar zu emotionalen Vampiren, und zwar so subtil und meisterhaft, daß das Opfer leergesaugt ist, bevor es überhaupt merkt, daß die Zwei Durst hatte. Ein typisches Beispiel ist die Zweier-Mutter, die ihrem Sohn zwei Krawatten zum Geburtstag schenkt. Wenn sie ihn das nächstemal sieht, trägt er eine davon. »Was ist los«, fragt sie, »hat dir die andere nicht gefallen?«

Die schlechte Seite der Zweier ist ihre *Chuzpe*, ein dreistes Anspruchsdenken. Vor vielen Jahren fragte eine Zwei, meine direkte Konkurrentin, mit Unschuldsmiene, ob sie meine Klientenliste haben könne. »Konkurrenz belebt das Geschäft!« sagte sie unumwunden.

Zweier können ehrgeizige Groupies der Mächtigen sein und jedem, der eine wichtige Stellung bekleidet, um den Bart gehen, ihre Karriere, ihren Einfluß und ihre problematische Unabhängigkeit zu fördern. Wenn Ihnen das, was diese Zwei will, fehlt, wird sie Sie möglicherweise aus Loyalität gegenüber ihrem Chef ignorieren, benutzen oder ausnutzen. Wenn Sie haben, was sie will, wird sie ihre Seele für ein Kompliment oder für das verkaufen, was Sie haben und was sie braucht.

Macht durch Hilfe

Zweier blähen sich wie Siebener auf. Eine oft unverhohlene Eitelkeit ist ihr Laster. Einmal arbeitete ich an einem Projekt mit einer Zwei und beschwerte mich über einen unausstehlichen Manager, mit dem wir zu tun hatten, in der Hoffnung, sie würde mich ein bißchen bemitleiden. »Also *ich* habe mit ihm nie Probleme! Ich weiß einfach, wie ich mit ihm reden muß«, sagte sie selbstzufrieden.

Zweiern ist es sehr wichtig, was andere von ihnen halten. Sie wollen als die besten, einfühlsamsten, selbstlosesten Geber dastehen, wollen als unabhängig und bedürfnislos gelten (oder umgekehrt als von Ihrer Großzügigkeit abhängig gelten, wenn das den Zweck erfüllt). Verführungskunst ist ein wesentlicher Bestandteil dieses Bildes; sie magnetisieren andere mit ihrem Charisma, ihrer Liebenswürdigkeit, ihrem Sex-Appeal oder auch ihrer Mütterlichkeit. Am verführerischsten ist ihre erstaunliche Fähigkeit, Ihnen genau das zu bieten, was Sie brauchen.

Für andere alles zu bedeuten (das heißt allen Menschen, die ihnen wichtig sind), kann für diese emotionalen Chamäleons in bezug auf ihr wahres Selbst verwirrend sein. Da sie so darauf bedacht sind, daß andere ihr idealisiertes Selbstbild vom »Geber par excellence« unterstützen, wirken sie zwar unabhängig, sind aber in Wirklichkeit von den Ansichten, Urteilen, Launen und besonders den Bedürfnissen anderer abhängig. Zweier finden ihre Identität dadurch, daß andere sie brauchen, und vermeiden es manchmal, sich mit ihren wahren Bedürfnissen oder den Erfordernissen ihres Geschäfts auseinanderzusetzen.

Manipulative Schmeichler: Der Lichtstrahl

Zwar richten Zweier den Scheinwerfer auf andere, aber sie kontrollieren das Geschehen stark, indem sie entscheiden, wohin der helle Strahl gelenkt wird. In einer Beratung, die ich für eine Firma von Managementberatern durchführte, sprach ich den ganzen Tag über mit jedem der Partner einzeln im Konferenzraum. Julie, eine der Sekretärinnen und eine Zwei, kümmerte sich um mich und die Besprechungen. Sie schmückte das Konferenzzimmer mit Blumen, stellte die verschiedensten heißen und kalten Getränke sowie Gebäck und Obst hin. Irgendwie hatte sie erfahren, daß ich gegen Weizen allergisch war. Wir bekamen also Muffins ohne Weizenmehl. Mehrmals am Tag meldete sie sich bei mir zurück; jedes Gespräch mit ihr kam mir wie ein liebevoller Lichtstrahl vor. (»Ich bin einfach wunderbar«, dachte ich.) Ich begann darüber nachzusinnen, ob ich sie einstellen sollte. Dann fragte sie zwischen zwei Sitzungen, ob sie mit mir sprechen könne. Sie wollte wissen, ob ich sie einstellen wolle. Ich sagte, ich würde das auf jeden Fall tun. Ich war völlig hingerissen.

Am Nachmittag schaute ihr Chef für ein paar Minuten herein. Während er sich bei uns aufhielt, warf mir Julie einen Blick zu. Der war so anders, daß ich aufschreckte. Nicht, daß sie unfreundlich war; nur sah ich, daß der Strahl von Licht und Liebe jetzt ganz auf ihren Chef gerichtet war. Für mich war kein Schimmer mehr übrig.

Ich erzählte diese Geschichte Marlene, einer Zwei und Leiterin eines Retreat-Zentrums, die ausrief: »O ja! Das ist der ›Wusch‹-Effekt. Wusch – und weg ist er! Ich suche mir aus, für wen ich mich wann engagieren will.«

Wie Siebener, ihr geistiges Gegenstück, sind Zweier im allgemeinen für ein besseres Angebot offen. Zweier erleben diese ausschließliche Beschäftigung mit nur einer Person als eine Art Beständigkeit; anderen erscheint sie eher als Unstetigkeit. Evita Perón, eine Zwei, verbündete sich nacheinander mit immer mächtigeren Gönnern, mit dem Ziel, schnell aufzusteigen, bis sie zur »Mutter der Nation« wurde. Ihr Letzter Wille war, daß die Armen ihr nach ihrem Tod ihre Wünsche schriftlich mitteilen sollten.

Zweier fühlen sich wohl, wenn sie Schmeichelei als Mittel zum Zweck einsetzen. Mary Kay sagt, der Schlüssel, Kunden zu behalten, sei es, sie mit »soviel Wertschätzung, Betreuung und Beachtung« zu überschütten, daß sie »sich *schuldig* fühlen bei dem bloßen Gedanken, mit jemand anderem Geschäfte zu tätigen« (Hervorhebung von mir).[4]

Mit einer Zwei arbeiten
Eine Zwei beeinflussen

Bei der Arbeit mit einer Zwei haben Sie am meisten Erfolg, wenn Sie an ihre gegenseitige Beziehung oder Ihr Bedürfnis nach persönlicher Unterstützung appellieren. Erwähnen Sie die Wahrheit, wie sehr ihrer beider Schicksal miteinander verflochten ist und wie der Erfolg Ihrer Projekte von der Zwei und ihrem Machteinsatz hinter den Kulissen abhängt.

Betonen Sie in Ihren Diskussionen die Wirkung Ihrer Vorschläge auf Menschen, die der Zwei wichtig sind. (Vergleichen Sie mit der Neun, die weniger am Einfluß auf einzelne als auf die Gruppe als Ganzes interessiert wäre.)

Vermeiden Sie logische Argumente, um sie zu überzeugen. Erinnern Sie sich, wie Linda, die Apothekerin, in dem Kapitel über die Einser ihren Chef, eine Zwei, auflaufen ließ? Reiten Sie nicht auf Fairneß, Ethik oder Standardaufläufen herum; obwohl sie ihre Gehaltserhöhung bekam, zerstörte sie beinahe ihr Arbeitsverhältnis. Andererseits ist es besser, bei jeder Gelegenheit zu erwähnen, daß es sich lohnt, eine Ausnahme von der Regel zu machen, weil echte Menschen mit echten Gefühlen beteiligt sind.

Wie eine Zwei Entscheidungen trifft

Wie wir gesehen haben, sehen Zweier Probleme höchstwahrscheinlich als menschliche Probleme und bedenken, wie Entscheidungen auf Menschen wirken. »Am leichtesten treffe ich Entscheidungen, wenn ich mich auf eine bestimmte Person konzentriere«, sagt Cheryl, die Besitzerin einer Beauty-Shop-Kette. »Auch bei einer Entscheidung, die mich betrifft, denke ich an jemand anderen.«

Zweier sind diejenigen im Enneagramm, die sich wahrscheinlich am wenigsten Gedanken machen. Wie Siebener, ihre geistigen Gegenspieler auf der anderen Seite des Enneagramms, machen Zweier Schnellschüsse: da sie große Redner sind, hören sie sich beim Reden selbst zu, um zu hören, was sie zu sagen haben, und vertrauen mehr auf schnelle Eingebungen und Eindrücke als auf kluges Argumentieren oder starre Überzeugungen.

Zufriedenheit steht nach den emotionalen Beziehungen an zweiter Stelle. In Situationen, in denen geistige Härte oder überzeugendes lineares Denken erwartet wird, wirken Zweier wie Versager. Aber wo es in erster Linie um Leistung durch Menschen geht, kommen sie groß heraus.

Der Führungsstil der Zwei

Die magnetische Ausstrahlung der Zweier und ihr angeborenes Gefühl dafür, wie Prestige funktioniert, lösen bei wichtigen Menschen den Wunsch aus, Teil eines Netzwerks zu werden, in dem beide Seiten einen Vorteil haben. Zweier können überragende Verkäufer sein, weil sie klar sehen und elegant (oder schamlos, je nach den Erfordernissen) genau herausstellen können, welchen Vorteil der Wohltäter, den sie im Visier haben, von dieser Zusammenarbeit hat.

Die besten Zweier sind die »dienenden Führer«. Dieser Begriff wurde von Robert Greenleaf eingeführt, der lange Zeit Manager bei AT&T war und sich von Hermann Hesses Buch *Die Morgenlandfahrt* inspirieren ließ. »Die Hauptfigur in der Geschichte ist Leo, der die Truppe als *Diener* begleitet, niedere Arbeiten verrichtet, sie aber ebenfalls mit Stimmung und Gesang bei Laune hält. Er ist ein Mensch von außergewöhnlicher Präsenz. Alles geht gut, bis Leo verschwindet. Dann löst sich die Gruppe auf, und die Fahrt wird abgebrochen. Ohne den Diener Leo kommen die anderen nicht weiter. Der Erzähler, der zur Gruppe gehört, findet Leo nach mehreren Jahren der Wanderschaft und wird in den Orden mitgenommen, der die Fahrt unterstützt hatte. Dort entdeckt er, daß Leo, den er zunächst als Diener kennengelernt hatte, in Wirklichkeit das nominelle Oberhaupt des Ordens, sein leitender Geist, ein großer, edler Führer war.«[5]

Tatsächlich postuliert ein am Menschen orientierter Führungsstil, wie er derzeit modern ist, die Pyramide des Firmendiagramms umzukehren. »Die gesamte Struktur von Organisationen muß sich verändern«, sagt Norman, eine Zwei und Hotelmanager. »Sie muß auf den Kopf gestellt werden.« Er führt ein Organisationsdiagramm für sein Hotel vor, bei dem die Angestellten, die sich um die Gäste kümmern, an der Spitze und er selbst ganz unten stehen, ein schlauer Platz für eine Zwei. Dadurch wird Norman viel unabkömmlicher, als wenn er an der Spitze stünde – wie die meisten Generaldirektoren –, denn dort könnte er abgesägt werden, ohne daß das ganze System zusammenbricht! Für die besten Zweier-Führungspersönlichkeiten hat das Management an sich eine unterstützende Funktion. »Ein einsamer Chef an der Spitze einer Pyramide zu sein ist unnormal und korrumpierend«, schreibt Greenleaf. (Eine Acht wäre da anderer Meinung.)

Max De Pree, der frühere Generaldirektor des Möbelherstellers Herman Miller, sagt, Firmenführung sei »eine ernsthafte Einmischung in das Leben anderer«.[6] Zweier-Manager scheuen sich nicht, aktiv zu intervenieren. Sie schicken ihre Angestellten auf Konferenzen und zum Training. Persönliche Beratung macht ihnen Spaß.

Für Zweier bedeutet die Kunst des Führens nicht, sich nach Prinzipien zu richten (wie bei der Eins) oder sich auf das Wesentliche zu beschränken (wie bei der Drei). Für sie mißt sich wahrer Erfolg an ihrer Wirkung auf Kunden und Mitarbeiter. De Pree sagt ganz richtig: »Hervorragende Firmenleitung macht sich in erster Linie bei den Gefolgsleuten bemerkbar. Schöpfen sie ihr Potential aus? Lernen sie etwas? Dienen sie? ... (denn) es ist wichtiger, unser Potential auszuschöpfen, als unsere Ziele zu erreichen.«[7]

Ebenso sagt Greenleaf über die dienende Führung: »Der beste Test ist: Wachsen diejenigen, denen gedient wird, menschlich gesehen; werden sie dadurch, daß man ihnen dient, gesünder, weiser, freier, autonomer, werden sie eher selbst zu Dienern?«[8] Für eine Zweier-Führungspersönlichkeit sind Menschen das Wichtigste – nicht, wie für eine Fünf, die Informationen oder – wie für die Sieben – strategische Planung. Zweier geben anderen Macht, engagieren sie und entzünden in ihnen ein Feuer. »Die neue Führungspersönlichkeit hört zu, kommuniziert und erzieht – sie ist ein emotional ausdrucksvoller, inspirierender Mensch, der eher die richtige Atmosphäre schafft, statt alle Entscheidungen allein zu treffen«, beschreibt Jan Carlzon seinen kundenorientierten Führungsstil bei der Fluggesellschaft SAS. »Diese Eigenschaften galten einst als weiblich, (aber) Intuition und Sensibilität für die Lage anderer Menschen sind wichtige Wesensmerkmale eines jeden Managers.«[9]

Der Zweier-Führungsstil ist ideal geeignet für Situationen, in denen ein Mitarbeiter bereit ist, sich voll einzusetzen, aber noch etwas zögert.

Der Arbeitsstil der Zwei

Zweier können meisterhaft »den Chef managen«. Sie wissen von sich aus, wie sie ihre Organisation oder ihren Chef gut dastehen lassen können, wenn sie wollen, und die Chefs fallen reihenweise um, weil sie meinen, die Ideen der Zweier seien ihre eigenen. Zweier braucht man nicht zur Mitarbeit aufzufordern. Sie machen bereitwillig Überstunden und arbeiten hart, um für ihren Chef, den sie unterstützen, Dinge zu erledigen. Sie brauchen keine ausdrücklichen Anweisungen wie die Neun oder die besondere Autorität, die man einer Sechs geben müßte. Sie wissen, was getan werden muß, und tun es einfach.

Aber seien Sie auf der Hut. Auch wenn Zweier die Meister hinter den Kulissen sind, fühlen sich diese emotionalen Typen wohl – wenn sie richtige Macht haben und sie ausüben. Sie wollen in wichtigen Angelegenheiten zu den Akteuren gehören. Sie wissen genau, was für sie dabei herausspringt, und wissen, wie sie sich Anerkennung holen können – wenn nötig, auch bei Arbeiten, die nicht wie Machtpositionen erscheinen mögen.

»Ich war gerne Kellnerin«, sagt Marilyn, die jetzt ein Tagespflegeheim leitet. »Wenn es ihnen etwas nützte und ich glaubte, mein Rücken könnte es aushalten, wäre ich noch immer in diesem Beruf. Wenn man an Tischen bedient, hat man die Kontrolle. Man kann sein Trinkgeld mit einem Blick verdoppeln. Man braucht gar nichts zu sagen.«

Die Arbeit mit Menschen, mit denen die Zwei gut zurechtkommt, ist ein großes Plus für sie. Zeke, der sich als Büro-Aushilfskraft verdingt, um seine beginnende Schauspielkarriere zu

finanzieren, formuliert es so: »Mit wem möchte ich zusammenarbeiten? Letztendlich geht es darum, ob ich Sie dazu bringen
kann, mich zu mögen. Ich mag Menschen, die nicht wissen, was
sie wollen. Meine Aufgabe ist es herauszufinden, was sie wollen,
und es ihnen zu besorgen. Dafür werde ich wirklich großzügig
belohnt. Ich arbeite sehr gern mit Menschen, die mich und meinen Beitrag anerkennen.«

Die Lernweise der Zwei

Zweier können zwar hochintelligent sein, sind aber selten lese-
wütig. Während sich Fünfer einen schönen Tag nur mit einem
guten Buch oder einem guten Modem machen, sehnen sich die
Zweier nach mehr Kontakt zu anderen Menschen. Zweier glänzen in Workshops, Diskussionen und anderen Situationen, in denen sie Erlebnisse, Gefühle und Erfahrungen austauschen können. Sie lernen am besten, wenn sie die Gelegenheit haben, mit
anderen in Kontakt zu kommen, ihr Geschick im Umgang mit
Menschen und ihren Charme zu zeigen und dafür bewundert zu
werden, daß sie durch ihre Hilfe mehr lernen.

Die Zweier-Organisation:
Legendärer Kundendienst

Zweier-Organisationen sind auf Menschen ausgerichtet. Die Zufriedenheit der Kunden – und oft auch die der Mitarbeiter – sind
Grundpfeiler eines Zweier-Unternehmens. In den besten Zweier-
Unternehmen nehmen Aufgaben, die mit Menschen zu tun haben
(wie Training, Personal, Programme zur Unterstützung der Mitarbeiter, Gewinnbeteiligung, Krankenversicherung) breiten
Raum ein. Technologische Erneuerungen oder straffe Kosten-

kontrollen werden vergleichsweise vernachlässigt, wenn sie die Zufriedenheit des Kunden oder der Mitarbeiter nicht direkt beeinträchtigen.

Das für seinen Kundendienst berühmte Warenhaus Nordstrom ist eine Zweier-Organisation. Sein ganzes Vorschriftenbuch paßt auf ein kleines Blatt Papier und lautet: »Regel Nr. 1: Setzen Sie in jeder Situation Ihr gutes Urteilsvermögen ein. Weitere Vorschriften gibt es nicht.« Vergleichen Sie dies mit dem Möbelhersteller aus dem Mittleren Westen mit seiner Einser-Kultur, der jedem neuen Mitarbeiter ein 114seitiges Vorschriftenbuch aushändigt.

Bis vor kurzem führte Nordstrom keine computergestützten Inventarkontrollen durch. James Nordstrom begründete das so: »Computer geben einem nur Auskunft darüber, was verkauft wurde, aber nicht über Dinge, nach denen der Kunde fragt, die wir aber nicht führen.« Deshalb hat Nordstrom in der Industrie pro Quadratfuß die weitaus umfangreichsten Inventarlisten mit dem breitestgefächerten Angebot an Stilen und Größen.

Der Möbelhersteller Hermann Miller war führend bei der Entwicklung von unterstützenden Systemen für aidskranke Arbeiter, und die Firma – die Zweier-Organisation schlechthin – befaßt sich gedanklich viel mit innovativen Vorteilen wie Kinderbetreuung und flexibler Arbeitszeit.

Einige Zweier-Organisationen richten ihren Zweier-Lichtstrahl so sehr auf ihre Kunden, daß sie (in echter Zweier-Manier) die Bedürfnisse ihrer eigenen Mitarbeiter vergessen. Ich habe eine Beratung bei einer wunderbaren Sozialdienstagentur durchgeführt, in der sich die Mitarbeiter den ganzen Tag die Probleme anderer Menschen anhören, aber selten über ihre eigenen nachdenken. Diese energiegeladenen Arbeiter schlugen alle möglichen Lösungen vor oder leiteten die Fragen weiter. Als ich das letztemal dort war, kam ein Mann herein, der sich kein Geburtstagsgeschenk für seinen Sohn leisten konnte. Zuerst riefen sie überall in der Stadt an, um herauszufinden, ob es eine Einrichtung gab, die ihm helfen konnte, aber es gab keine. Also sammelte das Personal Geld ein. »Danke, vielen Dank!« sagte der arme Mann, der wußte, was man zu Zweiern sagen muß. Aber viel öfter sind die Vorteile des Helfens nicht so selbstverständlich, und die Dankbarkeit auch nicht, und deshalb macht sich bei diesen Menschen immer noch sehr oft ein Burnout bemerkbar.

Das Beste aus einer Zwei herausholen

Statt anderen tatsächlich oder scheinbar den Vortritt zu lassen, entwickeln sich Zweier weiter, wenn sie ihre eigenen Gefühle für so wertvoll halten, daß sie unmittelbar darauf reagieren. Das ist die Sichtweise des Trostpunkts der Zwei, die Vier. (Befreit von dem Zwang, andere zu manipulieren, kann die Zwei wirklich für andere dasein.) Wenn Zweier gestreßt sind, übertreiben sie ihre Autonomie und überrumpeln andere auf Streßpunkt Acht.

Der Verbündete der Zwei ist die Drei. Zweier laden sich mit Energie auf, wenn sie etwas zu tun haben. Wenn sie nicht davon abgelenkt werden, andere für sich zu gewinnen, verändern sie ihre Umwelt tatsächlich, und das ist ihr wahres Ziel. Die Eins ist der Schatten der Zwei. Zweier vermeiden das unnachgiebige Paragraphenreiten der Eins, aber sie werden geerdet, wenn sie mit dem ausgeprägten Gespür der Eins für Prinzipien verbunden bleiben. Wenn Zweier Prinzipien (Eins) mit den Erfordernissen ihrer Aufgabe ins Gleichgewicht bringen (Drei), werfen sie ihr eigenes Ego über Bord und nähern sich der Demut, der Tugend der Zwei.

Marlenes Geschichte

Marlene, eine Zwei, ist leitende Direktorin eines Countryclubs und Seminarzentrums in Florida. Sie ist für ihr Geschick im Umgang mit Menschen berühmt, mit dem sie für eine stets freundliche, persönliche Atmosphäre sorgt. »Wenn jemand durch meine offene Tür kommt und nicht Hallo sagt, frage ich mich warum«, sagt sie.

Leslie, eine Acht, gehörte zu Marlenes Direktorenkomitee. »Leslie war politisch sehr aktiv«, berichtet Marlene. »Sie war nicht nur in der Staatspolitik, sondern auch im Vorstand sehr einflußreich.«

Leslie überzeugte das Komitee davon, daß sie ein Büro für ihre Entwicklungsarbeit brauchte. Sie brachte es dazu, ihr dafür ein monatliches Honorar von 5000 Dollar zu bewilligen. Aber sie arbeitete lediglich für die politische Kampagne eines Freundes. Die ganze Zeit erledigte sie am Telefon ihre eigenen Geschäfte!«

Streßpunkt: Acht

Zweier müssen sich sicher sein, daß sie auf andere Einfluß nehmen und ihre Umgebung unter Kontrolle haben. Wenn sie nicht helfen dürfen und keine Anerkennung für ihre Leistungen bekommen oder besonders wenn man sie unterdrückt, herumkommandiert oder entmachtet, geraten sie unter Druck. Zweier haben das Gefühl, gleich zu explodieren, und geraten in den Achter-Zustand.

Die Zwei im Achter-Zustand ist frustriert. Sie empfindet sich als Opfer der Sturheit, des Mißbrauchs, der Unsensibilität, Dummheit und des mangelnden Mitgefühls und der Wertschätzung anderer. Sehr oft kommt dies einer gestreßten Zwei wie pure Ungerechtigkeit vor. Aber die Acht ist auch ein Weckruf für die Zwei, der sie zur Konzentration ruft. Es gibt kein indirektes Handeln mehr. Es gibt kein »braves Mädchen« mehr. Die Acht zwingt die Zwei, ihr Spiel als Machtspiel zu offenbaren. Befehle müssen direkt an andere gerichtet werden, ohne Zuckerguß oder

Manipulation, um die Ungerechtigkeit oder das Machtungleichgewicht zu korrigieren. Falls nötig, sind Vergeltung und Rache schnell und gewiß.

»Leslie machte mich verrückt. Sie hatte hohe Telefonrechnungen und wurde dafür bezahlt. Zufällig hörte ich sie am Telefon sagen, daß sie hier freie Hand hatte! Ich weiß nicht, was schlimmer ist: daß sie es vor meiner Nase machte (Zweier hassen es, gedemütigt zu werden) oder daß ich sie nicht bremsen konnte (Zweier wollen sich nicht machtlos fühlen). Ich war stinkwütend«, erinnert sich Marlene. »Ich hatte große Lust, sie rauszuwerfen. Damit hätte ich auch kein Problem gehabt.« Bei Streß zwingt die Acht die Zwei dazu, Kontrolle und Beherrschung direkt auszudrücken. »Dann hätte sie ihre Lektion gelernt«, sagt Marlene.

Trostpunkt: Vier

Im Vierer-Zustand finden die Zweier ihre Unabhängigkeit und Individualität, nach der sie lange gesucht haben. Vertrauensvoll verlassen sie sich auf ihre eigenen Gefühle und Standpunkte. Zweier lernen, die Sehnsucht anderer und ihre eigene auszuhalten, statt schnelle »emotionale Reparaturen« durchzuführen. Wenn die Zweier in den Vierer-Zustand geraten, äußert sich dies oft in einer beruflichen Veränderung, bei der überraschend eine lang unterdrückte künstlerische oder kreative Seite zum Vorschein kommt.

Zweier im Vierer-Zustand schauen nach innen statt nach anderen. Anders als sonst gehen sie ihren Gefühlen und Bedürfnissen nach. Im Vierer-Zustand entwickeln Zweier tiefe Überzeugungen, die nicht von der Meinung anderer abhängig sind und nicht verleugnet werden. Das ist eine rechtmäßige Voraussetzung für die Zweier, unabhängig zu sein und den Dingen den von ihnen gewünschten Verlauf zu geben – ja, eine unverwechselbare persönliche Note zu bekommen. »So gern ich auch den Bedürfnissen des Komitees und unserer Mitglieder entgegenkomme«, sagt Marlene, »wenn ich im Vierer-Zustand bin, merke ich, daß ich an diesem Arbeitsplatz eine recht starke Vorstellung aufbaue.«

Im Vierer-Zustand finden Zweier ganz automatisch die Antwort auf das grundlegende Zweier-Dilemma: Was will ich für mich?

Flügel

Schatten: Eins

Die Eins ist der abgelehnte Schatten der Zwei. Die Zwei sagt: »Ich bin auf Menschen eingestellt und flexibel, liebevoll und herzlich, nicht stur und strikt und vor allem nicht so kritisch wie eine Eins.« Die Eins nimmt es mit dem Gesetz peinlich genau: »Gleiche Vorschriften für alle.« Fairneß – Anpassung an den Sonderfall – ist das Spezialgebiet der Zwei.

»Eigentlich mag ich keine Formalitäten«, sagt Marlene. »Ich will meinen Zauberstab schwingen.«

Zweier, die vor ihrem Einser-Schatten davonlaufen, vermeiden Einschränkungen, Vorschriften und Behinderungen. So etwas ist für die große Masse. Da sie viele Leute kennen und viel geben, lassen sich objektive Maßstäbe nicht anlegen. Unpersönliche, auf Vorschriften basierende Kritik – oder überhaupt alle Kritik in diesem Zusammenhang – kann der nach Bestätigung suchenden Zwei einen echten Dämpfer verpassen.

Wie bei vielen Zweiern waren Vorschriften für Marlene dazu da, sie zu beugen. »Vorschriften?« erwidert sie scharf. »Ich mache keine, ich mag sie nicht, und wenn es sie gibt, versuche ich, sie zu umgehen.« Viele Zweier nehmen es peinlich genau mit den Vorschriften, die für Fremde oder diejenigen gelten, zu denen sie kein persönliches Verhältnis haben. Geht es aber um die, die sie kennen und umwerben wollen, oder um sie selbst, werden die meisten Zweier die unpersönlichen Regeln beugen, um einer persönlichen Beziehung ihren Stempel stärker aufzudrücken.

Die Zwei, die ihren Einser-Schatten nicht umarmt, verzichtet auf eigene Gefahr darauf, Regeln aufzustellen, die für Beziehungen notwendig und wesentlich sind. Zweier in einer guten Beziehung mit verinnerlichter Eins halten sich nicht allzu formell an die Vorschriften oder beugen sie übermäßig, um es ihren Lieblingen rechtzumachen. Als Richtlinien sind Vorschriften sinnvoll.

Verbündeter: Drei

Zweier möchten gern große Dinge vollbringen, aber es ist ihre Art, durch andere zu wirken. Wenn Zweier sich mit der Drei verbünden, tun sie anderen nicht mehr schön, nur damit andere sie mögen und tun, was sie sagen. Die Zwei im Dreier-Zustand konzentriert sich unmittelbar auf die vor ihr liegende Aufgabe, auf Kompetenz und darauf, sie effizient und effektiv zu erledigen. Die Zwei wird transformiert, wenn sie sagen kann: »Das ist meine Arbeit. Das sind meine Ziele. Wie kann ich andere direkt erreichen, ohne sie zu täuschen, sie zu verführen und zu manipulieren?«

Marlene erinnert sich: »Anfangs lud ich oft meine Mitarbeiter ein, mit mir Jazzclubs zu besuchen. Ich hatte das Gefühl, daß sich ein gutes Arbeitsklima am besten dadurch herstellen ließe, wenn sie mich auch außerhalb der Arbeit mochten. Im Büro hatte ich immer eine kumpelhafte indirekte Art, bei der Arbeit Prioritäten zu setzen oder andere Forderungen an sie zu stellen.

Ich sagte immer ganz sanft zu einem Mitarbeiter: ›Wann hätten Sie denn Zeit, diesen Bericht abzuliefern?‹ Heute sage ich: ›Ich brauche das bis …‹

Sobald sie das Problem mit Leslie in diesem Licht sah, warf

Marlene ihren verletzten Stolz über Bord und heckte einen Plan aus, um ihren Dreier-Flügel einzusetzen. »Was kann ich tun? Es wäre Verschwendung, sie rauszuwerfen«, sagte sie zu mir.

In der Konfrontation sagte Marlene folgendes zu Leslie: »Leslie, diese politische Kampagne, an der Sie arbeiten, ist für das Zentrum sagenhaft. Warum versuchen Sie nicht, Ihren Einfluß geltend zu machen, damit Sie Ihre Spendenveranstaltungen hier im Zentrum abhalten können? Wir werden Ihnen einen Rabatt geben. Das ist sicher eine gute Methode, um neue Leute zu gewinnen und die Werbetrommel für das Zentrum zu rühren.« Leslie ergriff die Gelegenheit sofort beim Schopf.

Die besten Zweier arbeiten kraftvoll und effektiv durch andere, um eine einzigartige, persönliche Vorstellung zu verwirklichen. »Als ich einsah, daß sie für das Zentrum von Nutzen sein könnte – und in diesem Fall für mich, wenn ich es nur richtig anstellte –, merkte ich, daß ich meine Zweier-Kräfte wiederfand«, sagt Marlene. »Damit konnte ich dem Zentrum wirklich nützen, und genau das will ich ja.«

Kardinalregeln
Wenn Sie mit einer Zwei arbeiten

– Seien Sie großzügig mit Lob, Bestätigung, Zuneigung und Zustimmung. Während Zweier sich vor falschen und manipulierenden Schmeichlern in acht nehmen, sehnen sie sich nach *aufrichtiger* Bewunderung für ihr Geschick mit Menschen, ihre Großherzigkeit und ihren unerschöpflichen Diensteifer. Sagen Sie ihnen: »Mensch, genau das habe ich gebraucht!« »Genau so, wie ich es erhofft hatte!«

Wenn Sie ein Mensch sind (vielleicht eine Fünf), der andere nur für die Erledigung ihrer Arbeit loben will, sollten Sie wissen, daß emotionaler Beifall ein Lebenselixier der Zweier ist;

sie rächen sich, wenn ihnen etwas vorenthalten wird, das ihnen zusteht. Wenn Sie eine Zwei nicht gebührend beachten, sind Ihre Tage gezählt.

- Bringen Sie eine Zwei niemals in Verlegenheit. Zweier haben große Angst vor Demütigung. Bei dem Unternehmen Mary Kay wird »Kritik immer zwischen zwei dicken, schweren Schichten Lob verpackt«.

- Sprechen Sie ohne zu jammern über Ihre wahren Bedürfnisse. Zweier reagieren gut auf Bedürfnisse. In mancher Hinsicht wissen sie wahrscheinlich besser als Sie, wie sie diese Bedürfnisse erfüllen. Als geborene Krankenschwestern können Zweier gut Prioritäten setzen. Wenn die Katastrophe hereinbricht, wissen sie, was sie als nächstes tun müssen und wie sie Ruhe bewahren.

- Seien Sie persönlich. Das beste, was Sie zu einer Zwei sagen können, ist: »Mensch, ohne Sie hätte ich es nicht geschafft.« Das Schlimmste, was Sie sagen können, ist: »Mutter, bitte! Ich mache es lieber selbst!«

- Sie beschwören ein Unglück herauf, wenn Sie versuchen, eine Zwei herumzukommandieren oder sie nach Ihrer Pfeife tanzen zu lassen; Zweier kennen sich mit Macht sehr gut aus; sie lassen sich zwar von ihrem derzeitigen Chef kommandieren (den sie im Grunde beherrschen), nicht aber von Ihnen.

- Versuchen Sie nicht, ihre Wünsche genauso zu erfüllen, wie sie Ihre erfüllen. Sie werden nie mithalten können, und es verwirrt eine Zwei sowieso, etwas zu bekommen. Aber lassen Sie sie ruhig Ihre Bedürfnisse soweit erfüllen, wie es für Sie bequem ist. So bauen Zweier Beziehungen auf.

- Zweier sind Ihnen für alle Einzahlungen auf ihr »Gefälligkeitskonto« und für alles dankbar, was Sie tun können, um ihren Einflußbereich zu vergrößern.

- Erwarten Sie von einer Zwei keine aussagekräftigen Antworten auf Fragen wie: »Was brauchen Sie?« oder »Was kann ich tun, um mit Ihnen auszukommen?« Die Zwei wird darauf sagen: »Ich bin derjenige, der Ihre Wünsche erfüllt! Ich sorge dafür, daß wir gut miteinander auskommen!«

– Regen Sie sich nicht auf, wenn eine Zwei (oder auch eine Sieben) bei der Arbeit Kontakte zu anderen knüpft. So laden sie ihre Batterien wieder auf, ja, so erledigen sie ihre Arbeit. Zweier wissen, daß der Kontakt zu Menschen ein wichtiger Teil ihrer Verantwortlichkeiten ist.

Wenn Sie eine Zwei sind

– Richten Sie Ihr legendäres Zweier-Mitgefühl auf sich selbst: Was sind Ihre wahren Bedürfnisse? An wem ist Ihnen wirklich gelegen? Lassen Sie sich Zeit, und finden Sie Ihre eigenen Gefühle, wahren Interessen, Standpunkte und Wünsche heraus. Das kann bedeuten, daß Sie in sich schauen und Zeit allein verbringen müssen.

– Steigen Sie aus. Schalten Sie ab. Manchmal müssen Menschen ihre eigenen Probleme lösen und brauchen Raum für sich. Beachten Sie Ihre co-abhängige Neigung, andere Menschen zu retten und deren Probleme zu Ihren zu machen. Dieser Mensch will vielleicht gar nicht von Ihnen gerettet werden. Sagen Sie deutlich, wo Ihre Verantwortung aufhört.

– Nicht jeder ist eine (fehlerhafte) Zwei: Andere können Ihre Wünsche nicht vorausahnen, so wie Sie die ihren. Es ist vielleicht gar nicht so demütigend, um etwas zu bitten, was Sie wirklich möchten.

– Wenn Sie aufhören können, durch andere zu wirken, haben Sie das Hauptproblem der Zwei – Unabhängigkeit versus Abhängigkeit – gelöst. Die Antwort ist: Interdependenz; Ihre Bedeutung im Zusammenhang zu sehen und das bekommen zu können, was Sie wirklich brauchen.

- Sorgen Sie dafür, daß der inhaltliche Aspekt Ihrer Arbeit an-
  gesprochen wird und nicht nur die Anliegen anderer Menschen. Zweier meinen oft, ihre Probleme hätten mit Menschen
  zu tun; manchmal wird aber einfach die Arbeit nicht erledigt.
- Lernen Sie, Lob zu akzeptieren, ohne es abzuwerten.
- Verhandeln Sie ehrlich, ohne zu manipulieren. Sie meinen,
  aufgrund Ihrer besonderen Beziehungen besondere Vergünstigungen verdient zu haben, aber damit setzen Sie lediglich das
  Spiel der Zwei fort, wonach Sie verführerisch sein müssen,
  um das zu bekommen, was Sie wollen.

DREI Der Produktive

Alias Der Leistungsfähige, der Motivierende, der Manager, der
Händler, der Leistungstyp.

Weltsicht Die Welt ist ein Kampf, den ich gewinnen kann, wenn
ich hart arbeite und erfolgreich auftrete.

Gute Seiten eifrige, verantwortungsvolle, zielorientierte Leistungstypen; ausdauernd, organisiert, enthusiastisch.

Schlechte Seiten Workaholics, manipulierende, seelenlose Arbeitstiere.

Führungsstil aufgabenorientierte Leistungsgesellschaft; führen
durch profiliertes, manchmal autokratisches Vorbild; feuern
andere zum Erfolg an.

Glaubensbekenntnis Tu es einfach.

Was sie mögen Gewinne, Effektivität, Effizienz, Image, gewinnen; was die Konkurrenz macht; die eigene Karriere oder ihr
Eigennutz.

Was sie nicht mögen warme, verschwommene Schwingungen;
wenn sie langsam tun müssen.

Gesprächs-Kommunikationsstil Verkaufstaktik und Propaganda,
Werbung für sich und andere

Geben Ihnen das Gefühl, inspiriert, zu Bestleistungen fähig,
als Teil des Teams; und – manchmal – ein bißchen hinter-
herhinkend, allzu vorsichtig, ein bißchen zu langsam und faul

Erscheinung strahlende Augen, aufgeweckt oder ungepflegt, da
überarbeitet; sehr schwungvolle Erfolgskleidung.

Gutes Arbeitsumfeld schnelles Tempo, Geschäfte abschließen,
unternehmerisch, imagebewußt, konkurrierend; wenn Ergeb-

nisse quantifizierbar sind und harte Arbeit und Erfolg belohnt werden.

Schlechtes Arbeitsumfeld niedriges Prestige, auf andere warten, um Entscheidungen zu treffen, in der Masse untergehen

Bücher Peter Drucker, *Die effektive Führungskraft*; Michael Maccoby, *The Gamesman*; Budd Schulberg, *Die Faust im Nacken*; Michael Porter, *Wettbewerbsvorteile*; John Molloy *Dress for Success*

Redewendungen »Fertig! Schießen! Zielen!«; »Sei der Beste, der du sein kannst!«; »Das Leben ist kurz. Spiele angestrengt«; »Nicht aufgeben! Nicht aufgeben!«; »Wirklich erfolgreiche Menschen müssen Verfahren abkürzen und manipulieren. So werden Dinge erledigt« (John De Lorean); »Ich habe nie einen [Hochschul-]Abschluß gemacht und habe während meiner ganzen Laufbahn nur halbe Tage gearbeitet. Ich glaube, ich würde Ihnen dasselbe raten. Arbeiten Sie jeden Tag halbtags. Und es spielt keine Rolle, welche Tageshälfte. Die ersten zwölf Stunden oder die zweiten zwölf Stunden.« (Kemmons Wilson, Gründer der Holiday-Inn-Hotels); »Gewinnen ist nicht alles. Es ist das einzige« (Vince Lombardi); »Jeder lebt davon, irgend etwas zu verkaufen« (Robert Louis Stevenson).

Überzeugte Dreier Donald Trump, Murphy Brown, Ray Kroc (McDonald's), Anthony Robbins, Sharon Stone, Arnold Schwarzenegger, Jack Kemp, James Baker III, Jack Welch (General Electric), Wayne Huizenga (Blockbuster), Werner Erhard, Michael Jordan, Tom Monaghan (Domino's), McDonald's, Federal Express, Hong Kong, die USA.

Höchstleistungspunkt 6 bauen Arbeitsteams, Organisationen und Gemeinschaften auf; loyale Idealisten; den Erfordernissen entsprechend strategisch und vorsichtig.

Streßpunkt 9 überfordert, geistig weggetreten, durchgebrannte Sicherungen.

Verbündeter 4 wird *energetisiert*, indem sie sich mit ihrem Herzenswunsch, ihrer wahren Berufung verbindet.

Schatten 2 erdet sich, indem sie dient und Sensibilität für die Gefühle und die Not anderer entwickelt.

Tugend Ehrlichkeit.

Laster Heuchelei.

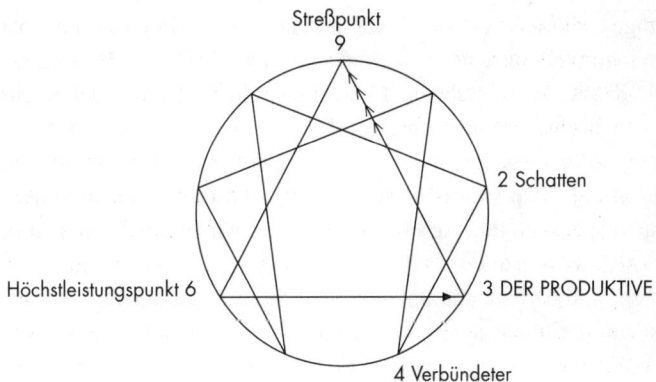

Bekanntschaft mit einer Drei

Kates Geschichte

Kate ist Marketing-Direktorin für eines der nationalen TV-Kabelnetze in Los Angeles. Ihr strahlender Blick, voller Eifer, ihr gutes Aussehen läßt sie ehrlich und aufrichtig erscheinen. Als sagenhafte Geschäftemacherin handelt sie, als stünde ihr unbegrenzte Energie zur Verfügung.

Wenn sie in ihrem Büro eintrifft, nimmt sie bei ihrer Sekretärin im Vorbeigehen einen Packen Post und Notizen mit. Auf die morgendliche Begrüßung ihrer Sekretärin antwortet sie: »Ich werde zuerst die Gespräche mit London erledigen, dann die mit New York, und Los Angeles danach.« Sie benutzt einen drahtlosen Kopfhörer, um die Hände frei zu haben (und etwas anderes während des Telefonierens zu tun). Sie zählt die täglichen Anrufe der meisten am Kanal interessierten Inserenten und ebenso Anrufe von Verkaufsförderungsexperten, die für das allbekannte Logo oder Buchstaben des Netzwerks eine Lizenz für Spielzeug- oder Bekleidungs-Shows vergeben wollen, die dem Netzwerk angeschlossen sind. Ihre Sekretärin notiert die Anrufer nach ihrer Wichtigkeit auf einer Liste, die auf einem Computer-Bildschirm in Kates Büro erscheint. Manchmal schickt ihr die Sekretärin schnell eine Computermeldung, um sie wegen eines dringenderen Gesprächs oder einer Mitteilung zu unterbrechen. Wenn man in ihrem Büro sitzt und ihr dabei zusieht, mit welchem Tempo sie telefonisch ihre Geschäfte abwickelt, wird einem schwindlig. Sobald sie einen Geschäftsabschluß bestätigt hat, setzt ihre Assistentin, die vielleicht am Telefon mithört, einen Vertrag auf, den sie an die Rechtsabteilung schickt.

Als die *Daily Variety* nach einer Firmen-Umbesetzung Kates neue Verantwortlichkeiten (ein bißchen) falsch verstand, rastete sie aus. Sie rief den PR-Chef ihrer Firma an und wusch ihm wegen seiner Unfähigkeit gehörig den Kopf. »Sie verstehen das nicht«, sagte sie. »Die Angelegenheit ist wirklich kritisch. Das ist das Bild, das jeder in der Industrie von mir hat. Sie müssen wissen, mit wem sie eine Sitzung haben und wen sie zu einer Veranstaltung einladen müssen. *Ich bin, was ich scheine!*«

In der Kabelbranche wird sie sehr bewundert. Als vollendete Jongleurin gehört sie mehreren industrieweiten Komitees an und ist sehr aktiv im Hollywood Council, einer profilierten, aber exklusiven politischen Interessenvertretung, in der sie viele berühmte Freunde hat. Nicht genug damit, arbeitet sie auch noch freiwilig in einer Gruppe, die Aids-Kranken warme Mahlzeiten nach Hause liefert, und sitzt im Vorstand der Privatschule, die ihr Sohn besucht.

Sie beobachtet die Konkurrenz ganz genau. Einmal verzichtete sie tatsächlich darauf, einen Mitarbeiter, der nur mittelmäßige Leistungen erbrachte, fristlos zu entlassen, aus Angst, er könne bei einem ihrer Konkurrenten gleich eine neue Stelle bekommen und ihre Netzwerkstrategie für eine Marketingkampagne verraten. Sie wartete mehrere Monate, bis die Kampagne lief, bevor sie ihn gehen ließ.

Als Kind, berichtet Kate, war sie »ein großartiges Kind, das hervorragende Noten bekam. Immer wieder war ich Anführerin des Sportteams, in dem ich gerade spielte – Basketball, Fußball und Leichtathletik.« Sie war als Babysitterin so gut, daß ihre Freunde sie nicht mehr als Vertretung für ihre Stammkunden empfahlen. »Die Kinder wollten immer wieder mich«, sagte sie. Sie arbeitete sich durchs College, indem sie einen Hausreinigungsdienst aufzog und leitete; sie war sich nicht zu schade, selbst als Putzfrau zu arbeiten, wenn es sein mußte. Auf der Harvard Business School fühlte sie sich »irgendwie wie eine Betrügerin. Die Finanz- und Steuerfächer bekam ich nur am Rand mit. Aber es hat sich wirklich gelohnt, weil ich ein paar einflußreiche Leute kennenlernte, die heute zu meinen besten Freunden – und Kontakten – gehören.«

Eine ihrer Mitarbeiterinnen sagt über sie: »Ich arbeite sehr gern für sie, weil sie so gewitzt, so energiegeladen und so engagiert ist. Niemand arbeitet härter oder hat mehr Ahnung von diesem Markt. Sie ist auch eine großartige Chefin; sie kennt die Talente und Schwächen eines jeden und hilft uns, als Team zu funktionieren. Wenn sie hinter einem Projekt steht, zieht sie es durch, und wenn sie hinter einer Person steht, zieht sie sie auch durch. Sie geht großzügig mit Anerkennung und Belohnungen um.«

Aber nicht alle Mitarbeiter sind so begeistert. »Manchmal komme ich mir vor wie ein Hindernis zwischen ihr und der Ziellinie.

Sie überfährt mich einfach. Wenn eine Situation komplex ist und man ernsthaft darüber nachdenken müßte, kann man sie praktisch nicht dazu bringen, das Für und Wider abzuwägen. Außerdem würde ich mich nicht unbedingt an sie wenden, wenn meine Kinder krank sind und ich überfordert bin.«

Als Kate mit mir Kontakt aufnahm, um mehr über das Enneagramm zu erfahren, sagte sie: »Ich will eine Schritt-für-Schritt-Anleitung für Führungskräfte, um verschiedene Probleme zu bewältigen. Was genau sagen Sie zum Beispiel, wenn eine Mitarbeiterin in Ihrem Büro schluchzt? Ich möchte rücksichtsvoll sein, aber ich habe auch Arbeit zu erledigen.«

Erkennen Sie Kate? Kate ist eine Drei.

Die Grundvoraussetzung

Dreier glänzen am Arbeitsplatz, ihrem natürlichen Zuhause. Sie wollen ganz viel erreichen und dafür beachtet werden. Ray Kroc, die Drei, die McDonald's aufbaute, gab seiner Autobiographie den Titel *Grinding It Out* (zu deutsch etwa: sich abquälen, sich ins Zeug legen) – das ist die Grundeinstellung einer Drei. Aber obwohl Dreier aggressive Workaholics und Streber sind, sind sie auch *imagebewußt* und bemühen sich sehr, vor der Welt als charismatische Gewinner zu erscheinen.

»Tu es einfach (Do it)«, spornt Nike an, dessen Werbung sich an Dreier und Möchtegern-Dreier richtet. Dreier haben einen Hang zur Aktion. Sie sind *Pragmatiker*. Für eine Drei bedeuten Leben und Arbeit, Ziele zu haben, alles Notwendige zu tun (und in jede erforderliche Rolle zu schlüpfen), um sie zu erreichen, und gleichzeitig mit Hindernissen auf dem Weg geschickt umzugehen, um dann mit Volldampf über die Ziellinie zu laufen.

Für eine Drei sind Leben und Beruf von großem *Konkurrenzdenken* geprägte Unternehmen, und Dreier sind nicht zimperlich, wenn es darum geht, die Konkurrenz zu schlagen. Dazu ist Konkurrenz da. »Dieses [Geschäft] heißt: Ratte frißt Ratte, Hund frißt Hund«, sagte Ray Kroc. »Wir sprechen von der amerikanischen Art vom Überleben der Besten.« Aus den berühmten Worten von Jack Welch, daß die General-Electric-Geschäfte auf ihrem Markt die Nummer eins oder Nummer zwei sein sollen, spricht die reine Drei.

Amerika ist das Land der Dreier. Eigeninitiierte, tatkräftige Dreier-Fähigkeiten werden sehr bewundert; tatsächlich tun viele Leute, manchmal ohne es zu wissen, so, als seien sie Dreier, in einer Kultur, in der unsere Identität scheinbar von unseren materiellen Leistungen und vom Erfolg abhängt. In der typisch amerikanischen Theologie von Norman Vincent Peale und Robert Schuller, beides Dreiern, geht es nicht so sehr um eine gründliche Erforschung der Persönlichkeit, sondern eher darum, unverwüstlich zu sein, »an sich zu glauben«, Ziele zu haben und danach zu handeln. Peales Kraft des positiven Denkens, ein angewandter Optimismus, der vielleicht dem der Sieben ähnelt, ist in Wahrheit viel pragmatischer und zielorientierter. Peale sagt: Sei kein »Hindernismensch«, ein Mensch, der sich mit der Frage aufhält, warum etwas nicht klappen kann (das heißt, eine Sechs). Reiß dich doch mal zusammen und mach weiter.

Es ist kein Zufall und überrascht auch nicht, daß Amerika mühelos die amerikanische Kultur in der ganzen Welt vermarktet. Dreier verkaufen sich gern und beweisen sich damit.

Die Enneagramm-Drei ist der Typ, den der Psychiater Michael Maccoby einmal so treffend als »The Gamesman« beschrieben hat:

Er ist kooperativ, aber von Konkurrenzdenken geprägt; distanziert und spielerisch, aber zwanghaft erfolgsgetrieben; ein Teamspieler, aber ein Möchtegern-Superstar; ein Teamleiter, der aber oft gegen bürokratische Hierarchien rebelliert. *Sein*

*Hauptziel ist, als Gewinner zu gelten, und seine größte Angst
ist, als Verlierer etikettiert zu werden.*
Er ist nicht mitfühlend, aber er ist gerecht. Er ist offen für
neue Ideen, aber es fehlen ihm die Überzeugungen – Das Leben außerhalb des Spiels ist sinnlos – Aber wenn das Spiel
einmal in Gang ist – kommt Leben in sie, sie denken scharf
nach und sind cool – Während andere … solch ein Hoch-
druck-Konkurrieren nervend und kontraproduktiv empfinden,
ist es für den Gamesman das Lebenselixier.
[Hervorhebungen von mir][1]

Dreier wollen für ihre eigene Arbeit verantwortlich sein, aber sie
brauchen dringend ein Spiel mit Regeln und ein Punktezählsy-
stem, damit sie ihren Punktestand benennen können. Dreier wissen immer, was Gewinnen bedeutet, Ruhm, Beförderungen, Einfluß, der Schlüssel zur Cheftoilette oder ein beneidenswerter Ruf
für umwerfenden Service, für Kostenreduzierung, für 100pro-
zentiges Qualitätsmanagement oder sogar für eine fortschrittliche oder freundliche Atmosphäre am Arbeitsplatz. Ganz gleich
um welches Spiel es sich handelt, Dreier wissen, wie es gespielt
wird.
Seit jeher aber wird bei diesem Spiel der Erfolg in Geld gemes-
sen: Profite, Gehälter, Vorteile, Aktien und Kapital. Der Erdöl-
magnat Bunker Hunt formulierte das auf einer Kongreßanhörung
so: »Mit Geld zählt man seine Punkte im Leben – im Geschäftsleben, meine ich.« Manchmal verwechseln Dreier Beruf und Leben, und darin besteht ihr Kampf.

Imagebewußt

Nichts ist so erfolgreich wie scheinbarer Erfolg.
Christopher Lasch, Sozialphilosoph

Dreier vermarkten meisterhaft einen Grundrohstoff, der sie selbst sind. Die besten Konformisten innerhalb ihrer eigenen Gemeinschaft (ob das die Wall Street oder die Jump Street ist) kleiden sich für den Erfolg. Das könnte für die einen Gucci und Armani bedeuten, oder Doc Martens und Grunge für die anderen. In beiden Fällen haben Dreier eine Nase dafür, was man braucht, um weiterzukommen. Die folgende Allegorie erzählte mir ein berühmter, erfolgreicher Dreier-Unternehmer, der im Empfangsbereich seiner Firma Artikel über sein Firmenprofil aus der Zeitschrift *Forbes* aufbewahrt, mit der er seine Geschäftsphilosophie erläutert:

»Sie fliegen über Steinzeitmenschen hinweg. Sie legen einen Fallschirm an und springen aus dem Flugzeug. Beim Hinuntersegeln sehen Sie, daß die Steinzeitmenschen ihr Feuer in einem Beutel bei sich tragen. Sie landen. Sie gehen zu ihnen hin. Sie sagen: ›Ihr Menschen, ihr habt keinen blassen Schimmer, was Feuer ist!‹ Sie zücken Ihr BIC-Feuerzeug. Sie zünden es an. Wissen Sie, was wahrscheinlich passiert? Die verspeisen Sie zum Frühstück!

Jetzt dieselbe Szene: Sie springen aus dem Flugzeug. Sie sehen, daß sie das Feuer in einem Beutel herumtragen. Sie landen und gehen zu ihnen hin. Sie sagen: ›Ihr Typen seid großartig. Mir gefällt es, wie ihr lebt. Hey, wißt ihr was? Ich will genauso wie ihr sein. Ich möchte wissen, ob ihr mir gestatten würdet, mich euch anzuschließen? Ich werde mich nützlich machen.‹ Die Steinzeitmenschen sehen sich an und sagen: ›Was soll's. Schließ dich uns an, wenn du willst.‹

Jetzt verstreichen drei oder vier Monate. Sie arbeiten schwer, um alle notwendigen Arbeiten zu erledigen. Sie schließen ein paar Kontakte. Jetzt haben Sie die Gelegenheit, mit drei oder vier der echten Schlägertypen des Stammes auf eine kleine Jagdexpedition zu gehen. Draußen sagen Sie: ›Wißt ihr, ich liebe unser Leben. Wir sind eins mit der Natur, wir leben mit uns selbst im Frieden … Übrigens, da, wo ich herkomme, machen wir das mit dem Feuer ein bißchen anders. Ich weiß nicht, ob es besser ist, aber ich würde es euch gern zeigen und dann eure Meinung dazu hören.‹ Sie zücken Ihr BIC-Feuerzeug. Sie zeigen ihnen das Feuer. Was wird vermutlich passieren? Sie machen Sie zu ihrem Anführer!«

»Was mögen Sie an sich *selbst*?« könnten Sie eine Drei fragen. Sie wird vielleicht wie Bert, ein Vizepräsident für Marketing bei einem Unternehmen für Konsumgüter, antworten: »Jeder Chef, den ich je hatte, hat gesagt, daß ich Dinge gut und pünktlich erledige und dabei sehr genau auf Einzelheiten achte. Und jeder weiß, daß ich entschlußfreudig bin und Dinge durchziehe.«

Das Interesse daran, Eindruck zu schinden, und das Talent dazu macht Dreier in ihrem Aufgabengebiet verführerisch und charismatisch.

Als ich einen mittelmäßig erfolgreichen Bankangestellten im Bereich Hypotheken fragte, weshalb er soviel Zeit damit verbringe, bei Berufsgesellschaften und Vorführungen aktiv zu sein, statt direkt neue Kunden zu werben, sagte er: »Im Geschäft geht alles darum, die Illusion von Erfolg zu erzeugen.«

Psychologie

Dreier erinnern sich, daß in ihrer Kindheit ihre Eltern Leistungen mehr als alles andere schätzten – jedenfalls mehr als Gefühle. Meistens äußerten sich ihre Eltern überschwenglich zu ihren Erfolgen, zeigten aber wenig Interesse, ihnen über die emotionalen Hürden der Kindheit hinwegzuhelfen. »Diese hervorragenden Noten sind der Beweis für deinen Wert«, sagt solch ein Elternteil. Wie Zweier kamen die Dreier zu der Überzeugung, daß sie keinen Wert an sich hatten. »Dein Wert liegt in deinen Leistungen, nicht in deinem Wesen oder deinen Gefühlen.« Eine solche Botschaft ist ein harter Schlag für die Selbstachtung eines Kindes.

Dreier beschlossen, härter und länger zu arbeiten. Sie waren die Kinder, die Zeitungen austrugen und Babysitter spielten und nach der Schule in der Bücherei arbeiteten. Wahrscheinlich gaben sie auch die Schulzeitung heraus, waren Vorsitzende der Studentenschaft und bewiesen auf andere Art, daß sie etwas wert waren. Die Dreier trugen schon als Kinder sehr große Verantwortung.

Am Ende *verkaufen* die Dreier sich dann selbst, statt sie selbst zu *sein*. Sein eigenes Selbst fortwährend als Ware zu vermarkten – das Wesen dieses Typs – ist der wirklich anstrengende Teil des Dreier-Daseins, anstrengender als die schwere Arbeit, die sie tatsächlich verrichten. Dies nannte Erich Fromm die »Marktorientierung« auf das Leben. Nach Fromms Worten ist so jemandem »nicht an seinem Leben und seinem Glück gelegen, sondern daran, verkäuflich zu werden, wie Handtaschen auf einer Ladentheke.« Automatisch streben Dreier den Höchstpreis an; keine Drei will als Ladenhüter enden.

Die gute Nachricht

Dreier konzentrieren sich auf die vor ihnen liegende Aufgabe. In ihrem beruflichen Umfeld sind sie geschickt und erledigen ihre Arbeit, ohne dabei überflüssigen Ballast mitzuschleppen wie die Einser, die ein straffes, perfektionistisches Programm durchziehen, oder wie die Achter, die gern den Gegner vernichten, oder die Vierer, deren kreative Arbeit besonders tiefgründig sein muß. Dreier sind einfach, aalglatt und direkt und wollen einfach gewinnen.

Pragmatisch und zuversichtlich

Dreier sind Experten darin, Dinge geschehen zu lassen – und da zu arbeiten, wo Not am Mann ist. Die meisten Dreier glauben, sie könnten alles tun, was sie sich in den Kopf setzen. »Wenn wir ein paar Vorstandsmitglieder hatten«, sagt Jan, Leiter eines Berufsverbandes, »die meinen Plänen im Weg standen, sorgte ich großzügig für ihren Abgang.« Dreier sind durch und durch praktische Problemlöser.

Dreier sind teilweise deshalb zu so vielem fähig, weil sie sich keine Sorgen über versteckte Probleme machen (wie eine Sechs) oder (wie eine Neun) über gleichwertigen, aber sich widersprechenden Überlegungen brüten. In ihren Augen können sie alles, und es geht auch alles. »Als wir mit unserem Einzelhandelsgeschäft umziehen mußten«, erklärte Jim, Besitzer eines Ladens für hochwertige Gartenausstattung, Bücher und Bekleidung, »schalteten wir eine Umzugsfirma ein. Sie sagte: ›Wir werden zehn Tage für Ihren Umzug brauchen.‹ Ich sagte: ›Ich habe keine zehn Tage Zeit.‹ Wir beschlossen, den Umzug selbst durchzuführen. Uns war einfach klar, daß man es übers Wochenende bequem schaffen konnte.«

Die immer praktische Drei sucht nach einem neuen Winkel bei einer besseren Mausefalle, nicht nach einem radikalen Paradigmenwechsel. Sam Walton, der stellvertretende Direktor von Wal-Mart, prahlte: »Fast alles, was ich gemacht habe, habe ich von jemand anderem abgeguckt.«[2] Andrall Pearson, Professor an der Harvard Business School und Präsident von PepsiCo, sagte: »Die meisten unserer strategischen Erfolge waren Ideen, die wir uns vom Markt borgten, meistens von einem kleinen regionalen oder lokalen Konkurrenten.« Verkaufsschlager von PepsiCo wie Doritos, Tostitos und Sobritos mit einem Verkaufserlös von zusammen mehr als einer Milliarde Dollar stammten ursprünglich von kleinen Konkurrenten an der Westküste. »Jedesmal machten wir eine vielversprechende neue Idee ausfindig, verbesserten sie und booteten dann unseren Konkurrenten aus. Für manche klingt das sicher so, als hätten wir die Konkurrenz kopiert. Für mich bedeutet es herauszufinden, was auf dem Markt bereits funktioniert, und es dann zu verbessern.« Originalton Drei.

Für Schnelligkeit gebaut

Dreier arbeiten schnell und lassen ihre Mitarbeiter weit hinter sich. Mein Freund Steve, eine Drei, ist Berater für internationales Management bei einer großen Firma. »Wir haben ein witziges Voice-Mail-System, mit dem ich meine ganzen mündlichen Nachrichten auf Knopf 6 abhören kann, der die Wiedergabe beschleunigt«, sagt er. »Ich bin sicher, daß alle anderen auf Knopf 4 meine Nachrichten anhören, der die Wiedergabe verlangsamt.« »Ich texte schneller als alle meine Kollegen, unter anderem weil ich so verdammt schnell schreibe«, sagt David, Werbetexter für Public Relations. Bei Geschäftsabschlüssen wollen Dreier so schnell wie möglich auf der gepunkteten Linie unterschreiben.
Im Geschäftsleben sind Dreier besonders effektiv, wenn ein hohes Tempo wichtig ist und Fehler nicht schlimm sind oder wo man lieber Fehler macht, als zu lange zu zögern. Manchmal halten sich Dreier für Perfektionisten, aber sie sind keine Absolutisten wie die Einser; für Dreier bedeutet Perfektion mit Bruno Bettelheims Worten »gut genug sein«.

Marktbewußt

Wie Gale Sayers, der ehemalige Chicago Bear, sind Dreier die in der Hüfte gelenkigen Runningbacks des Lebens, die auf ihre Schnelligkeit, Beweglichkeit und ihr Engagement vertrauen, um durch eine bestehende Lücke hindurchzuflitzen oder einem Hindernis auszuweichen. Anders als Achter, die Powerbacks, die sich ihre eigene Lücke sprengen und direkt hindurchstürmen wie John Riggins, das ehemalige Arbeitspferd der Washington Redskins. Der elegante Michael Jordan, eine Drei, spielt mit für die Drei typischer Grazie, nicht wie der furchteinflößende, draufgängerische Forward Charles Barkley, eine Acht. Im Geschäftsleben wird die Beweglichkeit der Drei zu der Fähigkeit, sich um 180 Grad zu drehen. Das heißt, Dreier lassen große Pläne fallen oder gestalten sie um, wenn der Markt oder der Kunde sich verändert.

Dreier haben immer den Markt im Sinn, ob es der Einzelhandelskunde oder ein großes Publikum ist, auf das die Werbung abzielt, oder der Chef am anderen Ende des Flurs. »Ich bin Expertin auf den Gebieten, mit denen wir uns beschäftigen«, sagt Rebecca, eine Drei und eine der hochrangigsten Frauen bei der CIA. »Aber mein wichtigster Beitrag ist der einer *Verpackerin*. Ich bin diejenige, die dem Kunden – der den Vertrag diktiert – das Produkt verkaufen muß. Meine Analytiker verlassen sich in dieser Hinsicht auf mich. Ich weiß, wie es aussehen sollte. Manchmal mögen die Analytiker es nicht, wenn ich ihr Produkt auseinandernehme, aber sentimental darf man nicht sein. Ich denke immer darüber nach, ob die Kunden das kaufen, was wir verkaufen.«

Aus Fehlern wird man klug

Dreier richten ihr Augenmerk auf Lösungen, nicht auf Probleme. Da sie die geborenen »Ausprobierer« sind, verstehen Dreier, daß man aus Niederlagen Erfolg lernen kann. Das ist natürlich eine große spirituelle Wahrheit. Für Dreier ist eine Niederlage ein Sieg, der noch im Entstehen ist. Als Tom Monaghan, der Gründer von Domino's Pizza, am Anfang seiner Karriere Bankrott machte, hatte er Schulden von mehr als 1,5 Millionen Dollar.

»Ich bin ein Minus-Millionär geworden«, sagte er. Natürlich rief er dann eine Multimillionen-Dollar-Gesellschaft ins Leben, die auf Schnelligkeit, Effizienz und Zweckmäßigkeit beruhte.

Dreier sind sehr inspirierend, weil sie bereit sind, ihr Glück zu versuchen: in der Arena zu erscheinen, herauszufinden, was sie zum Gewinnen brauchen, und es dann zu tun. Ihre hohe Energie ist ansteckend und motiviert andere. Dreier haben kaum Angst davor, Fehler zu machen oder dumm dazustehen, solange man sieht, daß sie sich für ihr Ziel einsetzen. Dreier sehnen sich nach sofortiger Rückmeldung. Genau das bietet ihnen der Markt.

Durch Handeln inspirieren die Dreier uns übrige Enneagramm-Typen und befähigen uns zum Handeln. Als die wahrscheinlich besten Rollenvorbilder in der Arbeit wissen sie, wie man ein Team aufbaut und es dazu bringt, auf ein Ziel hinzuarbeiten.

Die schlechte Nachricht

Die Konkurrenz läßt zwar die besten Produkte entstehen, aber sie zeigt die Menschen von ihrer schlechtesten Seite.

David Sarnoff

Wie der saubere, strahlende Blechmann im *Zauberer von Oz*, der sich beim Baumfällen zu sehr in seine Arbeit vertiefte und im Regen anfing zu rosten, verlieren sich Dreier in ihrer Arbeit. Genau wie der Blechmann brauchen sie ein Herz.

Getrieben

Dreier flüchten sich in die Produktivität wie Siebener in gute Schwingungen oder Vierer in ihre Gefühle. Auf Schwierigkeiten haben sie dieselbe Antwort wie das naive, treue Arbeitspferd Boxer in Orwells *Farm der Tiere*: »Ich werde härter arbeiten.« Aber

Boxer entdeckte, daß es immer mehr zu tun gab. Genau wie Boxer merken Dreier in ihrem Erfolg nicht gleich, daß sie vom System manipuliert werden. Es ist kein Zufall, daß ihr Höchstleistungspunkt die Sechs ist, der Experte für Geheimniskrämerei.

Für eine Drei gibt es selten Zeit zum Verschnaufen. »Ich mache nie zwischendurch eine Pause«, sagt Dean, Projektmanager bei einer Investmentbank. »Sobald eine Arbeit erledigt ist, bin ich schon für die nächste bereit.« Dreier vermeiden es, sich festzufahren, weil sie ständig in Bewegung sind, aber es bleibt ihnen wenig Zeit, über das Getane nachzudenken.

Dreier neigen zu den klassischen aggressiven Verhaltensweisen: Angespannt trommeln sie mit den Fingern und wippen mit den Füßen, während der andere versucht, in vollständigen Sätzen zu reden, und sie fahren auf Hochtouren, bis sie zusammenklappen, wie der alte Mann auf dem Dreirad bei *Laugh-In*. »Dann erledige ich die Telefonate vom Bett aus«, sagt Managementberater Jan. »Der Vorteil beim Telefonieren ist, daß niemand weiß, daß ich nicht mehr in der Firma bin.«

Brüsk

Durch und durch praktisch veranlagte Dreier legen ihre beunruhigenden, chaotischen Gefühle auf Eis, damit sie ihre Arbeit erledigen können. Menschliche Faktoren werden dabei gern übersehen. Oft leiden darunter die beruflichen und privaten Beziehungen einer Drei. »Ich würde sagen, wenn ich im Schnellgang bin, gewinne ich die Schlacht und verliere den Krieg«, sagt Jennifer, Diskjockey in Washington, D. C. »Ich bin so intensiv, daß ich irgendwann das Verhältnis zu meinem Chef und den Kollegen gefährde, und das muß ich später büßen.

Einmal planten mein Mann (eine Sieben) und ich unseren Urlaub. Ich sprach alles mit ihm durch und ließ dann einfach Taten folgen. Er war überrascht, daß ich die Tickets kaufen und die Reservierungen machen wollte. Ich versuchte nur, die Sache hinter

mich zu bringen, aber er fühlte sich überfahren. Dennoch sind
wir in Urlaub gefahren.«

Der innere Arbeitgeber

Dreier haben einen inneren Arbeitgeber, etwa so wie Einser einen inneren Inquisitor haben. Der innere Arbeitgeber, der ständig
unter Strom steht, sagt der Drei, daß ihre Identität von ständiger
Produktion abhängt.

Dreier, die ihrem inneren Arbeitgeber sklavisch ergeben sind,
handeln oft so, als hätten sie Kräfte und Fähigkeiten, die weit
über denen Normalsterblicher liegen – und glauben es oft auch.
»Im College war ich Assistenzärztin für eine Stadtverwaltungs-
stelle im Distrikt Columbia«, sagt Joyce, die heute als Firmen-
rechtsanwältin arbeitet. »Mir machte es Spaß, aber von der Persönlichkeit her paßte ich nie richtig dazu. Als ich ging, sagte
mein Chef: ›Wissen Sie, Sie brauchen nicht Superwoman zu
sein.‹ Ich erinnere mich noch, wie ich bei mir dachte: ›Was weißt
denn du schon!‹«

Dreier reden zwar optimistisch über ihre Leistungen, aber diese
hochintellektuellen Leistungsmenschen quält eine tiefverwurzel-
te Verzweiflung. Ohne den sichtbaren Beweis für ihre Leistungen
haben sie das dumpfe Gefühl, ein Niemand zu sein. Sie fühlen
das Gewicht der Welt auf ihren Schultern lasten. Wenn sie nicht
hart arbeiten und verantwortlich handeln, haben sie eigentlich
keine Daseinsberechtigung.

Heuchelei

Dreier halten sich für prinzipienorientiert, da sie aber mehr das
Ziel als den Weg im Auge haben, ist ihr Leitprinzip meist Prag-
matismus, und ihre Moral ändert sich je nach der Situation.
Elizabeth bekam ihren Traumjob als Chefin der Entwicklung bei
einem großen medizinischen Zentrum nur deswegen, weil viele
sich für sie ein Bein ausrissen, da sie etwas weniger Erfahrung

als die anderen Kandidaten hatte. Drei Monate später – als ein Kandidat für den US Senat sie bat, seine Finanzvorsitzende zu werden – war sie weg. »Diese Gelegenheit mußte ich doch einfach beim Schopf ergreifen, oder?« fragte sie. Und wer hätte ihr einen Vorwurf machen können? Aber ihre Freunde und Anwälte im Krankenhaus mußten den Kopf hinhalten. Diese Zwickmühlen sind den Dreiern nicht unbekannt. Von Natur aus fähig, schnelle Vergleiche anzustellen und entsprechend zu handeln, sind Dreier unsentimental, wenn es darum geht, ihre Verluste zu minimieren oder Pflichten zu vernachlässigen oder Menschen fallenzulassen, die ihre Ziele nur am Rande berühren.

Dreier sind allgemein dafür bekannt, daß sie eine Pose einnehmen oder ihre Gefühle zusammennehmen, um das Beste aus einer Situation herauszuholen, oft ohne es zu merken. Der Prozeßanwalt Larry, eine Drei, sagt: »Manchmal gibt es Zeiten, wenn man mit den Geschworenen redet oder ein hartes Verhandlungsgespräch führt, da fährt man mit Ehrlichkeit am besten. Und offen gesagt bin ich groß in Ehrlichkeit.«

Da die Drei ihre gesamte Aufmerksamkeit auf das Ziel richtet – den Verkauf, das abgeschlossene Projekt –, erscheinen die Mittel unter Umständen manipulativ. »Ich weiß, daß das Wort *manipulativ* einen schlechten Beigeschmack hat, aber meine Aufgabe ist es, diese sechsundzwanzig Verkaufsleute so zu manipulieren, daß sie sich für uns kaputtmachen und sich dabei noch wohl fühlen«, sagt der Verkaufsmanager Fred. »Es lohnt sich nur, herauszufinden, was jeden einzelnen von ihnen motiviert – Schmeicheleien, Drohungen, Betteln, ein schönes oder schreckliches Szenario heraufbeschwören – und sie daran zu erinnern. Was könnte daran falsch sein, wenn es ihnen in der Arbeit hilft, und genau das wollen wir ja sowieso?«

Mit einer Drei arbeiten
Eine Drei beeinflussen

Wenn Sie eine Drei beeinflussen wollen, brauchen Sie ihr nur Ihr Engagement für die aktuelle Aufgabe deutlich zu zeigen. Sagen Sie ihr, mit welchen *Ergebnissen* zu rechnen ist. Außerdem können Sie ihr ruhig zeigen, daß das, was *Sie* wollen, *ihre* Ziele fördert. Vergleichen Sie mit der Sechs, die will, daß Sie Ihre Ziele darlegen, damit sie weiß, was Sie vorhaben. Neuner müssen wahrscheinlich mit Ihnen eine Weile darüber nachgrübeln, bis sie sich wohl fühlen. Nicht so die Dreier. Dreier wollen die Ware, je schneller, desto besser. Ich machte einmal das Angebot, den Angestellten einer Luftfahrtgesellschaft das Enneagramm nahezubringen. Bei einem Treffen mit dem Personalchef, einer Drei, hatte ich kaum den Mund aufgemacht, da unterbrach er mich schon: »Kommen wir zum Wesentlichen. Wie wird das Enneagramm meiner Fluglinie nutzen?« Als ich ihm sagte, es werde seinen Angestellten helfen, schneller effektivere Entscheidungen zu treffen, unterschrieb er.

Dreier sprechen am besten auf eine zielorientierte Kosten-Nutzen-Methode an. Bieten Sie klare Vergleiche an, aus denen hervorgeht, daß eine der beiden Alternativen offensichtlich besser ist. Seien Sie realistisch: Wenn eine Drei der Ansicht ist, daß Sie ihr nur verrückte Ideen auftischen, dann wird sie jegliches Interesse verlieren – aber Sie wecken vielleicht das einer Sieben. Dreier sind, anders als Siebener, mehr an den Möglichkeiten interessiert, die tatsächlich eintreten können.

Wie man Dreier beeinflußt, können Sie am besten von ihnen selbst lernen. Ich denke da an meine Agentin Mary. Als klassische Drei ist sie nicht besonders daran interessiert, die Motive anderer Leute auszuloten (das überläßt sie mir), aber es ist ihr immer bewußt, was andere Leute *wollen*. Einmal dachte sie sich eine Methode aus, wie man Erträge in einem Vertrag zuweist, den sie für mich aushandelte. Als sich die andere Seite stur stellte, entwarf Mary eine Kalkulation und verwies direkt auf das Endresultat, den ausschlaggebenden Punkt für eine Drei. Diese Methode, beide Seiten als Gewinner dastehen zu lassen, kann für die unterschiedlichsten Dinge überzeugend wirken. Anders als Zweier wollen Dreier nicht unbedingt Ihr Busenfreund sein, sondern von Ihnen für ihre Kompetenz und ihre Fähigkeiten respektiert werden. Gleichzeitig überprüfen sie, ob Sie aufgrund *Ihrer* Kompetenz und Fähigkeit Respekt verdienen. Gespräche über Ihre Gefühle oder persönliche Appelle sind meist erfolglos.

Wie eine Drei Entscheidungen trifft

Dreier sind zuversichtliche, lineare Von-hier-nach-da-Denker; sie gehen schnurstracks auf ihre Ziele zu. Sie brauchen keine perfekte Lösung (wie eine Eins), auch nicht so viele Daten (wie eine Fünf). Sie wollen auch nicht unbedingt die Kehrseite wissen (wie eine Sechs). Sie müssen einfach in die Gänge kommen. Und wenn sie das tun, dann sind die Dreier nicht so sentimental wie Lots Frau aus der Bibel: Sie schauen nicht zurück.

Einer Drei brauchen Sie eine Entscheidung nicht abzunötigen, solange sie ihre Projekte und Leistungen betrifft. (Der Ehepartner einer Drei muß eventuell auf eine Entscheidung warten, wohin es im Urlaub gehen soll oder ob es überhaupt Urlaub gibt. Eine Fristsetzung hilft der Drei. (Neuner hingegen sind anscheinend resistent gegen Fristen.)

Dreier bringen wenig Geduld für Menschen auf, die nicht bereit sind loszulegen. »Ich hasse Schwafler«, sagt Elyce, Managerin eines Textilfabrikanten, »und mehr noch Leute, die kneifen und ihre Meinung ändern.« Geschwindigkeit ist für Dreier etwas ganz Wesentliches. Ken Melrose, eine Drei und Chef des Rasenmäherherstellers Toro, sagt: »Ich will keine langen Vorreden,

sondern zum Kern der Sache kommen. Ich habe keine Geduld
für unwichtige Unterlagen und Analysen. Ich schalte dann meistens ab, weil ich für all diesen Kleinkram wenig Zeit habe. Ich
glaube, die meisten mehrstündigen Versammlungen könnte man
auf zwanzig Minuten komprimieren.«[4]

Dreier sind unter den Enneagrammtypen diejenigen, die auf einen Abschluß drängen. Jack, eine Drei und Managementberater,
sagt: »Der Vorteil einer Drei und vermutlich auch das Problem
ist, daß ich sehen kann, in welche Richtung es gehen soll. Ich
will, daß jeder genauso schnell wie ich dorthinkommt, ohne sich
von anderen Möglichkeiten ablenken zu lassen. Ich vertraue dem
Urteil anderer weniger als meinem eigenen.«

Der Führungsstil einer Drei

In der modernen Managementtheorie geht es häufig darum,
Menschen zu einer Drei zu machen. Bei dem derzeitig modernen
»Just-in-time-Management«, das Einsparungen dadurch her-
auspreßt, indem es Ersatzteile und Material genau dann liefert,
wenn sie benötigt werden, statt sie zu lagern, werden Planung
und die Fähigkeit zu Teamwork einer Drei sehr hoch bewertet.
Außerdem managen Dreier von Natur aus durch Ziele oder, wie
es Peter Drucker formuliert: Sie formulieren die erwünschten
Ziele, legen sie vertraglich fest und halten dann die Leistungen
sorgfältig dagegen. Im Enneagramm sind die Dreier diejenigen,
die am besten klare Zielvorgaben setzen, Verantwortungen zu-
weisen und dafür sorgen, daß die Leute sich daran halten. »Ich
lese nicht gern zwischen den Zeilen, und ich mag es auch nicht,
wenn andere es tun«, sagt Patrick, Leiter der Food Services bei
einem Big-Three-Autohersteller*.

* Big Three: General Motors – Ford – Chrysler, Anm. d. Ü.

Dreier sind gesellschaftliche Darwinisten, die an das Überleben derer glauben, die hart arbeiten, sich engagieren und erfolgreich sind, und ihr liebstes Führungssystem ist eine Leistungsgesellschaft. Aber Originalität ist nicht ihre Stärke; obwohl sie charismatische Führungspersönlichkeiten sind, gehen sie bei den Maßstäben und Praktiken ihrer Gruppe oder Organisation aufs Ganze und machen sich diese so gründlich zu eigen, daß sie sich durch ihre Anpassungsfähigkeit auszeichnen.

Nicht alle Enneagrammtypen erfassen die Ziele der Organisation so mühelos wie die Drei. Sechser haben unter Umständen damit zu kämpfen, ob man dem Chef trauen kann, Vierer verachten vielleicht kleinliche Einsparungen oder den Kampf um eine Marktposition. Kein Wunder, daß das zielorientierte Management in Frankreich, einem Vierer-Land, nie Fuß faßte: Dort werden seit jeher außergewöhnliche, ja exzentrische Führungspersönlichkeiten respektiert – Menschen, die in Amerika Achtung als Unternehmer, Gründer, Erfinder oder Künstler genießen, die man aber selten als Manager in Firmen antrifft.

Dreier sind anpassungsfähige Utilitaristen, die sogar dann mit Ihnen arbeiten, wenn Sie sie nicht leiden können – solange Sie Ihre Arbeit erledigen (und keine Unruhe im Team stiften). Ich hatte einmal einen Klienten, den Dreier-Manager eines großen Computer- und Elektronikgeschäfts, der Kleidung und das Aussehen eines Reparaturtechnikers, einer Fünf, nicht aushalten konnte. »Kann der was?« fragte er den Serviceleiter. »Er ist der Beste«, lautete die Antwort. »Dann muß ich mich wohl damit abfinden«, sagte der Geschäftsmanager. (Vergleichen Sie das mit Einser-Chefs, die im schlimmsten Fall Mitarbeiter, die durch ihr persönliches Verhalten »sündigen«, vernichten.)
Aber jedes Anzeichen dafür, daß Sie Ihre Arbeit nicht ernst genug nehmen, wird Ihren Dreier-Chef wahrscheinlich auf die Pal-

me bringen. »Es stört mich, wenn Leute zu spät zu einer Versammlung kommen«, sagt Patrick, der Food-Services-Manager. »Ich bin human, ich habe Verständnis für den Straßenverkehr, aber ich habe einen gesunden Respekt vor der Arbeit und erwarte dasselbe von anderen.«

Der Arbeitsstil der Drei

Der Arbeitsstil der Dreier ist auf Kompetenz und Effektivität ausgerichtet. Im allgemeinen setzen sie sich herausfordernde, aber erreichbare Ziele und gehen geringe, aber keinesfalls übermäßig große Risiken ein. Sie möchten lieber häufiges, konkretes Feedback darüber bekommen, wie sie ihren Zielen näherkommen. Eine deutliche, strukturierte Beurteilung, Feedback und Belohnungssysteme sind für eine Drei wie himmlisches Manna. In bestimmten Bereichen wie Verkaufswettbewerben und Marketing, wo die Ergebnisse des einzelnen für alle sichtbar auf einer Tafel angeschlagen werden, macht den Nicht-Dreiern möglicherweise der ständige Leistungsdruck zu schaffen, aber Dreier-Mitarbeiter reizt diese Chance. Auszeichnungen wie »Top-Produzent«, »Mitarbeiter des Monats« und »Millionen-Dollar-Club« wurden für Dreier geschaffen. »Wissen Sie, was ich an dieser Arbeitsweise mag?« sagt Kevin. »Entweder leistet man hervorragende Arbeit, oder man fliegt raus!«

Dreier sind in einem selbstinitiierten Wettrennen gefangen, bei dem äußerer Schein Realität ist. Ganz automatisch suchen sie sich unauffällige Schleichwege, solange sie nicht dafür bestraft werden. Dreier wissen, was bewertet wird und was nicht. Sie wissen auch, wo sie den Kaugummi hinkleben oder ein Stück Draht anbringen müssen, um etwas so hinzukriegen, daß es niemand bemerkt. Wenn Ihnen bei den Schnellösungen Ihres Dreier-Chefs unwohl ist, müssen Sie einfach die Regeln ändern: »Bei

Ihrer Leistungsbewertung wurde einiges nicht direkt gewertet, weil es nicht quantifizierbar war, aber es ist unserer Organisation so wichtig, daß wir es ab sofort berücksichtigen werden. Wir werden einen Plan ausarbeiten, aus dem hervorgeht, daß Ihre Bemühungen um strategische Planung ausgewertet und belohnt werden. Wir wollen damit erreichen, daß Sie sich die Zeit nehmen, Ihre neueren Mitarbeiter einzuarbeiten. Jeder muß sich also dafür Zeit nehmen, und dann werden wir eine Rückmeldung von allen Beteiligten darüber bekommen, wie es läuft.« Die meisten Dreier werden sich mühelos an diese glänzenden neuen Prioritäten anpassen, wenn Sie sie so deutlich setzen.

Dreiern sagt man oft nach, sie inspirierten Teams zu hohen Leistungen, aber im schlimmsten Fall können sie, da sie härter arbeiten, früher kommen und länger als ihre Teamkollegen bleiben, eine destabilisierende und demoralisierende Wirkung haben. »Ich bin ein mechanisches Kaninchen«, sagte Tom, Manager von Immobilienverkäufern und eine Drei. »Sie versuchen alle, mich zu fangen, obwohl sie es nie schaffen werden.«

Die Lernweise einer Drei

Dreier lernen durch Versuch und Irrtum. Mit Theorie können sie nicht viel anfangen, allenfalls vielleicht als Faustregel; Training on the job und praktische Erfahrung sind weitaus wichtiger. Sie mögen Kriegsgeschichten, die Fallmethode und Teamarbeit mit anderen schlauen, engagierten Leuten, bei denen sie ihr Wissen zeigen können.

Und sie sind *schnell*. Bevor Sie mit dem Unterricht fertig sind, wird eine Drei sich schon an die Arbeit machen. Aber manchmal lernen sie zu schnell. Eine sehr bekannte, erfolgreiche Drei hält Seminare über Geschäftsmoral. Sie komprimiert komplizierte

philosophische Sachverhalte zu Schnellösungen für den Arbeitsplatz. Man erreicht zwar etwas dadurch, daß man Leute dazu
bringt, über Moral nachzudenken, aber es geht auch viel verloren, weil man um der einfachen Lösung willen über die Komplexität der Frage hinweggeht.

Jedenfalls sollten Sie, wenn Sie einer Drei etwas beibringen wollen, immer in Bewegung sein. Beschränken Sie sich auch auf
praktische Anwendungen. Wenn der Lehrstoff keinen Bezug zur
Realität hat, wird die Drei unaufmerksam und schweift ab. Im
Enneagramm ist sie meilenweit von dem lähmenden analytischen Denken entfernt, das die geistige Triade von Fünf, Sechs
und Sieben belastet.

Dreier sind flinke Schüler, verfügen oft über eine breite Palette
von Fähigkeiten, aber am meisten motiviert sie der Wunsch, sich
in der Arbeit von anderen abzuheben. Wenn Sie ihnen dabei helfen wollen, ihr Geschick im Umgang mit Menschen zu verbessern, kann das ein Kampf gegen Windmühlenflügel sein, wenn
Sie ihnen das um der Sache willen verkaufen wollen. Gestalten
Sie deshalb ein solches Training immer so, daß seine Bedeutung
für die Arbeit deutlich wird. Ein Volkswirt der World Bank, eine
Drei, fragte mich bei einer Trainingsstunde: »Warum soll ich
mich mit dem Enneagramm beschäftigen, ich bin doch schon erfolgreich!« Ich entgegnete ihm: »Sie haben die Bedeutung Ihres
Erfolgs nicht erforscht, also können Sie auch nicht darauf aufbauen. Und Sie weigern sich, Sensibilität für die Realität anderer
zu entwickeln. Gerade dadurch würden Sie aber effektiver werden.« Dreier wollen hören, worauf es ankommt, und genau das
sagte ich ihm.

Die Dreier-Organisation

In der Dreier-Organisation werden Ziele sowie Erfolgsmaßnahmen genau spezifiziert. Effizienz und Beständigkeit sind Schlüsselwerte. Bei einer Kabelfernseh-Gesellschaft in Südkalifornien stellt die Firmenleitung klare, präzise Leistungsziele für die Vertreter im Telefonkundendienst auf: wie lange jedes Gespräch dauern sollte, wie viele Gespräche sie pro Stunde annehmen sollten, wie viele Gespräche sie abgeben oder weiterleiten sollen. Riesige weiße Tafeln in jedem Büro geben unmittelbare, vergleichende Auskünfte über Dinge wie Verkauf und die Bearbeitung von Reklamationen.

Dreier-Unternehmen sind für jeden Geschäftsbereich, in dem sie operieren, Prototypen. Wenn es beispielsweise um Fast Food geht, dann kann das keiner so machen wie McDonald's. Jede McDonald's-Filiale ist so etwas wie eine Fabrik. Es werden peinlich genaue Betriebskontrollen durchgeführt. Handbücher und Standardbetriebsabläufe enthalten präzise Arbeitsplatzbeschreibungen und spezielle Verfahrensweisen für die Person am Grill, den, der die Shakes zubereitet, denjenigen, der brät und den, der für die Brötchen zuständig ist. Jedem Franchise-Unternehmen wird für jeden Tag des Jahres eine besondere Pflicht zugewiesen: die Brötchenmaschine saubermachen, die Parkplatzmarkierung streichen und so weiter.

Die besten Dreier-Unternehmen sind Experten darin, auf den Markt zu reagieren. »In der Öffentlichkeit haben wir das Image, gewiefte, professionelle und bewanderte Marktgrößen zu sein, die zufällig auch aus Plastik und seicht sind«, so James Kuhn, früherer Vizepräsident von McDonald's. »In Wirklichkeit sind wir ein Haufen motivierter Leute, die eine Menge Kanonen zünden, und die treffen nicht alle ins Ziel. Wir haben viele Fehler gemacht, aber mit den Fehlern machen wir unseren Erfolg, weil wir aus ihnen gelernt haben. Wir sind impulsiv, wir versuchen, immer noch schneller, weiterzukommen, aber wir können auch unseren Dreck ganz gut selbst aufräumen.«[5]

Dreier-Organisationen sind am effektivsten,

- wenn die Produktlinie begrenzt und zielgerichtet ist
- wenn die Aufgaben genau definiert und eindeutig sind
- wenn Auszeichnungen, Status und Aufstiegschancen klar sind
- wenn der Markt oder der Kunde einheitlich und beständig ist
- wenn das Ziel effiziente Produktion und das Vermarkten eines einheitlichen Produktes oder einer Dienstleistung ist
- wenn der Kunde kein auf ihn zugeschnittenes Produkt will
- wenn die Fristen klar sind und der Erfolg quantifizierbar ist.

Im schlimmsten Fall sind Dreier-Unternehmen zwar auf dem Markt erfolgreich, kommen aber mit ihren Mitarbeitern in Schwierigkeiten, da diese miteinander konkurrieren. Es gibt hohe Umsatz- und hohe Aussteigerquoten, wenn das schrankenlose Nonstop-Rennen seinen Tribut fordert.

Das Beste aus einer Drei herausholen

Dreier haben ihre Gefühle auf Eis gelegt – und damit auch so wichtige Dinge wie bedeutungsvolle Beziehungen, einen Sinn für Freude und ein Gefühl für Berufung – weil sie den Beifall wollen, den sie für harte Arbeit bekommen. Wenn sie bewußt ihre Flügel ausbalancieren, lassen sie die Gefühle anderer (Schatten Zwei) und ihre eigenen an sich heran (Verbündeter Vier). Dann können Dreier ehrlich mit sich und anderen sein. Das ist die Tugend der Drei. Sie ermöglicht es den Dreiern, engagierte, voneinander abhängige Teammitglieder zu werden (Höchstleistungspunkt Sechs), statt nur für sich zu arbeiten. Wenn bei überlasteten Dreiern eine Sicherung durchbrennt, gehen sie zum Streßpunkt Neun, um sich dort richtig zu erholen, sich wieder mit anderen zu verbinden und sich neu einzuschätzen.

Streßpunkt: Neun

Wenn Dreier in der Arbeit übertreiben oder sich nicht mehr auf ihre Aufgaben konzentrieren können, geraten sie in den Neuner-Zustand. Sie verlieren die Konzentration, verlieren sich in nebensächlichen Einzelheiten, und es wirkt lähmend auf sie, wenn sie die Ansicht aller an einer Entscheidung Beteiligten unter einen Hut bringen wollen.

Ihre Arbeit nicht erledigen zu können und nicht mit Leuten umgehen zu können, die zu langsam sind, ist für Dreier so, als seien sie in einer Falle gefangen.

Warren Bennis, ein maßgebender Führungs-Theoretiker, schreibt aus der Sicht einer überforderten Drei über seine Erfahrungen als Präsident der Universität von Cincinnati: »Ich war das Opfer einer riesigen, gestaltlosen, unwissentlichen, unbewußten Verschwörung geworden, die mich daran hindern wollte, irgend etwas am Status quo der Universität zu ändern.« Hier schlägt das Wesen der Neun zu. »Routinearbeit macht jede andere Arbeit unmöglich«, so Bennis weiter, »und versetzt jeder kreativen Planung, jeder grundlegenden Veränderung in der Universität – oder jeder anderen Institution – den Todesstoß.«[6] Die Neun sieht entfernt vielleicht wie ein Ruhepol für die überarbeitete Drei aus, aber sie ist eher wie das Ungeheuer von Loch Ness – langsame Bewegungen, meistens unter der Oberfläche, mit einer höllischen Unterströmung.

Natürlich kann die Neun für eine gestreßte Drei sehr hilfreich sein. Sie unterbricht den Stromkreis. »Wenn ich eine endlos lange Liste von Dingen vor mir habe, die erledigt werden müssen, ist manchmal die einzig mögliche Alternative, ein Nickerchen zu machen«, sagt Patrick. Die Drei im Neuner-Zustand hat die Nase voll.

Höchstleistungspunkt: Sechs

Die Sechs ermöglicht es der Drei, über ihr Tun nachzudenken. Eine normalerweise sehr von sich überzeugte Drei, die springt, bevor sie hinschaut, empfindet die Sechs vielleicht als unangenehm unverbindlich und berechnend. Das Thema der Sechs lautet: Rückzieher machen, sich etwas ausrechnen und entsprechende Vorsichtsmaßnahmen treffen. Die Sechs ist der Kiel am Auslegerboot der Drei. Sie sorgt für Stabilität unter der Oberfläche. Die Sechs ist diejenige im Enneagramm, die Täuschungsmanövern auf den Zahn fühlt und versteckte Wahrheiten offenbart. Die besten Sechser sind brutal ehrlich – ganz anders als die Dreier, die sich meistens hindurchlavieren wollen.

Sechser schaffen gleichgesinnte Gruppen, die sich zur Unterstützung einer Idee oder Sache zusammenfinden; für sie paßt das Konkurrenzdenken der Drei nicht ins Team. »Bei richtiger Führung«, schreibt Warren Bennis, »sind die Leute Teil einer Gemeinschaft. Wo es Führung gibt, gibt es ein Team, eine Familie, eine Einheit. Sogar Menschen, die sich nicht unbedingt mögen, empfinden ein Gemeinschaftsgefühl.«[7] Das ist die Sichtweise einer Drei im Neuner-Zustand.

Die gute Seite der Sechs ist Vertrauen und Glaube. Während Dreier zuversichtlich erscheinen, ist ihre frenetische Aktivität ein untrügliches Zeichen dafür, daß sie zu anderen und zu sich selbst kein Vertrauen haben. Wenn Dreier in den Sechser-Zustand kommen, lernen sie darauf zu vertrauen, daß Kräfte, Menschen und Systeme auch ohne ihr Zutun zurechtkommen können. Sie fühlen sich nicht mehr für alles verantwortlich.

Flügel

Hin und her gerissen wie Kinder zwischen den Erwartungen anderer an sie (auf Zwei) und den eigenen Herzenswünschen (Vier), erlebten Dreier, daß ihre Gefühle nicht mehr funktionierten. Sie lösten das Dilemma, indem sie sich in die Produktivität flüchteten und die Gefühle und Bedürfnisse anderer sowie die eigenen ignorierten. Sie werden geerdet, indem sie sensibel für andere werden und ihnen dienen (Schattenpunkt Zwei); sie tanken Energie, indem sie sich auf ihre wahre Berufung besinnen (Verbündeter Vier). Wenn Dreier ihre Flügel ausgleichen, werden sie menschlicher.

Schattenpunkt: Zwei

Aus Angst, sich wieder anderen zu verkaufen, wie sie es in ihrer Kindheit getan haben, und ihre illusorische Unabhängigkeit zu verlieren, unterdrücken Dreier ihren Zweier-Schatten: den Sog der Gefühle anderer Menschen.

Aber die Anerkennung ihres Zweier-Flügels – das Dienen – erdet die Arbeit der Drei in Beziehung zu anderen.

Dreier übernehmen die Sichtweise der Zwei, wenn sie fragen: »Welche Gefühle hegen die Menschen hier? Was kann ich tun, um sie anzuerkennen und sie zu unterstützen?« Wenn Dreier ihre unterdrückte Zwei anerkennen, die die Ziele anderer Menschen fördern will, entfernen sie sich weg von Sinnlosigkeit und eintönigem Workaholismus und werden aus ganzem Herzen zu den besten Führern.

Verbündeter: Vier

Die Vier ist der Verbündete der Drei, genau das richtige Stärkungsmittel für das Dreier-Ego. So viele Dreier sehen sich ihre erfolgreiche Karriere an und fragen: »War das alles?« Die Vier gibt dem, was die Drei *tut*, einen *Sinn*, so daß eine Drei, die von ihrem Vierer-Flügel beeinflußt ist, ein wahres Gespür für ihre einzigartige Berufung bekommt.

Tom Chappell, früher Versicherungsverkäufer, der Tom's of Maine, Hersteller von organischen Zahncremes, Deodorants und ähnlichen Artikeln, gründete, beschrieb die Bewegung von Drei nach Vier treffend in seinem Buch *The Soul of a Business*. Auf dem Höhepunkt seines Firmenerfolges schrieb sich Chappell in der Harvard Divinity School ein. Auf der Suche nach Werten und Sinn für sich selbst und seine Firma wollte er unter anderem auch, daß seine leitenden Angestellten Martin Buber lasen, um eine bewußte Beziehung zu den Kunden herzustellen, damit das Unternehmen zu einer mehr zielgerichteten Gemeinschaft wurde. Kühn schaltete er den Theologen Richard Niebuhr ein, der den tieferen Sinn seines Unternehmens erforschen sollte. Er und seine Mitarbeiter berichteten, daß sie eine persönlichere Verbindung zu ihrer Arbeit und der Firma fanden.

Kardinalregeln
Wenn Sie mit einer Drei arbeiten

- Lassen Sie sich auf ihre Liste eintragen. Sie werden nur dann ihre Aufmerksamkeit erregen, wenn Sie einen Termin mit ihr vereinbaren. Erwarten Sie nicht, daß sie in Ihr Büro kommt und mit Ihnen ein Schwätzchen hält.
- Bereiten Sie sich gut vor und organisieren Sie sich, damit Sie direkt zur Sache kommen können. Verschwenden Sie nicht die Zeit einer Drei. Fassen Sie sich kurz. Sie können Erläuterungen beifügen, aber nicht verlangen, daß sie sie durchliest. Heben Sie Resultate und Handlungsstrategien hervor.
- Unterbrechen Sie die Drei nicht. »Stören Sie meine Konzentration nicht«, sagt die Drei. »Das macht mich verrückt.« Machen Sie statt dessen mit und trödeln Sie nicht herum.

- Halten Sie, was Sie versprechen. Dreier sind engagiert, und das sollten Sie auch sein. Beim *Tun* fühlen sich die Dreier am wohlsten. Wenn Sie das, was Dreiern wichtig ist, ignorieren, werden Sie die Konsequenzen zu tragen haben. Führen Sie Dinge zu Ende.
- Stellen Sie klare Erfolgsparameter auf. Dreier möchten gern wissen, daß fair gespielt wird. Ändern Sie nicht ohne Erklärung mitten im Spiel die Regeln.
- Dreier möchten sicher sein, daß ihre Bemühungen bemerkt und anerkannt werden. Sie möchten klare Rückmeldungen haben; dafür arbeiten sie. Besonders gern hören sie, daß sie gute Arbeit leisten.
- Dreier mögen kurzfristige Pläne und Fristen oder wenigstens zwischendurch Rückmeldungen. Sie hassen unklare Erwartungen oder Verantwortungen, die ohne erkennbare Grenzen ausufern.
- Ist Ihr Verhältnis zu einer Drei gestört, dann zeigen Sie ihr, daß ihr ein reibungsloseres Arbeitsverhältnis beim Erreichen ihrer Ziele helfen wird. Sie wird nicht so begeistert auf eindringliche Forderungen nach mehr Sensibilität oder weniger Arbeitsdrang reagieren. »Wissen Sie, ich glaube, es gibt da ein paar Mißverständnisse, die sich störend auf die Arbeit auswirken könnten. Können wir uns darüber mal zehn Minuten unterhalten und vielleicht ein paar Vereinbarungen treffen, wie wir in Zukunft damit umgehen wollen?«
- Konkurrieren Sie nicht mit Dreiern, sondern arbeiten Sie mit ihnen zusammen. (Es sei denn, Sie sind ihr Konkurrent – dann sollten Sie sich im Wettbewerb deutlich von ihr abheben.)
- Machen Sie sich nicht von emotionalen Streicheleinheiten einer Drei für eine gut erledigte Arbeit abhängig. Für sie ist es selbstverständlich, daß die Arbeit gut gemacht wird.

Wenn Sie eine Drei sind

– Lernen Sie den Unterschied zwischen dem, was Sie sind, und dem, was Sie tun, und lernen Sie, das eine vom anderen zu unterscheiden.

– *Tun Sie nicht nur etwas, sondern bleiben Sie einfach dabei.* Achten Sie auf Ihre automatische Tendenz, das Kommando zu übernehmen, ob es nun angebracht ist oder nicht. Halten Sie sich im Hintergrund und lassen Sie ab und zu mal andere die Führung übernehmen.

– Gewöhnen Sie sich an, in der Arbeit die Einwände und Anliegen anderer Leute vorwegzunehmen. Sie wollen vorwärtsstürmen und haben die Belohnung vor Augen, andere aber sehen Fallstricke und haben Bedenken. Wie können Sie ihrem Bedürfnis nach Stabilität, Sicherheit und Zufriedenheit nachkommen?

– Planen Sie in Ihrem Terminkalender Zeit für Menschen ein. Mitarbeiter, die keine Drei sind, wissen vielleicht nicht, daß sie um einen Termin *bitten* müssen. Erziehen Sie sie. Statt einfach zu sagen: »Ich bin zu beschäftigt, gehen Sie«, sagen Sie: »Ich habe zu tun, aber morgen um vier habe ich Zeit.«

– Entwickeln Sie eine Beziehung zur Zeit und den Naturkräften. Lernen Sie etwas über den Rhythmus von Ebbe und Flut, statt immer nur volle Pulle loszupreschen. Muten Sie sich nicht mehr zu als nötig und überfordern Sie sich nicht.

– Achten Sie auf Ihre Tendenz, eine Sache zu schnell zu Ende zu bringen, sich jetzt zu verpflichten und Probleme später auszubügeln. Langfristig gesehen leisten Sie bessere Arbeit, wenn Sie die Sechs anrufen und fragen: »Gehen wir zu schnell vor? Haben wir alle Möglichkeiten berücksichtigt?« Bevor Sie mit einem Auftrag losdonnern, vergewissern Sie sich, daß Sie die Auswirkungen begriffen haben.

– Üben Sie sich in Ehrlichkeit. Die Wahrheit wird Sie befreien.

Achten Sie auf Ihre Tendenz zu *beschönigen*, besonders was Ihren Eindruck auf andere angeht. Auch wenn Sie das Ratten-rennen gewinnen, bleiben Sie doch eine Ratte.

- Haben Sie kein schlechtes Gefühl wegen Ihres Arbeitsdran-ges. Dreier können hart und lange arbeiten, wenn sie sich be-wußt und nicht unter Zwang dafür entscheiden.
- Denken Sie daran, daß ein »Wie geht es Ihnen?« eine ernstge-meinte Frage sein kann, nicht nur eine nette Floskel.

VIER Der Kenner

Alias Der Romantiker, der Künstler, der Auteur, der Individualist, der Geschmacksmensch, der Schöpfer.

Weltsicht Meine Arbeit ist anrührend und authentisch, hat Tiefgang, Grazie, Einsicht und Stil, und doch fehlt etwas. Wenn nur alles anders wäre ...

Gute Seiten sensibel, ästhetisch, raffiniert, unerschrocken, kühn, dringt zum Kern der Sache vor.

Schlechte Seiten depressiv, verächtlich, mit sich selbst beschäftigt, unausstehlich, arrogant, schwer zufriedenzustellen.

Führungsstil intuitive, kühne Auteurs; kompromißlose Diven.

Glaubensbekenntnis »Schönheit ist Wahrheit, Wahrheit ist Schönheit, das ist alles, was du auf der Welt weißt und was du wissen mußt.« – Keats.

Was sie mögen ihre Kreativität, ihren Selbstausdruck, ihre Elitemaßstäbe und ihren einzigartigen Beitrag, ihr emotionales Geschick, Tiefgang und Kraft.

Was sie nicht mögen Konventionen, schnelles Geld, emotionale oder künstlerische Zugeständnisse, »Alle anderen tun es.«

Gesprächs-/Kommunikationsstil beseelt; dramatisch; Wehklagen; bedeutungsvolles Schweigen; starke, gefühlsbetonte Worte: Bildermaler.

Geben Ihnen das Gefühl, Tiefgang zu haben und etwas Besonderes zu sein; und – manchmal – trivial, oberflächlich, ohne jeden Schick und unter aller Kritik zu sein.

Erscheinung überwältigend, verschwenderisch, aus einem Guß, reich, angesehen, künstlerisch, oft elegant und nobel, manchmal schockierend und ausgeflippt.

Gutes Arbeitsumfeld Gelegenheit, sich auszudrücken; eine unge-wöhnlich warmherzige Umgebung.

Schlechtes Arbeitsumfeld Bürokratien, Fließbänder, Routine-arbeit.

Bücher David Whyte, *The Heart Aroused: Poetry and the Pre-servation of the Soul in Corporate America*; Robin Norwood, *Warum gerade ich?*; Stanley Marcus, *Quest for the Best*.

Redewendungen »Ich hätte kandidieren können« (On the Water-front); »Es genügt nicht, Erfolg zu haben, unsere Feinde müs-sen auch eine Niederlage erleiden« (La Rochefoucauld).

Überzeugte Vierer Stanley Marcus, Diana Vreeland, Marlon Brando, Patsy Cline, Francis Ford Coppola, James Dean, Elizabeth Taylor, Martha Graham, Janis Joplin, Anaïs Nin, Edith Piaf, Anne Rice, Percy Bysshe Shelley, John Keats, Vin-cent van Gogh, Gore Vidal, Sylvia Plath, Oscar Wilde, Ten-nessee Williams, TAFKAP (der früher als Prince bekannte Künstler), Simone Weil, Frankreich.

Höchstleistungspunkt 1 beständiges, prinzipientreues Handeln

Streßpunkt 2 übermäßige Hilfe; zwanghaftes Einmischen, hyste-risch und verzweifelt.

Verbündeter 5 wird durch einen objektiven Standpunkt *energe-tisiert*.

Schatten 3 erdet sich, wenn er den geschäftlichen Alltagskram, einschließlich Verkaufsförderung, Marketing und Finanziel-lem, erledigt (lehnt meistens den rein kommerziellen Aspekt ab).

Tugend Gleichmut.

Laster Neid.

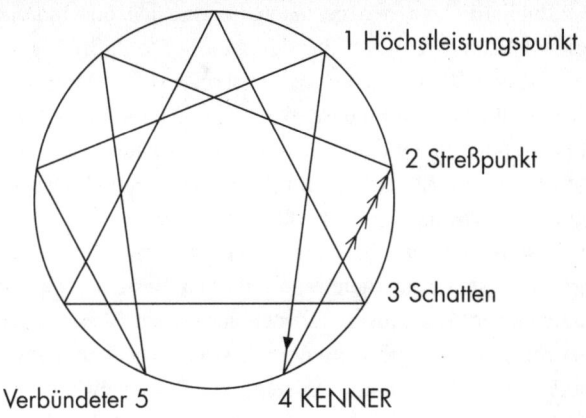

1 Höchstleistungspunkt

2 Streßpunkt

3 Schatten

Verbündeter 5   4 KENNER

Bekanntschaft mit einer Vier

Peters Geschichte

Peter, Anwalt mit Diplom in Betriebswirtschaft, ist Partner einer Wertpapierfirma in New York. Der sehr elegant gekleidete Finanzier war Vorstandsmitglied mehrerer Gesellschaften für Performing Arts. Er konnte ein paar öffentliche Erfolge einheimsen, indem er Vollstreckungstitel für krisengeschüttelte örtliche Kommunalregierungen auf die Beine stellte; er bekam Anerkennung, weil er auf die drängenden Anliegen verschiedener politischer und kommunaler Interessenverbände geschickt reagierte.

Peter beschreibt sein derzeitiges Projekt als »komplex und vertraulich. Es ist die herausfordernste Arbeit, die ich je gemacht habe. Ich hatte Gelegenheit, eines der städtischen Krankenhäuser wegen der Emission von Schuldverschreibungen zu besichtigen, die wir anleiern wollten, und ich war persönlich sehr betroffen. Es ging zu wie in einem Dritte-Welt-Land. Also stellte ich dieses Programm zusammen. Es kann einen Teil des Liefersystems der

Gesundheitsfürsorge neu gestalten, so daß ich auf Individuen reagieren kann. Wenn ich die richtigen Leute dafür begeistern kann – und ich habe schon beim Bürgermeister Interesse geweckt –, läßt sich viel menschliches Elend, das wir als normal und notwendig hinnehmen, vermeiden.« Für Peter »geht es beim Finanzwesen um Menschen, um die Reaktion auf Wünsche und Sehnsüchte, was hätte es sonst für einen Sinn?«

»Peter ist für Qualität bekannt«, sagt einer seiner Partner. »Er bringt die besten Leute herein und holt das Beste aus ihnen heraus. Aus einer Geschäftskonferenz macht er ein Bühnenereignis, das er mit präziser Vorbereitung orchestriert. Das können brisante oder verzwickte Situationen sein, und Peter geht mit der geschäftlichen Strömung – besonders mit den Gefühlen der anderen, aber auch mit dem Papierkram – wie ein Impresario um.«

Nicht jeder hält zu ihm. Peter sagt: »Einige meiner Partner halten dieses Krankenhausprojekt für viel zu komplex und kostspielig für die Firma und behaupten, es bringe nur sehr wenig direkte Vorteile. Sie machen sich Sorgen, ich könnte nicht bis zum Ende durchhalten. Aber diese Arbeit ist viel mehr wert als alles, was wir bisher getan haben.

Aber meine Partner«, Peter lächelt dünn, »verstehen mich nicht wirklich. Ich war hier immer so etwas wie ein Außenseiter. Ich war der erste, den die vier Gründungspartner direkt von der Wirtschaftsschule weg einstellten. Deshalb stand ich immer an zweiter Stelle, war kein Gründungsmitglied. Und das kann ich nicht wettmachen.«

»Seine Arbeit setzt Maßstäbe«, sagt ein anderer. »Mein einziges Problem mit Peter ist, daß er sich ein bißchen zu oft mit seiner eigenen inneren emotionalen Komplexität beschäftigt.«

Erkennen Sie Peter? Peter ist eine Vier.

Die Grundvoraussetzungen

Wenn Zweier nach außen schauende »Menschen-Menschen« sind, so sind die Vierer ihr Spiegelbild: introspektive, leidenschaftliche Romantiker, deren Domäne die Psyche ist. Tiefe Gefühle, Kreativität und Selbstausdruck sind die Landeswährung einer Vier.

Dadurch geraten die Vierer ganz automatisch an künstlerische Tätigkeiten aller Art. Sie sind Produzenten, Kustoden, Designer, Schauspieler, Künstler und Schriftsteller *und* deren Agenten, Berater und Kritiker. Aber sie können auch Rechtsanwälte, Bürokraten und Managementberater sein, die ein besonderes Flair haben und sich durch ihren leidenschaftlichen, sensiblen, poetischen Stil auszeichnen.

Wie Fünfer kommen Vierer von selbst in die Gänge und gehen ihren eigenen Interessen und Visionen nach. Aber Fünfer sind Minimalisten, die auch mit wenig Energiezufuhr ganz gut überleben können. Vierer hingegen zapfen gern ihre eigene, reichhaltige Quelle von Gefühlen an, die der Schlüssel zu ihren Gaben ist.

Authentizität ist der Prüfstein dieses Stils. Es ist die Betonung der *tiefsten Gefühle* und der *höchsten Maßstäbe*, die die Vier von anderen unterscheidet. Vierer flüchten vor oberflächlicher Konversation, vor billigen Imitationen, vor Kitsch. Ich gehe gern zum Wal-Mart, wenn ich unterwegs bin, aber meinen Vierer-Kollegen kann ich nicht dazu bewegen mitzugehen.

Die meisten Vierer besitzen eine atemberaubende Fähigkeit für ästhetische Präsentation, die uns anderen das Gefühl gibt, klobig und unelegant zu sein, so wie Oscar Wilde, der sagte: »Ich habe einen sehr einfachen Geschmack: Ich gebe mich nur mit dem Besten zufrieden.« Es wundert nicht, daß Vierer innerhalb ihrer Gruppe meistens Trendsetter sind.

Vierer akzeptieren von allen Enneagrammtypen am wenigsten,

daß sie ein Typ *sind*. Aber Vierer schützen ihre Einzigartigkeit so gut, daß gerade das typisch für sie ist. »Ich kann einen stumpfsinnigen Bürojob und Routinearbeit machen«, sagt Joy, eine Vier und angehende Schauspielerin, die aber als Verwaltungsassistentin arbeitet, »solange ich nicht vergesse, daß ich eine Rolle spiele.« Dieses Gefühl, eine Rolle zu spielen, ist ganz typisch für die Vier. (Dreier spielen auch eine Rolle, aber sie spielen sich selbst.)

Anders als Neuner, denen es manchmal genügt, ein Rädchen in der Maschinerie zu sein, wollen Vierer, daß ihre Arbeit eine persönliche Bedeutung erhält. Sie möchten ihren Einfluß gern spüren. Rudi besitzt einen hochangesehenen Kunstverlag in Soho, einem Distrikt von New York City, der in limitierter Auflage Grafiken herausgibt, die alle vom Künstler signiert und numeriert werden. »Ich habe kein Interesse daran, ein Verteilernetzwerk aufzuziehen«, sagt Rudi rundweg. »Mich interessieren die Beziehungen zu anspruchsvollen Kunden, denen ich mich einzeln widmen kann.«

Am Arbeitsplatz zieht es Vierer dorthin, wo sich Geschäft und tiefe Gefühle begegnen. »Es klingt vielleicht geschwollen, aber ich halte meine Arbeit nicht nur für kreativ, sondern auch für spirituell«, sagt Margery, die Redaktionsleiterin eines New Yorker Verlages. »Aussagefähige Schriftsteller zu fördern und für sie eine besondere Leserschaft zu finden ist auch heute noch ein lohnendes Unterfangen.«

Vierer blühen im Drama auf. Sie treten oft auf den Plan, wenn jemand entlassen wird, wenn Partnerschaften oder Familienbetriebe anlaufen oder kaputtgehen, oder wenn Firmenübernahmen und Schlammschlachten heißlaufen. Dann kommen die besonderen Fähigkeiten der Vierer, durch menschliche Krisen und Gefühlsextreme zu manövrieren, gerade recht.

Ben beispielsweise lehnte eine Mitarbeit in seinem Familienbetrieb, einer Schuhladenkette, so lange ab, bis abzusehen war, daß das Geschäft in Schwierigkeiten war. Ben brachte seine Verwandten dazu, ihn zum Vorstandsvorsitzenden zu wählen, und mit fachmännischem Rat führte er die Firma durch die schwierigen Zeiten. Dann stellte er fähige Leute ein, die der Firma weiter auf die Beine halfen.

Ganz gleich, wie ihre beachtlichen Talente und Fähigkeiten aussehen, Vierer fühlen sich in ihrem eigenen erlebnisreichen, oft turbulenten Gefühlsleben am wohlsten. Ihre tiefgründigen, dunklen, introspektiven Gefühle und Stimmungen machen sie unverwechselbar. Tatsächlich können die machtvollen Gefühle der Vierer für ihre Kollegen manchmal überzogen, überwältigend und kontraproduktiv sein. Sobald Ben seinen wichtigen Mitarbeitern ihren Posten zugewiesen hatte, zwangen sie ihn nämlich zum Rücktritt, weil sie ihn für zu emotional und unberechenbar hielten.

Eine zentrale Stellung unter den Gefühlen der Vier ist die *Melancholie*. Vierer erleben eine charakteristische Traurigkeit in bezug auf das Leben, eine Wehmut, ein Gefühl, daß alles nicht so ist, wie es sein könnte. Am Arbeitsplatz richtet die Vier ihre Aufmerksamkeit auf die Teile der Präsentation, die nicht ganz stimmen: auf den Kollegen, der nicht zur Stelle ist, wenn man ihn braucht, den Kollegen, der zwar da ist, aber gar nicht gebraucht wird, auf den Fehler oder die emotionale Belastung in der Gruppe.

Die Melancholie der Vier kann zum richtigen Zeitpunkt eine Quelle für Kreativität und Tiefgang sein. Als sich dem empfindsamen Dichter Rainer Maria Rilke die Möglichkeit bot, bei Freud eine Psychoanalyse zu machen, lehnte er ab; er befürchtete, den Zugang zu seinen kreativen Dämonen zu verlieren.

Während sich Dreier am Arbeitsplatz mit ihrem idealisierten Selbstbild von Leistung identifizieren und die Zweier *Ihr* idealisiertes Selbstbild aufspüren, identifizieren sich die Vierer mit einem tragischen Selbstbild, bei dem ihr Segen ein Fluch und ihr Fluch ein Segen ist. Sie sind mit Sensibilität und emotionalen Einblicken gesegnet, die schmerzvoll sind, aber in der richtigen Situation kann ihr Schmerz die Quelle großer Kreativität und emotionaler Authentizität sein.

Psychologie

Viele Vierer erinnern sich an eine Zeit in ihrer Kindheit, als alles mit der Welt in Ordnung war; dann änderte sich, oft unvermittelt, die ganze Erfahrung des Lebens durch eine verheerende Enteignung. Für viele war es der Verlust der Liebe eines Elternteils durch Scheidung oder Tod. Für andere war es eine schockierende Veränderung der familiären Umstände. Was auch immer passierte oder nicht passierte – die Vierer erlebten es als den Verlust des Paradieses und als das Ende der Unschuld, und insofern ist dies für die Vierer typisch. Alle Vierer tragen solch eine stark empfundene Erinnerung an Verlust und Trennung in sich, und dieses Gefühl der Entfremdung ist der Grund, weshalb sie das Leben als so schmerzlich erleben.

Tamara, eine Psychotherapeutin, lebte bis zu ihrem elften Lebensjahr wie eine Prinzessin am Panamakanal – ihr Vater war Bauingenieur –, bis ihre Familie in die Staaten zurückkehrte. Jetzt hatten sie keine Hausangestellten, kein großes Haus mehr; sie führten jetzt ein »normales Leben«.

»Was ist passiert?« fragt die Vier. »Wo ist das alles hingekommen? Was habe ich falsch gemacht?« Ein sehnlicher Wunsch, wieder heil zu werden, ergreift vom Herzen der Vier Besitz und wird zu ihrer Hauptantriebskraft. Da Verlust in ihrem Leben unweigerlich stattfindet, fragt sie: »Warum ich?« (wie der Titel von Robin Norwoods Buch).

Vierer verbringen viel Zeit damit, die *Gründe* für diesen Verlust herauszufinden. Sie nehmen ihn persönlich und machen einen schicksalhaften Makel in sich dafür verantwortlich. Sie fühlen sich verflucht und zum Exil verdammt. Da ihre Würde verletzt ist, werden sie *übermäßig* würdig, übermäßig elegant und übermäßig tiefgründig, manchmal sogar hochnäsig.

Diese ganz besondere Wunde macht die Vier zu etwas Einzigartigem, und sei es auch nur in all ihrer Tragik, was uns anderen ziemlich verborgen bleibt. Wenn die Vier ihre Entfremdung und Melancholie anmutig trägt, wie es die am weitesten entwickelten Vierer tun, dann kann sie wirklich elegant und beseelt sein.

Als Erwachsene leben Vierer wie Sechser in einer Welt negativer Erwartungen. Beide machen sich Sorgen, wenn etwas gut läuft. Aber wo Sechser Angst haben, etwas oder jemand könnte sie schnappen, haben die Vierer Angst, ignoriert, verlassen oder gedemütigt zu werden. Aber wie bei der Sechs ist es die Erwartung, nicht die Realität, die die mörderische Kontrolle ausübt. »Sie werden an meine Maßstäbe nie ganz herankommen«, projiziert der Vierer-Chef. »Das Team wird mich nie verstehen«, denkt der Vierer-Mitarbeiter; »die Leute sind zu oberflächlich, zu unsensibel, zu gewinnorientiert.«

Diese Gefühlsreaktion der Vier ist eine Zwickmühle: Eine Vier sehnt sich nach dem, was ihr fehlt; wenn sie es bekommt, ist es nicht länger erstrebenswert. Sie sind süchtig nach dem Gefühl der Sehnsucht und lassen sich nicht immer durch tatsächlichen Besitz trösten. Dadurch werden sie zu großen Märtyrern, da sie im stillen traurig Kompromisse eingehen, damit es weitergeht.

Die gute Nachricht

Trotz all des Aufruhrs, von dem ihr persönliches Leben geprägt ist, machen ihre starken Leidenschaften die Vierer zu kühnen Managern (und Mitarbeitern) mit einer starken Hand. Wie Achter wissen sie, was sie wollen, und sie beharren darauf, dies auch durchzusetzen. Sie scheuen sich nicht, ihrer inneren Stimme Gehör zu verschaffen und dazu zu stehen. Elizabeth, Personalchefin bei einem Hersteller, bringt es fertig, eine Konferenz von Topmanagern mit den Worten zu unterbrechen: »Wir vermeiden hier ein paar unbewußte Gefühle, und ich glaube zu wissen, welche.« Jeder hört ihr zu.

Vierer sind Meister im Navigieren und Beschreiben der inneren Landschaft. Die derzeit stattfindenden Bemühungen, »Seele ins Geschäft zu bringen«, werden von Vierern oder Möchtegern-Vierern initiiert. Genauso wie für eine Eins gibt es für die Vier keine Zufälle. (»Das Leben ist ernst«, sagte meine Mutter, eine Vier, immer.) Geborene Interpreten von Symbolen, die sich auf das Unbewußte, auf Mythen und Metaphern einstellen, suchen sie unter der Oberfläche nach tieferen Bedeutungen. Wie Rumpelstilzchen spinnen die besten Vierer das Stroh des Alltagslebens zu Gold.

Für eine Vier stellt das Leben keinen rationalen Prozeß dar und ist auch kein Geschäft. Im Leben geht es darum zu entdecken, wer man ist; mit dem Geschäftsleben ist es genauso.

Für viele Vierer ist nicht ihre Arbeit, sondern ihre künstlerische Berufung der Mittelpunkt ihres Lebens. Henry leitet ein Kaufhaus in St. Louis, weil ihm dies Zeit für das läßt, was ihm am wichtigsten ist: Hologramme entwerfen. Der Job spricht auch Henrys künstlerisches Temperament an: Als typische Vier *genießt* er die schmerzliche Entfremdung, »nur« als Kaufhausmensch zu arbeiten, genauso wie Orwell als Büroangestellter und Gauguin in einer Wechselstube arbeitete.

Die besten Vierer werden von einem Gefühl für Zweckmäßigkeit angespornt. Sie arbeiten für eine gute Sache, arbeiten freiwillig für gesellschaftliche Bewegungen und bringen Mitgefühl für diejenigen auf, die wie die Vier am meisten leiden: die Armen, Mißbrauchten, Vernachlässigten oder Unverstandenen.

Einzigartig

Vierer wollen etwas Besonderes sein, weil sie tiefer wissen und fühlen als andere. Diese Fähigkeit kommt ihnen in der Arbeit oft zugute. In einem CIA-Büro, wo andere Frauen triste Geschäftskostüme trugen, hob sich Juliette, eine intelligente Systemanalytikerin, durch ihre eleganten Kleider und ihr makelloses Make-up hervor. Sie befaßte sich ausgiebig mit der Literatur und der Kultur des kleinen Landes, für das sie zuständig war – etwas recht Ungewöhnliches bei politischen Analytikern. Mit ihrer Antenne fürs Dramatische, die den Vierern eigen ist, spürte sie, daß der Ehekrach, den der Führer des Landes mit seiner Frau hatte, Komplikationen für seine Kabinettführung hatte. Sie verfaßte ein glänzendes internes Paper, in dem sie mehrere kühne Voraussagen über Regierungspolitik und Entscheidungsfindung machte. Sie hatte recht, und als ihre Voraussagen sich bewahrheiteten, erhielt sie eine Auszeichnung, wurde vorzeitig befördert und in ein großes Landesteam berufen, wo sie mit einigen der größten Experten auf ihrem Arbeitsgebiet zusammenarbeiten konnte. Interessanterweise erwies sich diese Wendung der Ereignisse für Juliette als problematisch. Sobald sie mit anderen Experten arbeitete, fühlte sie sich nicht mehr als etwas Besonderes; ihr Interesse ließ nach, und ihre Karriere begann zu verkümmern. Sie wurde depressiv. Daher verließ sie das Analytikerteam und studierte ein Jahr lang im Ausland eine exotische Sprache und Kultur, und zwar eine, die ihr die Spezialkenntnisse und Erfahrungen versprach, aufgrund derer sie nach ihrer Rückkehr wieder etwas Besonderes sein würde.

Kenner

Vierer sind Kenner, die das Beste schätzen. Sie unterscheiden nicht wie wir anderen zwischen gut und schlecht, sondern zwischen dem Feinen und dem Feinsten. Selbst das Feinste ist den Vierern nicht wirklich gut genug. Sie wollen als der Elitequalitätshersteller, -ernährer und -lieferant bekannt sein. Als alle Champagnerhäuser in Frankreich von Multis aufgekauft wurden, schlug Taittinger, der vielleicht begehrteste, einen anderen Weg ein. Der Präsident Claude Taittinger sagte: »Wir beschlossen, ›Künstler‹ zu bleiben und eine begrenzte Menge des allerbesten Champagners zu produzieren.« So geht eine Vier vor.

Vierer schätzen besonders Schönheit und sind groß darin, auch andere davon zu überzeugen. Anders als Fünfer, die sich hüten würden, sich ihren Kunden aufzudrängen, nehmen Vierer die »Last der Vier« auf sich: die Aufgabe, den Geschmack ihrer Kunden und Kollegen zu erziehen und zu verfeinern. Hören wir Stanley Marcus, den früheren Vorsitzenden von Neiman-Marcus, aus seinen Vierer-Memoiren par excellence, seinem Buch *Quest for the Best*:

»Wir halten rigoros an unseren Geschmacksmaßstäben fest, ob das nun Ware, Werbung ist oder andere Aktivitäten, an denen der Laden teilgenommen hat. Dazu brauchte ich eine gewisse Dreistigkeit, um die Maßstäbe festzusetzen, mit denen einige meiner Geschäftspartner manchmal nicht einverstanden waren. Ich erinnere mich an einen Vorfall, wo ich unsere Einkäuferin für Süßigkeiten kritisierte, weil sie im Verhältnis zuviel Milchschokolade statt Zartbitterschokolade auf Lager hatte. Ihr Vorgesetzter verteidigte sie mit dem Argument: ›Das wollen die Leute. Mit welchem Recht können wir ihnen vorschreiben, dunkle Schokolade zu essen?‹ Ich erwiderte: ›Milchschokolade ist eine Geschmacksrichtung für die breite Masse. Kunden, die etwas von Schokolade verstehen, widert soviel Milchschokolade an, und dann verlieren wir sie. Wenn ich entscheiden müßte, würde ich lieber sie als die breite Masse zufriedenstellen, aber ich glaube, wir können beiden entgegenkommen, indem wir einfach den Prozentsatz zwischen den beiden Sorten vertauschen. *Es ist unsere Aufgabe, die Kunden sowohl zu erziehen als auch an sie zu verkaufen.‹* Meine Anweisung wurde befolgt, und schließlich entschieden sich unsere Kunden für die dunkle Schokolade.« [Hervorhebungen von mir][1]

Die Kennerschaft der Vier erstreckt sich – und das ist noch wichtiger – auch auf Menschen. Wie Zweier haben sie die Gabe, ihre Besonderheit herauszufiltern. Wie rief uns doch Martin Buber ins Gedächtnis: »Es ist die Pflicht eines jeden … zu wissen und zu bedenken, daß er auf der Welt einzigartig ist.« Vierer, die leidenschaftlich nach ihrem eigenen inneren Wesen suchen, erinnern Sie gern an Ihr eigenes.

Ein Hang zum Dramatischen

Aufgrund ihrer frühen Verlusterfahrung bemühen sich Vierer ganz besonders, Wurzeln zu schlagen (Wachstum im Untergrund ist die Spezialität der Vier). Sie brauchen besondere Örtlichkeiten, um ihre ungewöhnlichen Leidenschaften zum Ausdruck zu bringen, und schaffen oft eine außergewöhnliche Umgebung, die viel über ihre Person aussagt. Klassische Vierer-Geschäfte wie Victoria's Secret und Bloomingdale's waren – bevor sie von Big-Three-Multis (Big Three: IBM – ATT – ITT) übernommen wurden – in ihrer Anfangsphase zum Teil deshalb erfolgreich, weil sie ein verschwenderisches, romantisches Umfeld kreierten, das ihre Kunden in ein anderes Reich entführte.

Sie werden es oft merken, wenn Sie in einer Vierer-Umgebung sind, denn Sie werden erfahren, was ich den »Sprachlos-Effekt« nenne. Mein ehemaliger Klassenkamerad Phil ist Rechtsanwalt bei einer großen Firma in einem hohen, tristen Bürogebäude in Chicago. Während seine Kollegen in Schablonenbüros mit Einheitsmöbeln sitzen, hat Phil in seinem Büro zwei turkmenische

Teppiche, eine Arbeitsfläche aus poliertem Granit und einen echten Mark Rothko, daneben noch ein paar Privatfotos von seinen Reisen durch Zentralasien. Phil sagt: »Ich versuche bestimmt nicht, andere zu beeindrucken. Jeder kann Geld für den Dekorateur rausschmeißen. Aber eine Umgebung, die dein wahres Selbst darstellt, holt aus anderen das Beste heraus.«

Die schlechte Nachricht

Das Bedürfnis, etwas Besonderes zu sein

Eine meiner Kolleginnen, eine Vier, möchte gern ein Buch über das Enneagramm schreiben, aber nur über Vierer. »Das ist wirklich die einzige Zahl, an der mein Herz hängt«, sagt sie. Originalton Vier.

In einer Arbeitsumgebung kann der Wunsch der Vier, etwas Besonderes zu sein, manchmal teuer werden. Alfredo, Leiter eines Lederwarenunternehmens, genügte es nicht, Produkte in den besten Schaukästen, die es gab, zu zeigen. In den Vorführraum der Firma in New York stellte er teure Möbel und hängte an den Wänden Kunstwerke auf. Als sein Chef in Europa dahinterkam, ließ er alles zurückgehen. Alfredo war außer sich und rief ohne Reue aus: »Es sah aus wie ein Warenhaus!«

Anders als Einser, die meinen, Anspruch auf Auszeichnungen zu haben, die auf der Grundlage von richtig und gerecht vergeben werden, meinen negative Vierer, Anspruch auf Anerkennung zu haben, weil sie etwas Besonderes sind.

Dramatische Könige und Königinnen

Die schlimmsten Vierer sind dramatische Könige und Königinnen, die *fühlen* – wahr, verrückt und tief. Ihre Leidenschaft kennt nur einen richtigen Weg – ihren eigenen nämlich (dadurch werden sie zur emotionalen Ausgabe der Einser).

Und doch sind Vierer trotz ihres stürmischen Gefühlslebens nicht immer geschickt im Umgang mit Gefühlen. Vierer haben die Fähigkeit, die Tiefen ihrer eigenen Psyche auszuloten, aber sie sind so mit sich selbst beschäftigt, daß sie sich oft nicht in andere hineinversetzen oder verstehen können, wie sie und ihre Gefühle in einen größeren Zusammenhang passen. Fähigkeit ist nicht dasselbe wie Meisterschaft.

Das Problem der Vierer ist nicht, daß sie ihren Gefühlen vertrauen, sondern daß sie *ausschließlich* Gefühlen vertrauen. Sie sind von der Vorstellung »Du bist deine Gefühle« sehr eingenommen. »Als ich hier anfing«, sagt Rudi, »war mir die Geschäftsordnung äußerst suspekt. Ich merkte, daß ich meinen eigenen Stil entwickeln mußte, und das wurde mein Ziel: *mit Stil, meinem Stil, erfolgreich zu sein.*« Diese Einstellung wird für die Vierer dann gefährlich, wenn das Beharren auf Stil wichtiger wird als die Realitäten des Marktgeschehens.

Die schlimmsten Vierer-Chefs oder -mitarbeiter leben das Leben in emotionalen Extremen und haben wenig für Andersgesinnte übrig. Und da ein Großteil des Arbeitslebens aus langweiliger – wenn auch berechtigter und wichtiger – Routine besteht, rebellieren Vierer unter Umständen gegen Standardprozeduren, indem sie Schleichwege finden, Privilegien fordern oder eine gefühlsmäßige Achterbahn schaffen – und alles nur, um an ihrer großen Vision festzuhalten.

Vierer beschweren sich ständig darüber, daß ihre Sensibilität, Kreativität, ihr Tiefgang und ihre avantgardistische Einstellung es ihnen schwer machen, mit Allgemeinplätzen und Banalitäten zurechtzukommen. »Ich halte nie ein Schwätzchen. Es fällt mir schwer, Smalltalk zu machen, Leuten schönzutun«, sagt Andrea, die einen sehr erfolgreichen Beratungsdienst für Hochschulstudenten leitet. »Ich bestehe darauf, sehr schnell in die Tiefe zu gehen. Ich verstehe, daß einige auf der Strecke bleiben werden. Was Menschen wollen oder erwarten, ist eine Sache. Aber was ich verkaufe, ist meine Angelegenheit.«

Wie Einser, die sich ihrer Vorstellung von »richtig« verschrieben haben, können Vierer bei der Jagd nach ihrer Vorstellung von Wahrheit oder Schönheit brutal vorgehen. Sie sind manchmal bereit, andere bei dem sinnlosen Versuch, sie zu imitieren, fertigzumachen, und machen Mitarbeiter zur Schnecke, obwohl gar kein Anlaß für einen Rundumschlag besteht. »Wenn ich sah, daß jemand nur so tat als ob, wenn es *gewöhnlich* war«, sagte Marianne, Herausgeberin einer Zeitschrift, »dann war das verachtenswert. Ich hasse es, wenn Leute nicht die Gelegenheit ergreifen, etwas Besonderes zu tun. Wenn sie es tun, dann sieht man immer, daß sie sich bemüht haben, auch wenn sie danebenliegen.«

Melancholisch

Nichts ist schwerer zu ertragen als eine Reihe von guten Tagen.
Johann Wolfgang von Goethe

Vierer brauchen ihren Moralischen, um wieder ins Lot zu kommen. In der Arbeit machen sie sich unter Umständen selbst unglücklich, indem sie das Opfer spielen, Erfolg von sich weisen oder das, was sie haben, nicht wertschätzen. Bei einem überraschend gut besuchten Dinner, bei dem sie für Spenden für die von ihr geleitete Stiftung aufrief, konnte Ellen immer noch sagen: »Die Leute wissen die Wirkung, die wir haben, nicht zu schätzen.«

Tatsächlich sind Vierer, die sowieso von ihrer Art her neidvolle Vergleiche anstellen, auf ihre Negativität stolz.

Die meisten Vierer haben lange und lähmende Phasen der Depression durchgemacht. Eine Vier aus meinem Bekanntenkreis, Direktor einer Organisationsentwicklung, liegt manchmal auf dem Sofa in seinem abgedunkelten Büro und starrt stundenlang an die Decke. Seine Mitarbeiter warnen sich gegenseitig. »Er macht gerade Deckentherapie«, sagen sie. Das Thema ›klinische Depression‹ würde den Rahmen dieses Buches sprengen, aber es ist wichtig zu wissen, daß eine Vier, die nicht auf der Höhe ist, nicht nur traurig, sondern verzweifelt ist. Und wenn die Vier verzweifelt ist, sollte man nicht zu ihr sagen: »Komm, mach ein fröhliches Gesicht! Alles ist in Ordnung.« Respektieren Sie hingegen ihre geistige Verfassung, geben Sie ihr ein Gefühl von Wohlbehagen, und kümmern Sie sich um das Geschäft. Sie können ihre Melancholie anerkennen, ohne selbst melancholisch zu werden. »Sagen Sie mir Bescheid, wenn ich irgend etwas überprüfen soll oder wenn Sie mit mir reden möchten«, könnten Sie sagen.

Mit einer Vier arbeiten
Eine Vier beeinflussen

Obwohl ihre Redseligkeit und ihre Vorliebe für Dramatisches sie kontaktfreudig erscheinen läßt, sind Vierer eigentlich im wahrsten Sinn des Wortes introvertiert. Das heißt, sie schauen auf ihr inneres Erleben, um die Realität zu beurteilen, schätzen ab, wo sie sind, und schöpfen neue Kräfte. Vierer finden ihre Mitte in ihrem eigenen kreativen und emotionalen Wesen. Versuchen Sie, eine Vier gewaltsam dazu zu bringen, ihre Ansichten über eine Geschmacks- oder Stilfrage zu ändern, und Sie werden Erstaunen oder Verachtung ernten. Sie werden es nicht schaffen, die Kriterien einer Vier mit logischen Argumenten direkt herauszufordern. Sie fahren besser, wenn Sie ihr das Ästhetische zugestehen, aber den Fokus erweitern. »Sieh mal, was die ästhetischen Mängel dieser Broschüre betrifft, hast du recht. Aber wie kreativ können wir denn sein bei den derzeitigen zeitlichen und finan-

ziellen Zwängen und mit unserer etwas konventionellen Leserschaft? Laß uns doch versuchen, aus dieser schwierigen Situation das Beste zu machen.« Kreativität in schwierigen Zeiten ist
die Spezialität der Vier.

Anspruchsvolle Vierer wissen, daß sie manchmal übers Ziel hin-
ausschießen, wenn sie Gefühle ausleben oder ihre Position verteidigen. Diese Vierer wissen, daß sie hin und wieder jemanden
brauchen, der sie vor sich selbst rettet.

Wie Achter wollen Vierer von Ihnen, daß Sie ihre Stärke auf Ihre
eigene abstimmen. Wenn eine Acht oder eine Vier jemandem begegnet, der bereitwillig hinter ihr steht (mit einer Vier ist es eher
emotional als körperlich, wie bei der Acht), dann können sie ihre
volle Kraft spüren. Versuchen Sie nicht, sie abzufertigen. »Es
macht mich verrückt, wenn Leute nicht offen mit mir umgehen«,
sagt Alana, eine Vier und Fernsehproduzentin. »Wenn Sie versuchen, mich abzufertigen, werden Sie mit Sicherheit kein Glück
haben. Begegnen Sie mir mit Ihrem wahren Selbst.« Mit Authentizität kommt man bei Vierern sehr weit.

Wie eine Vier Entscheidungen trifft

Vierer handeln auf einer von Gefühlen getragenen Intuition. »Ich
habe keine langfristigen Pläne«, erklärte Calvin Klein. »Ich
handle einfach instinktiv.«[2] Sie kümmern sich nicht um Markt-
forschung, die sowieso nur ein Abbild des plebejischen Ge-
schmacks ist. Vierer werden sich statt dessen darauf verlassen,
daß ihnen ihre eigenen Talente sagen, »was fehlt«, »was richtig
ist«, »was echt ist« und »was am besten ist«. Morrie ist Großhan-
delsjuwelier. »Ich kenne niemanden, dessen Urteil ich mehr vertraue als meinem eigenen. Auf Kunden zu hören ist eine sichere
Methode, um die Ware zu verpfuschen.«

Als Zugehörige der Gefühlstriade, zusammen mit Zweiern und

Dreiern, treffen Vierer viele Entscheidungen anhand von Vergleichen. Fragen Sie eine Vier: »Was ist qualitativ besser? Was ist
echter? Was gefällt Ihnen besser?«, und Sie bekommen eine
schnelle Antwort. Vierer erleben Entscheidungen als Schälen der
persönlichen Zwiebel: Sie suchen bewußt nach der Wahrheit im
Zentrum.

Der Führungsstil einer Vier

Ein Vierer-Führer ist typischerweise ein romantischer, leiden-
schaftlicher, impulsiver Star, der an einer starken persönlichen
Vorstellung festhält und durch die Kraft seiner Persönlichkeit
führt. Anders als eine Sieben, die Menschen zu neuen *Höhen* inspiriert, inspiriert der Vierer-Führer andere zu neuen *Tiefen* – von
Gefühl und Authentizität. Die Autorität einer Vier rührt wie die
einer Fünf von ihrem Wissen her. Und wie bei der Fünf haben
die größte Stärke und die größte Schwäche der Vier als Führungsperson die gleiche Ursache: ihre mangelnde Bereitschaft,
von ihrer Vorstellung abzuweichen.
Die Vier versucht immer, eine Beziehung mit dem Kern der Sache herzustellen. Sobald sie sie sieht, muß sie sie vollenden, und
sie wird sich durch nichts und niemanden aufhalten lassen. Das
kann Vierer-Führer zu heldenhaften Kulturrevolutionären machen, die radikale, fortschrittliche Ideen umsetzen, oder zu neu-
rotischen Primadonnen, die Fortschritt und gesundem Menschenverstand im Weg stehen, je nachdem, welchen Standpunkt
sie einnehmen. Ihre Forderung, ihre Leidenschaften bis in die
Tiefen der Authentizität auszuloten, können einige Mitarbeiter
zu Höchstleistungen anspornen, andere aber frustrieren, deren
Leistungen im Hochofen der Vier in Flammen aufgehen.
Der Vierer-Chef mag zwar allgemein bewundert werden und einflußreich sein, aber er kann auch gebieterisch und unnahbar sein.

Stimmungen sind entscheidend. Wenn Brian, eine Vier und Filmdirektor, morgens in sein Büro kommt, sagt er zu seiner Sekretärin entweder ein herzliches Guten Morgen, oder er nickt kaum mit dem Kopf. Seine Sekretärin berichtet dann allen Betroffenen, welche Laune er hat. Brian selbst erzählte mir von diesem Drama; er begrüßt diese Vereinbarung. »Dadurch bekommen die Leute eine gute Vorstellung davon, ob sie ihren Sermon machen oder ihn für einen anderen Tag aufheben sollen, je nach *ihrer* Stimmung«, sagt er.

Da Vierer sich so sehr nach einer tadellosen Vorstellung sehnen, kann manchmal ein unbedeutendes Detail, wie ein Profit, auf der Strecke bleiben. Diana Vreeland, die berühmte Herausgeberin der *Vogue*, propagierte eine Welt mit ausgeflippter Hochglanz-Plastikmode, die nur in ihrer Phantasie existieren konnte. Sie kümmerte sich nicht um das Budget und wurde schließlich gefeuert. Ihren Job übernahm die Vier-ähnliche Drei Grace Mirabella, die den Schwerpunkt auf bequeme klassische Kleidung legte, die die Frauen im Berufsleben tragen konnten. Leidenschaftliche Vierer-Führer tun gut daran, sich bei Gelegenheit an ihre Nachfolger zu erinnern (siehe Schattenpunkt Drei).

Der Arbeitsstil der Vier

Vierer sind Vollmitglieder der um ihren Stolz rivalisierenden Triade, zu der auch Zweier und Dreier gehören. Zweier sind stolz auf ihre Hilfsbereitschaft, Dreier auf ihre Vollkommenheit und Effektivität. Vierer sind besonders stolz auf ihre ästhetische Sensibilität, ihre tiefen emotionalen Einsichten und ihren Kampf, ihrer Vorstellung treu zu bleiben. Es schmerzt eine Vier, ihr Licht notgedrungen unter den Scheffel stellen zu müssen.

Da Vierer nicht wollen, daß man ihre Leistungen als etwas Gewöhnliches betrachtet, weigern sie sich oft zu sehen, daß Bereiche ihrer Arbeit vielleicht doch ganz gewöhnlich sind. Wenn sie ein Problem aus dem Arbeitsalltag angehen, suchen sie überall nach einer komplizierten Antwort und übersehen dabei völlig eine simple, bereits greifbare Lösung.

Im Fluß der Gefühle können Vierer häufig widersprüchlich sein, weil sie von Launen getrieben werden und persönlich auf andere reagieren, statt objektive Maßstäbe wie Einser (siehe Höchstleistungspunkt) anzusetzen. Vierer kommen am besten mit Kollegen zurecht, wenn die Grenzen klar sind, die Firmenleitung einheitlich ist und die Bewertung auf objektiven Kriterien und nicht auf der Idiosynkrasie des Chefs beruht. Sie können Vierern, die bei Ihnen beschäftigt sind, dabei helfen, kreativ zu sein, ohne sprunghaft und temperamentvoll zu sein, wenn Sie dafür sorgen, daß sie geschätzt werden, und ihnen Ventile für ihre Kreativität bieten. Dann brauchen sie nicht mit anderen Mitteln auf ihre Besonderheit zu pochen.

Obwohl Vierer gern das Gefühl haben, einen Platz in der Arbeit zu haben, haben sie als Teammitglieder zu kämpfen. Zu einer Übereinstimmung als Gruppenmitglied zu kommen ist für eine Vier ein Greuel; ihre persönliche Vorstellung ist zu zwingend. Viel lieber kommen sie zu einer allgemeinen Verständigung auf der »Herzensebene« oder der »Seelenebene« oder erledigen andernfalls die ganze Arbeit selbst. Bei einem Team eignen sie sich viel besser als besondere Berater, Förderer oder Trainer, die dem Team immer wieder vor Augen halten, wie bedeutungsvoll und überzeugend ihre Arbeit wirklich ist.

Die Lernweise einer Vier

Vierer wollen mit jedem Lernstoff »in persönlicher Beziehung« stehen. Viele Vierer formulieren es so ähnlich, wie Robin, Marketingmanager, sich zu den besten Trainingsprogrammen äußer-

te: »Das Thema erschließt sich nicht, wenn man sich direkt dar-
aufstürzt, sondern wenn Sie ihm gestatten, sich Ihnen und umgekehrt zu offenbaren.« Vierer-Lehrer und -Trainer wissen, wie
man dem *Geheimnis* Raum läßt.

Vierer sind nicht gern einer von vielen. Deshalb funktioniert
Gruppenarbeit bei ihnen nicht immer. Vierern ist ein persönliches Verhältnis zum Lehrer und, wenn möglich, Privatunterricht
oder Einzeleinweisung lieber, da sie dort ihre besondere Auffas-
sungsgabe und Ausdruckskraft unter Beweis stellen können.

Um eine Vier für sich zu gewinnen, stellen Sie klar, weshalb Sie
ihr diese Information vermitteln, was das Wesentliche daran und
weshalb sie wertvoll ist. Vierer sprechen auch gut auf ge-
schmackvolles, qualitatives Arbeitsmaterial, Grafiken oder Vi-
deos an. Und auf Höflichkeit! Lassen Sie Vierer etwas Kreatives
mit dem Material tun – vielleicht zeichnen oder schreiben –, damit sie etwas Persönliches haben.

Die Vierer-Organisation

*Gib dem Kunden, was Tiffany gefällt, denn was Tiffany gefällt,
sollte auch der Öffentlichkeit gefallen.*

Walter Hoving, ehemaliger Vorsitzender
der Tiffany and Co.

Vierer sind von Natur aus weniger an Umsatzvolumen interes-
siert als daran, eine besondere Nische, meistens in einer Markt-
Spitzenposition, auszufüllen, und sind oft für den Qualitätsstan-
dard auf dem Markt tonangebend. Vierer erschaffen den echten
Artikel: Mont-Blanc-Füller, Godiva-Schokolade, Rolex-Uhren.
Sie sind Meister der eleganten Präsentation wie Bergdorf
Goodman oder Tiffany oder Henri Bendel (der gleichbedeutend
mit Exklusivität ist).

Obwohl Kunden von Vierer-Unternehmen beeindruckt sein werden, sind solche Firmen nicht in erster Linie dienstleistungsorientiert wie Zweier-Firmen. Vergleichen Sie ernsthafte, eifrige, hilfsbereite Zweier-Unternehmen wie Nordstrom mit schillernden Vierer-Unternehmen wie Barney's oder Neiman-Marcus oder Claridge's Hotel in London. Ein eifriger, lächelnder Nordstrom-Mitarbeiter, der Ihnen nicht helfen kann, das Gesuchte zu finden, empfiehlt unter Umständen sogar einen Konkurrenten. So etwas ist bei Barney's ziemlich undenkbar, deren Hauptanliegen es ist, Ihnen ihre umfangreiche Erfahrung zu übermitteln – die kommmerzielle Version dessen, was ich weiter oben den Sprachlos-Effekt genannt habe. Im Oriental Hotel in Bangkok, einer Zweier-Organisation, ist das Personal überall, klebt an Ihren Fersen und weicht nicht von Ihrer Seite; Kundendienst ist *das* zentrale hervorstechende Merkmal. Das Ritz-Carlton, das gleichbedeutend für Exklusivität steht, hat das Ziel, Ihnen eine »denkwürdige Erfahrung« zu hinterlassen, bei der vorbildlicher Kundendienst nur ein Teilbereich ist.

Die Führer von Vierer-Organisationen sind Kreuzritter für Qualität, und Beschäftigte, die Entscheidungen treffen wollen, die auf den üblichen Profitkalkulationen beruhen, werden unter Umständen zu Bürgern zweiter Klasse abgestempelt. Vor langer, langer Zeit, in den frühen Tagen von Hewlett-Packard (damals war das eine andere Welt), erfaßte der Mitbegründer David Packard diese Stimmung, als er seine leitenden Angestellten wegen eines Produktes rügte, das sich als »Schrott« erwiesen hatte. »Irgendwo hatten wir die Vorstellung, daß Marktanteile ein Ziel sind«, sagte er. »Ich hoffe, das ist nun geklärt. Jeder kann Marktanteile aufbauen; wenn Sie Ihren Preis niedrig genug ansetzen, können Sie den ganzen verdammten Markt dominieren. Aber eines sage ich Ihnen: Hier werden Sie nicht weit damit kommen.« Packard vertraute darauf, daß die Qualität seiner Produkte auf dem Markt durchscheinen würde, so daß die Kunden nicht auf den Preis achten würden. Tatsächlich wurde das Gütezeichen des Unternehmens noch durch die Spöttelei verstärkt, daß *HP* für »Hohe Preise« stehe.

Eine andere Variante der Vierer-Organisation sind Non-profit-Unternehmen. Diese emotionalen Idealisten nehmen sich einer Sache an, wie World Vision oder People for the Ethical Treatment of Animals. Bei Vierer-Organisationen sind tiefgehende Emotionalität, Tragik und von Herzen kommende Reaktion am besten aufgehoben.

Das Beste aus einer Vier herausholen

Statt sich von ihren Vornehmheits- oder Verzweiflungsgefühlen übermannen zu lassen, kommen Vierer weiter, wenn sie zuverlässig, getreu und moralisch handeln – so wie der Höchstleistungspunkt der Vier, die Eins. Wenn Vierer gestreßt sind, verletzen sie dauernd die Privatsphäre anderer bei Streßpunkt Zwei. Materielle Leistungen (Schattenpunkt Drei) mit objektiver Distanz ins Gleichgewicht zu bringen gibt der Vier ein Gefühl von Gelassenheit.

Helen Annes Geschichte

Helen Anne ist die Rektorin der Burnham School, einer exklusiven Privatgrundschule nördlich von Los Angeles. Das Schulgebäude ist heimelig und farbenfroh, und die Kunstwerke von Schülern sind um wunderschön gestaltete Flächen angeordnet; sie wird von Sprößlingen der Reichen und Berühmten, besonders aus der Film- und Theaterwelt sowie aus der Kunstszene, besucht. Helen Anne bemüht sich ganz besonders um einen besseren Lehrplan, der insbesondere Förderprogramme in Kunst und Wissenschaften beinhaltet.

In einer Institution wie der Burnham School ist die Einschätzung der Eltern eines potentiellen Schülers fast genauso wichtig wie die Beurteilung des Schülers. Von den Eltern wird erwartet, daß sie die Schule durch ihre Mitgliedschaft im Ausschuß und finanzielle Spenden unterstützen. Helen Anne hat, wie sie es nennt, ein »diebisches Vergnügen« daran, lange und manchmal aufreibende Gespräche mit Eltern zukünftiger Schüler zu führen. »Oh, sie haben sich um einen Platz in der Burnham School beworben«, wird sie über eine Familie sagen, deren Name ein Begriff ist, »aber wir mußten sie ablehnen.«

Als Helen Anne mich zur Beratung bestellte, war sie überfordert und entmutigt und spielte mit dem Gedanken zu kündigen. Ein Vorstandsmitglied, Buchhalter und Managementberater, Bill, eine Drei, bekämpfte mehrere ihrer Projekte. Außerdem übte er auch Druck auf sie aus, die Zulassungsbedingungen und Personalpolitik zu vereinheitlichen mit der Begründung, sie handele zu sehr nach ihren eigenen Launen.

Bill reagierte mit Konfrontation und Direktheit. »Ihnen scheint zu entgehen, daß das hier ein Geschäft ist. Ich glaube, Sie stehen wohl der Idee, daß wir Profit machen müssen, feindlich gegenüber. Sie müssen auf das Wesentliche achten.«

Helen Anne erwiderte: »Nein, *Sie* müssen auf das Wesentliche achten. Ich bin dazu da, den Geist, die Phantasie und die Seele der Kinder zu nähren. Kümmern Sie sich um Spenden«, sagte sie. »In bezug auf Qualität werde ich keine Kompromisse eingehen.«

Aber die Pattsituation konnte nicht lange dauern, wie Helen Anne wußte. Bill hatte zu viele Freunde im Schulvorstand, Helen Anne hingegen hatte schon immer ihren Kopf durchgesetzt, und wenn es hart auf hart kam, würde sie den kürzeren ziehen. Als ich mich mit ihr traf, fühlte sie sich gezwungen, Bills Forderungen nachzugeben, und war darüber verbittert. Sie hatte daher ihre Begeisterung für ihre Arbeit verloren.

Streßpunkt: Zwei

Unter Streß war Helen Anne in den Zweier-Zustand geraten. Beim Streßpunkt Zwei verlieren Vierer ihre Mitte, weil sie sich auf andere einstellen und das Gefühl haben, sich selbst verkauft zu haben (das Schlimmste für eine individualistische Vier, die sich mit ihrer eigenen Vorstellung identifiziert). »Ich habe mein ganzes Leben dieser Schule gewidmet. Ich stellte immer wieder meine Bedürfnisse hintan, um diese Schule am laufen zu halten, und jetzt heißt es, ich respektiere das Wesentliche nicht«, klagte sie und fühlte sich als Opfer anderer Leute, die ihre wahren Talente verkannten.

Aber die Zwei hilft der Vier auch durch den Streß hindurch. Die Zwei ist ein Weckruf, der die Vier aus ihrer Beschäftigung mit sich selbst aufrüttelt. Den Absichten anderer Gehör zu schenken fokussiert den Willen. Helen Anne war von den widerstreitenden Interessen gestreßt, aber verärgert, wie sie war, ging ihr dadurch auch ein Licht auf.

Höchstleistungspunkt: Eins

Vierer brauchen das, was Aristoteles *ethos* oder ethischen Charakter nannte. Die Eins bietet ein an Prinzipien orientiertes Reich, in dem Richtig und Falsch klar sind. Auf dem Höchstleistungspunkt Eins bewegen sich Vierer von einer chaotischen Welt, die um Stimmungen und Gefühle kreist, in ein moralisches Universum, das sinnvoll ist. Im Einser-Zustand merken Vierer, die die Spielregeln umgehen wollen, indem sie die Ausnahme bilden, daß die Regeln manchmal das Spiel *sind*.

Vierer finden Kraft, indem sie zwischen Gefühlen – dem Zuhause der Vier – und Werten – dem Zuhause der Eins – unterscheiden. Für Helen Anne waren ihre Gefühle ihre Werte, und sie weigerte sich, sie zu gefährden. Wenn Vierer Zugang zu ihrem Höchstleistungspunkt Eins bekommen können, wird ihnen klar, daß ihr Ethos – ihr Charakter – nicht gefährdet werden kann.

Im Einser-Zustand konnte Helen Anne den Sinn einer Vereinheitlichung der schulischen Zulassungspolitik einsehen, statt sich auf Eindrücke und Launen zu verlassen. Die neuen Regeln ließen ihr genug Spielraum, um Beurteilungen abzugeben. Obwohl jeder der Ansicht war, Helen solle bei Zulassungen beachtliche Entscheidungsgewalt behalten, waren alle glücklicher darüber, daß die Kriterien kodifiziert und Eltern und anderen Personen zugänglich gemacht wurden. Als nächstes stürzte sie sich auf die Kodifizierung und Überarbeitung der Personalpolitik, da sie vorher individuelle Deals ausgehandelt hatte, die zu Eifersüchteleien und Ärger führten. »Es war das einzig richtige, die Politik neu zu schreiben«, sagte Helen Anne. »Das hat mir zwar keinen Spaß gemacht, aber ich kann die Vorteile erkennen.«

Flügel

Schattenpunkt: Drei

Vierer rennen vor ihrem Dreier-Schatten davon, dem Teil ihrer selbst, den sie verleugnen wollen. Dreier sind konventionelle, praktische und ehrgeizige, charismatische Experten fürs Grobe. Sie orientieren sich am Marktgeschehen, an Verkäufen, am Sieg. Vierer unterdrücken die Vorstellung, daß sie so wie »die anderen« sein könnten.

Deshalb hatte Helen Anne auch solchen Ärger mit Bill, dem Finanzdirektor der Schule, der genau diese abgelehnten Themen repräsentierte. Sobald sie den Teil ihrer selbst akzeptierte, der konkurrierend und ehrgeizig war, fiel ihr eine Zusammenarbeit mit ihm viel leichter.

Verbündeter: Fünf

Vierer glauben, sie erlebten das *Leben* intensiv. Was sie aber eigentlich intensiv erleben, sind *ihre Gefühle*. In einem Meer von Gefühlen treibend, mußte Helen Anne festen Boden finden. Die Fünf bietet einen objektiven Standort an, jenen ruhigen Ort in einem selbst, an dem eine Vier klar, ohne Drama oder Beschönigung, sehen kann. Als Helen Anne sich nicht mehr auf sich, sondern auf die Fakten der Situation konzentrierte, gelang es ihr, sich die Kraft eines distanzierten Beobachters anzueignen. Bill wurde zu einem Menschen, der interessante Fakten und Fragen ansprach. Sie war schließlich der Ansicht, sie könne durchaus kreativ mit ihm zusammenarbeiten.

Kardinalregeln
Wenn Sie mit einer Vier arbeiten

- Vierer mögen Prozesse, keine starren Ziele, z.B.: »Malen Sie mir ein Bild« oder »Erzählen Sie mir die Geschichte«, nicht »Bitte nur die Fakten, Gnädigste«, damit die Vier wichtiges, aus ihren Eindrücken gewonnenes Material mitteilen kann.
- Seien Sie vorsichtig, wenn Sie einen Köder auslegen. Meinen Sie nicht, eine Vier mit Geld oder Vergünstigungen von ihrer Vorstellung abbringen zu können. Es bringt Ihnen gar nichts zu sagen: »Machen Sie es so wie ich, schnell und unfair, und Sie bekommen eine dicke Prämie.«
- Ehren Sie den einzigartigen Tiefgang und die Einblicke der Vier. Wenn Sie von ihr mehr und gute Arbeit wünschen, zeigen Sie ihr, inwiefern ein Projekt ihre persönliche Note braucht. Es hängt so vieles von der Begeisterung einer Vier für das Projekt ab.
- Werten Sie die Gefühle einer Vier nicht ab. Fragen Sie niemals: »Wie können Sie nur so fühlen?«

- Denken Sie nicht, Sie wüßten, was eine Vier zufriedenstellt; wahrscheinlich liegen Sie falsch. Vierer müssen ihren eigenen Weg finden. Und: Es könnte sein, daß Sie nicht erkennen, wann sie zufrieden ist. Akzeptieren Sie das Geheimnis ihrer Gefühle.
- Versetzen Sie sich in eine Vier hinein, statt hilfsbereit zu sein. Der muntere Stil der Zwei ist für die Vierer ein Streßfaktor. Geben Sie ihnen die Möglichkeit, sich selbst zu äußern.
- Von einer Vier zu verlangen, ihre Intensität herunterzuschrauben, ist, als verlangten Sie von ihr, unehrlich zu sein. Viel besser ist es, sie zu bitten, sich auf mehr als nur eine Sache zu konzentrieren und auch für andere Faktoren und Informationen ein offenes Ohr zu haben.
- Die kreative Idee ist alles. Vierer wollen spüren, daß ihre kreativen Ideen angekommen sind und verstanden und gewürdigt wurden.
- Seien Sie ein guter »Auffangbehälter« für die Vier. Seien Sie stark, stabil und beständig. Sagen Sie die Wahrheit ohne gefühlsmäßige Anklage.
- Machen Sie Ihr Engagement für ein Projekt deutlich. Ihre Kritik wird die Vier bloß wieder an ihre früheren Verlassensängste erinnern.
- Lassen Sie die Vier die Dinge verschönern.

Wenn Sie eine Vier sind

- Ihre Gefühle müssen nicht Ihr ganzes Tun bestimmen. Lernen Sie, sie zu *benennen*, statt sie zu *sein*, sie zu vermitteln, statt sie auszuagieren. Sie können sogar einige Gefühle für sich behalten.
- In gewisser Hinsicht sind Vierer, die ihre Sensibilität so hätscheln, die emotionale Variante der Acht. Sie brauchen bom-

bastische Emotionen, um sicher zu sein, daß sie wichtig sind. Wenn das nächstemal eine Flutwelle von Gefühlen über Sie hinwegzuschwappen droht, fragen Sie sich, warum. Was vermeiden Sie gerade? Profane Verantwortungen? Ihre Arbeit zu erledigen?

– Geben Sie niemals auf. Verzweiflung wirft einen Schatten auf die Vier. »Ich habe oft festgestellt, daß ich in Situationen aufgegeben habe, die anders verlaufen wären, wenn ich durchgehalten hätte«, sagt Gareth, eine Vier und Werbefachfrau. Kämpfen Sie, und Sie werden sehen, daß *nicht alles* verloren ist.

– Schmollen Sie nach Möglichkeit nicht, sondern bewegen Sie sich. Östliche Medizin wie auch westliche Bioenergetik lehren, daß Depression mangelnder Energiefluß ist, dem man am besten mit Bewegung begegnet.

– Verurteilen Sie einen Kollegen wegen mangelnden Tiefgangs, um damit seinen tatsächlichen Beitrag herunterzuspielen?

– Welche unangenehmen Seiten im geschäftlichen Arbeitsablauf überlassen Sie anderen? Der richtige Umgang mit solchen pragmatischen Informationen kann ein Sprungbrett für Intuition und Kunst im Geschäftsleben sein.

– Verwechseln Sie nicht Kompromisse mit Geben und Nehmen zum richtigen Zeitpunkt. Durch die Fähigkeit, zusammenzuarbeiten und praktische Erwägungen miteinzubeziehen, können Ihre Projekte gehaltvoller werden.

– Nehmen Sie nicht alles so persönlich!

FÜNF Der Weise

Alias Der Denker, der Guru, der Weise Mann/die Weise Frau, der Ideenschmied, der Beobachter, der Philosoph.

Weltsicht Ich bin der Meister meiner privaten Welt, die ich durch Spezialwissen aufgebaut habe.

Gute Seiten weise, scharfsinnig, analytisch, respektvoll, nachdenklich, sensibel, freundlich; Meister der Information; kommen von selbst in die Gänge; objektiv, können sich leidenschaftlich für Ideen und Konzepte begeistern.

Schlechte Seiten kalte Fische; arrogante, eierköpfige Intellektuelle; knauserige, unzugängliche Einzelgänger; herablassend und pedantisch.

Führungsstil der Philosoph als Herrscher, Führung durch Fernbedienung.

Glaubensbekenntnis Cogito, ergo sum (Ich denke, also bin ich)

Was sie mögen Intelligenz, wissenschaftliche Methoden, Theorien, geistige Modelle, intellektuelles Rivalisieren.

Was sie nicht mögen spontane Impulse, emotionale Sehnsüchte, gesellschaftliche Erwartungen, konventionelle Weisheit.

Gesprächs-/Kommunikationsstil E-Mail, Dissertationen, Abhandlungen und langatmige Anweisungen.

Geben Ihnen das Gefühl, von ihrer intellektuellen Glanzleistung geblendet zu sein, durch ihre coole Objektivität von Ehrfurcht ergriffen zu sein; und – manchmal – nicht ganz so helle zu sein, wie Sie dachten.

Erscheinung kühl und blaß; blutleer, gibt sich manchmal intellektuell, manchmal als Patrizier.

Gutes Arbeitsumfeld Elfenbeintürme; hinter verschlossenen Türen; überall da, wo wenig zwischenmenschliche Ansprüche gestellt werden und es wenig Regeln und Grenzen gibt.

Schlechtes Arbeitsumfeld aggressive, schnellebige, gefühlsbetonte Umgebung, in der zwischenmenschliche Beziehungen sehr wichtig und starke Gefühlsäußerungen erwünscht sind und es keine Zeit gibt nachzudenken.

Bücher Charles Dickens, *Weihnachtserzählungen*; Stephen Manes und Paul Andrews, *Gates. Wie der Microsoft Chef zum reichsten Mann Amerikas wurde*; Dilbert, *Große Gedanken eines kleinen Geistes*. Cartoons von Scott Adams; Jan Pottker, *Crisis in Candyland* (über M&M/Mars).

Redewendungen »Ich will allein sein« (Greta Garbo); »Das einzige Mal, daß ich mich in meinem Leben isoliert fühlte, war in Gegenwart anderer« (Jean Harris); »Wissen ist Macht« (Francis Bacon).

Überzeugte Fünfer Jerry Brown, Greta Garbo, Ebeneezer Scrooge, Thomas Edison, Bill Gates, Warren Buffet, Garrison Keillor, Siddharta, Neil Young, Neil Armstrong, Bobby Fischer, Brian Lamb, Howard Hughes, Hugh Hefner, Bob Dylan, J. D. Salinger, Yoda aus *Krieg der Sterne*, Comicstrip-Figur Dilbert, C-SPAN, Albanien, das Kaiserreich China, Finnland.

Höchstleistungspunkt 8 in der Arena, engagiert, nimmt kühne Risiken auf sich, läßt die Vision wahr werden; bereit zu kämpfen, damit etwas erledigt wird; beseelt und offenherzig.

Streßpunkt 7 unpraktisch, selbstgerechte Luftschlösser; geistige Hysterie; intellektueller Durchfall, redet ununterbrochen.

Verbündeter 6 wird *energetisiert*, wenn sie Teil der Firma wird ; wenn sie bereit ist, öffentliche Positionen zu bekleiden und dementsprechend zu handeln.

Schatten 4 *erdet* sich, indem sie sich auf ihre abgelehnte Emotionalität, Sensibilität und Leidenschaft beruft.

Tugend Distanz.

Laster Geiz.

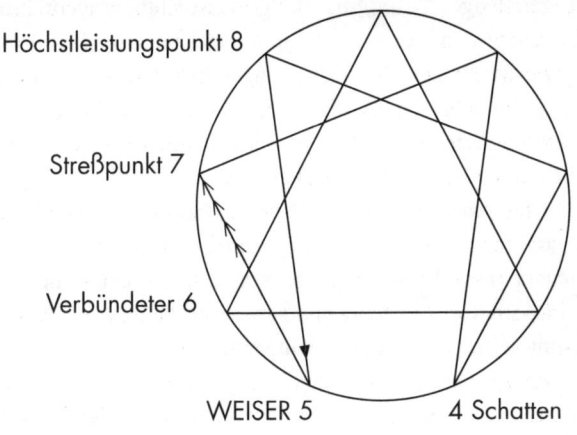

Höchstleistungspunkt 8

Streßpunkt 7

Verbündeter 6

WEISER 5   4 Schatten

Bekanntschaft mit einer Fünf

Rogers Geschichte

Roger, ein blasser, schlaksiger Filmregisseur mit dicken Brillengläsern, ist zwar in Hollywood allseits bekannt, nicht aber bei seinen Mitarbeitern. Wenn er einen Film dreht, plant er jede Aufnahme im voraus, bei den meisten kommt er mit ein oder zwei Drehs aus. Er spricht selten mit seinen Schauspielern, gibt dem ersten Regieassistenten in der Regel nur wenige Anweisungen und sieht sich die Ergebnisse später auf einem Videomonitor an.

»Roger ist einer der besten Regisseure, mit denen ich bisher zusammengearbeitet habe«, erzählte mir einer seiner Stars, der als Schauspieler einen Academy Award gewonnen hatte. »Ich hoffe, ich lerne ihn eines Tages kennen.«

Die Büros von Rogers Produktionsfirma befinden sich in einem geräumigen Studio in Hollywood. Das Studio besitzt Distributionsrechte für seine Filme, aber es hat praktisch keinen Kontakt mit Roger. Roger hält seine Budgets absichtlich niedrig und kommt immer damit aus, so daß ihn keiner behelligen kann.

Zum Thema Erholung hat Roger ungefähr dieselbe Einstellung wie zum Geschäftsleben. Hinter den Mauern seines verlassen wirkenden Besitzes in den Bergen nördlich von Los Angeles verbirgt sich ein prachtvolles Basketballspielfeld mit vorschriftsmäßigen Ausmaßen. Im Herbst tummeln sich berühmte Schauspieler und einflußreiche Manager auf dem Spielfeld und der Zuschauertribüne. Einladungen, in Rogers Privatmannschaft mitzuspielen, sind sehr begehrt und schwer zu bekommen. Eigentlich kennt keiner die Voraussetzungen dafür – außer Roger.

Wenn Roger nicht mitspielt, sitzt er am Spielfeldrand und beobachtet das Spiel über mehrere Videomonitoren. Jeden Montagmorgen faxt Roger allen Spielern die Ergebnisse des Wochenendspiels und zusätzlich alle möglichen Einzel- und Teamstatistiken.

Bei der Arbeit oder beim Spiel will Roger der Spielmeister sein. Ohne sein Wissen oder seine Zustimmung geschieht in seinem privaten Universum wenig.

Erkennen Sie Roger? Roger ist eine Fünf.

Die Grundvoraussetzung

Fünfer sind äußerst *sensible* Menschen, die sehr großen Wert auf *Privatsphäre* legen. Diese phantasievollen, kühnen und innerhalb ihrer geistigen Welt beweglichen Menschen beherrschen ihr Aufgabengebiet, ihr Projekt oder ihre Firma auf einschüchternde, manchmal ehrfurchtgebietende Weise. Dieses intellektuelle Können kann sie zu charismatischen Gurus, zu einer Goldgrube für bedeutende Ideen und Informationen machen oder zu unzugänglichen Einsiedlern, die sich verkriechen und ihre wertvollen Daten horten.

Ob es ums Sparen oder Ausgeben geht – Information ist die Währung im Fünfer-Reich. Fünfer sind die Erleuchteten im Enneagramm – geheime Eingeweihte, die ihre Geheimnisse zu schätzen wissen, ob das nun akademische Fakten, technische Verfahren, Ministerialpolitik, Firmengeheimnisse oder die Schwachstellen der Konkurrenz sind. Berühmt für ihre Sammlungen häufen sie Bücher, Briefmarken oder Münzen, Oldtimer, Schaukästen mit Spielzeugsoldaten in berühmten Schlachtordnungen oder andere ungewöhnliche Erinnerungsstücke an. Fünfer arbeiten außerordentlich hart, um ihre Sammlungen zu vervollständigen. Fünfer haben mir erzählt, daß sie sich als Kinder einen Plan ausdachten, alle Bücher der Schulbibliothek zu lesen. Und das taten sie dann auch, von A bis Z.

Fünfer bemühen sich, ihre Welt immer gut unter Kontrolle zu haben, aber per Fernbedienung – ohne Risiko oder Verpflichtung. Sie vermeiden die Wirrungen des Lebens – Pflichten und Bedürfnisse, flüchtige Gefühle und Begeisterungsstürme, die sie vielleicht verletzlich machen oder anderen gegenüber verpflichten könnten. Da sie häufig im Hintergrund agieren, wehren sich strenge Fünfer standhaft gegen äußere Ansprüche an ihren kostbaren Raum, ihre Zeit, Energie, Ressourcen oder Geld.

Fünfer sind die *Beobachter* des Lebens, und das entfernt sie eher vom Leben. Diese Fremden in einem fremden Land studieren oder malen sich aus, wie sie handeln sollen. Dies kann zu einer Art »Als-ob-Verhalten«, führen, so daß es aussieht, als kennten sie zwar den Text, nicht aber die Musik. Wir alle kennen diesen Typ schon aus Büchern und Filmen – Menschen aus dem All, die zwar großartig sind, aber mit dem Wesen menschlicher Gefühle zu kämpfen haben. Sie sind bezaubernd, wenn sie ihre treffsicheren, aber naiven Beobachtungen machen, wie bei Jeff Bridges' Filmfigur *Starman*.

In einer *60-Minuten*-Sendung über Finnland berichtete Morley Safer von jenem entlegenen, isolierten Land, dessen »nationaler

Auftrag anscheinend der ist, nicht aufzufallen«. Die Finnen, so fuhr er fort, sind »das schüchternste Volk der Erde ... so ungemein privat, daß es sie verlegen macht aufzufallen, und eine Beleidigung darstellt, auf sie aufmerksam zu werden«. Das ist die Einstellung einer Fünf. In Finnland benutzen viel mehr Menschen das Internet als in allen anderen Ländern der Welt. Kommunikation über Computer ist das Ideal der Fünf.

Die Gabe der Fünf für das Enneagramm ist, daß sie die ursprünglichen Fähigkeiten des Verstandes sehr hoch einschätzt. Der Philosoph Bertrand Russell, eine Fünf, wurde einmal gefragt: »Lord Russell, Sie sind so intelligent, würden Sie ein Gramm Intelligenz gegen ein Gramm Liebe tauschen?« »O nein«, antwortete Russell, »ich *mag* Intelligenz.«

Lord Russell war vielleicht ein bißchen provokativ, aber der Weg zum Herzen einer Fünf führt auf jeden Fall über ihren Kopf. Sie sind die geborenen Philosophen des Enneagramms.

Aber wie Yoda, der Mentor der Jedi-Ritter in dem Film *Krieg der Sterne*, verbergen *alle* Fünfer ihre Magie hinter einer kunstvoll errichteten Fassade. Sie verkleiden sich möglicherweise als *nervige (besonders Fünfer im Bereich Wissenschaft oder Technologie), exzentrische, aber hervorragende Manager oder als triste Bürokraten. Fünfer verstecken sich manchmal auch hinter einer redseligen (aber gut einstudierten) charismatischen Fassade, solange diese Verkleidung eine Schutzfunktion erfüllt.*

Sie treten erstaunlich oft als Chefs von Unternehmen auf, weil sie sich durch ihre Sachkenntnis als Wissenschaftler oder Spezialisten hochgedient haben. Es kann die Spezialität einer Fünf sein, ihr zurückhaltendes, verletzliches Selbst mit einer einfallsreichen Palette von Charakteren zu tarnen; Schauspieler wie Greta Garbo, Robert De Niro und William Hurt fallen einem da ein.

Ganz gleich welche Rolle sie spielen, ihre Taktiken am Arbeitsplatz sind sicher Fünfer-Taktiken: sie werden durch hervorragende Vorbereitung und intellektuelles Feuerwerk gewinnen; indem sie sorgfältig das Umfeld und die Spieler kontrollieren; indem sie Ereignisse und Details erstaunlich aufmerksam beobachten; und weil sie über die beste analytische »Software« im Enneagramm verfügen. Fünfer können draufgängerisch sein, sofern sie Zeit zum Nachdenken und zur Vorbereitung haben.

Weitblick und Rückblick

Fünfer *sehnen sich nach Voraussagbarkeit.* Die bekommen sie durch Vorausschau: indem sie Rohdaten aufsaugen und alles im voraus durcharbeiten.

Ron, eine Fünf und Anwalt bei einer großen Anwaltsfirma, sagt: »Ich weiß gern, was in einer Konferenz geschieht – die Tagesordnung, natürlich, aber auch, wer anwesend sein wird, welche Forderungen gestellt werden und wie ich damit umgehen soll. Dann entwerfe ich die ganze Konferenz in meinem Kopf.« Ellen, die Vorsitzende eines kleinen College für freie Künste, hielt am Tag vor einer planmäßigen Vorstandskonferenz immer kleine, informelle Treffen mit Mitgliedern des Direktoriums und den leitenden Angestellten ab. Sie wollte von allen schon vorher wissen, was sie dachten. (Eine Drei könnte man nur schwer dazu bringen, Zeit für solch eine ausführliche Vorbereitung aufzubringen. Dazu ist ja die Konferenz da.)

Louisa, Managerin von Systemanalytikern, sagt: »Wenn ich eine lange Liste mit Anrufen vor mir liegen habe, die ich alle beantworten muß, mache ich mir Notizen und schreibe mir auf, was ich sagen will.« Fünfer setzen ein Pokergesicht auf, nicht nur weil sie ihre Geheimnisse hüten wollen, sondern auch, weil sie nicht immer auf die Gegenwart reagieren.

Ist die Konferenz oder die Veranstaltung vorbei, sieht sich die Fünf rückblickend noch einmal die Details an. Mit der Rückschau fühlt sich die Fünf meistens wohl, wenn sie im Geist zurückblickt und vielleicht das Geschehene nochmals organisiert. Fünfer können Gespräche rekonstruieren und sich an winzige

Details erinnern. Sie haben auch hier Gefühle, sich selbst und ihre Domäne unter Kontrolle.

Für Fünfer ist es ein zutiefst ehrenvolles Unterfangen, die Erfahrungen, die sie täglich machen, vorzubereiten und sie später Revue passieren zu lassen. Während wir anderen uns in eine Veranstaltung stürzen und dann ohne Luft zu holen zur nächsten weitereilen, nehmen entwickelte Fünfer das Erlebnis vorweg und genießen es dann schluckweise, wie einen guten Tee. »Hinterher«, sagt Louisa, die Chefin der Systemanalytiker, »entspanne ich mich. Erst dann lasse ich meine Gefühle sprechen. Hinterher denke ich immer sehr lange darüber nach.«

Psychologie

Fünfer sind dünnhäutig. Deshalb befestigen sie immer wieder ihre Grenzen und bauen einen starken, manchmal undurchdringlichen psychologischen Zaun um sich herum auf, innerhalb dessen sie dann gut leben können.

Als Kinder entwickelten Fünfer intellektuelle Meisterschaft als Verteidigung gegen fremde Eindringlinge. Sie errichteten eine Mauer gegen eine Flut elterlicher Forderungen oder als Reaktion auf fehlende Unterstützung. »Meine Mutter war extrem ängstlich«, sagt Marc, eine Fünf. »Als ich größer wurde, machte sie sich dauernd Sorgen um mich, machte immer ein großes Getue. Ich flüchtete mich in mein Zimmer, wo ich mir beibrachte, Radios zu bauen. Schließlich erwarb ich eine Funklizenz. Noch immer verbringe ich jeden Tag zwei Stunden in meinem Funkerstübchen.«

Eine Fünf, die sich vernachlässigt fühlt, errichtet vielleicht auch solch eine Mauer. »Ich erinnere mich daran, als ich zehn Jahre alt war«, bekannte ein Sozialwissenschaftler, der Großunternehmen berät. »Ich betrachtete meine Eltern, und es traf mich wie

ein Schlag: Sie konnten mir nicht dabei helfen, in der Welt zurechtzukommen. Wenn ich mich von ihnen abhängig machte,
würde ich es einfach nicht schaffen, sondern würde alles allein
machen müssen. Und das tat ich dann auch.«

Die junge Fünf fühlt sich verlassen, weil ihr Bedürfnis nach
Raum oder Beachtung ignoriert wird – ein Gefühl von Qual und
Verlust ähnlich wie bei der Vier. Vierer trafen die Entscheidung,
ihre Sehnsucht, ihren Schmerz und ihre Wünsche in der Welt
auszuleben – ein enttäuschender Versuch, heil zu werden. Fünfer
beschlossen statt dessen, sich von diesen Gefühlen zurückzuziehen, und nahmen eine minimalistische Haltung ein: mit sehr wenig auszukommen, sich nicht auf Menschen zu verlassen und nur
wenig Wünsche zu haben. Ein Teil der Fünf zweifelt immer daran, daß echte Interdependenz – eine »Ich-und-Du«-Beziehung,
wie es der Theologe Martin Buber nannte – möglich ist.

Fünfern schenkt es oft eine gewisse Befriedigung, ihre Gefühle
zurückzuhalten – auch vor sich selbst, vielleicht sogar gerade vor
sich selbst. Es bereitet ihnen großes Vergnügen, ihre Gefühle und
ihre Begeisterung auf ein Minimum zurückzuschrauben, und
noch mehr Vergnügen, daß sie dazu imstande sind. Es stört sie
nicht, wenn jemand (vielleicht eine Zwei) versucht, sie heraus-
zukitzeln; es macht ihnen Freude, ihre Fünfer-Muskeln bei einem Tauziehen der Gefühle spielen zu lassen. Anschließend ziehen sich dann in ihr privates Heiligtum zurück.

Die gute Nachricht

Gerade ihre Distanz zu Gefühlsausbrüchen und Gruppendruck
verhilft den Fünfern zu einer so klaren, leidenschaftslosen und
oft so phantsievollen Sicht. Frei von Ablenkung und Ansprüchen
sind Fünfer vorzüglich glänzende, scharfe, begriffliche Denker.
Sie sind *Ideenschmiede* (im Gegensatz zu Sechsern, die Ideolo-

gen sind). Fünfer entwickeln und analysieren Ideen und testen sie. Und mehr noch, sie sind *Idealisten*, die an die Macht der Ideen glauben.

Doch Fünfer verspüren, anders als Sechser und Einser, wenig Drang, andere zu beeinflussen oder zu verändern. Sie haben zu großen Respekt vor den persönlichen Grenzen, um ihren Kollegen ihren Willen aufzuzwingen, aus Angst, jemand anderes könnte es mit ihnen genauso machen. Die oberste Direktive der Fünfer ist, das Leben zu beobachten, ohne einzugreifen. (Natürlich üben sie innerhalb ihrer Grenzen starke Kontrolle über ihre Welt aus.)

Die besten Fünfer sind die *großzügigsten* von allen Enneagrammtypen. Fünfer sind beherrscht und nachdenklich, und ihre Gaben haben – weil sie sie nicht unüberlegt verschleudern – einen echten Wert. Eines ihrer größten Geschenke ist, daß sie anderen Menschen Raum lassen: Soweit es die Fünf betrifft, bleibt sie für sich und Sie ebenfalls. Aus diesem Grund können positive Fünfer hervorragende Chefs abgeben, besonders für eigenmotivierte Menschen oder unabhängige Denker.

Auch wenn es auf Außenstehende ein bißchen wie asketischer Minimalismus wirkt, haben Fünfer ein geräumiges Innenleben und lassen sich von anderen stark beeinflussen. Obwohl sie nach außen hin gefühlsarm erscheinen, sind sie auf ihre Art so sensibel wie Vierer innerlich. Weil sie jedes Stückchen Information eingehend untersuchen, kommt man mit etwas Entgegenkommen bei ihnen sehr weit.

Intellektuelles Feuerwerk

Fünfer können sich von allen Enneagramm-Typen am besten geistig konzentrieren. Sie sind wahnsinnig phantasievolle, oft unkonventionelle Denker mit der angeborenen Fähigkeit, komplexe Probleme zu lösen. Die besten Fünfer können *glänzende Analytiker und Experten* sein, die *Fakten herauskristallisieren*. Fünfer stehen abseits der Masse und sind damit in der einmaligen Lage, Kommentare abzugeben. Sie sind, was Fakten betrifft, gewissenhaft. Ihre nüchternen Wahrnehmungen sind so unvoreingenommen wie bei keinem anderen der acht Enneagramm-Typen (obwohl ihr Widerwille gegen den Fluß der Gefühle zu anderen Verzerrungen führen kann). Ganz selten erlebt eine Fünf einen Reinfall.

Fünfer zeichnen sich bei Planungen aus und haben eine gewisse Gabe vorauszublicken – die Fähigkeit, sich die Zukunft auszumalen, auch deshalb, weil sie sich nicht gern überraschen lassen. Auch Siebener machen gern Pläne, aber sie denken global, wohingegen Fünfer sich gern aus ihrem Spezialgebiet oder ihrer beschränkten Erfahrung auf größere Systeme hin extrapolieren. »In meinen Augen besteht meine Arbeit nicht in erster Linie darin, diesen Laden zu führen«, sagt Dave, eine Fünf, Direktor einer Health Maintenance Organization[*]. »Meine Aufgabe ist es, mit den neuen Informationen zu Rande zu kommen, mit denen wir täglich bombardiert werden. Ich bringe meine Fähigkeit ein, Fakten zu beurteilen und daraus dann Theorien und Strategien zu entwickeln.«

Fünfer suchen besonders gern nach diesem speziellen Stück Information, das ihnen Einflußnahme gewährt, sie gegen den Zutritt Unbefugter verteidigt oder ihre Sicherheit erhöht. Was immer es auch ist – Sie können sicher sein, daß die Fünf, sobald sie es gefunden hat, es als Teil in ein größeres Grundgerüst eingliedern oder ihre ganz eigene Hypothese dazu aufstellen wird.

Damit sind Fünfer gleichzeitig auch wunderbare Beobachter von Details. Einmal erwähnte ich bei einem Enneagramm-Seminar, daß ich meine Brille nicht finden konnte. Unter den Teilnehmern war Jake, ein Studioleiter. Er sagte: »Sie liegt in Ihrem Auto unten hinter dem Beifahrersitz.« Er hatte beim Hineingehen zufäl-

---

[*] Art Gesundheitsfürsorge-Einrichtung, Anm. d.Ü.

lig einen flüchtigen Blick in mein Auto geworfen. Aufgrund dieser Fähigkeit konnte Jake nach einem flüchtigen Blick auch mit Bestimmtheit sagen, wann die Produkte, für die sein Studio Lizenzen vergibt, nicht den strengen Vorgaben der Lizenz-Vereinbarung entsprachen.

Beherrscht

Die besten Fünfer – die so sensibel auf Grenzen reagieren – sind bescheiden und respektieren andere. Wie Einser können sie ehrerbietig und höflich, ja zuvorkommend sein. Einser halten sich an die Etikette, weil es richtig ist; Fünfer tun es, weil dadurch verhindert wird, daß einer die Privatsphäre des anderen verletzt. Deshalb sind sie bei zwischenmenschlichen Beziehungen vorsichtig. Manchmal wird ihre Vorsicht irrtümlich als Kühle oder Ablehnung interpretiert, aber viele Fünfer sind für enge Verbindungen, ja sogar Nähe offen, solange ihre Grenzen respektiert werden.

Das ruhige, reservierte Auftreten der Fünfer täuscht oft über einen draufgängerischen Geschäftssinn hinweg. Nur weil Fünfer still sind, heißt das nicht, daß sie keinen Ehrgeiz haben. Der Kapitalanleger Warren Buffet wurde zum reichsten Mann der Vereinigten Staaten (bis er von Bill Gates abgelöst wurde), weil er billige Anteile ausfindig machte und dann, als es ums Investieren ging, schrecklich beherrscht vorging. Buffet sagt, wenn man seine Hausaufgaben ganz sorgfältig macht, braucht man in seinem Leben nur ein paar Investitionen zu tätigen. Dreier lassen sich leichter für dumm verkaufen, weil sie beim Rennen so gern dabeisein wollen, daß sie auf jedes Pferd aufspringen. Fünfer können einfach darauf verzichten.

Die schlechte Nachricht

Durch ihre zielstrebige Hingabe können Fünfer strenge Arbeitgeber sein. Ihre Neigung, »menschlichen Fragen« auszuweichen,
kann sie rücksichtslos und kalt wirken lassen. Als ein Bankleiter,
eine Fünf, seine Kassierer »menschliche Münzautomaten« nannte, konnte er sich den Aufruhr, den er damit auslöste, nicht erklären.

Verschlossen

Selbst wenn sich Fünfer unbewußt als Originale oder Exzentri-
ker aus der Masse herausheben, haben sie oft den Wunsch, sich
zu verstecken und ihr wahres Selbst unsichtbar zu machen. Als
David Souter im Obersten Gericht Oberster Staatsanwalt von
New Hampshire war, überließ er sein prunkvolles Büro einem
Assistenten und arbeitete in einem kleinen Raum am anderen
Ende des Korridors. Von Souter hieß es, seine schwarzen Roben
hätten Farbe in seine Garderobe gebracht.

Da den Fünfern die Einsamkeit behagt, sind sie Experten darin,
schlaue Methoden herauszufinden, wie man sich verstecken
kann. Jake, die Fünf, die meine Brille hinten im Auto bemerkte,
ist Vertriebsleiter in einem namhaften Studio in Hollywood. Sein
Büro ist übervoll mit Produkten verschiedenster Hersteller, die
eine Studiolizenz für eine Filmfigur oder ein Filmlogo erworben
haben: Spielzeug, Jacken, Hüte, T-Shirts und Poster. Sein
Schreibtisch steht hinter der Tür und ist so gut durch all dieses
Zeug getarnt, daß man ihn unmöglich sehen kann, wenn die Tür
offensteht. Nur eine Fünf kann sich hinter einer offenen Tür verstecken.

Fünfer machen sich oft unsichtbar, indem sie die Türen
schließen. Sie sind berühmt dafür, daß sie auf Anklopfen, Nachrichten oder Notizen nicht reagieren. Manche meiden ihr Büro
vielleicht überhaupt und arbeiten an einem besonderen Platz wie

einem Konferenzzimmer, der Bibliothek oder zu Hause. Wieder andere Fünfer gehen niemals irgendwohin. Ein in Manhattan lebender Schriftsteller, der Bestseller der Populärpsychologie schreibt, sagt: »Ich achte immer darauf, meine Postleitzahl nicht anzugeben.« Meistens sieht er sich tagsüber im Fernsehen Talkshows an, die ihm den Stoff für seine Bücher liefern. Mit der Fernbedienung in der Hand beobachtet er das menschliche Leben aus sicherer Entfernung.

Geizkragen

Fünfer sind, wie es eine Fünf, ein hoher Finanzbeamter, formulierte, die »kostengünstig arbeitenden Beamten« des Enneagramms. Sie schaffen gern Dinge an und horten sie. Es gibt viele Geschichten über Fünfer, die es zu sagenhaftem Reichtum gebracht haben, wie Bill Gates, Warren Buffet von Berkshire-Hathaway's oder die Mars-Brüder (M&M/Mars), die mit der Bahn fuhren und in ganz billigen Hotels übernachteten.

Als Chefs neigen Fünfer zu strenger Disziplin im finanziellen Bereich und zu knallharter Kostenkontrolle. Ohne Gefühlsregung lassen sie Menschen oder Geschäfte fallen. Aber manchmal kann der Geiz der Fünf zu einem Management führen, wo am falschen Fleck gespart wird. Die Firma Microsoft erwarb erst dann geeignete Computer für den Eigenbedarf, als kein Weg mehr daran vorbeiführte, behaupten Bill Gates' Biographen.[1]

Der sicherste Weg besteht für die Fünfer darin, das, was sie haben, ganz festzuhalten. In seinem Buch *Psychoanalyse und Ethik* beschrieb Erich Fromm, was er eine »Horte-Orientierung« nannte:

Diese Menschen »haben weniger Vertrauen in etwas Neues, das sie von der Außenwelt bekommen könnten. Sie schaffen sich ein Gefühl der Sicherheit, indem sie etwas horten und aufbewahren, empfinden es aber als Bedrohung, wenn sie etwas hergeben sollen. Sie geizen mit Geld und materiellen Werten ebenso wie mit

Gefühlen und Gedanken ... Solche Menschen neigen dazu zu glauben, sie besäßen nur ein bestimmtes Quantum am Kraft, Energie und seelischem Leistungsvermögen, und dieser Bestand vermindere oder erschöpfe sich bei Gebrauch und könne nie mehr ergänzt werden.«[2]

Vor allem sind Fünfer mit sich selbst geizig. In einem Cartoon des *New Yorker* sagt der Ehemann, wahrscheinlich eine Fünf, hinter seiner Zeitung hervor zu seiner Frau: »Wenn du reden willst, dann schalte doch eine Talkshow ein.«
Eine Fünf hält sich wahrscheinlich nicht für geizig. Louisa, die Chefin der Systemanalytiker, sagt: »Ich will Menschen ja gar nicht ablehnen. Ich denke, was kann ich denn tun? Ich habe nur begrenzt Zeit und Energie, und die muß ich schützen.«

Tunnelvision

Fünfer neigen dazu, alles übermäßig deutlich und allzu konzentriert zu analysieren und dabei unerschütterlich an dem festzuhalten, was sie »nackte Tatsachen« nennen. Calvin Coolidge fuhr mit der Bahn (so wird erzählt), als ein Mitreisender aus dem Fenster blickte, eine Schafherde sah und bemerkte: »Die sind anscheinend gerade geschoren worden.« Coolidge blickte auf und erwiderte: »Auf dieser Seite.«
Fünfer objektivieren, was sie analysieren, ob das nun Menschen, Systeme oder Gruppen sind. Ihre Technik ist, ein Thema grell mit starker, laserstrahlähnlicher Aufmerksamkeit zu beleuchten; ihre Beobachtungen sind zwar in aller Regel akkurat, aber manchmal fehlt ihnen der Zusammenhang, was ihre Interpretation dann verzerren kann.
Harold Geneen von der Firma ITT war berühmt für seine umfangreichen Aufstellungen von Posten im festgesetzten Etat, die er ebenso wie die Geschäftsführer, die sie vorstellten, auseinandernahm. »Die Zahlen werden Sie befreien«, sagte Geneen, der

sich und andere damit aber einsperrte. Geneen war bekannt als Informationsspürhund und Befürworter des »professionellen Managements«, aber er ging von einer ITT-Niederlassung zur nächsten und sparte Kosten. Er war so mit den Zahlen beschäftigt, daß er seine Geschäftsführer niemals fortbildete, so daß sich nur selten eine echte Zusammenarbeit zwischen den Firmen entwickeln konnte.

Intellektuell arrogant

Die besten Fünfer sind bescheiden, weil sie wissen, wie wenig sie wissen. Dies hat anscheinend mit wahrer Weisheit zu tun. Aber viele Fünfer waren intellektuell verwöhnte »Senkrechtstarter«, die erwachsen wurden, um »weise Leute« zu werden, die Menschen verachten, die es nicht mit ihnen aufnehmen können. »Ich hasse Dummheit«, sagt ein ansonsten sympathischer Pentagon-Analytiker, der sich auf militärische Hardware spezialisiert hat. Tom, eine Drei, die für einen Fünfer-Chef arbeitet, beklagt sich: »Ganz egal, wie gut man seinen Stoff beherrscht, er hat einen untrüglichen Instinkt dafür, genau die Frage zu stellen, auf die man nicht vorbereitet ist, und sich dann hämisch zu freuen.«

Mit einer Fünf arbeiten
Eine Fünf beeinflussen

Da Fünfer emotional reserviert scheinen, versuchen viele Menschen, bei ihnen mit Gewalt, Lautstärke und Gefühl durchzukommen. Das ist ein großer Fehler.
Fünfer sind nämlich äußerst sensibel und achten auf die Wünsche anderer Menschen. Aber sie haben auch Angst, zu etwas überredet zu werden, was sie nicht tun wollen. Ihre Begeisterung für eine Idee kann eine Fünf tatsächlich dazu treiben, sie abzulehnen. »Wenn jemand versucht, mich herumzukommandieren,

werde ich rot«, sagt Martha, Chefin von Forschungschemikern. »Ich merke, wie ich hochrot anlaufe – und die Antwort heißt dann nein. Ich hasse es, wenn jemand versucht, Druck zu machen. Besonders mißtrauisch bin ich, wenn er sein Anliegen mit Gefühlen oder Wünschen verquickt. Wo bleibt da die Analyse? Wo bleiben die Zahlen?«

Wenn Sie eine Fünf überreden wollen, müssen Sie den richtigen Ton treffen. Wenn es sich ergibt, betonen Sie bei einem hervorragenden Geschäft nur die Zahlen. Zeigen Sie anhand unterstützender Fakten, inwiefern das von Ihnen angestrebte Ziel eine folgerichtige Entscheidung ist; üben Sie keinen Druck aus. Fünfer brauchen Zeit, um sich an das zu gewöhnen, was wie eine Forderung aussieht, und Zeit, um ihre eigenen Gefühle zu ergründen. Martha bemerkt dazu: »Wenn sie dann weg sind, beruhige ich mich wieder. Ich spiele die Sache nochmals in Gedanken durch und sehe dann tatsächlich, wie wir sie – zumindest teilweise – bewerkstelligen können. Meistens lenke ich ein, aber Schritt für Schritt.«

Wie eine Fünf Entscheidungen trifft

Fünfer gehören zur analytischen Triade (Fünf, Sechs und Sieben) und möchten daher wissen, wie etwas abläuft. Sie suchen nach Naturgesetzen, Formeln und Theorien.

»Entscheidungsbäume«, eine kluge Fünfer-Erfindung, sind ein gutes Beispiel für das formelhafte Vorgehen der Fünf. Diese analytischen Werkzeuge, mit denen andere die Denkweise einer Fünf kennenlernen, splitten komplizierte Entscheidungen in mehrere Entscheidungsschritte auf. Bei jedem Entscheidungsschritt – an jeder Astgabelung – ordnet man einen Wert zu, um festzuhalten, ob er – je nach Verfahren – wünschenswert oder machbar ist. Unterschiedliche Entscheidungswege führen zu unterschiedlichen numerischen Ergebnissen. Mit einem Entscheidungsbaum lassen sich Entscheidungen logisch quantifizieren, und man sieht die möglichen Szenarien und Ergebnisse schon im voraus – genau das macht die Fünf von Natur aus gern. All das nimmt Zeit in Anspruch und erfordert gründliches *Nachdenken*. Wenn Sie einer Fünf bei der Entscheidungsfindung helfen wollen, liefern Sie ihr Informationen, Beweise, Fakten und Logik und geben Sie ihr dann Zeit und Raum, um ihre für die Fünf berühmte Konzentrationskraft einzusetzen.

Fünfer *treffen* nicht einfach Entscheidungen, sondern verkünden sie oft, sobald sie aus ihrem inneren Heiligtum auftauchen.

Daher können Fünfer genauso beängstigend wirken wie Achter. Einst beriet ich Gene, den Vizepräsidenten der Forschungsabteilung eines großen multinationalen Unternehmens, und sein Team. Der Personalleiter, dem das Enneagramm bereits vertraut war, warnte mich, Gene sei schroff und brutal – mit Sicherheit eine Acht. Während eines Enneagramm-Retreats, das außerhalb der Firma stattfand, saß Gene eineinhalb Tage lang mit versteinerter Miene dabei. Dann verkündete er allen: »Ich bin eine Fünf.« Allen am Tisch fiel der Unterkiefer herunter. »Aber Sie kündigen ja nur Ihre Wünsche an und erwarten von uns, daß wir sie erfüllen«, sagte jemand; »Sie sind sicher eine Acht.« »Ich nehme Ihre Kommentare zur Kenntnis«, sagte Gene, »werde in mich gehen und darüber nachdenken. Sie und Ihre Arbeit bedeuten mir sehr viel. Ich werde mir die Zeit nehmen, um zu entscheiden, was zu tun ist, und dann komme ich wieder und teile es Ihnen mit.« Wir diskutierten lange über diesen überraschenden Blick hinter Genes Kulissen, den alle immer für herrisch gehalten hatten, der sich selbst aber für überlegt hielt.

Der Führungsstil der Fünf

Während Achter Organisatoren sind und ein *physisch* turbulentes Umfeld wie große Ölkonzerne (Mobil) stabilisieren, sind Fünfer die Meister eines ungezähmten, unvorhersehbaren *intellektuellen* Umfeldes wie innovative Computertechnologie (Silicon Graphics oder DEC). Die Vorstellung von Fünfern als bloßen Intellektuellen, die mit ihren Mikroprozessoren verheiratet sind, ist irreführend. Fünfer übernehmen gern Verantwortung und können in ihrer Gier, zu herrschen und Beute zu machen, ehrgeizig, ja erbarmungslos sein. Denken Sie an Bill Gates und den zerstreuten Professor.

Die besten Fünfer-Führungspersönlichkeiten geben Ihnen das Gefühl, zu einer Gruppe besonders Eingeweihter zu gehören. Die Gabe der Fünfer-Führers ist, daß er sich an das *Konzept* eines Projekts hält, hinsichtlich seiner Verwirklichung aber äußerst flexibel ist, wenn sich während des Projekts neue technische und den Markt betreffende Informationen ergeben. Die besten Fünfer-Führer können mit mehreren neuen, komplexen Informationen gleichzeitig jonglieren. Da sie sich im Reich der Ideen und der Forschung behende bewegen, können sie sehr gut auf technische und Kundenrückmeldung reagieren.

Doch mit ihrer Konzentration auf die aktuelle Arbeit verlieren sie manchmal die Menschen aus den Augen. Howard Hughes und Hugh Hefner, zwei ganz unterschiedliche Persönlichkeiten, aber beide als Fünfer Meister ihres Universums, regierten ihr Imperium per Fernbedienung oder über unzählige Mitteilungen. Sie arbeiteten isoliert, oft mitten in der Nacht – Hughes in einer bewachten Hotelsuite mit abgeschirmten Fenstern, und Hefner schloß sich in seinem Apartment in der Playboy Mansion ein. Beide gaben strikte Anweisung, daß sie – manchmal wochenlang – nicht gestört werden wollten. In seiner Glanzzeit nahm Hefner (einer der großen Beobachter unseres Zeitalters) keinen Anruf entgegen, um den er nicht gebeten hatte. Hughes nahm überhaupt keine Anrufe entgegen. Seine Frau, Jean Peters, mußte mit ihm über die Vermittlung kommunizieren.

Fünfer-Führer üben strenge Informationskontrolle aus. Ihre Autorität beziehen sie aus ihrer Sachkenntnis, ihrem Wissen oder ihrer Fähigkeit, gepaart mit ihrer nüchternen, objektiven Sichtweise.

Einige Fünfer-Führer manipulieren mit Informationen. Sie packen nur dann Daten aus, wenn sie davon überzeugt sind, daß Sie sie brauchen – und vielleicht nicht einmal dann. Da sie sich so um Details sorgten, vermittelten Hughes und Hefner ihren Untergebenen das Gefühl, bei wichtigen Angelegenheiten nicht genügend Führung, geschweige denn die Erlaubnis zu eigenmächtigem Handeln zu bekommen.

Wenn Ihr Chef eine Fünf ist, werden Sie ihn wahrscheinlich als zwischenmenschlich passiven, losgelösten Manager erleben – es sei denn, Sie besitzen Informationen, die er gerne hätte, oder Sie hindern ihn daran, die Kontrolle auszuüben, die er braucht.

Menschliche Beziehungen können zum Problem werden. »Dan ist ein schrecklicher Chef«, sagte seine Kollegin Julie. »Er sagt den Mitarbeitern, sie sollten ihre Arbeit lernen oder verschwinden. Er sagt nicht, wie er sich die Ergebnisse vorstellt. Einmal sagte ich zu ihm: ›Dan, vielleicht sollten Sie mit diesem Typ mal reden, statt ihn nur in den Hintern zu treten.‹ Er sagte: ›Aber Julie ich würde ihm nicht in den Hintern treten, wenn wir dasselbe Lied singen würden.‹ Ich erwiderte: ›Dan, Sie müssen ihm den Text mitteilen.‹«

Meistens wollen Fünfer-Manager ihre Untergebenen nicht herumkommandieren. Mitarbeiter, die man emotional an der Hand nehmen muß, sind für Fünfer, die auf ihre Genügsamkeit stolz sind, eine Tortur.

Einige Fünfer-Chefs überprüfen vielleicht, wann eine Situation intensive persönliche Beteiligung erfordert. Viele Fünfer verstehen die Psyche ihrer Arbeiter, aber das herzliche Geben-und-Nehmen, mit dem man Beziehungen aufbaut, behagt ihnen nicht. Die besten Fünfer können jedoch recht warmherzig, näheliebend und loyal sein, sobald sie merken, daß Sie ihre Grenzen respektieren.

Der Arbeitsstil der Fünf

Fünfer brauchen Privatsphäre, Zeit und Raum, sie arbeiten gern unabhängig und haben gern viel Zeit zum Nachdenken. Alle Fünfer haben von Natur aus einen Hang zum Einsiedler, auch wenn sie ein aktives weltliches Leben führen. Sehen Sie sich die Reihen mit Arbeitszellen in einer Raumfahrtgesellschaft an, in denen Ingenieure Tag für Tag allein über ihre winzigen, technischen Spezialgebiete nachgrübeln, und Sie werden eine Fünfer-Kultur sehen, die sich nicht allzusehr von der einer abgeschiedenen Abtei unterscheidet.

Fünfer kommen von allein in die Gänge – bei den Dingen, die sie interessieren. Am Arbeitsplatz sind Fünfer vor den Ansprüchen ihrer Mitarbeiter, ihres Personals, ihres Chefs, ja selbst vor den Anforderungen der Arbeit als solcher auf der Hut. Sie arbeiten gern unabhängig in einer Umgebung, die keine Anforderungen an sie stellt und in der es keine blödsinnigen Vorschriften zur Berichterstattung oder nicht enden wollende Konferenzen gibt, die sie von der Arbeit abhalten. Sie wollen nicht genau überwacht werden. »Ich arbeite gern allein, besonders wenn ich eine heiße Spur bei einer undurchsichtigen Information habe, über die außer mir keiner recht Bescheid weiß«, erzählte mir der Marktforscher eines Autoherstellers.

Fünfer hassen es, die Geschäftsmaschinerie mit Geschwätz zu schmieren. Sozialen Austausch empfinden sie als energieraubend. »Ich ärgere mich, daß ich nett sein muß, damit etwas erledigt wird«, sagt Betty, die ein Forschungsteam bei einer Regierungsstelle in Washington leitet. »Ich verzichte darauf, mich in der Arbeit mit Leuten zu unterhalten, die ich nicht besonders mag, nur damit sie mir einen Gefallen tun. Meine Arbeit spricht für sich.«

Diese Abneigung gegenüber sozialen Kontakten kann eine Fünf überraschen, wenn ein geschäftliches Ereignis persönlich wird. Dies mußte Margaret, die auf internationaler Ebene die Produktion koordiniert, feststellen, als sie einen Empfang für eine Kollegin aus Indien vorbereitete. »Bei der Ankunft des Ehrengastes war ich furchtbar aufgeregt«, erinnerte sich Margaret. »Sie war eine sehr redselige, stattliche Person, die mir direkt ins Gesicht sagte, wie sehr sie sich freute, mich kennenzulernen, und die hoffte, ich werde nach Indien kommen, weil sie meine Fachkenntnisse in Indien wirklich brauchen könnten. Sie hatte ihre Hand auf meine Schulter gelegt und stand direkt vor mir. Ich hatte ihr überhaupt nichts zu sagen. *Sie nahm den ganzen Raum in Anspruch!* Während der gesamten Veranstaltung zog ich mich von dieser Frau zurück, obwohl ich sie schon seit Jahren kennenlernen wollte.«

E-Mail ist wie himmlisches Manna für die meisten Fünfer, weil es unmittelbar und dramatisch ihre größten Vorbehalte gegenüber zwischenmenschlichen Kontakten überbrückt: die erdrückenden Anforderungen an Raum und Zeit. Bei E-Mail braucht man sich auch nicht lange mit Floskeln aufzuhalten (»Wie geht's Ihrer Frau?«), wie das bei persönlichen Konferenzen der Fall ist. Der größte Vorteil bei der E-Mail ist, daß sie den Ideenfluß außerordentlich beschleunigt, und das gefällt Fünfern. Mit Hilfe der E-Mail sind die Fünfer Experten darin, »virtuelle Teams« zu bilden. Der Umgang mit echten Teams aus Fleisch und Blut ist für die meisten Fünfer problematisch.

Fünfer sind motivierte Arbeiter mit einzigartigen Talenten, aber es kann ihnen schwerfallen, sich in eine Geschäftswelt einzuordnen, die die Kooperation mit weniger befähigten Menschen erfordert. »Spaß ist für mich, mit wirklich begabten, verantwortungsvollen Menschen an einem interessanten Thema zu arbeiten«, erzählte mir Betty. »Angestrengt und effektiv über interessante Themen nachzudenken, die sinnvolle, strukturierte, beschränkte soziale Kontakte gestatten, ist ein Kunststück. So etwas findet man nicht so oft.«

Von allen möglichen Interaktionen ist die *unerwartete* Konfrontation für Fünfer die schlimmste, *besonders wenn sie dem Wesen nach hitzig oder persönlich ist*. Entweder ziehen sie sich in ihr Schneckenhaus zurück oder werden zu bissigen Schildkröten, die ihre Privatsphäre verteidigen, indem sie den Eindringling mit einem Hagel hochintellektueller Ideen bombardieren. Zum gegebenen Zeitpunkt vereinbart man am besten mit einer Fünf einen Termin, um sie auf ein Problem aufmerksam zu machen, und sagen Sie schon vorher, über was Sie mit ihr sprechen wollen.

Die Lernweise der Fünf

Fünfer lernen am besten in Situationen, in denen Rollen und Erwartungen klar sind und sie selbst nicht persönlich bloßgestellt oder verpflichtet werden. Sie sind einfallsreiche, begrifflich denkende Leute, die geordneten, organisierten, gut durchdachten Unterricht schätzen.

Diese oft höchst visuell veranlagten Menschen lernen mühelos aus Büchern und anderen schriftlichen Informationsquellen. Aber während Fünfer sachliche Informationen in Null Komma nichts verarbeiten können, ergreifen sie wahrscheinlich die Flucht, wenn die Situation von ihnen verlangt, ihre eigenen Leidenschaften und empfindlichen Stellen mitzuteilen. Impressionistischer, improvisierender, intellektuell anspruchsloser Unterricht behagt ihnen nicht.

Die besten aller Enneagrammtypen beobachten an sich, daß sie im Alter sanfter werden. Neulich hielt ich ein Seminar an einer Universität, und ein berühmtes Fünfer-Mitglied der Universität, nun in den Siebzigern, kam herein und setzte sich in die erste Reihe. Er gab den ganzen Tag lang unerwünschte Kommentare ab. Schließlich faßte ich mir ein Herz und wies ihn darauf hin, daß dies für eine Fünf doch recht ungewöhnlich sei. Er sagte: »Oh, vor zwanzig Jahren hätte ich an der Tür gesessen und ausführlich Notizen gemacht oder mir ein Tonband angehört. Lebe und lerne.«

Die Fünfer-Organisation

Die Fünfer-Organisation ist eine Informationsleistungsgesellschaft. In einer gesunden Fünfer-Organisation hat die Frage »Wer weiß was?« Vorrang vor Titeln, und Respekt vor Daten ist wichtiger als standardisierte Verfahrensweisen (die für die Eins zentral sind).

Die besten Fünfer-Organisationen hüten ihre Informationen. Sie betrachten sich als Treuhänder der Daten, Fakten, Neuigkeiten und des Wissens, das ihnen anvertraut wurde. C-SPAN, das Cable-Satellite-Public-Affairs-Network, das über Kongreßprotokolle und manchmal in betäubender, mal in berauschender Abfolge über öffentliche politische Konferenzen und Programme berichtet, bei denen die Zuschauer anrufen können, ist *das* Fünfer-Unternehmen. C-SPAN berichtet über Ereignisse, ohne sie zu bearbeiten oder zu kommentieren. Es beobachtet aufmerksam, nimmt aber nicht am Ereignis teil. C-SPAN besitzt jene seltene und ehrenvolle Bescheidenheit, die zu den besten Eigenschaften der Fünf gehört.

Brian Lamb, der Gründer von C-SPAN, ist eine Fünf. In seiner Sendung *Booknotes*, in der er Buchautoren interviewt, die über aktuelle Ereignisse oder Zeitgeschichte schreiben, stellt er Fragen, die den Autoren selten gestellt werden, wie zum Beispiel: »Wie sieht Ihr Zeitplan aus?« Lamb nimmt sich Abschnitte aus einem Buch vor und fragt einen Autor, was er damit meint; natürlich hat er das Buch vorher gründlich gelesen. Vergleichen Sie das mit Larry King von CNN, einer Sieben, der es sich zur Gewohnheit gemacht hat, *niemals* die Bücher der Schriftsteller zu lesen, die er interviewt.

Im schlimmsten Fall horten Fünfer-Organisationen Informationen und andere Ressourcen. M&M/Mars, der Hersteller für Süßigkeiten und Haustiernahrung (zu seinen Markenartikeln gehören Snickers und Kal-Kan), ist eine berühmte knauserige, mißtrauische Fünfer-Organisation. Laut Jan Pottker in seinem Buch *Crisis in Candyland* sind die beiden einsiedlerischen Mars-Brüder, die Firmenleiter, Milliardäre, aber sie fahren mit der Bahn, übernachten in Billighotels und mieten sich Kleinstwagen. Mars wird als ein »Firmeneremit« beschrieben, dessen »Hang zum Privatleben Howard Hughes wie einen Salonlöwen erscheinen läßt«.[3] Die Mars-Brüder haben keine Privatbüros, sondern Schreibtische in einem großen Raum (ohne Abtrennungen), so daß sie immer mitbekommen, was die anderen gerade tun.

Schlechte Kommunikation ist in mangelhaften Fünfer-Organisationen an der Tagesordnung. Zwanglose Treffen kommen nicht in Frage, weil man sie für zeit- und ressourcenraubend und nicht für den gesellschaftlichen Kleber hält, der ein System zusammenhält. In der Ingenieursabteilung einer riesigen Raumfahrtgesellschaft steht AVO (»Avoid Verbal Orders«), »Vermeiden Sie mündliche Anweisungen«. Alle Anweisungen von oben werden schriftlich oder per E-Mail ausgegeben, direkter Kontakt wird vermieden.

Das Beste aus einer Fünf herausholen

Statt sich hinter ihrer Beobachterrolle zu verschanzen, entwickeln sich Fünfer weiter, wenn sie sich entschließen, ihre Macht für eine gute Sache einzusetzen. So sieht es die Acht, der Höchstleistungspunkt der Fünf. Wenn Fünfer gestreßt sind, sprudeln bei Streßpunkt Sieben die Ideen nur so aus ihnen heraus. Aber die Sieben ist auch ein Weckruf für die Fünf, sich und ihre Ideen nicht mehr zurückzuhalten.

Der Verbündete der Fünf ist die Sechs: die Bereitschaft, sich so weit zu engagieren, daß man Stellung beziehen kann. Fünfer werden energetisiert, wenn sie sich ihrem Team oder ihrer Gemeinschaft anschließen. Die Vier ist der Schatten der Fünf. Fünfer vermeiden die intensive Gefühlsbetontheit der Vier, werden aber geerdet, wenn sie mit ihrer wahren Leidenschaft in Kontakt bleiben. Wenn die Fünfer ihre Gefühle (im Vierer-Zustand) mit ihrem Gespür für intellektuelles Engagement ausbalancieren (im Fünfer-Zustand), können sie mit echter Distanziertheit, der Tugend der Fünf, beobachten.

Paulettes Geschichte

Paulette, Personalchefin bei einer Versicherungsgesellschaft im Mittleren Westen, legt das kühle, erhabene Verhalten an den Tag, das für viele Fünfer charakteristisch ist.

Paulette sprach ganz offen aus, daß sie ihre Arbeit – Statistiken hindrehen – lieber allein erledigte. »Ich hasse es, diese Abteilung zu vermarkten: den Leuten in der Firma sagen, daß es uns gibt und was wir für sie tun können, und sie dann dazu bringen, eine Versicherung abzuschließen. Wenn ich das tue, fühle ich mich nicht mehr wohl. Ich würde lieber am Computer sitzen.«

Andere Manager innerhalb der Firma förderten eine kollegiale Atmosphäre, indem sie mit ihren Leuten zusammenarbeiteten und sich während der Arbeit mit ihnen berieten. Paulette ließ sich lieber von ihren Mitarbeitern einen Bericht ins Fach legen. Meistens überarbeitete sie das Ganze dann oder schrieb es noch einmal neu und präsentierte es dann als vollendete Tatsache. Sie hatte einen hervorragenden Schreibstil, aber die Mitarbeiter hatten das Gefühl, uneffektiv zu sein. Innerhalb von sechs Monaten verlor Paulette fünf von zehn Mitarbeitern an andere Firmenabteilungen. Ihre Vorgesetzten hatten die Fluktuation mitbekommen, und ihr wurde klar, daß sie das nicht länger ignorieren konnte.

Paulettes Mitarbeiter berichteten: »Die Leute glauben nicht, daß sie sich für sie in der Firma einsetzen oder Karrieren fördern wird«. Ihr Chef, eine Acht, erzählte mir: »Sie will einfach keine Kritik einstecken. Ich gebe ihr so viele Gelegenheiten, eine Konferenz zu leiten oder in Versammlungen zu sprechen, aber davor schreckt sie zurück.« Paulette entgegnet: »Er sagt mir nie vorher Bescheid. Er brüllt einfach: ›Hey, Paulette, wollen Sie ans Rednerpult kommen?‹ Ich komme mit solchen Situationen nicht gut zurecht.«

Streßpunkt: Sieben

Fünfer haben einen extrem ordentlichen Verstand, in dem jede Idee lange überdacht wird. Wenn sie im Streß sind, ist der schnelle, ungeordnete Fluß von Ideen und Input verwirrend. Wenn Paulette in Streß geriet, drehte sich ihr Kopf vor lauter verrückten Ideen, ganz ähnlich wie bei einer Sieben. Paulette bewarb sich zusammen mit anderen um eine beachtliche Beförderung.

Als wir uns später unterhielten, sagte sie: »Es lief nicht ganz schlecht. Wenigstens habe ich mich daran beteiligt, statt mich wie gewöhnlich zurückzuziehen.«

Höchstleistungspunkt: Acht

Fünfer haben Angst, überrannt oder eingeschüchtert zu werden. Achter überrennen andere und schüchtern sie ein. So ein Zufall! Für die Fünf und die Acht, zwei Seiten ein und derselben Medaille, sind Macht und Kontrolle über ihre Umgebung ein zentrales Anliegen. Um die Kontrolle aufrechtzuerhalten, implodieren die Fünfer, und die Achter explodieren – das sind die Extreme dieses Machtkontinuums, die Fünf-Acht-Linie. Um sich von ihrem Personal nicht noch mehr zu entfremden und sich und ihrer Karriere nicht zu schaden, mußte Paulette ihre Rückzugstendenzen mit dem aktiven Engagement der Acht ausbalancieren. Während Fünfer sich gegen Kontakt wehren, suchen die Achter ihn geradezu. Fünfer geraten in einen Fließzustand, wenn sie sich mühelos, furchtlos auf Menschen einlassen und bereit sind, sich sehen zu lassen – auch auf die Gefahr hin, verletzt zu werden – und ihre Ideen, Einsichten und Positionen zu verkörpern. Im Achter-Zustand lernt die Fünf, daß Verstehen ohne Handeln im Leben nur ein Trostpreis ist.

Zu Paulettes Arbeit gehörte es, wie bei jedem anderen Manager auch, die Karriere ihrer Mitarbeiter zu fördern. Im Achter-Zustand lernte sie, Verantwortung für ihre Mitarbeiter zu übernehmen und sie zu beschützen. Sie war bereit, sich auf sie einzulassen und ihnen überzeugende Ansichten und Ratschläge anzubieten. Sie lernte, sich für ihre Arbeit (und für die eigene) innerhalb der Firma einzusetzen.

Flügel

Schatten: Vier

Empfindsame Fünfer können sich – wie Vierer – nur unzurei-
chend gegen einen reißenden Gefühlsstrom schützen. Obwohl
Fünfer sich als Menschen bezeichnen, die sich nicht von Gefühlen übermannen lassen und die tatsächlich unnahbar und kühl
wirken, ist ihr undurchsichtiges Geheimnis, daß sie äußerst sentimental und von Sehnsucht erfüllt sind. Fünfer werden geerdet,
wenn sie die tiefe Emotionalität ihres Schattens respektieren und
anerkennen.

Paulettes Mitarbeiter wären schockiert gewesen, hätten sie erfahren, wieviel sie über sie wußte und wie sehr ihr an ihnen gelegen
war. Paulette beschloß, mit dem »Faktor Mensch«, wie sie es
nannte, so umzugehen, daß sie mit allen jeden Morgen eine kurze offene Aussprache hatte. Das wirkte wie ein Zauberspruch.
»Ich verbringe jetzt etwa eine halbe Stunde damit, nur um allen
guten Morgen zu sagen!« erzählte sie mir und verdrehte die Augen. »Dann gehe ich wieder in mein Büro, mache die Tür zu und
komme wieder zu mir.«

Verbündeter: Sechs

Der Verbündete der Fünf ist die Sechs, wo sie keine Angst hat,
Partei zu ergreifen. Fünfer mit ihrer gewohnheitsmäßigen kühlen
neutralen Objektivität werden von der Sechs, die überall Feinde
und Kollaborateure wittert, energetisiert und in Anspruch genommen. Sechser sind alles andere als neutral. Sie beziehen Stellung und verteidigen sie. Teilnahme kann für eine Fünf, die bisher nur ein Voyeur war, berauschend sein. Wenn Fünfer in den
Zustand ihres Verbündeten, der Sechs, geraten, lernen sie, Loyalität zu schätzen und sich auf Menschen oder Ideen einzulassen,
die größer sind als sie, und entsprechend zu handeln.

Sechs und Vier (Furcht und Sehnsucht) sind so »heiß«, wie die

Fünf »kühl« ist. Wenn sie ihre Flügel ausbalanciert, steht der Fünf die wahre Macht der Acht offen. Als Paulette anfing, ihre Ansichten und Standpunkte mitzuteilen, und deutlich sagte, daß sie dafür und für ihre Leute kämpfen werde, gewann sie eine Sichtbarkeit und Glaubwürdigkeit, die sie vorher nicht hatte. Die neue, sichtbare Paulette war jetzt ihrer eigenen Arbeit mehr verpflichtet und galt als Führungspersönlichkeit und einflußreiche Kraft in der Firma.

Kardinalregeln
Wenn Sie mit einer Fünf arbeiten

- Versammlungen können für Fünfer anstrengend sein. Geben Sie Ihnen vorher möglichst viele Informationen: über Teilnehmer und um welche Entscheidungen es geht. Entscheidungen treffen die Fünfer gern nach der Konferenz.
- Fünfer lieben Insider-Informationen. Es ist das geistige Gegenstück zum »Konkurrenzvorteil« der Drei. Fügen Sie möglichst viele unterstützende Daten bei. Fünfer freuen sich über Einzelheiten. Was Ihnen zu banal erscheint, könnte für eine Fünf das zentrale Faktum sein.
- Wenn Sie mehr fragen, als vereinbart war oder annehmbar ist, könnten Fünfer normale Fragen als Kreuzverhör empfinden. Seien Sie direkt, präzise und exakt. Seien Sie nicht neugierig.
- Füllen Sie nicht jede Lücke im Gespräch. Eine Fünf, deren Schweigen unterbrochen wurde, bellte: »Ich denke gerade nach. Denken Sie nie nach?«
- Fünfer brauchen ihre Privatsphäre. Ich arbeitete einmal in einer Firma, in der eine Fünf, der ein winziges Büro zugeteilt war, ihre wichtigen Telefongespräche unter dem Schreibtisch entgegennahm.
- Schließen Sie die Tür und stellen Sie Anrufe in Warteposition,

wenn Sie sich mit einer Fünf verabreden, besonders, wenn Sie über etwas Heikles reden. Schaffen Sie einen sicheren, physischen und emotionalen Raum, einen Kokon für Sie beide.

– Siebener, Vierer und andere: Erwarten Sie kein emotionales Feuerwerk als Reaktion auf Ihre großartigen Ideen. Und steigern Sie sich nicht in noch größere Begeisterung hinein, um eine Reaktion zu erwirken. Das Ergebnis wird nur noch mehr Zurückhaltung, Zaudern oder Schlimmeres sein.

– Fünfer möchten gern das Gefühl haben, vorbereitet zu sein. Also geben Sie ihnen viele Vorwarnungen. Der Chef einer Beratungsfirma kündigte an, daß ich in einem Monat ein Seminar veranstalten würde. »Aber«, wandte eine Fünf ein, »davon höre ich zum erstenmal!« »Nun«, sagte der Chef, »ich erzähle es Ihnen ja auch zum erstenmal.« Für die Fünf machte das keinen Unterschied.

Wenn Sie eine Fünf sind

– Die Arbeitswelt arbeitet zusammen. Stellen Sie sich auf produktionsorientierte Leute ein, damit Sie Ihre Ideen verwirklichen können. (Sie brauchen nur eine solche Person.)

– Prüfen Sie, wie Ihre Kommunikation auf andere wirkt. Ihnen mag es so vorkommen, als böten Sie hilfreiche Ideen oder Fakten an, aber die anderen halten Sie vielleicht für einen herablassenden, arroganten Besserwisser.

– Riskieren Sie, Ihren Standpunkt als erster zu äußern. Andere Leute sollen sich auch einmal auf Sie einstellen.

– Riskieren Sie es, überhaupt Ihre Meinung zu vertreten. Andere Menschen können keine Gedanken lesen – oder zumindest nicht so gut wie Sie.

– Gehen Sie nicht immer auf Nummer Sicher und verstecken Sie sich nicht. Überlegen Sie, ob die mutigere Entscheidung –

Ihre wahren Gefühle und Ansichten kundzutun – nicht die bessere ist.

- Hören Sie zu. Gewöhnen sie sich ab, daran zu denken, was Sie sagen wollen, während der andere spricht.
- Überprüfen Sie, ob Sie den Faktor Mensch bei Plänen gering-schätzen. Diese Haltung ist eher kontraproduktiv, wenn bei Ihren Plänen auch Menschen eine Rolle spielen.
- Lernen Sie den Unterschied zwischen Geheimnistuerei und Privatsphäre. Es ist in Ordnung, vieles zu verschweigen, aber Sie brauchen nicht alles geheimzuhalten.
- Treffen Sie Abmachungen mit Ihrem Chef und Ihren Kolle-gen, in denen Ihre Grenzen, Ihre Bedürfnisse und Pläne be-schrieben sind, auch wenn sie unklar sind. Verschwinden Sie nicht einfach ohne eine Erklärung.
- Sagen Sie Ihren Kollegen, daß Sie beim Team mitmachen, daß Sie ihre Ziele unterstützen und hilfsbereit sein wollen. Sagen Sie ihnen, wann und wie Sie zur Verfügung stehen wollen.
- Mäßigung bei allen Dingen, vor allem Mäßigung.

SECHS Der Troubleshooter

Alias Der treue Skeptiker, der Advokat des Teufels, der wahre
Gläubige.

Weltsicht die Welt ist gefährlich, die Wahrheit ist verborgen; der
Schein trügt; ich brauche zuverlässige Verbündete.

Gute Seiten Drachentöter und Tempelritter: loyal, ehrlich, warmherzig, pflichtbewußt, einfallsreich, lustig, klug, engagiert, dis-
kret, pragmatisch, aufopfernd, baut Koalitionen auf, ist ein unterstützender Teamspieler, kämpft für das Gute.

Schlechte Seiten der verfolgte Verfolger; mißtrauisch, argwöhnisch, vorwurfsvoll, angreifend, feiger Tyrann.

Führungsstil die Autorität wider Willen (die warmherzig *oder*
besorgt, streitlustig *oder* höchst autoritär sein kann, aber *immer mitdenkt*); ergreift beschützende Maßnahmen gegen den
Feind: die Konkurrenz, den Chef, die Regierung; reagiert auf
wahre und eingebildete Provokation; stärkt die Partei; be-
schützt den engen Freundeskreis oder Mitarbeiter.

Glaubensbekenntnis Sei gewappnet.

Was sie mögen sich auf den Kampf oder das Überleben vorzubereiten; eine edle Sache; rationales Analysieren, berechnete Risiken eingehen; ergründen, was wirklich unter der Oberfläche
geschieht.

Was sie nicht mögen »Weil ich es sage.«
»Kein Grund zur Aufregung. Das kommt von allein wieder ins
Lot.«

Gesprächs-/Kommunikationsstil Vorbehalte, Klagen, Zwänge,
Sorgen.

Gibt Ihnen das Gefühl, beargwöhnt zu werden, ins Kreuzverhör genommen zu werden; sich unwohl, wie ein Feind zu fühlen; *oder* das Gefühl, daß man Ihnen vertraut oder Sie als warmherzig, als Teil des Teams empfindet.

Erscheinung unruhig, vorsichtig, aggressiv, defensiv *oder* witzig und ironisch, warmherzig und beruhigend (in beiden Fällen aus Furcht); oder heldenhaft.

Gutes Arbeitsumfeld klare Rollenverteilungen, Verantwortlichkeiten und Autorität; Spiel mit offenen Karten; wo Vorbereitung, Vorsicht und ständiges Hinterfragen anerkannt werden; wo klar ist, wer gut und wer böse ist; manchmal gefährliches Abenteuer.

Schlechtes Arbeitsumfeld wie Huxleys *Schöne neue Welt*: ungewisse, veränderliche Umgebung, in der sich Grundvoraussetzungen, Theorien oder Koalitionen ohne Vorankündigung oder Erklärung ändern; für jemanden arbeiten, der sprunghaft, urteilend, undurchsichtig ist und alles sieht.

Bücher Jack Gibb, *Trust*; Andrew Grove, *Managing*; Gordon Liddy, *Will*.

Redewendungen »Es zählt nicht, was du sagst, sondern was du nicht sagst«; »Bereitsein ist alles« (Hamlet); Das wäre unvorsichtig« (George Bush); »Da draußen müssen wir achtgeben« (Sgt. Esterhaus, *Hill Street Blues*); »Es gibt Monate, da läuft alles prima; keine Angst, das dauert nicht lang« (Jules Renard); »Nur die Mißtrauischen überleben« (Andrew Grove, Geschäftsführer bei Intel).

Überzeugte Sechser Woody Allen, Sigmund Freud, Crusader Rabbit, Gordon Liddy, Bob Dole, Andrew Grove, Abbie Hoffman, George Bush, Steven Seagal, Spike Lee, Lt. Columbo, Richard M. Nixon, Hamlet, Jane Fonda, Ted Turner, Fran Liebowitz, Mary Matalin, J. Edgar Hoover.

Höchstleistungspunkt 9 Vertrauen in den natürlichen Fluß der Dinge und darauf, daß andere ihre Arbeit erledigen; Glaube ans Team.

Streßpunkt 3 manischer Aktivismus; überdreht; allzu verantwortungsbewußt; unvorsichtiges Vorwärtsstürmen

Verbündeter 7 wird durch positives Potential, spannende Möglichkeiten, Spaß, positive Verschwörungen *energetisiert*

Schatten 5 *erdet* sich, indem sie kühl, distanziert beobachtet, statt Partei zu ergreifen oder sich zur Zielscheibe zu machen. Erdet sich, wenn sie alle Informationen, Daten oder Fakten in die Hand bekommt

Tugend Mut

Laster Furcht

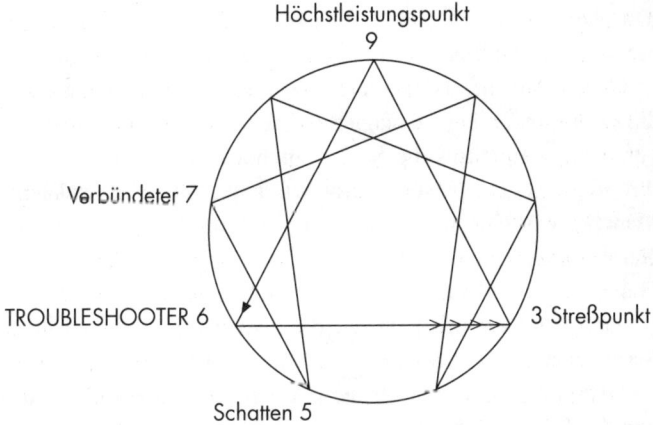

Höchstleistungspunkt
9

Verbündeter 7

TROUBLESHOOTER 6

3 Streßpunkt

Schatten 5

Bekanntschaft mit einer Sechs

Sarahs Geschichte

Sarah ist Chefredakteurin einer bekannten Wochenzeitschrift in New York. Auf Außenstehende wirkt sie warmherzig und einschmeichelnd, mit einem Humor, der an Woody Allen erinnert. Auf ihre Mitarbeiter wirkt sie unentschlossen und vorsichtig. »Ich habe nicht die Hälfte von dem erfahren, was ich für meine

Arbeit wissen mußte, weil sie so verschwiegen war, selbst bei mir«, sagte ein ehemaliger Abteilungsleiter, der Sarah Bericht erstattete. »Aber mit ihrer Stellvertreterin und dem Leiter der Finanzabteilung – dem engen Kreis – schien sie sich dauernd zu treffen. Wir fragten uns, was die drei den ganzen Tag lang zu besprechen hatten.«

»Ich bin nicht mißtrauisch«, verteidigt sich Sarah. »Aber in diesem Geschäft muß man mit dem Schlimmsten rechnen. Menschen machen nun mal Fehler. Sie sagen einem Dinge, die nicht stimmen, halten ihre Versprechen nicht. Und es gibt einen Haufen Leute, die es gern sähen, wenn wir scheitern. Ich bin nur realistisch.«

Sie hat ihre Hand gern am Puls des neuesten Marktgeschehens und hat gern mehr, als irgend jemand weiß, ein waches Auge auf die Konkurrenz, aber sie reagiert auf alles Neue in der Zeitschrift vorsichtig. »Laßt uns die Sache durchdenken«, sagt sie gerne. Ihre Tendenz, Dinge vor sich herzuschieben, ist allen bekannt. Manchmal läßt sie sich monatelang Zeit, um E-Mail-Mitteilungen zu beantworten.

Wenn man sie dann tatsächlich enttäuscht, macht sie demjenigen wütend Vorwürfe; als machten die anderen absichtlich Fehler. Sie verbringt viel Zeit damit, darüber zu spekulieren, von wem und weshalb sie unterminiert wird, ob in der eigenen Firma oder von der Konkurrenz.

Doch so sehr sie ihre eigenen Mitarbeiter schikaniert, läßt sie sie von Außenstehenden doch niemals direkt kritisieren. Als eines der einflußreichsten Mitglieder ihres Vorstands einmal einen Reporter hinzurief, weil er sich über eine Titelgeschichte beschweren wollte, sagte sie zu ihm: »Auf wessen Seite stehen Sie? Gleich zum obersten Boß laufen, das gibt es hier nicht. Wenn Sie mit der Zeitschrift Probleme haben, dann wenden Sie sich an mich.«

Viele ihrer Mitarbeiter sind ihr völlig ergeben. »Es kann zwar eine Weile dauern, bis man ihre guten Seiten entdeckt hat, aber wenn es erst einmal soweit ist, ist man drin«, sagt eine ständige Mitarbeiterin.

Wenn der Redaktionsschluß naht, ist sie großartig. Sie zaudert nicht mehr, hat eine sichere Hand und eine klare Vorstellung von dem, was sie will, und sagt das auch. »Ich bin in dieser Branche, weil ich Fristen mag«, sagt sie halb im Scherz. »Sonst bekäme ich gar nichts geregelt.«

Ihr Lieblingsthema für die Zeitschrift ist der kleine Mann, der die hohen Tiere in der Industrie herausfordert. Das führt manchmal zu heftigen Diskussionen mit dem Verleger, der sich eine weniger politische Zeitschrift wünscht, die mehr Inserenten anspricht. In diesen Diskussionen behält sie meistens die Oberhand. Als engagierte Verfechterin ihrer Überzeugungen hat sie keine Angst, ihren Job aufs Spiel zu setzen. Dafür bewundern sie viele, aber einige halten sie für arrogant, aufbrausend und kompromißunfähig.

Erkennen Sie Sarah? Sarah ist eine Sechs.

Die Grundvoraussetzung

Sechser sind die *Schwarzseher* des Enneagramms. Von allen Typen leiden Vierer und Sechser am meisten. Vierern bereiten die Gefühle Qualen; Sechser sind in einer geistigen Tretmühle gefangen. Sie stellen ihre eigenen Fähigkeiten in Frage und machen sich Sorgen, reingelegt zu werden – von ihren Chefs oder ihren Mitarbeitern oder der Konkurrenz.

Sechser sind die Tormänner des Enneagramms, hellwache Verteidigungsspezialisten. Sie sind auf reale oder eingebildete Bedrohungen gefaßt, wollen wissen, was sich hinter den Kulissen abspielt. Genau im Gegensatz zu Dreiern, die glauben, man bekomme das, was man sieht, wissen Sechser, daß verborgene

Beweggründe und unausgesprochene Pläne die Worte und Taten der Menschen bestimmen. So treffen sie alle erdenklichen Vorsichtsmaßnahmen.

Für Sechser ist Besorgnis mehr als ein Sicherheitsnetz; es ist ein vertrauter Prüfstein, ein Testgerät. Für die Sechs ist es tatsächlich beunruhigend, wenn sie keine Sorgen hat. Vor vielen Jahren fing meine Partnerin Joan an, auf einem Retreat, das wir für die leitenden Angestellten einer Firma veranstalteten, eine Entspannungstechnik zu lehren. Sie erwähnte, daß sie diese Technik vor wichtigen Präsentationen einsetzen könnten. Der Geschäftsführer sagte: »Ich glaube nicht, daß dieses Entspannungszeug gut ist. Manchmal fühle ich mich vor einer wichtigen Sitzung wohl. Ich weiß, daß ich bereit bin. Ich weiß, daß ich meinen Stoff beherrsche. Gerade dann bin ich am meisten beunruhigt. Wenn ich mir keine Sorgen mache, mache ich mir Sorgen.«

Aber wie edle Ritter auf einem Kreuzzug kämpfen Sechser für die gute Sache. Sechser sind ihren Freunden gegenüber *loyal* und *pflichtbewußt*. Besonders viele Gedanken machen sie sich um ihren Vorgesetzten: Nutzt er sie aus, ist er ungerecht oder inkompetent? Wird er sich um uns kümmern? Sechser vertrauen entweder völlig darauf, daß er das tut, oder sie werden von der Angst gequält, bald um die Ecke gebracht zu werden.

Sechser wirken vielleicht nicht beunruhigt, sie sind locker und beschwichtigend, um diejenigen, die sie für gefährlich halten, zu beruhigen und zu *entwaffnen* (die Autoritäten, die Kunden, die Mitarbeiter, die Konkurrenz). Andere Sechser bereiten sich wie zähe Überlebenskünstler auf Katastrophen oder entfernte Eventualitäten vor. Aber unabhängig von dem Eindruck, den sie vermitteln, sind alle Sechser *ängstlich*; unabhängig von ihrem Temperament gehört es zum Wesen der Sechs, mit dem Schlimmsten zu rechnen.

Tatsächlich dreht sich im Leben der Sechs alles um Flucht oder Kampf. *Phobische* Sechser fliehen vor möglichen Gefahren. Sie halten sich zurück, indem sie duckmäuserisch, entschuldigend, unparteiisch, unbedrohlich oder schmeichlerisch witzig erscheinen. Oft ist der Humor selbstabwertend (entwaffnend), aber er kann auch beißend oder gemein sein. Sechser machen Witze, weil sie Angst haben.

Kämpferische Sechser hingegen warten nicht auf die unbekannten Gefahren. Mit hochgerecktem Kinn gehen sie waghalsig ihren Ängsten direkt entgegen. Unter den Gangstern, den Polizeibeamten, beim Militär, den Bürgerwehren und den Bungee-Springern findet man unzählige kontraphobische Sechser.

Sechser haben das Gefühl, das Leben sei hart und sie müßten sich alles erkämpfen. Oft ist das Verhältnis zu denjenigen, denen die Dinge anscheinend leichter gefallen sind, gespannt – so wie Richard Nixon, eine Sechs, John F. Kennedy, eine Sieben, bewunderte, beneidete und haßte.

Die bezwingende, hart erkämpfte Tugend, an der man die Sechs erkennt, ist *Mut.* Anders als Achter in ihrer schlechten Phase, die oft nur hirnlose Tyrannen sind, haben Sechser *tatsächlich* Angst. Doch selbst wenn sie wissen, daß sie in Gefahr sind, machen sie weiter. Sie entwickeln eine mutige und lebensbejahende Zähigkeit und Tapferkeit. Die Fähigkeit selbst einer zutiefst beunruhigten Sechs wie Richard Nixon, der in mehreren politischen Ämtern heftig diffamiert wurde, trotz aller Widrigkeiten immer wieder zurückzukommen, ist erschreckend. Woody Allen formulierte es so: »Neunzig Prozent des Erfolgs heißt einfach, sich bloßzustellen.« Sechser sind Überlebende.

Psychologie

Sechser erlebten als Kinder ständig eine Autoritätskrise. Manchmal war die Autorität anmaßend, manchmal fehlte sie. Die junge Sechs hat vielleicht eine wichtige Autoritätsfigur vergöttert und

wurde dann enttäuscht. Nicht selten hatten Sechser einen alko-
holabhängigen Elternteil; die junge Sechs konnte sich von einem
Tag zum nächsten auf diesen Elternteil nicht verlassen. Nixons
enger Partner Bryce Harlow sagte, daß Nixon »als junger
Mensch von jemandem zutiefst verletzt wurde, dem er vertraute
… Er hat das nie überwunden und vertraute seither niemandem
mehr.« [1]

Manchmal mußte sich die Familie aus politischen oder anderen
Gründen zurückhalten, aus Angst, geächtet zu werden. Manchmal gab es ein *großes Geheimnis*, das das Kind für sich behalten
mußte, aber nicht sicher war, ob es das konnte. Eine Sechs erinnerte sich, daß ihr Vater bankrott ging, und als ihre Familie in
eine andere Stadt umzog, schärfte man ihr ein zu sagen, er habe
sein Geschäft mit Gewinn verkauft. Sie mußte immer daran denken, das Geheimnis ja nicht preiszugeben.

Diese Vertrauensbrüche, Familiengeheimnisse, Intrigen und geheimen Absprachen verwirrten die Gefühle des Kindes. Die
Sechs bekam Angst. Aber bei so starken Gefühlen und so großen
Sorgen konnte die junge Sechs nicht klar denken. Folglich dreht
sich bei der erwachsenen Sechs alles darum, angestrengt einen
übermenschlich klaren Kopf zu haben – besonders gut aufzupas-
sen –, gepaart mit enormen Zweifeln an der eigenen Wahrneh-
mung (die sich in der Kindheit nicht entwickeln konnte) und
großem Argwohn gegenüber anderen, besonders Autoritäten.

Als Erwachsener macht sich eine Sechs ständig Sorgen um die
Menschen, mit denen sie zu tun hat und auf die sich verlassen
muß.

Einige Sechser lösen (oder vermeiden) die Frage »Wem kann ich
trauen?«, indem sie sich für Gewißheit entscheiden und einer
Person, einer Gruppe oder Prinzipien gegenüber treu und ergeben handeln; so machen es einige Sektenmitglieder oder Polizei-
beamte oder einige Psychoanalytiker. Andere Sechser umgehen
diese Frage, indem sie jedem mißtrauen, um nicht reingelegt zu

werden. Das sind die »Advokaten des Teufels«, argwöhnisch und feindselig. »Trau keinem über dreißig«, sagte Abbie Hoffman.

Sechser wollen glauben – an sich, an andere, an das, was sie sehen. Aber bis sie eine verläßliche Autorität finden – die sie selbst wären, müssen sie auf der Hut sein und dürfen niemandem trauen, und Ihnen schon gar nicht.

Die gute Nachricht

Sechser haben den großen Vorteil, daß sie zu negativem Denken fähig sind. Sie bleiben wach und geistesgegenwärtig, wenn sie danach Ausschau halten, was schiefgehen kann und wer ihnen etwas antun will.

Debra, eine Sechs, erschließt Bauland und ist Immobilienmaklerin. »Natürlich mache ich mir Sorgen um alles, was schiefgehen kann«, sagt sie. Mein Anwalt versucht, mich zu zügeln. Er sagt: ›Sie können sich einfach nicht auf jede mögliche Eventualität vorbereiten.‹ Aber ich schließe Supergeschäfte ab, *weil* ich mir Sorgen mache. Wenn dann wirklich so ein Fall eintritt, weiß ich genau, was zu tun ist.«

Sechser nehmen Ereignisse ernst; sie machen sich Gedanken, wie sie das wirkliche Geschehen richtig verstehen und es an ihre Kollegen weitergeben können.

Da Sechser auf Details und Besonderheiten achten, sind sie im besten Fall konzentriert, zuverlässig und verantwortungsbewußt. Aufgrund ihrer Neigung, über alles gründlich nachzudenken, können Sechser einen klaren Kopf behalten und logisch sein. Als geborene Skeptiker können verständige Sechser wunderbar konstruktive Beurteilungen liefern und einfallsreiche Perspektiven bieten.

Die besten Sechser haben Vertrauen in ihre eigenen Erfahrungen und Kräfte. Die schlechte Seite der Sechs ist bloße Treue – unüberlegt einem Anführer folgen oder sich unüberlegt gegen einen auflehnen.

Problemlöser

Für die meisten Sechser haben sich Wachsamkeit, Zögerlichkeit und zwanghafte Besorgnis als sehr zweckmäßig erwiesen. Wer diese Charakterzüge für Mängel oder Persönlichkeitsstörungen hält, liegt falsch.

Sechser wollen sich mit Problemen auseinandersetzen. Harvey Mackay gibt in seinem Buch *Hüte dich vor dem nackten Mann, der dir sein Hemd verkaufen will* (der typische Sechser-Buchtitel) den Rat: »Gute Neuigkeiten werden Sie immer erfahren; was zählt, ist, wie schnell Sie die schlechten erfahren ….« Und Andrew Grove, Geschäftsführer bei Intel, meint: »Es ist sehr wichtig, die Überbringer schlechter Nachrichten zu beschützen.«

Sechser haben von allen Enneagramm-Typen die besten Frühwarnsysteme. Fragen Sie sie, was ihrer Meinung nach zum Problem werden könnte, und sie werden es Ihnen schnell sagen. Als ein prominenter religiöser und politischer Führer eine Europatour plante, baten die Organisatoren einen britischen PR-Chef, eine Sechs, um Mithilfe bei den Reisevorbereitungen. Letzten Endes lehnte er ab mit der Begründung, es könne zuviel schiefgehen. Aber er zählte mindestens dreißig Punkte auf, auf die man achten sollte. Die Organisatoren nutzten seine Aufzählung möglicher Katastrophen als Checkliste für ihre Planung.

Sechser geraten bei schlechten Neuigkeiten nicht unbedingt in Panik; meistens erhöht das eher noch ihre Konzentration. Dave, der Gebietsleiter einer Einzelhandelskette, erinnerte sich an einen Gebietsleiter, dem er als Ladenchef Bericht erstattete. »Ich wußte, er interessierte sich sehr für die Schwierigkeiten, die bei uns auftraten«, erinnerte sich Dave. »Die meisten Leute ließen sich von seiner Schnüffelei und seinen Befragungen einschüchtern, aber ich redete ausführlich über unsere Probleme. Wir sprachen sie von vorn bis hinten durch. Das war seine Methode, mir das Geschäft beizubringen.

Einmal tätigte ich einen viel zu optimistischen Kauf. Wir diskutierten über das Problem. Normalerweise wäre ich dafür bestraft worden, aber er überschrieb den Überschuß einfach auf einen anderen Laden. Einige andere Manager waren erstaunt; meistens war er mit ihnen viel strenger.

Ich glaube, er merkte, daß er mir vertrauen konnte. Als er in Rente ging, ließ er meine Vorgesetzten wissen, daß ich diesen Job so gut wie er erledigen konnte – und ich wurde vor mehreren anderen befördert.« Daves Gebietsleiter war natürlich eine Sechs.

Loyale Teamspieler

Überzeugt, daß in der Welt die Devise »Wir gegen sie« gilt, wissen Sechser Loyalität und Teamwork zu schätzen. Ein Sechser-Chef möchte wissen, wer von seinen Beschäftigten im Team ist und auf wen er sich verlassen kann.

Sich mit einem Sechser-Kunden zusammenzutun kann dabei helfen, das Geschäft zu besiegeln. »Als ich mich bei Anlageberatern erkundigte, ob sie sich um unser Portfolio kümmern würden«, erzählte ein Stadtdirektor, eine Sechs, den Teilnehmern meines Enneagrammseminars, »fragte ich bei verschiedenen Firmen. Ich erwartete detaillierte Pläne. Was mich aber davon überzeugte, unser Geld bei dem New Yorker Börsenmakler anzulegen, den wir schließlich auswählten, war, daß vom eigenen Personal verlangt wurde, alle persönlichen Anlagen bei dieser Firma zu tätigen. Das gefällt mir.«

Wenn Sie im Lauf der Zeit Ihre Vertrauenswürdigkeit unter Beweis stellen, werden unerschütterliche Sechser Zug um Zug mit Ihnen die Projekte durchziehen und gegen Miesmacher und Außenstehende mobil machen. Das ist Ihre wichtigste Aufgabe, wenn Ihr Chef oder jemand aus Ihrem Arbeitsteam eine Sechs ist.

Gute Detektive

Da es sie so interessiert, was unter der Oberfläche geschieht, sind Sechser begabte Menschenbeobachter und geborene Psychologen, die immer nach verdächtigem Verhalten Ausschau halten.

Um nicht aufzufallen, stellt die Sechs ihre Nachforschungen indirekt an, wie ein Detektiv. Zögern beim Sprechen und die Unfähigkeit, kleinen Verpflichtungen nachzukommen, sind für sie Hinweise von großer Bedeutung.

Mein Freund Thomas, ein beliebter Stammgast bei meinen Sechser-Diskussionsrunden, ist Kampfsportlehrer. Im Unterricht trägt er dreißig Kilo Körperschutzausrüstung und bringt den Leuten bei, wie sie ihn angreifen sollen – ein guter Sechser-Job. »Ich beobachte die Körpersignale der Leute ganz genau«, sagt Thomas. »Ich beobachte ihre Mimik, ihre Hände, ihre Füße. Ich suche nach *undichten Informationsstellen*. Worte haben zwar auch eine Bedeutung, aber ich achte darauf, ob die Körperhaltung mit den Worten übereinstimmt.« *Alle Sechser suchen prüfend nach Übereinstimmung zwischen dem, was gesagt, und dem, was gemeint ist.*

Harvey Mackay meint, sein Erfolg beruhe darauf, Informationen über Kunden zu sammeln. »Bei der Mackay Envelope Corporation würde man nicht glauben, auch das Finanzamt nicht, wieviel wir über unsere Kunden wissen. Unsere Verkaufsleute füllen einen Fragebogen mit sechsundsechzig Fragen über jeden unserer Kunden aus. Wir wollen durch Beobachtung und Routinegespräche herausfinden, was für ein Mensch unser Kunde ist – auf welche seiner Leistungen er besonders stolz ist und welche Statussymbole es in seinem Büro gibt.«

Unerschütterlich in einer Krise

Sechser haben zwar immer Angst vor dem, was passieren könnte, sind aber im Grunde erleichtert und zuversichtlich, wenn die Ereignisse ihre Sorgen rechtfertigen.

Larry, eine Sechs, ist Einkäufer bei einem großen Teppichge-schäft und Kaufhaus, nur einen Katzensprung vom Mississippi in Davenport, Iowa, entfernt. Das Geschäft lief schlecht, und Larry bangte um seinen Arbeitsplatz. Aber als im Sommer uner-wartete Überschwemmungen den Laden verwüstet und einen Großteil des Inventars zerstört hatten, war Larry wie ausgewech-selt. Kühl und gefaßt, ja optimistisch, half er dem Besitzer see-lenruhig, den Laden so gut es ging wieder einzurichten, inserier-te in vier Bundesstaaten einen Ausverkauf wegen Wasserschaden und half den Nachbarn des Ladens mit einem Schwung, der je-den verblüffte. »Na ja«, sagte er damals, »was soll ich denn sonst machen?«

Sechser sind selig, wenn das Schlimmste eintritt und sie nicht mehr versteckte Gefahren befürchten müssen.

Die schlechte Nachricht

Sechser können genauso unflexibel wie die selbstgerechten, mo-ralisierenden Einser sein, aber anders als diese, die überglücklich sind, wenn sie an Ihnen herumkritteln dürfen, haben Sechser eine Vogel-Strauß-Mentalität. Sie fühlen sich sicherer, wenn sie ein geheimes Urteil oder einen Groll für sich behalten. Für Sechser bedeutet – wie für die Fünfer – geheimes Wissen Macht; sie füh-len sich viel wohler, wenn andere nicht wissen, was sie denken.

Pessimistisch
Bereiten Sie mir nur Ärger. Gute Nachrichten schwächen mich.

Charles Kettering

Sechser wittern überall Katastrophen. Selbst schriftliche Verträge sind riskant. Was soll eine Sechs da machen?
Einer meiner Klienten, ein Hersteller aus dem Mittleren Westen,

erzählte mir, daß er seinen Risikomanager drängte, einen Weg zu finden, um einige möglicherweise auftretende Fälle von Firmenhaftung »doppelt zu versichern«. »Ich will einfach nur dafür sorgen, daß unsere Versicherungsfirma ihren Verpflichtungen nachkommt.« Diese Sechs wollte eine Versicherung für ihre Versicherung haben.

Sechser sind Menschen, die einen Gürtel und Hosenträger tragen. Sie wissen, daß es bei allem einen Wermutstropfen gibt. Ich zeigte meinem Vater, einer Sechs, meinen neuen Computer mit dem ganzen Schnickschnack und der außergewöhnlichen Graphik. Wir surften im Internet, er zum erstenmal. Er war wirklich beeindruckt. »Was meinst du dazu, Paps?« Nach einer Minute fragte er: »Wen rufst du denn an, wenn dieses Ding abstürzt?«

Ihr Zwang, das Schlimmste vorwegzunehmen, blockiert die Spontaneität und Kreativität der Sechser: Er dämpft Initiativen, um etwas zu erneuern, Mittel für ein Projekt einzusetzen oder Risiken einzugehen.

Sorgen um Macht

Macht spielt für Sechser eine große Rolle. Sie machen sich Gedanken, daß irgend jemand Macht über sie ausüben könnte; weil sie ihr mißtrauisch gegenüberstehen, bauschen sie sie oft auf und reagieren mit Trotz, Unterwerfung oder Schmeicheleien darauf. Da sie unsicher sind, wieviel Macht sie selbst tatsächlich haben, und nicht bereit sind, sie auszuüben, aus Angst, zur Zielscheibe zu werden, spielen sie ihre eigene Macht oft herunter. (Vergleichen Sie sie mit Achtern, die ihre eigene Macht aufblasen und die anderer abwerten.)

Ihre Schwierigkeiten im Umgang mit Autorität lassen Sechser für die Machtstrukturen, innerhalb derer sie handeln, für das Gerangel um gute Stellungen und für die mögliche Ungerechtigkeit oder Willkür in der Firma besonders feinfühlig werden. Als der Direktor einer Stadtverwaltung in Los Angeles Judy, eine neue Managerin und Sechs, bat, ihr doch Bescheid zu sagen, wann sie Mittagspause machte, damit inzwischen jemand anderes Anrufe für sie entgegennehmen konnte, weigerte sie sich und gestand mir entrüstet, daß seine Forderung nur ein schlecht verhohlener Angriff auf ihre Autonomie und Autorität, ein Machtspiel war.

Fingerzeiger

Sechser und Einser sind die größten Fingerzeiger des Enneagramms. Aber anders als Einser, die zwar andere kritisieren, im Grund aber sich selbst Vorwürfe machen, schreiben Sechser ihre eigenen Gefühle und Mißerfolge anderen zu. »Mir scheint, Sie denken über etwas nach. Warum sagen Sie es nicht? Was haben Sie zu verbergen?« projiziert die Sechs. Je beunruhigter sie innerlich sind, desto mehr suchen sie bei ihrer Umwelt nach der Ursache und überschütten andere mit Vorwürfen und Anschuldigungen.

Diese Projektion ist im Grunde eine geistige Variante von »umgekehrtem Einfühlungsvermögen«. Indem die Sechs anderen Gedanken und Absichten unterstellt, kann sie deren Erfahrungen verstehen – oder sich einbilden, sie zu verstehen.

Mit einer Sechs arbeiten
Eine Sechs beeinflussen

Die beste Methode, um eine Sechs von Ihrer Sichtweise zu überzeugen, ist sicherlich die, klar und systematisch die tatsächlichen und möglicherweise auftretenden Probleme und Gefahren bei Ihrem Vorschlag darzulegen und zu erläutern, und wie Sie darauf reagieren wollen. Das gibt der Sechs das Gefühl, daß Ihre Prioritäten feststehen: daß Sie sich genauso besorgt wie sie fragen, ob am Ende alle im Knast landen.

»Es herrscht bei meinen Managern der unerfreuliche Trend, die Leistungsbeurteilungen ihrer Mitarbeiter zu beschönigen«, sagt Fred, Leiter einer amerikanischen Regierungsstelle, eine Sechs. »Mit dieser Verschleierung muß jetzt Schluß sein. Wenn die Leistungbeurteilung keinen ausgewogenen Bericht enthält, in dem auch steht, wo die Schwierigkeiten liegen, werde ich sie zurückgehen lassen.«

Machen Sie sich darauf gefaßt, Ihr Eigeninteresse offenbaren zu müssen. Sechser halten Selbstlosigkeit nicht für glaubwürdig (das kann das Leben für Zweier schwer machen, die es anderen recht machen wollen). Doug, der leitende Angestellte anwirbt und eine Sechs ist, sagt: »Ich werde auf keinen Fall jemanden für einen Posten empfehlen, der mir nicht sagen kann, was ihm diese Position bieten kann. Die schwachsinnige Begründung ›Ach, weil ich gut mit Menschen umgehen kann‹ zieht bei mir nicht. Mir gefällt ›Diese Arbeit bringt mich an die Grenzen meiner Fähigkeiten‹ oder, noch besser: ›Leute rumkommandieren – das finde ich gut.‹«

Wie eine Sechs Entscheidungen trifft

Den meisten Sechsern fällt es – anders als Neunern – nicht schwer, Entscheidungen zu treffen. Das Problem ist, daß sie, sobald sie eine Entscheidung gefällt haben, diese sofort in Frage stellen und dann anfangen zu grübeln.

Anscheinend können Sechser nur auf diese schnell-zögerliche Art irgendeine wohlüberlegte Entscheidung treffen.

Sechser fühlen sich in ihrem Kopf am wohlsten. Sie entscheiden aufgrund von *Analyse*. Im Gegensatz dazu entscheiden trittsichere Dreier sofort aufgrund von *Vergleichen*: »Welche von unseren Alternativen ist die bessere?« Gemächliche Neuner entscheiden aufgrund *historischer Analogie*. Sie grübeln über vergangene Ereignisse und Traditionen nach und suchen nach einem auf die aktuelle Situation zutreffenden Fall. Sechser zerlegen ein Problem in seine Einzelteile und finden dann auf logischem Weg zu einer Lösung. Aber oft sehen sie dabei den Wald vor lauter Bäumen nicht.

Nehmen Sie sich Zeit, wenn Sie von einer Sechs eine Entscheidung haben wollen. Ermutigen Sie sie statt dessen, »darüber nachzudenken«. Die natürliche Tendenz einer Sechs ist, zu einer neuen Idee erst einmal nein zu sagen. Brechen Sie nichts übers Knie. Als Menschen mit Autoritätsproblemen widerstehen sie Druck. (Das ist auch ein guter Rat für den Umgang mit den mißtrauischen Triadenpartnern der Sechs, der Fünf und der Sieben.)

Da Sechser den Menschen unlautere Absichten unterstellen, wird jedes Wort, jede Handlung bei einer Sitzung in gewisser Hinsicht als taktisches Gerangel interpretiert. Die Sechs ist jetzt übertrieben wachsam, weil sie ja einen ganzen Raum voller Leute scharf beobachten muß. Sie will erst wissen, wo jeder steht, bevor sie selbst Stellung bezieht. Das erschwert spontane Sofortentscheidungen natürlich sehr.

Der Führungsstil der Sechs

Schwer ruht das Haupt, das eine Krone drückt.
Shakespeare, Heinrich IV., Akt VI, Szene I

Sechser können meisterhaft alle Planwagen im Kreis aufstellen, um sich gegen einen gemeinsamen Feind zu wehren. In solch einer Situation können sie echte Führungspersönlichkeiten sein. George Bush, eine Sechs, mobilisierte zuerst auf breiter Basis Unterstützung im In- und Ausland, bevor er militärisch gegen den Irak vorging. Im Golfkrieg hielt er gekonnt diese schwache, buntgemischte Koalition gegen die Acht Saddam Hussein weitgehend dadurch zusammen, daß er die Notwendigkeit betonte, *gemeinsam gegen Hussein* vorzugehen; sich unter der Führung von George Bush zu versammeln war nicht das Thema, sondern der verbindende Faktor war der Feind. (Vergleichen Sie ihn mit einer Einser-Führungspersönlichkeit wie Margaret Thatcher, die »richtig und falsch« betonte, um den Falklandkrieg zu rechfertigen; vergleichen Sie ihn mit einer Drei wie George Washington, um dessen Banner sich jeder scharen *konnte*.)

Sechser managen, aber sie könnten mit einer Führungsrolle ohne Inspiration zu kämpfen haben. Nach Beendigung des Golfkriegs war Bush unfähig, die Vision von der proaktiven, positiven Führungspersönlichkeit umzusetzen.

Aufgrund ihrer Probleme mit ihrer eigenen Macht fühlen sich viele Sechser in der öffentlichen Chefrolle unwohl. Folglich reagiert eine Sechs in Autoritätsstellung wie ein Zuchtmeister, der Befehle brüllt und keine Widerrede duldet, in der Hoffnung, seine allgegenwärtigen Zweifel mögen verschwinden. Oder er ist ein Mitverschwörer, der mit seinen Mitarbeitern gegen einen höheren Chef oder Außenstehende arbeitet, damit dieser die Macht verliert.

Sechser-Chefs wollen Tadel vermeiden. Sie greifen vielleicht an, indem sie »nett« sind. Sie tadeln eine Unstimmigkeit vielleicht auf Druck von Kollegen, Kunden, der Presse, ihres eigenen Chefs oder der Firmenabläufe.

Bei seinen beständigen Bemühungen, Vorwürfe zu vermeiden, kann ein Sechser-Chef mündliche, nicht aber schriftliche Anordnungen erlassen, Verpflichtungen eingehen, die verworren und verhandelbar sind, und sogar Mitarbeiter loben, während er sich gleichzeitig durch schärfer formulierte Leistungsbeurteilungen schützt.

In dem Augenblick, wo ein Sechser-Chef beschließt, in die Öffentlichkeit zu gehen und auch etwas auf sich zu nehmen – die

Verantwortung und die Vorwürfe –, wird er zu einer der überleg-testen und entschlossensten Führungspersönlichkeiten des Enneagramms. *Niemand hat sich über das Wesen von Macht und damit verbundene Fragen mehr Gedanken oder mehr Sorgen über den Machtmißbrauch durch Autoritätspersonen gemacht als die Sechs.* Niemand bemüht sich mehr als die besten Sechser um Loyalität und Rücksicht gegenüber Kollegen und Mitarbeitern. Die besten Sechser führen von ihrem Temperament her eine Firma wie weise Philosophen.

Der Arbeitsstil der Sechs

Sechser-Mitarbeiter arbeiten am besten, wenn sie die Vorschriften, ihren Verantwortungsbereich und ihre Rolle verstehen und besonders, wie sie mit Ihnen dran sind. Helfen Sie ihnen, sich sicher zu fühlen, seien Sie sensibel für unausgesprochene Anliegen, dann werden Sie merken, daß sie viel kreativer und effektiver arbeiten.

Aber Sechser werden Ihnen für Ihre Bemühungen nicht unbedingt dankbar sein; ihnen fällt es schwer, Dankbarkeit zu zeigen. Sie achten eher darauf, wie man sie ausnutzen könnte. Während Dreier ihre Vorrechte aufgrund ihrer harten Arbeit für selbstverständlich halten, sehen Sechser sie als Hinweis darauf, was *tatsächlich* geschieht und wo sie *tatsächlich* stehen.

Wenn es um schnelle Handlungsbereitschaft geht, können sich die Sechser rasch darauf einstellen, wenn sie die Notwendigkeit verstehen. Viele Sechser werden gut arbeiten, wenn keine Zeit bleibt, um sich Sorgen zu machen, sondern nur Zeit, um gemeinsam mit Kollegen am selben Strang zu ziehen.

Sechser finden von Natur aus Feinde, gegen die sie Stellung beziehen, als auch Verbündete, mit denen sich zusammentun.

Der Arbeitsstil der Sechs

Sechser lernen am besten, wenn sie dem Lehrer und dem Lehrstoff trauen können. Welche Lehrbefugnis haben Sie? Wie sind Ihre Fähigkeiten? Ihre Position? Woher haben Sie Ihr Wissen?

Sechser finden den Unterschied zwischen oberflächlichem Schein und der verborgenen Wahrheit spannend. Sie können ihre Beachtung mit dem Versprechen gewinnen, ihnen reinen Wein einzuschenken, ihnen »den wahren Sachverhalt« und die unkonventionelle oder verborgene Weisheit zu erklären.

Besprechen Sie Einzelheiten ausführlich, geben Sie nicht nur einen Überblick. Sechser wissen es am ehesten zu schätzen, wenn Ihr Unterricht ihnen dabei hilft, besser vorbereitet zu sein auf alles, was noch alles nachkommt.

Die Sechser-Organisation

Die CIA (Central Intelligence Agency) ist die Sechser-Organisation par excellence, immer auf der Hut vor versteckten Absichten und gefährlichen Aktivitäten. Jeder bei der CIA – unabhängig von seiner persönlichen Fixierung – ist in dieser Sechser-Kultur drin. Regelmäßige Tests mit dem Lügendetektor, Hintergrundüberprüfungen für Unbedenklichkeitserklärungen und die Art, wie mit geheimen, heiklen Informationen umgegangen wird, all das fördert Vorsicht, Mißtrauen und Kontrolle. Dort heißen die Büros Tresore, wegen der Kombinationsschlösser an allen Türen, und sie werden jeden Tag auf Verletzung der Sicherheitsvorschriften hin (was Minuspunkte einbringt) durchsucht. Besucher müssen überallhin eskortiert werden, sogar bei den allerprivatesten Gängen.

Sechser-Organisationen zeichnen sich meistens durch geballte Intelligenz aus – durch Rückmeldeformulare, Umfragen und

Gruppen, die sich auf bestimmte Klienten konzentrieren. Die CIA erzeugt Unmengen von Daten über ihre Leute. Die CIA-Manager beurteilen die Leistungen ihrer Mitarbeiter regelmäßig und häufig bis ins Detail. Aber diese Manager werden ebenfalls eingestuft, und zwar von ihren Mitarbeitern und ihren Vorgesetzten (hier habe ich öfter als anderswo Beratungen abgehalten).

Bei der CIA ist innere Autorität auch verdächtig, weil sie »politisch« ist. Die Sache ist die, daß zynisch oder vorsichtig gewordene leitende Angestellte (oder die Politikmacher, ihre Kunden) den politischen Stoff so hindrehen, daß er zu vorgefertigten Ansichten paßt – und damit die »ehrliche« Analyse korrumpieren. Beispielsweise wurde die CIA beauftragt, den bevorstehenden Zusammenbruch der Sowjetunion durch falsche Interpretation der wirtschaftlichen Lage, der militärischen Stärke und des politischen Zusammenhalts dieses Landes den vorgefaßten politischen Ansichten der Reagan-Verwaltung anzupassen.

Das Beste aus einer Sechs herausholen

Wenn sich vorsichtige, kurzsichtige Sechser auf den Höchstleistungspunkt Neun hinbewegen, nehmen sie ihre Scheuklappen ab und sehen das Gesamtbild: Sie sehen, wo ihr Platz ist und daß sie darauf vertrauen können, daß andere ihren Anteil dazu beitragen. Beim Streßpunkt Drei empfinden die Sechser Arbeitsdruck, ohne genügend Zeit zum Nachdenken und Überlegen zu haben und entsprechende Vorsichtsmaßnahmen treffen zu können. Statt mit angezogener Bremse zu fahren, steigen sie voll aufs Gas.

Die Sieben ist der Verbündete der Sechs. Siebener und Sechser sind beides Möglichkeitsdenker; Siebener bevorzugen die optimistischen, Sechser die pessimistischen Möglichkeiten. Sechser werden energetisiert und transformiert, wenn sie auch die positiven Optionen mit einbeziehen. Die Fünf ist der Schatten der

Sechser. Sechser werden geerdet, wenn sie sich wie eine Fünf eine objektive, unparteiische, distanzierte Sichtweise aneignen und sich alle notwendigen Informationen beschaffen.

Bonnies Geschichte

Bonnie, eine Spitzenkraft in einem großen Filmstudio, hatte Probleme mit ihrem neuen Vorgesetzten.

Bonnie kannte das Enneagramm und wußte, daß sie eine Sieben, eine enthusiastische Höhenfliegerin mit vielen Ideen, vielen Projekten und grenzenloser Energie war. Sie war ein aufgehender Stern, wurde überall wegen ihrer glänzenden Leistungen und guten Verbindungen nach Hollywood bewundert und kannte anscheinend jeden. Praktisch aus dem Nichts stellte sie die wichtige, gewinnträchtige Abteilung auf die Beine, die sie jetzt leitete. Dann wurde ihr Studio von einer großen Gesellschaft aufgekauft, die nicht zur Unterhaltungsbranche gehörte. Obwohl die Geschäftsleitung dieselbe blieb, veränderte sich die Kultur des Studios völlig. Als Teil eines strengen Überwachungsprozesses wurde ein Mitglied der neuen Geschäftsleitung dazu bestimmt, jeden leitenden Angestellten des Studios zu beurteilen.

Mori, Leiter des Teams für Managementprüfung, meldete sich selbst für Bonnie. Als sie zu mir kam, lief das Verhältnis nicht gut aufgrund dieses hartnäckigen Persönlichkeitenkonflikts. Bonnie machte sich Sorgen um ihren Job.

»Ich biete Mori eine Palette von Möglichkeiten, erkläre, daß ich bereit bin, flexibel zu reagieren. Ich vermittle ihm meine Begeisterung, aber er sitzt nur da mit unbeweglichem Gesicht.«

Natürlich hatte Mori berechtigte Gründe, bei den Investitionen seiner Firma umsichtig vorzugehen. Sie arbeiteten in einer unkonventionellen Branche, mit der sie nicht vertraut waren. Aber Mori machte sich wegen der kleinsten Entscheidung Gedanken, besonders darüber, wie er sie seinem Vorgesetzten erklären sollte. Das war für Bonnie unverständlich. Die neue Geschäftsleitung sollte sich doch in erster Linie um Ergebnisse kümmern und nicht soviel Gedanken darüber machen, wie sie diese erzielte. Mori war sehr stolz auf seine rationale Herangehensweise und betonte unaufhörlich die Notwendigkeit zu vorausschauendem Handeln. Für Bonnie waren diese Treffen entsetzlich.

Das Dilemma trat offen zutage: Auf Bonnies oberflächliches Wird-schon-alles-gutgehen-Verhalten konnte der vorsichtige Mori, die typische Sechs, unmöglich vertrauen.

Bonnie und ich nahmen Moris Vorsicht und Ambivalenz zur Kenntnis und besonders seinen Hang, den Worten des Personals nicht zu vertrauen.

»Sie müssen wahrscheinlich mit dem Siebener-Raumschiff landen«, sagte ich. »Wenn Sie mit einer Sechs kommunizieren wollen, die sich ihre riskante Lage selbst eingebrockt hat, müssen Sie ihr zeigen, wie Sie sie und das Unternehmen schützen können. Sechser sind abwägend. Sie müssen mit ihr jeden potentiellen Geschäftsabschluß durchackern und ihr erklären, wo Sie stehen, wo Sie sich engagieren und wo nicht. Mori braucht einen vorhersehbaren Handlungsablauf. Und auch eine berechenbare, verläßliche, nüchterne Person.«

Allmählich lernte Bonnie, daß sich Mori die Begeisterung für neue Projekte und das Vergnügen am Spiel, die für sie selbstverständlich waren, hart erkämpfen mußte. Bonnie lernte auch etwas über sich: *Sie* wußte zwar, daß die meisten ihrer Projekte nicht klappen würden, aber andere Leute nahmen ihre ungewöhnliche Begeisterung für bare Münze und beurteilten die Vorgänge falsch. Ohne ihre Begeisterung zu zügeln, sagte sie von jetzt an zu Mori: »Ich erkunde gerade die Möglichkeiten für dieses Geschäft.« »Schön«, sagte Mori darauf, »sagen Sie mir Bescheid, wenn es ernst wird.«

Im Lauf der Zeit lernte Bonnie, sich Zeit zu nehmen, um die negative Seite mit ihm zu analysieren, selbst wenn für sie schon feststand, daß sie das Projekt weiterverfolgen würde.

Streßpunkt: Drei

Unter Streß geraten Sechser im Dreier-Zustand auf Hochtouren. Wenn Mori gestreßt war, wurde er zu einem übermäßig kontrollierenden, rasenden Workaholic, der sich wie ein Irrer auf die Produktion einschoß. Ganz ungewöhnlich für ihn drängte er auf Geschäftsabschlüsse, um über überzeugende Projekte berichten zu können. Sein Hauptanliegen war, einen Kontoauszug vorzuweisen, der Gewinne auswies.

Zum Glück verstand Bonnie ihren Sechser-Chef allmählich. Sie wies ihn darauf hin, daß ihre Projekte genau nach Plan verliefen, und versicherte ihm, daß die Berichte, auf die er wartete, rechtzeitig geschrieben würden. Wenn Sechser im Dreier-Zustand sind, ist der Trick, daß man sich besser auf ihre Ziele (Drei) als auf ihre Ängste (Sechs) einläßt. Rückmeldungen über die Realität, ohne Frustration oder Erregung serviert, sind bei einer Sechs sehr nützlich und wirkungsvoll.

Höchstleistungspunkt: Neun

Wie Bonnie entdeckte, halten Sechser normalerweise eisern an ihrer Position und ihrem begrenzten Blickwinkel fest. Was die Sechs am meisten fürchtet, was sie aber am ehesten tun müßte, ist »nachgeben«, darauf vertrauen, daß andere ihre Arbeit wirklich erledigen können. Solch ein Vertrauen in den Prozeß ist die Spezialität ihres Höchstleistungspunktes, der Neun.

In seiner besten Phase erzielte Mori Übereinstimmung, indem er Kollegen aus anderen Abteilungen bei wichtigen Entscheidungen mit einbezog, sich ihre Kommentare und ihre Kritik anhörte, ohne defensiv zu reagieren, und so das Arbeitsteam zusammenschweißte – eine besondere Gabe von Neunern. Als einmal ein vielversprechendes Geschäft platzte, sagte Mori mit freundlichem Lächeln zu ihrem Entsetzen: »Na ja, Bonnie, wenigstens haben wir daraus eine Menge gelernt.« Neuner sehen das Gesamtbild und vertrauen dem Lauf der Ereignisse.

Flügel

Schattenpunkt: Fünf

Sechser sind von Haus aus neutral; sie leben in einer Welt voller Feinde und Verbündeter. Aus diesem Grund werden sie von ihrem Fünfer-Flügel stabilisiert und geerdet. Fünfer sind neutrale Beobachter, die sich – anders als die Sechser – nicht gefühlsmäßig einlassen. Sechser wollen alles über die Mitspieler wissen, besonders die (heimlichen) Bündnisse. Sechser erden sich, wenn sie den distanzierten Beobachter in sich anerkennen.

Bonnie lernte, Moris Schattenflügel mit den bestmöglichen Informationen über Markt, Industrie und Produkte entgegenzukommen. Das gefiel ihm sehr gut. So gerüstet konnte er über dem Kampf stehen und im Vertrauen auf seine eigene Autorität, aus der Position einer weiterentwickelten Sechs, handeln.

Verbündeter: Sieben

Sechser werden von ihrem Siebener-Flügel energetisiert und belebt. Die Sieben ist der Ort der optimistischen Spontaneität, des Vergnügens, der unendlichen Möglichkeiten und der Vernetzung von Ideen und Menschen. Mori war von der Filmbranche wirklich fasziniert: von dem schnellen Tempo, den vielen bunten Möglichkeiten, den Geschäftemachern, den Sendungen, dem Spaß und dem Glamour.

Eine Sechs weiß Projekte zu schätzen, die sich einfallsreich oder interdisziplinär erweitern lassen und trotzdem dabei ihr Bedürfnis nach Sicherheit, Kontrolle und Miteinbeziehen der negativen

Seiten berücksichtigen. Der Sechser-Chef einer Gastronomie-schule in Washington, D. C., plante, einen Partyservice mit ehe-maligen Schülern einzurichten. Nach langem Grübeln begann er mit dem Partyservice, der sofort ein Riesenerfolg wurde. So hat-te der Sechser-Chef die Gelegenheit, bei Botschafter- oder Poli-tikertreffen, einem Siebener-Milieu, dabeizusein, das heißt, er gewann durch die Szene, den Kontakt zu anderen Leuten und durch die Werbung an Energie. Wer ihn nicht kannte, hielt ihn für eine Sieben.

Sechser mit starkem Zugang zu ihrem Verbündeten, der Sieben, erlernen Optimismus. Sie sind extravertierter, kontaktfreudiger und charismatischer. Sie können spielerisch sein und mit einem gesunden Sinn für Humor weltliche Dinge genießen. Bei der Be-wältigung von Problemen verlassen sie sich vertrauensvoll auf ihre Fähigkeiten und ihr Durchhaltevermögen.

Kardinalregeln
Wenn Sie mit einer Sechs arbeiten

– Halten Sie Wort. Nichts fördert das Verhältnis zu einer Sechs mehr als das Gefühl, daß Sie auch meinen, was Sie sagen, daß Sie Integrität besitzen und vertrauenswürdig sind. Sechser schauen am ehesten auf *Übereinstimmung* zwischen Ihren Worten und Ihren Taten.
– Glauben Sie nicht, eine Sechs würde Ihnen sofort Vertrauen schenken. Fast immer entwickelt sich dieses erst im Lauf der Zeit. Die Sechs achtet darauf, ob Sie sich an Ihre Vereinbarun-gen – auch die kleinen – halten.
– Lassen Sie sich mit einer Sechs nicht auf eine Gewinner-Ver-lierer-Diskussion über etwas ein, worüber sie sich schon eine Meinung gebildet hat. Sie ziehen den kürzeren. Es ist besser, Sie bringen in die Diskussion alternative Vorschläge (Verbün-

deter Sieben) oder zusätzliche Personen ein (Höchstleistungspunkt Neun).

- Übertreiben Sie nicht. Spielen Sie Ihr Projekt oder die Position Ihres Gegners weder hoch noch herunter. Sechser haben eine große Angst davor, in irgendeiner Weise hereingelegt zu werden.

- Machen Sie ihr Ihre Treue klar. Unbewußt spaltet die Sechs die Welt säuberlich in Gut (wir) und Böse (die anderen) auf. Akzeptiert die Sechs Sie als Teil des Teams, wird sie Ihre Kämpfe als ihre eigenen betrachten. Wenn sie Untreue argwöhnt, kann sie brutal sein.

- Offenbaren Sie Ihr Eigeninteresse. Sechser möchten gern wissen, was für Sie dabei herausspringt. Aber erwarten Sie von einer Sechs niemals, daß sie ihre persönlichen Beweggründe offenbart; das wäre tollkühn.

- Würzen Sie Positives mit Negativem. Komplimente und Begeisterung machen Sechsern angst. Eine Sechs wird sich fragen, warum Sie versuchen, ihr schönzutun.

- Sagen Sie zu einer Sechs niemals: »Machen Sie sich deswegen keine Sorgen!« Sechser mißtrauen besonders jedem, der ihren Argwohn nicht ernstnimmt oder versucht, sie zu trösten. Es ist viel besser, zu einem besorgten Sechser-Mitarbeiter beispielsweise zu sagen: »Sie haben recht. Was könnten wir da Ihrer Meinung nach tun?«

- Kommandieren Sie eine Sechs nicht herum. Wenn eine Sechs etwas tun soll, teilen Sie ihr Ihre Gedankengänge mit und geben Sie Gründe an: »Ich habe Vertrauen zu Ihnen, weil …«

- Halten Sie ihr die Realität immer wieder vor Augen. Wenn Sie mit einer Sechs arbeiten, machen Sie sich darauf gefaßt, bei ihren unvermeidlichen Zweifelsanfällen als ihr Gedächtnis und Wirklichkeitsprüfer zu fungieren. Erinnern Sie sie ruhig daran, wie Sie zu dieser Lösung gefunden haben, und erwähnen Sie stets die Vereinbarungen, die Risiken und die Motive der Hauptbeteiligten.

- Sie können das Sichtfeld der Sechs erweitern, ohne ihre Vermutungen abzuwerten: »Ja, das sind sicher berechtigte Bedenken. Einfach nur um sicherzugehen, sollten wir nicht auch in Erwägung ziehen, daß das Geschäft zustande kommt?«

- Unterbreiten Sie einen eindeutigen Plan mit Rückzugsmöglichkeiten. Sechser mögen keine Überraschungen, sondern Sicherheit und Voraussagbarkeit. Sie wollen gesicherte Daten und Spezifikationen.

- Selbst wenn eine Sechs mit Ihnen ein Problem hat, versuchen Sie zu verstehen, daß sie *mit sich* im unreinen ist. Beschäftigen müssen Sie sich mit dem Problem erst dann, wenn die Sechs versucht, Ihnen wegen ihrer schlechten Gefühle Vorwürfe zu machen. Wenn sich die Lage wirklich zuspitzt, werden Sie feststellen, daß Sie sich wie die Sechser von Selbstzweifeln geplagt, mißverstanden und ärgerlich fühlen. Gehen Sie nicht darauf ein.

- Wenn die Sechs mit ihren Überlegungen herausgerückt ist, ist ein guter Zeitpunkt gekommen, um zu handeln. Akzeptieren Sie Ihre Fehler. Lassen Sie sich aber nicht für etwas Vorwürfe machen, was Sie nicht verschuldet haben. »Ja, Chef, das sieht fürchterlich aus, das finde ich auch. Wir bringen das schon in Ordnung.«

- Geben Sie unumwunden zu, wenn Sie in Nöten sind. Sechser verstehen Nöte; das ist ihr Leben. Die meisten gesunden Sechser werden Ihnen helfen, besonders wenn Sie gegenüber einem Außenstehenden oder einer Autoritätsperson in einer unterlegenen Position sind.

Wenn Sie eine Sechs sind

- *Triffst du Buddha unterwegs, dann bring ihn um.* Einige Sechser vermeiden die Qual, ständig zu zweifeln, durch die Annahme, ihr Führer kenne alle Antworten und sie nicht. Sechser müssen ihre eigene innere Autorität finden.
- Üben Sie sich in Glauben und Vertrauen. *Der »Vertrauensprozeß« löst die wichtigsten Veränderungen in einer Sechs aus, nicht die reale Frage, ob man der Welt vertrauen kann.*
- Scheuen Sie sich nicht, den Advokaten des Teufels zu spielen. Das ist Ihre Stärke. Setzen Sie Ihre Fähigkeit ein, erfundene Geschichten zu durchschauen und das, was nicht funktionieren wird, darzulegen. Aber tun Sie es bewußt, in der Absicht zu helfen, und nicht unter Zwang oder aus Angst.
- Lernen Sie, Komplimente zu machen. Sechser mit Problemen meinen, daß sie sich in eine unterlegene Position bringen, wenn sie ein Kompliment machen.
- Definieren Sie Ihre positiven Ziele; verzetteln Sie sich nicht, indem Sie sich nur gegen das verteidigen, was schiefgehen kann.
- Verwenden Sie öfter das Wort *und* statt *aber*, wie in: »Ich sehe Ihre Idee, *und* haben Sie auch diese Möglichkeit in Erwägung gezogen?« Das bringt die Sieben, Ihren Verbündeten, *und* die Neun, Ihren Höchstleistungspunkt, ins Spiel.
- Damit Sie anderen nicht so oft Vorwürfe machen, konzentrieren Sie sich mehr auf das Problem als darauf, wer unrecht hat.
- Erinnern Sie sich an Samuel Johnsons Worte: »Es wird nie ein Versuch stattfinden, wenn vorher erst alle möglichen Einwände widerlegt werden müssen.«

SIEBEN Der Visionär

Alias Der Phantast, der Planer, der Epikureer, der Optimist
Weltsicht »Neue fremde Welten entdecken ... kühn dorthin ge-
hen, wo noch niemand vorher war.«
Die Welt steckt voll spannender Möglichkeiten, Konzepte und
Erfahrungen. Mein Auftrag ist es, sie auszukundschaften.
Gute Seiten erneuernd, optimistisch, begeisterungsfähig, witzig,
geistreich, inspirativ, Planer des Gesamtbildes.
Schlechte Seiten unverantwortlich, oberflächlich, intellektuell
verworren; Dilettanten, die nicht lange aufmerksam sein kön-
nen und schlechtes Durchhaltevermögen haben.
Führungsstil spornen zu Ideen an; Management durch Jonglie-
ren, Zaubertricks, herumlaufen und Geschichten erzählen und
Vernetzungen aufbauen.
Glaubensbekenntnis Laß uns etwas riskieren.
Was sie mögen Spaß, Abenteuer, Neuheiten, Idealismus
Was sie nicht mögen Pflicht, Stabilität, so wie das hier gemacht
wird, die Industrienormen, Vorsicht.
Gesprächs-/Kommunikationsstil Brainstorming, vor Ideen über-
sprudeln, Hypothesen aufstellen, Märchen erzählen.
Geben Ihnen das Gefühl, unterhalten, geblendet und inspiriert zu
werden; und – manchmal – erdverhaftet, langsam, phantasie-
los, ausgelaugt zu sein.
Erscheinung leuchtende Farben, strahlende Augen, aufgesetztes
Lächeln.
Gutes Arbeitsumfeld kreativ, flexibel, informell, interaktiv, wollen »Berater« sein: unabhängige Mitglieder eines Teams ohne
allzu große Verantwortung.

Schlechtes Arbeitsumfeld Maschinenbürokratien, Routinearbeit, straffe, formale Leistungsbeurteilungen.

Bücher Kreatives Chaos von Tom Peters; *Body and Soul* von Anita Roddick; *The Republic of Tea* von Mel Ziegler, Patricia Ziegler und Bill Rosenzweig.

Redewendungen »Ich muß krähen, wenn's mir gut geht« (Peter Pan); »Alles ist zum Besten bestellt in dieser besten aller möglichen Welten« (Dr. Pangloss in Voltaires *Candide*); »Tief in meinem Innern bin ich vier Jahre alt, und ich wache auf und denke mir: ›Da draußen, da gibt es einen Keks.‹ Jeden Morgen schaue ich nach … Und das heißt also, wenn man den Schrank öffnet und der Keks nicht drin ist, sage ich nicht: ›Mensch, es gibt keinen Keks.‹ Ich sage: ›Ich frage mich, wo er ist!‹« (Newton Leroy Gingrich).

»Gib dir das Versprechen,

- so stark zu sein, daß nichts deinen Seelenfrieden stören kann
- all deinen Freunden das Gefühl zu geben, daß sie etwas Besonderes sind
- nur ans Beste zu denken, nur für das Beste zu arbeiten und nur das Beste zu erwarten
- über den Erfolg anderer genauso begeistert zu sein wie über deinen eigenen
- die Fehler der Vergangenheit zu vergessen und dich auf größere Leistungen in der Zukunft zu konzentrieren
- jedem Lebewesen, das dir begegnet, ein Lächeln zu schenken
- zu großzügig für Sorgen zu sein, zu erhaben für Ärger, zu stark für Angst und zu glücklich zu sein, um Sorgen zuzulassen.«

(Aus dem *Optimistischen Glaubensbekenntnis, Optimist International*)

Überzeugte Siebener John F. Kennedy, Richard Feynman, Bill Lear, Anita Roddick (Body Shop), Tom Peters, Peter Pan, Cosmo Kramer (*Seinfeld*), Ram Dass, Richard Branson (Virgin), Andre Gregory, Regis Philbin, Timothy Leary, Charlie Rose, Goldie Hawn, Zonker Harris, Malcolm Forbes, Larry King, Robin Williams, W. L. Gore (Gore-Tex), Ben and Jerry's, 3M, Brasilien.

Höchstleistungspunkt 5 distanziert, gewissenhaft, Beobachter mit Blick auf die Details.

Streßpunkt 1 autokratisch, empfindlich, stur, fordernd.

Verbündeter 8 wird *energetisiert* durch engagierte Machtausübung.

Schatten 6 wird *geerdet* durch Treue und den ehrlichen Umgang mit Ängsten.

Tugend Nüchternheit.

Laster Heißhunger (auf Ideen und Erfahrungen).

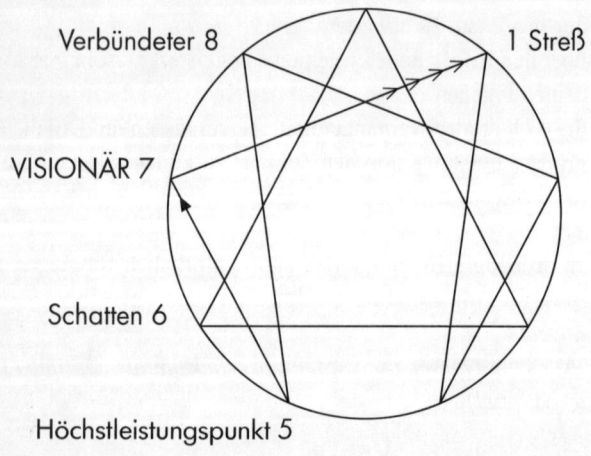

Bekanntschaft mit einer Sieben

Merles Geschichte

Merle leitet eine Direktmarketingfirma, die ungewöhnliche Produkte über Kabelfernsehen und Druckwerbung an Verbraucher verkauft. Sein Hauptwohnsitz ist in Taos, Neu-Mexiko. Er benutzt die allerneuesten Computer- und Telekommunikationstechnologien, um sein Geschäft von zu Hause aus oder, was häufiger vorkommt, von unterwegs aus zu führen. Weitere Wohnsitze hat er in der Portobello Road in London und am Nordstrand von Maui, wohin er oft reist.

Merle liebt das Marketinggeschäft. Er liebt es, von Projekt zu Projekt zu eilen. Am meisten liebt er es, sich schlau durchs Leben zu schlagen und erfolgreich zu sein.

In der Mitte von Merles Büro in Los Angeles steht bloß ein runder Tisch. Den ganzen Tag über finden Sitzungen statt. Es geht gesellig und ungezwungen zu. Innerhalb von Minuten entscheidet Merle intuitiv, ob ein Produkt für ihn in Frage kommt. Wenn er ja sagt – was eine große Verpflichtung für seine kleine Firma bedeuten würde –, fallen ihm schnell viele Ideen dazu ein, wie man das Produkt präsentieren und vermarkten könnte.

Bei solch einer Sitzung mit dem neuen Kunden und dem Projektteam spekuliert er mit Marktstrategie; er rattert vielleicht eine Liste mit Nebenprodukten herunter, die sich zusammen mit dem Produkt verkaufen lassen, ganz egal, um was es sich handelt. Vielleicht sollte es auch Ton- oder Videokassetten dazu geben. Vielleicht sollte man ein Buch dazu schreiben.

Merles Stellvertreterin ist eine Drei. Und sie schreibt all seine Ideen auf, setzt sofort Prioritäten fest und kalkuliert sie. Es vergehen nur wenige Tage, da schickt sie dem Kunden bereits einen Vertrag oder eine Mitteilung zu.

Die Firma wird völlig als Ad-hoc-Betrieb geleitet. Die Arbeitsplatzbeschreibungen sind unklar und überschneiden sich. Dieses

Arrangement kommt meistens dem jeweils aktuellen Projekt zugute, weil alle Ressourcen und die ganze Begeisterung darauf gerichtet sind; aber es fehlt die Verwaltungsstruktur, um laufenden Bedürfnissen gerecht zu werden. Neu eingestelltes Personal sucht sich seine eigenen Jobs innerhalb bestimmter Grenzen, indem es sich an Merles Bedürfnisse oder die der Firma anpaßt.

Statt Managementschulung läßt Merle gern »alle zusammen spielen«. Er geht mit der ganzen Firma zum Hanggliding und schickt seine leitenden Angestellten in die Bondurant-Rennwagenschule und ins Dodgers' Phantasie-Baseball-Camp.

»Mein wichtigster Beitrag«, sagt er, »ist, die Leute anzuregen, und dann probieren sie neue Sachen aus. Sie halten das vielleicht für manipulative, opportunistische Verkaufsorganisation, aber da liegen Sie falsch. Wir bringen die Kunden mit ihren Wünschen in Kontakt und erfüllen diese dann.«

Wenn ein Produkt in der Testkampagne nicht funktioniert, läßt Merle es trotz seiner anfänglichen Erwartungen rasch fallen – auch wenn die Arbeit, die die Firma in das Projekt gesteckt hat, umsonst war. Manchmal wurden die Hoffnungen derjenigen, die Produkte erfunden oder Bücher geschrieben hatten, zunichte gemacht, bevor sie überhaupt merkten, was vorging, aber Merle hält sich nicht lange mit Sentimentalitäten auf. »Ich bin wahnsinnig enttäuscht, klar«, sagt er. »Bis wir mit dem nächsten Projekt anfangen. Ich habe Unmengen von Ideen und mache viele Vorschläge. Wenn die Zuschauer nein sagen und nichts draus wird, mache ich etwas anderes. Alles andere ist Verschwendung.«

Erkennen Sie Merle? Merle ist eine Sieben.

Die Grundvoraussetzung

Siebener sind sprachgewandt, geistreich und charmant und kennen sich im improvisierten, provisorischen Leben aus. Sie jonglieren mit Aussichten und Gelegenheiten, *um sich immer Wahlmöglichkeiten offenzuhalten.* Auffällige Siebener sind optimistische Futuristen, verspielte Romantiker, schrullige Visionäre *und hecken große Projekte und Pläne aus.* »Ich erzeuge mehr Ideen, als ich verarbeiten kann,« sagt Suzanne, Künstleragentin in Los Angeles. »Ich bin quasi eine kosmische Cheerleaderin.«

Siebener sind Traumverkäufer und große Gesamtbildplaner, wie Don Quichote oder der biblische Joseph, der die Träume des Pharao deutete und für die fetten und mageren Jahre vorausplante.

Als unterhaltsame Champions des »Was-sein-könnte« sehen die Siebener von allen Enneagrammtypen am besten einen neuen Aspekt bei einer Sache. Stan, Managementberater und eine Sieben, sagt: »Ich gehe gern in eine Firma, werfe das konventionelle Wissen über Bord und stelle sie dann auf den Kopf. Dadurch kommen die Leute aus ihrem Trott raus!«[1]

Siebener lassen Versuchsballons aufsteigen. Wenn einer nicht fliegt, dann tut es bestimmt ein anderer! In den faszinierenden Büchern und fesselnden Vorträgen des Management-Gurus Tom Peters stecken echte, höchst witzige Tips für hervorragende Qualität und einen umwerfenden Service. Wen kümmert's denn, wenn die »hervorragenden« Firmen, auf die er seinen Ruf und sein berühmtes Buch *In Search of Excellence* gründete, rückblickend anscheinend auf tönernen Füßen stehen? Kein Problem! In seinem zweiten Buch mit dem Titel *Kreatives Chaos* heißt es zu Beginn: »Es gibt keine hervorragenden Firmen.« Wenn Sie meinen, Sie hätten eine gefunden, »dann haben Sie nicht lange genug danach gesucht«.[2]

Siebener können sich auf mehrere Dinge konzentrieren, und sie haben immer viele Optionen. »Wenn ich in mehrere Richtungen gleichzeitig losgehe, kann ich mein Gleichgewicht bewahren«, sagt Merle. Siebener können als Amateure und Dilettanten, ewige Kinder im weiteren Verlauf ihrer Entwicklung zu Renaissance-Männern und -Frauen werden, die die wahren Verbindungen zwischen allen Dingen sehen und uns alle zu Visionen inspirieren können.

Bis sie diesen Punkt allerdings erreicht haben, sind sie flott und innovativ, aber ziemlich oberflächlich. An der Oberfläche zu kratzen würde bedeuten, daß sie sich ihrem Innenleben und ihren psychischen Stärken stellen müssen – keine sehr einladende Aussicht für die meisten Siebener.

Um an der Oberfläche zu bleiben, muß man sich unentwegt bewegen (wie Dreier), und Siebener kommen an unsicheren, schnellebigen, informationsgeladenen Schauplätzen gut zurecht. Siebener lassen sich nur schwer festnageln. Sie mögen intensive, spannende Projekte mit eingebauten Zeitlimits oder anderen Grenzen. Solange es einen Notausgang gibt!

Von ihrem Wesen her tendieren Siebener dazu, den Acht-Stunden-Routinejob zu vermeiden. (»Warum soll ich eine Karriere anstreben? Mein Leben ist meine Karriere!«) Typischerweise verläuft ihre Karriere ungewöhnlich und nicht gleichförmig. Sie arbeiten freiberuflich und sind beratend tätig. Sie schlagen sich gern geschickt und clever durchs Leben; sie schlagen Konventionen und dem schwerfälligen System gern ein Schnippchen und genießen es, diese Fähigkeit zur Schau zu stellen.

Siebener erwecken vielleicht den Eindruck, sie würden ihren Tagesjob nur aus Jux auf ihrem Weg zu ihrer großen Bestimmung machen. »Ich bin auf diesem Planeten nur zu Besuch«, sagt die Sieben.

Siebener interessieren sich für das Fremde, das Unzugängliche und das Exzentrische. Da sie genauso mißtrauisch wie Sechser sind, suchen sie ständig nach geheimen Bedeutungen. »Die Welt verschwört sich heimlich, um mir Gutes zu tun. Das Universum ist auf dem Weg bewußter Evolution«, sagt die Sieben. Leider ist die Fixierung der Sieben auf das Positive genauso einengend wie die Fixierung der Sechs auf die negativen Seiten.

Siebener sind die geistige Ausgabe der gefühlsorientierten Zweier. Dies sind die Enneagrammtypen, die sich am meisten an sich selbst erfreuen – Zweier darüber, was für ein guter Freund sie sind und welche Hilfe sie anbieten, und Siebener darüber, wie ungemein clever sie sind. (»O wie schlau ich doch bin!« sagt Peter Pan.)

Psychologie

Siebener berichten immer von einer glücklichen Kindheit, die sich aber als schmerzlich gestört offenbart, sobald man an der Oberfläche kratzt. Meistens gab es in der Kindheit einer Sieben einen Punkt – Scheidung, Verlassenwerden, Streitigkeiten oder einfach Ignoriertwerden –, wo ihnen klar wurde, daß die Welt unheimlich und schmerzvoll ist. In diesem Moment leugneten Siebener einfach die Realität, drehten sich um und gingen wieder spielen.

Um weiterhin den Anschein zu wahren, daß alles in Ordnung sei, vermeiden Siebener, sich wirklich auf die Achillesferse des Lebens mit seinen Sehnsüchten, Verlusten und Tragödien einzulassen. Obwohl sie Geist haben, fehlt ihnen oft das Innenleben, das Gefühl des seelenvollen Selbst (in dem die Vierer leben). Statt dessen schaffen sich Siebener Alternativen, damit sie keine Verantwortung übernehmen und sich nicht einlassen müssen.

Siebener sind Glückskinder, die glauben, ihnen blieben die Aufregungen des Alltagslebens erspart. Aber so wie Achter ihre eigene Macht überbewerten und die Stärke anderer unterschätzen, richten Siebener ihr Augenmerk zu sehr auf ihre eigene Großartigkeit und bewerten die anderer geringer.

Die gute Nachricht

Siebener sind die großen begrifflichen Erneuerer des Enneagramms (anders als Dreier, die mit vorhandenen Ideen Wunder vollbringen). Sie experimentieren gern, ohne an ein Endergebnis gebunden zu sein. Sie warten mit einfallsreichen Vorschlägen auf und bauen Vernetzungen außerhalb ihrer Organisation auf, um parallele, synergistische, ähnlich begeisterte Denker zu finden. Die besten Siebener haben keine Probleme damit, den Wald vor lauter Bäumen zu sehen.

»Mein Spitzname ist Mr. Methode«, sagt Warren, ein Siebener-Partner bei einer der landesweit größten Firmen für Managementberatung. »Ich bin berüchtigt als Verfahrensexperte, weil ich immer neue Ideen und neue Methoden einbringe.«

Siebener sind nicht beleidigt und führen keine Strichliste. Aber sie bleiben auch selten bis zum Spielende da, wenn die Punkte zusammengerechnet werden.

Idealistisch

Siebener sind Idealisten. Im besten Fall stehen sie aufrichtig im Dienst der Gemeinschaft und des Planeten. Anita Roddick, die Gründerin und Geschäftsführerin von The Body Shop, sagt: »Die Arbeit für den Body Shop sollte nicht nur darin bestehen, Seife zu verkaufen, sondern für die Gemeinschaft zu arbeiten, sich für die Umwelt einzusetzen ... wirklich für ein größeres Wohl zu arbeiten.«[3]

Doug Ingoldsby, eine Sieben, ist Gründer und Präsident der Firma Nutritech, die die phänomenal erfolgreichen All-One-Vitamine konzipiert und verkauft. Ingoldsbys Logo ist äußerst bedeu-

tungsvoll: die Worte *All One People* (Alle ein Volk) als Überschrift zu einem Bild des Planeten Erde, vom Weltraum aus auf-
genommen. Das Logo, das weit über den Markt hinaus berühmt
ist, konnte man bei politischen Tagungen, in Fernsehshows und
Filmen sehen. »Ich will, daß das Logo möglichst viele Menschen
erreicht«, sagt Doug. »Ich habe zwar das Copyright, aber ich
hoffe, daß jeder es klaut.«

Nutritech hat Büros in Santa Barbara, aber Ingoldsby beginnt
seinen Tag in seinem Studio hoch oben in den Berge, wo er auf
die Stadt und das Meer schauen kann.

»Ich bin gut darin, Marketingstrategien, Konzepte und neue Ide-
en auf den Tisch zu bringen, damit unsere Produkte bekannt werden. Aber ein Geschäft muß auch systematisiert werden.
Will man irgend etwas erreichen, muß man lineare Leute mit
einbeziehen. Sonst hätte ich nur großartige Ideen, die zu nichts
führen.

Wenn ich runter ins Büro gehe, weiß ich, daß ich mich in eine
lineare Welt begebe, die ich geschaffen habe, aber gleichzeitig
will ich die Firma an meiner Inspiration teilhaben lassen, die ich
durch meine frühmorgendlichen Sitzungen mit meinen De-
signern bekomme. Das läuft zweigleisig.«

Ingoldsby sagt, seine Firma verfolge »ein doppeltes Ziel«, bei
dem durchführbare humanitäre Projekte direkt in den Plan der
Firma eingegliedert werden. So rief er in der Industrie die »Vit-
amin Angel Alliance« ins Leben, um armen und unterernährten
Menschen in der ganzen Welt Vitamine zu spenden.[4]

Sie lieben Spaß

Richard Branson, der britische Gründer von Virgin Atlantic Airways und Virgin Records, ist eine Hierarchien sprengende Sieben. Jeder der sechstausend Virgin-Mitarbeiter hat Bransons Pri-
vatnummer und spricht ihn mit Vornamen an.

Branson wollte, daß Virgin Airways den besten Service zum besten Preis anbot und daß das Ganze auch noch ein Vergnügen sein sollte. Einige Virgin-Flüge haben Live-Entertainer – Musiker, Zauberer, einen Komödianten – sowie Handpflegerinnen und Massagetherapeuten, wodurch eine vergnügte, lockere, für die Sieben typische Atmosphäre geschaffen wird.[5]

Siebener sind Experten darin, aus einer schlechten Situation das Beste, aus Zitrone Limonade zu machen. Siebener kennen den Begriff Mißerfolg vielleicht gar nicht, da sie weniger zielorientiert, dafür aber erfahrungsorientiert sind. »Wir hatten einen schönen Flug. Was wollen wir mehr?«

Kreative, unkonventionelle Denker

Die Bedürfnisse der Siebener nach sofortiger Befriedigung machen sie zu geborenen Langzeit- und Gesamtbildplanern. Da sie gleichzeitig in alle Richtungen loslaufen, haben Siebener die Gabe, den gemeinsamen Nenner oder das entscheidende Faktum in einer Masse ungeordneter Daten zu finden.

Eine Woche nach der Explosion der Raumfähre Challenger, bei der sieben Astronauten ums Leben kamen, wurde der ebenso brillante wie schrullige Physiker Richard Feynman gebeten, sich der Präsidenten-Untersuchungskommission anzuschließen, die den Unfall untersuchte. Es ging ihm gesundheitlich nicht gut, und er wollte die Einladung absagen: »Ich versuchte immer noch, da rauszukommen, und fragte meine Frau um Rat. Gweneth sagte: ›Wenn du nicht bei der Kommission dabei bist, wird dort ein Trupp von zwölf Personen herumziehen, alles herausfinden und dann einen Bericht schreiben. Wenn du dabei bist, sind es elf Leute, die herumziehen und einen Bericht schreiben, und ein Typ, der wie ein Moskito überall herumschwirrt. Wahrscheinlich findest du nichts, aber wenn es etwas Interessantes dort gibt, etwas Merkwürdiges, dann wirst du es finden, und kein anderer.‹ Na ja, ich mußte ihr recht geben. Ich bin eben Forscher und auf alles neugierig. Ich hatte also keine andere Ausrede. Ich konnte

einen Beitrag leisten, den niemand sonst machen konnte. Jedenfalls nutzte sie meine Unbescheidenheit dazu, mich davon zu
überzeugen, mitzumachen. Und das tat ich dann.«[6]

Bei der öffentlichen Anhörung führte Feynman das fatale Problem der O-Ringe vor, indem er einen Ring in ein Glas Eiswasser tauchte.
Da sagte General Donald Kutyna, ein Mitglied der Kommission:
»Ich glaube nicht, daß einer von uns das Experiment hätte durchführen können.« Es hätte einfach nicht zu einem Zwei-Sterne-
General oder einem ehemaligen Staatssekretär oder dem ersten
Mann auf dem Mond gepaßt, einen Becher Wasser zu holen und
so etwas vorzuführen. Aber Feynman konnte das. Er war ein
überragender Showman.[7]

Motivatoren

Siebener sind inspirierte Motivatoren. Sie denken sich neue Projekte aus und holen mit ihrer mitreißenden Erregung und ihrer
Vision Leute ins Team.
In echter Tom-Sawyer-Manier gewann Jason, der Siebener-Her-
ausgeber einer schicken Design-Zeitschrift an der Westküste, be-
freundete Schriftsteller dafür, die Fahnen seiner ersten Ausgabe
ohne Bezahlung Korrektur zu lesen. »Wissen Sie, im Korrektur-
lesen bin ich nicht besonders gut«, sagte er zu ihnen. »Im Vertrauen gesagt, ich bin Legastheniker. Aber diese Ausgabe wird
ganz irre – die Bilder sind sensationell. Viele Schriftsteller aus
meinem Bekanntenkreis sind dabei. Warum nicht auch Sie – es
wird bestimmt lustig!«

Die schlechte Nachricht

Schwer zu fassen

Siebener haben einen Horror davor, sich festzulegen. Verpflichtung löst Angst in ihnen aus, und sie werden Ihnen Ausreden – Rationalisierungen – auftischen, die ihre Position untermauern. Sie vermeiden die schmerzhaften Verlustgefühle, indem sie den Fokus verlagern – das heißt, sich viele Möglichkeiten offenhalten. Infolgedessen sind Siebener sehr ausweichend, wenn es um Verabredungen und andere Verpflichtungen geht. Ich hatte eine Verabredung zum Mittagessen mit meinem Freund Danny, einem bekannten Menschenrechtler. Da ich wußte, daß er eine Sieben ist, rief ich ihn an, um das Treffen für 10 Uhr zu bestätigen, bevor ich mich durch den Stadtverkehr quälte. »Klar, Mike, ich freu mich schon«, sagte er. Ich kam um 12 Uhr an.

Seine Sekretärin begrüßte mich mit den Worten: »Oh, Danny ist auf dem Weg zum Flughafen. Er mußte nach Bolivien!«

Mangelndes Durchhaltevermögen

Mangelndes Durchhaltevermögen ist für Siebener nicht ungewöhnlich. Sie sind ruhelos und langweilen sich leicht. Ihre Unfähigkeit, mit den negativen Aspekten ihrer Arbeit umzugehen, kann zu ernstlichen Problemen führen.

Siebener steigen groß ein und haben im Endspiel Probleme. Natürlich sind sie selten dabei, um die Scherben aufzulesen. Charlie, früher Direktor für Forschung und Entwicklung bei einer Computerfirma, beschreibt ein typisches Szenario: »Ich erinnere mich noch an ein entscheidendes Forschungs- und Entwicklungsprojekt, das in die Hosen ging. Die Technologie unserer Firma sollte in weniger als einer Woche auf einer internationalen Messe vorgestellt werden. Es war unsere letzte Chance, für diese Technologie eine Marktlücke zu finden. Die Firma hatte praktisch kein Geld mehr.

Trotz der massiven Neuorganisation, die erforderlich war, brachte ich es nicht fertig zuzugeben, daß wir es nicht schaffen würden. Noch zwei Tage vorher glaubte ich immer noch, der alte Zauberspruch würde mir noch einmal helfen. Na ja, Pech gehabt.

Jeder in der Firma machte mir Vorwürfe. Ich zog mich einfach zurück und ließ das ganze Chaos hinter mir. Ich verhandelte nicht einmal mehr über meinen Abgang. Zu schmerzvoll. Und außerdem wurde ich schon wieder woanders gebraucht.«

Verpflichtung oder Loyalität fällt Siebenern schwer, die meistens mehr als andere Enneagrammtypen den Arbeitsplatz wechseln oder eine andere berufliche Laufbahn einschlagen. Bevor Jason sich in sein Zeitschriftenunterfangen stürzte, leitete er eine Kunstgalerie in St. Louis, gründete eine Immobilienfirma in Los Angeles, reiste sechs Monate lang um die Welt, schoß Hunderte hervorragender Fotos und verbrachte ein Jahr in Indien, wo er Yoga lernte.

Verrückte Ideen

Es ist kein Zufall, daß viele Flugpiloten und Flugbegleiter Siebener sind. Malcolm Forbes, der verstorbene Verleger der Zeitschrift *Forbes*, eine Sieben, machte gern Ballonfahrten.

Von einem luftigen Standort aus haben Siebener einen großartigen Überblick, aber sie meinen auch, »über allem zu stehen« – die Anliegen der anderen Enneagrammtypen haben sie schon vergessen. Sie werden regelrecht »high«, wenn sie mit Menschen mit »hohem Niveau« zu tun haben und »hochfliegende Konzepte« verkaufen.

Ihre mangelnde Erdverbundenheit kann auch so aussehen, daß sie sofort alles meisterhaft beherrschen wollen, ohne das Fundament zu legen. Von Zeit zu Zeit sagt eine Sieben, die während eines Workshops zum erstenmal vom Enneagramm erfährt, nachher ganz ehrlich zu mir, an welcher Stelle ich das Enneagramm richtig erklärte und wo ich den Boden unter den Füßen verlor. Und das sagt mir jemand, der es gerade erst gelernt hat – von mir.

Veränderung um der Veränderung willen

Siebener wollen alles jedesmal anders machen. Sie sind nur in ihrer Unbeständigkeit beständig.

Tom Peters fragt: »Decken sich die Verkaufszahlen mit Ihrer Voraussage? Haben Sie das Budget überschritten? Das sind vernünftige und wichtige Fragen. Es sind gängige Kriterien für Leistungsbeurteilungen oder vierteljährliche oder monatliche Überprüfungen. Es geht dabei um Ergebnisse.

Aber ich glaube, das sind die falschen Fragen. Sie berühren das wesentliche Ereignis nur am Rande. Wir sollten etwas Fundamentaleres fragen: ›Was genau haben Sie heute verändert?‹ Und: ›Welches kühne Ziel unterstützt die Veränderung?‹«[8]

Natürlich kann dieser Heißhunger nach Veränderung für andere Leute schwer erträglich sein, die versuchen, den Tag zu überstehen.

Amateure

Heißhunger ist das Laster der Sieben – Heißhunger nach Ideen und geistigen Erfahrungen. Sie verschlingen Ideen, verdauen sie aber nicht. Wie Achter, das habgierige körperliche Gegenstück der geistigen Sieben, werden sie von den Riesenmengen, die sie vertilgen, nicht satt. »Ich habe Filme produziert, weil ich ungeduldig und ehrgeizig war«, sagte Steven Spielberg, eine Sieben. »Ich wollte mehr auf meinem Teller haben, als ich überhaupt verdauen konnte.«[9]

Hochfliegende Konzepte sind die Landeswährung, aber weil die Ideenmünzanstalt die ganze Zeit ununterbrochen in Betrieb ist, wird der Wert jeder einzelnen Idee etwas abgewertet und leicht wegen einer neuen Faszination fallengelassen. Aber wenn Ideen und Denken wichtiger sind als die Umsetzung, dann gibt es Probleme, weil man im Leerlauf fährt.

Siebener neigen dazu, in einem übernatürlichen Teil des Lebens zu leben, dem zauberhaften Reich zwischen der Erzeugung einer Idee und ihrer Bewährungsprobe in der Realität.

Siebener kennen die neuesten Filme, Restaurants und Trends: »Ich war hier und habe jenes gemacht«; unter Druck wird daraus dann nur ein »Dies gelesen und jenes gedacht«. Sie scheinen zwar viel über andere Leute zu wissen, doch handelt es sich dabei vorwiegend um theoretisches Wissen. Viele Siebener haben die schwierige emotionale Vorarbeit nicht geleistet.

Mit einer Sieben arbeiten
Eine Sieben beeinflussen

Es ist leicht, eine beeinflußbare Sieben zu beeinflussen; sie können von Glück sagen, wenn Sie eine Idee vorschlagen können, die ihren Sinn für Abenteuer anspricht, und dann anbieten, sie selbst durchzuführen. Denken Sie jedoch daran, daß die Sieben von allen Enneagrammtypen am heftigsten insistiert, daß Sie (nicht sie) die Verantwortung dafür übernehmen sollen. Einser und Sechser haben damit wahrscheinlich die wenigsten Probleme.

Am schnellsten verdirbt man einer Sieben den Spaß, wenn man sie unter Termindruck setzt. Siebener haben Angst vor Endgültigkeit und Abschlüssen, denn das bedeutet das Aus für Möglichkeiten und Chancen. Geben Sie der Sieben die Gelegenheit, die Frage irgendwann später wieder aufzugreifen.

Wie eine Sieben Entscheidungen trifft

Für eine Sieben gibt es keine endgültigen Entscheidungen im Spiel des Lebens. Was wie eine endgültige Entscheidung aussieht, ist einfach die derzeit interessanteste Idee, die in einem sich immer wieder verändernden Kaleidoskop der Ideen, Menschen und Ereignisse unter vielen anderen die wichtigste ist.

Siebener haben meist viele Pläne und Ziele, aber sie hängen nicht an ihnen; möglicherweise verfolgen sie sie nicht bis zum Schluß. Sie haben ihr Augenmerk bereits auf das nächste Problem, die nächsten Möglichkeiten gerichtet. Es fällt ihnen schwer, einen Standpunkt zu vertreten.

Es erstaunt nicht, daß sie hervorragende Brainstormer sind. Sie bekommen gern Fragen gestellt und geben dann hypothetische Antworten. Dann hören sie sich selbst (mit Vergnügen) reden, um ihren beeindruckenden, breitgefächerten Gedanken zu lauschen.

Der Führungsstil der Sieben

Visionäre Siebener managen durch Herumlaufen. Wie Zweier denken sie in Menschennetzwerken, nicht in Hierarchien oder organisierten Pyramiden. Aber Zweier vernetzen den Austausch von Gefühlen, Siebener hingegen Ideen.

Siebener sind dezentralisierende Verfechter der Gleichheit. »Als Manager stifte ich hier Chaos«, sagt Elliott, der Geschäftspartner einer Beratungsfirma, »und das geht so: Ich dränge Macht und Verantwortung hinaus.« Die Lösung der Siebener ist, die Autorität durch Dezentralisierung der Macht und Einebnung von Hierarchien zu verwischen, wodurch zufällig auch ihre eigene Verantwortlichkeit verringert wird. Aber eine echte Autorität zu sein bedeutet, verantwortlich zu sein, und viele Siebener wollen nicht zur Verantwortung gezogen werden.

Siebener-Manager können liebenswürdig oder eher herablassend als aggressiv sein. Denken Sie an die dreiste Art des CNN-Fernsehinterviewers Larry King, der jeden, auch Präsidenten und andere Staatsoberhäupter, beim Vornamen nennt.

Siebener widersetzen sich solchen profanen Leistungsbemessungen wie dem konventionellen rechtzeitigen Abgabetermin.

Der Arbeitsstil der Sieben

Die meisten Siebener arbeiten gern intensiv mit kurzfristiger Hochgeschwindigkeit. Sie lassen sich nicht auf stumpfsinnige Arbeit festnageln, aus der es kein Entrinnen gibt.

Anita Roddick formuliert es so: »Ich kann es nicht ertragen, mit nichtssagenden, gelangweilten oder uninteressierten Menschen zusammenzusein (oder sie einzustellen). Dieser Typ hirnlose, kaugummikauende Verkäufer, die man in so vielen Läden sieht, macht mich rasend. Ich will, daß jeder, der mit uns arbeitet, die gleiche Erregung fühlt wie ich; daß er meine Leidenschaft für Bildung und Kundenpflege und Kommunikation und Motivation teilt und sie umsetzt. Zuerst muß man Spaß haben, und dann muß man in die entgegengesetzte Richtung zu allen anderen gehen.«[10]

Siebener-Chefs sowie Siebener-Mitarbeiter reagieren allergisch auf Hierarchien.

»Ich behalte immer im Auge, wer der Chef ist«, sagt Mel, eine Sieben, die in der Repertoireabteilung einer Schallplattenfirma arbeitet. »Aber ich mag nicht dauernd daran erinnert werden, wer hier das Sagen hat.«

Jeder, der schon mit einer Sieben gearbeitet hat, weiß, daß sie Hilfe brauchen bei

- Festlegung (»Können wir das schriftlich festhalten?«)
- Durchhaltevermögen (»Sind Sie mit dieser Vorgehensweise einverstanden?«)
- Tempo (»Paßt Ihnen dieser Zeitplan?«) und
- den Gründen für eine bestimmte Entscheidung (»Verstehen Sie, welche Konsequenzen es hat, wenn wir hier scheitern?«).

Die Lernweise der Sieben

Siebener können sich eine Menge Informationen schnell einverleiben. Sie wollen interaktiv sein, alle Medien einsetzen und vor anderen den schlauen Platzhirsch spielen. Aber sie hassen die unterlegene Rolle des Schülers.

Die Siebener-Organisation: die Ad-hoc-kratie

Als NBC die Olympischen Spiele 1988 von Seoul im Fernsehen übertrug, war das ein sehr komplexes Projekt. Eine Filmausrüstung im Wert von sechzig Milionen Dollar wurde zusammen mit mehr als tausend NBC-Mitarbeitern nach Südkorea verschifft. Die Fernsehübertragung der Olympischen Spiele erforderte extrem große Flexibilität, weil mehrere hundert Ereignisse an Dutzenden von Schauplätzen stattfanden, viele davon gleichzeitig. NBC mußte zwischen gleich wichtigen und gleich spannenden aktuellen Ereignissen hin- und herschalten. Das Netzwerk sollte einfallsreich und energetisch sein und sich seine Optionen immer offenhalten. NBC dachte sich eine Ad-hoc-kratie aus, die grundlegende Organisationsstruktur der Siebener, die ideal für Flexibilität und Innovation geeignet ist.[11]
Die Ad-hoc-kratie besteht aus Spezialisten, die in interdisziplinären Ad-hoc-Teams arbeiten, die von Projektleitern geführt wer-

den. Jeder macht beim Team mit und leistet seinen Beitrag. Es findet wenig Supervision statt, weil Profis wissen, was erwartet wird. Das System ist weitgehend unbürokratisch, so daß es schnell anpassungsfähig ist.

Die Mitarbeiter können mehreren Ad-hoc-Chefs berichten. Sich überschneidende Autorität und Veranwortungsbereiche einer Siebenerstruktur sorgen ganz automatisch für Mehrgleisigkeit. Siebener-Beschäftigte fühlen sich durch Chefs entlastet, die viele Aufgaben selbst erledigen. Auf diese Art wird Entscheidungsfindung dezentralisiert oder konzentriert sich um viele Zentren.

Die Firma 3M, die radikal dezentralisiert wurde und berühmt ist für ihre Innovationen, hatte eine erfolgreiche Siebenerkultur. 3M stellt mehr als 55000 Produkte her, davon allein jedes Jahr 100 neue. Das »Elfte Gebot« bei 3M lautet: »Du sollst keine neue Produktidee töten.«

Wenn 3M beschließt, ein neues Produkt zu unterstützen, wird eine interdisziplinäre Spezialeinheit gebildet.

Wie bei allen echten Ad-hoc-kratien ist bei 3M intensive ungezwungene Kommunikation an der Tagesordnung. Fragen zu Stellung und Macht, die bei anderen Firmen Innovationen und Kommunikation unterdrücken können, behindern in einem funktionierenden Siebenersystem meistens nicht den freien Ideenfluß.

Siebenersysteme haben einen natürlichen Hang zu Individualität, Experimentieren und Kreativität – all dies wird bei 3M durch die einzige, überaus hilfreiche Intervention bei einem Siebenersystem gefördert: durch Verpflichtung. »Was die in St. Paul zufriedenstellt«, laut der Zeitschrift *Fortune*, »ist das Wissen, daß jeder, der in ein neues Produkt investiert oder es fördert, wenn andere abspringen, oder sich überlegt, wie man es wirtschaftlich in die Massenproduktion bringen könnte, die Chance hat, dieses Produkt so zu managen, als wäre es sein oder ihr eigenes Geschäft, und dies, ohne daß sich die da oben viel einmischen.«[12]

In letzter Zeit ist 3M in Schwierigkeiten geraten, die zu Entlassungen und Firmenverkleinerung geführt haben. »Sie haben keine Strategie«, heißt es – ein Problem, das man in der Siebenerposition sehr häufig antrifft.

Siebenerstrukturen funktionieren am besten, wenn das Geschäft folgende Dinge verlangt:

- Flexibilität
- schnelle Veränderung
- höchste Professionalität bei wenig Supervision
- interdependente Experten
- interdisziplinäre Ideen
- Innovation
- Komplexität
- Vorausplanung
- Optimismus, was die Zukunft angeht.

Das Beste aus einer Sieben herausholen

Siebener entwickeln sich weiter, wenn sie ihre Ideen so wichtig nehmen, daß sie danach handeln, statt nur zu denken. Das ist die Sichtweise des Höchstleistungspunktes der Sieben, der Fünf. Gestreßte Siebener sehen nur einen richtigen Weg, wie eine empfindliche, sture Eins, statt einer Vielfalt von Möglichkeiten.

Siebener laufen vor ihren Ängsten davon (Schatten Sechs). Wenn sie ihre eigenen Ängste anerkennen, brauchen sie nicht mehr vor ihnen davonzulaufen. Aber kein Enneagrammtyp ist überraschter als sie, seinen Schatten zu entdecken. Die Lösung für eine Sieben ist, mit ihrem erdverbundenen Verbündeten Acht auf dem Planeten zu landen: Wie komme ich von hier nach da? Mit Kraft lasse ich mich auf Verpflichtungen ein.

Olivers Geschichte

Mit seinem brillanten Geist, seiner übersprudelnden guten Laune und seinem Charme zog Oliver mehrere Jobs von immer größerer Wichtigkeit in einer Rüstungsagentur an Land, für die ihm die Sachkenntnis ganz oder größtenteils fehlte. Mit einem Magisterabschluß in Klassischer Mythologie war er Leiter von Experten im Bereich thermonuklearer Hardware und von Promoviertengruppen bei internationalen und strategischen Studien. Aus seiner Sicht verdankt er seinen schnellen Aufstieg in erster Linie der Tatsache, daß er mühelos Menschen inspirieren und mit Informationen umgehen konnte. (»Sagen Sie Ihren Lesern«, sagte er, »daß mein Lieblingsfilm *The Great Impostor* mit Tony Curtis ist.«) Als er aber zum Leiter einer wichtigen überseeischen Verwaltungseinheit ernannt wurde, mußte er nach einem Jahr seinen Hut nehmen. »Ich geriet in eine Falle, weil ich die Leute bezüglich der Firmenverkleinerung in Sicherheit wiegte. Statt realistisch zu sein und einfach klar über die notwendigen Maßnahmen zu reden, gewann ich allem etwas Positives ab und behauptete, daß alles in Ordnung sei. Als die Wahrheit herauskam, wurde ich unglaubwürdig.«

Nach seinem vorübergehenden Rückschlag fiel er bei einem bekannten Rüstungsbetrieb wieder auf die Füße. Ich fragte, was ihn so widerstandsfähig machte. »Nun, das will ich Ihnen sagen: »Wenn ich jemanden finde, der mich nicht leiden kann, bin ich ehrlich schockiert. Ich kann mir nicht vorstellen, warum. Ich denke mir dann, das ist sein Problem, und kümmere mich nicht mehr darum.«

Ted, Olivers derzeitiger Chef bei dem Rüstungsbetrieb, ist eine Drei. »Er ist einer der wenigen mir bekannten Menschen, die es mit meiner Energie aufnehmen können«, sagt Ted. »Aber wir sind sehr verschieden. Er hat lauter Ideen, aber man kann sich auf sein Durchhaltevermögen nicht verlassen. Manchmal komme ich mir wie ein Nörgler vor. Aber er kann wahnsinnig intelligent sein. Ich muß eine Methode finden, um seinen Beitrag zu nutzen, sonst zerstört er sich am Ende selbst.«

Siebenern geht es am besten, wenn sie strenge Grenzen haben, nach denen sie sich richten können. Aber Sie müssen vorher ausdrücklich vereinbaren, welche Konsequenzen es haben wird, wenn die Sieben sich nicht an die Vereinbarungen hält. Zwischenberichte sind für Siebener sehr hilfreich; damit müssen sie organisieren, bewerten und nachdenken (Höchstleistungspunkt ist die Fünf).

Streßpunkt: Eins

Normalerweise verbergen Siebener ihre Sturheit und Kritiksucht, indem sie auf der spielerischen Seite *beharren*. Aber wenn sie unter Streß in den Einser-Zustand geraten, werden diese umgänglichen Leutchen autoritär und bestehen auf der einzigen richtigen Vorgehensmethode. Sie fühlen sich unter Umständen auch als Opfer kritischer, anspruchsvoller Ideologen oder Paragraphenreiter.

Aber die Eins kann für eine Sieben nützlich sein. »Wenn ich in den Einser-Zustand gerate«, sagt Oliver, »bin ich nicht mehr Mister Nice Guy. Aber wenn etwas nicht den Qualitätsansprüchen genügt, will ich wissen, wer dafür verantwortlich ist. Dann muß ich der Richter sein, weil ich die Erfahrung und meine Maßstäbe habe.«

Höchstleistungspunkt: Fünf

Siebener kennen sich in jedem Bereich aus, Fünfer beherrschen einen.

Wenn die Siebener die Türen immer offenstehen lassen, kann die

240

Chance nicht anklopfen, sondern nur hinein- und genauso schnell wieder hinauswehen.

Wenn sich Siebener sicher genug fühlen, um sich in den Fünfer-Zustand zu begeben, wird ihr löchriges Sieb zu einem dichten Behälter. Der öffentliche, exhibitionistische Pfad wird zu einem persönlichen Weg. »Ich klinke mich von selbst aus«, sagt Oliver. »Ich lese. Ich denke nach.«

Nicht entwickelte Siebener meinen, es gäbe immer Ideen, Energie und Menschen in Hülle und Fülle. Wenn Siebener Zugang zur Fünf bekommen, lernen sie, was wirklich Beachtung verdient.

Durch Beobachten wie die Fünf lernen sie Geduld und Disziplin. Diese »Gesamtbildmenschen« lernen, sich und andere zu respektieren, indem sie die Details respektieren. Siebener im Fünfer-Zustand geben ihren Erfahrungen Kontext und Sinn. Die Fünf gibt den Siebenern einen Standort außerhalb des Spielfeldes, von wo aus sie analysieren und beobachten können.

Als Carl G. Jung über das Problem des *puer* (des »ewigen Kindes«) sprach, hatte er darauf nur ein einzige Antwort: »Arbeit.«[13]
Siebener landen schließlich auf dem Planeten, wenn sie sehen, daß es sich lohnt, durchzuhalten und die Konsequenzen anzuerkennen.

Für einige Siebener ist das erdende Element nicht ihre Arbeit, sondern eine feste Beziehung. Emily, eine Sieben, die Klassik und Countrymusik spielt und Schallplatten aufnimmt, sagt: »Meine Arbeit bedeutet ständige Veränderung. Ich reise überall herum. Wenn ich nicht meine Ehe hätte, die nun schon zweiundzwanzig Jahre hält, wäre ich längst erledigt.«

Flügel

Schatten: Sechs

Immer wenn ich Angst habe
nehme ich eine lässige Haltung ein
pfeife eine fröhliche Melodie
damit niemand weiß
daß ich Angst habe.

Oscar Hammerstein, aus *The King and I*

Siebener sind Narzißten, die wie Peter Pan den Kontakt zu ihrem eigenen Schatten verloren haben. (Sie müssen eine nette Zwei wie Wendy Darling finden, die ihn wieder annäht.) Der Schatten gibt der Sieben den Tiefgang, nach dem sie sich sehnt, vor dem sie aber wegläuft.

Unter dem Vorwand, visionäre Führer zu sein, sind Siebener Rattenfänger. Sie laufen vor den wahren Anliegen und Problemen weg, indem sie sich vorstellen, welche Wunder die Zukunft wohl bringen mag.

Sechser sind im Gegensatz dazu beständig und verläßlich. Aber die meisten Sechser wissen viel besser als die Siebener, was sie beunruhigt. Da sich Siebener hartnäckig weigern, etwas (besonders sich selbst) als nicht positiv zu bezeichnen, sträuben sie sich dagegen, ihr eigenes Handeln und ihre Motive zu ergründen. Wenn Siebener den Schatten Sechs anerkennen, ist die Veränderung klar: Sie wissen dann, wovor sie davonlaufen. Sie können sich entscheiden stehenzubleiben.

Sechser lehnen Distanzierung ab, während Siebener Zuverlässigkeit ablehnen. Sechser sind vorsichtige Strategen, Siebener blühen im Chaos auf. Wenn die Sieben ihren Schatten anerkennt, verfolgt die Angst sie nicht mehr.

Verbündeter: Acht

Achter sind Macher, die sich mit Macht und Aggression wohl fühlen. Wenn Siebener in den Achter-Zustand kommen, wird das Wort Fleisch. Im Achter-Zustand sind Siebener keine Dilettanten mehr, sondern lernen, was jede Acht weiß: wie man wirkungsvoll etwas aufbaut und zu Ende führt. Achter haben Entschlossenheit und Durchhaltevermögen, was den Siebenern fehlt. Die nächste Möglichkeit ist immer so gut wie die derzeitige, deshalb macht ein Verlust eigentlich nichts aus. Aber Achter wollen ihren Willen genau dann durchsetzen, wenn sie es wollen, und handeln entsprechend ihren Wünschen.

Wenn Siebener, die sich normalerweise gegen Verpflichtungen sträuben, in den Achter-Zustand geraten, bewegen sie sich in der realen (nicht eingebildeten) Zeit voran und haben keine Angst, auf dem Weg zu ihren Zielen ein paar Federn zu lassen. Sie kümmern sich um ihre Leute in einer Weise, die den Siebenern meist fremd ist. Oliver, der eher eine tonangebende Acht als eine »beratende« Sieben ist, sagt: »Zum erstenmal in meinem Leben bin ich der Rückhalt, der verantwortliche Dienstherr.«

Kardinalregeln
Wenn Sie mit einer Sieben arbeiten

- Machen Sie sich auf schnelles Geben und Nehmen gefaßt. Siebener sprechen schnell und interpretieren in jeden mehr hinein. Wenn Sie Engagement wollen, lassen Sie es sich schriftlich geben. Ein Handschlag und das breite Grinsen der Sieben reicht nicht.
- Stellen Sie sich auf den Traum ein. Siebenern hilft das Engagement anderer für ihre Individualität, ihre Experimente und ihre Kreativität. Stutzen Sie ihnen die Flügel nicht zu schnell durch Beurteilen oder kleinliches Erbsenzählen.

- Vermutlich holen Sie aus einer Sieben das Beste heraus, wenn Sie ihr viele Fragen stellen. Siebener lieben es, Hypothesen aufzustellen und eine Antwort darauf zu finden.
- Zeigen Sie Siebenern, wie ihre Träume wahr werden können. Wenn es irgend geht, gestatten Sie ihnen, sich jemanden zu suchen, der den unangenehmen Teil für sie erledigt.
- Helfen Sie der Sieben, indem sie Einschränkungen und End-termine betonen und hartnäckig Grenzen setzen. Aber widerstehen Sie der Versuchung, die große Autorität zu spielen, denn damit verscheuchen Sie die Sieben.
- Teilen Sie der Sieben Ihr Problem mit, statt im stillen nachzu-grübeln oder zu urteilen. Was Ihnen als Problem erscheint, ist für die Sieben vielleicht eine interessante Angelegenheit.
- Erkennen Sie an, daß Arbeitsplatzbeschreibungen für eine Sieben unklar sein oder sich überschneiden können. Wenn die Sieben der verantwortliche Mitarbeiter sein soll, müssen Pflichten, Verantwortlichkeiten und Konsequenzen klar sein.

Wenn Sie eine Sieben sind

- Fragen Sie sich: Was sind die einleuchtenden negativen Seiten an diesem Projekt? Überlegen Sie dann, wie Sie damit umge-hen.
- Versprechen Sie weniger. Siebener versprechen oft zuviel, weil sie andere in dem Moment nicht enttäuschen wollen.
- Suchen Sie sich einen festen Standort im Leben. Wenn Sie aufsteigen wollen, brauchen Sie eine Schnur, die Sie mit dem Planeten verbindet. Für einige Siebener ist dies eine Familie oder Routinearbeit.
- Lernen Sie, für die Konsequenzen Ihres Tuns einzustehen, statt einfach mittendrin auf ein anderes Pferd zu steigen.
- Zügeln Sie Ihre Neigung, sich über Menschen lustig zu ma-

chen oder leichtfertig mit ihnen umzugehen. Wenn Sie sich dabei erwischen, sehen Sie es als Hinweis dafür, daß Ihr Mißtrauen wächst. Wovor haben Sie Angst?

- Denken Sie *vorher* über den Abschluß eines Projekts nach.
- Werden Sie sich Ihrer Tendenz bewußt, zu rationalisieren und für Mißerfolge und moralische Verstöße eine Ausrede zu finden.
- Lernen Sie zuzuhören, ohne darüber nachzudenken, was Sie als nächstes Schlaues sagen werden. Es geht nicht darum, anderen um eine Nasenlänge voraus zu sein, sondern Einfühlungsvermögen zu haben.
- Arbeiten Sie! Setzen Sie sich auf den Hosenboden und beenden Sie das, wozu Sie sich verpflichtet haben. Entwickeln Sie Selbstdisziplin. Setzen Sie Prioritäten.
- Setzen Sie Ihre wunderbaren Siebener-Gaben ein: werfen Sie viele Fragen auf; schaffen Sie Alternativen; visualisieren Sie, wie das Programm in der Zukunft aussehen wird. Halten Sie die Energie der anderen aufrecht.
- Üben Sie sich in geistiger Nüchternheit, der Tugend der Sieben.

ACHT Der Tonangeber

Alias Rudelführer, Chef, Führer, Boß, Potentat, der Herausforderer, der Champion.

Weltsicht Ich bin stark. Ich räche die Schwachen und stelle diejenigen bloß, die Macht mißbrauchen, sich verstellen und dumm sind.

Gute Seiten »Die Verantwortung hört hier auf«; einer, der die Initiative ergreift; ein mächtiger, verantwortungsbewußter Herrscher mit viel Energie; ein Paladin.

Schlechte Seiten laut, übertrieben, liebt Auseinandersetzungen, zügellos, tyrannisch, plump, rücksichtslos; ein rasender Rüpel

Führungsstil autokratisch, ein Pater familias; unverblümt, scheut keine Auseinandersetzungen, manchmal grobe Machthaber.

Glaubensbekenntnis Wahrheit und Gerechtigkeit; »Du machst es so, wie ich will, oder du gehst.«

Was sie mögen ihre Macht und ihren Einfluß; Gerechtigkeit, ihren Wunsch, dem Unterlegenen zu helfen; ihre Vorliebe für sofortigen Einsatz (»Aufsatteln!«).

Was sie nicht mögen Mitleid, Diplomatie, Vorschriften

Gesprächs-/Kommunikationsstil Schmähreden, Predigten, Drohungen, alles wird direkt, unzensiert und unverblümt ausgesprochen.

Geben Ihnen das Gefühl, gut behütet zu sein und an der Aktion teilzunehmen; und – manchmal – überfahren und überfallen zu werden.

Erscheinung dreist, gebieterisch.

Gutes Arbeitsumfeld hohes Risiko, hohes Engagement, hohe Energie, großer Einfluß.

Schwieriges Arbeitsumfeld ruhig, streng, formal, an Vorschriften oder Traditionen gebunden.

Bücher Wes Roberts, *Leadership Secrets of Attila the Hun*; Mario Puzo, *Der Pate*; Robert Caro, *The Power Broker*.

Redewendungen Veni, vidi, vici (Ich kam, sah und siegte) (Julius Caesar); »L'état c'est moi« (Ludwig XIV.); »Ich habe hier das Sagen« (Alexander Haig); »Politische Macht kommt aus dem Lauf eines Gewehrs« (Mao Tse Tung); »Unser eigentlicher Handlungsplan ist, vorzurücken und immer weiter vorzurücken, egal ob wir über, unter oder durch den Feind gehen müssen. Wir haben ein Motto: ›Kühn, kühn, immer kühn‹« (George Patton); »Man kann viel mehr mit einem freundlichen Wort und einem Gewehr erreichen als mit einem freundlichen Wort« (Alphonse Capone).

Überzeugte Achter George Steinbrenner, Marge Schott, Jimmy Hoffa, Saddam Hussein, Carl Reichardt (Wells Fargo), Armand Hammer, John Gotti, Robert Maxwell, Fritz Perls, Bella Abzug, John Sununu, Pat Buchanan, Don Vito Corleone *(Der Pate)*, Boris Jelzin, Golda Meir, Mao Tse Tung, Charles de Gaulle, Slobodan Milosevic, Ann Richards, Mike Tyson, John Wayne, Lyndon Baines Johnson, Dixie Lee Ray, Robert Bork, Mike Ditka, Sam Donaldson, die Hell's Angels, die Mafia, Serbien.

Höchstleistungspunkt 2 Beschützer der Schwachen; großzügig, hilfsbereit, charmant, trägt das Herz auf der Zunge.

Streßpunkt 5 verkriecht sich in eine Höhle; meidet Menschen; beobachtet und denkt; festigt Pläne (Konzentration durch Analysieren).

Verbündeter 9 wird *energetisiert* durch das friedliche Königreich, Einfühlungsvermögen und Demut (wie Neuner), indem er sich Alternativen überlegt, statt loszuballern.

Schatten 7 wird geerdet, wenn er sich leichtnimmt, durch alternative Ideen, durch Vogelperspektive und Flexibilität.
Tugend Unschuld.
Laster Begierde.

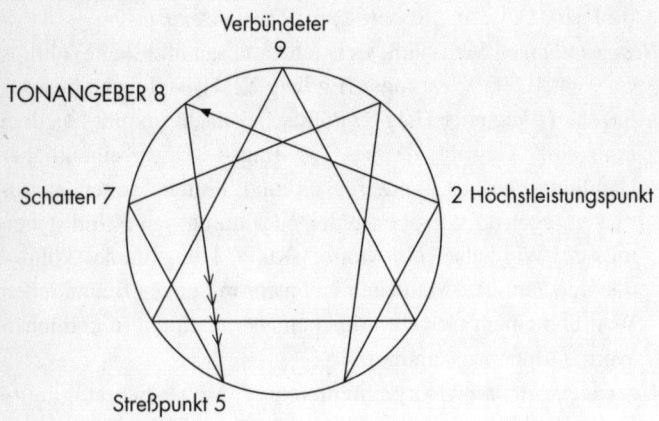

Bekanntschaft mit einer Acht

Sams Geschichte

Ein Bär von einem Mann, 1,85 m groß und immer die Zigarre im Mund – das ist Sam, der kräftige, schroffe, breitbrüstige Leiter seiner eigenen Produktionsfirma, die sich auf Fernsehwerbung spezialisiert hat.

Vor fünfunddreißig Jahren und fünfunddreißig Kilo war er Tänzer bei Martha Graham. »Ich war ein kleiner ungehobelter Junge«, sagt Sam. »Das gefiel ihr. Sie sagte immer zu mir: ›Du bist ein Straßentänzer, ein Tier.‹ Sie wollte damit sagen, daß ich keine Technik hatte, aber ich hatte Charisma und Energie. Es war die Art, wie ich mich bewegte und den Raum füllte. Darauf baute ich. Ich war direkt. Auch heute noch.«

Bei den Dreharbeiten ist allen klar, daß Sam das Sagen hat. Seine Energie und seine Stimme füllen den Raum. »Aber Sam ist keinesfalls ein Tyrann wie einige andere berühmte Werbedirektoren«, sagt seine Assistentin Carla. »Er kümmert sich sehr um die Mannschaft. Er läßt die Leute nicht herumstehen, wenn sie eine Pause machen könnten. Aber bei der Arbeit ist er sehr intensiv. Er macht nicht lange rum mit vielen Drehs. Das geht ›Zack, Zack und ab in den Kasten‹. Ihre Ausrüstung sollte besser funktionieren, sonst macht er Sie zur Schnecke.«

Einmal sagte die Produzentin aus der Werbeagentur zu Sam während einer Werbeaufnahme: »Mir paßt der Standort Ihrer Kamera nicht.« Es wurde ganz still im Raum. Sam nickte. Dann sagte sie: »Wissen Sie, Sie sollten wirklich mehr Filmmaterial verschießen. Wir brauchen es vielleicht.« Als sie zum Schluß den Animationstypen kritisierte, explodierte Sam und warf sie raus. Später entschuldigte sich die Produzentin. Sam akzeptierte ihre Entschuldigung sofort. »Weil ich merkte, daß sie etwas dazugelernt hatte«, sagt er.

Sam sagt: »Ich bin ein vernünftiger Mensch. Ich werde laut, wenn man mich dazu zwingt. Manchmal lasse ich Dampf ab. Aber Sie sehen, daß ich mich um meine Leute und meine Produkte kümmere. Ich leite die Aufnahmen mit Mehrheitsbeschluß.«

»Mehrheitsbeschluß?« frage ich ungläubig.

»Ich meine damit, daß ich mir Mühe gebe, jedem zu vermitteln, was ich vorhabe«, sagt er und lacht über sich.

Ein anderer langjähriger Mitarbeiter sagt: »Er ist zu laut. Er redet gern. Er ist nie feinfühlig. Er nimmt einen Vorschlaghammer, wenn eine Fliegenklatsche genügen würde. Auf jeden Fall ist er nachtragend und rächt sich.

Aber ich muß zugeben, daß die Zusammenarbeit mit ihm unglaublich viel Spaß machen kann. Man hat das Gefühl, an etwas Großem zu arbeiten. Ich zweifle nicht eine Sekunde daran, daß er mich bis zum Äußersten fordert, damit ich mein Bestes gebe. Sam ist ein Superchef.«

Erkennen Sie Sam? Sam ist eine Acht.

Die Grundvoraussetzung

Achter platzen vor »animalischer Anziehungskraft« und können daher sehr attraktive, extravagante, überlebensgroße Charaktere mit Begierde auf Vergnügen und sinnliche Schwächen sein. Sie haben das Zeug zum Showmaster, sind nicht zimperlich, wenn sie Befehle erteilen, und sind die Familienoberhäupter, der König der Berge, die Tonangeber im Enneagramm. Achter sind nur zu gern bereit, Einfluß auf Menschen, den Markt, ihre Umgebung und auf Ereignisse auszuüben. Sie haben keine Angst, heiße Eisen anzufassen und Verantwortung zu übernehmen. Zu Beginn kennen sie wenig Beherrschung, und nachher haben sie wenig Gewissensbisse.

Für Achter ist die Welt schlicht und einfach ein Machtspiel. Worauf es ankommt, ist, wer die Macht hat. Wenn die Acht sie nicht hat, strebt sie danach. »Wenn ich nicht das Sagen habe, ist das gar kein Problem«, sagt Richard, früheres Bandenmitglied, der jetzt ein Stadtprogramm für Kriminelle leitet. »Ich überlege mir einfach, wie ich tonangebend werden kann. Und dann mach ich es. Gar kein Problem.« Obwohl sie großartige Leistungen vollbringen können, werden die Achter weniger von Zielen oder Errungenschaften (wie Dreier) als von *Macht* getrieben. Achter bauen eine Machtbasis auf – einen politischen Apparat, einen multinationalen Medienkonzern, eine Armee, die Gutes oder Böses vollbringt, aber ihre Antriebskraft sind die Organisation und der wirkungsvolle Machtgebrauch. Lord Beaverbrook sagte über Lloyd George: »Es schien ihm egal zu sein, wohin er reiste, Hauptsache, er saß am Steuer.«

In seinem Bestseller *Leadership Secrets of Attila the Hun* beschreibt Wes Robert seine Version des Attila, »eines entschlossenen, harten, verbissenen und faszinierenden Anführers, der den Mut hatte, schwierige Aufgaben zu bewältigen und herausfordernde Heldentaten gegen ›scheinbar‹ unüberwindliche Hindernisse vollbrachte«. Attila, eine echte Acht, hatte »ein angeborenes Talent, Menschen, Vorgänge und Ergebnisse zu beeinflussen«, aber mehr als das war er »begierig nach Führerschaft«.

Psychologie

Die Acht hält Macht und Kontrolle aufrecht, um jene zu bekämpfen, die Macht mißbrauchen, um die zu schützen, die sich nicht selbst schützen können, und um für würdige Projekte und Sachen zu kämpfen. Dabei leugnet sie ihre eigene Sterblichkeit und Verletzbarkeit. Achter berichten meist von einer Kindheit, in der sie gegen Ungerechtigkeit oder langwierige Hindernisse kämpften oder sich selbst überlassen blieben. Die Acht wurde vielleicht körperlich geschlagen und mißbraucht. Oder es handelte sich um seelischen Mißbrauch: ein älteres Geschwister, das die Acht systematisch unterbutterte, Eltern, die sich über die zarten Gefühle oder Wünsche der Acht lustig machten, ein Lehrer, der die Acht wegen schlechter Leistungen hänselte. Manchmal mußte die ganze Familie der Acht gegen eine Ungerechtigkeit wie Rassismus oder Armut oder schwierige Umstände und Krankheiten kämpfen. Ganz gleich welche Umstände, die Acht bekam die Botschaft: Wehr dich oder stirb. Die Achter beschlossen, sich zu wehren.

Die junge Acht schloß daraus, daß sie sich, um zu überleben, aus der machtlosen Opferposition befreien und mächtig werden mußte. Das Gefühl, beschämt oder benachteiligt worden zu sein, führte zu der Überzeugung, daß es im Leben ganz wichtig ist, für die eigenen Rechte und die eigene Position einzutreten, und daß Schwäche und Empfindsamkeit einem Probleme bereiten können. Winston Churchill erinnerte sich an jenen entscheidenden Moment, als er unter einem Steinhagel seiner Klassenkameraden beschloß, nie mehr ein Opfer zu sein. »Gib niemals nach«, sagte er ein paar Jahre später zur allgemeinen Überraschung.

In der wilden Welt der Achter überlebten nur die Starken. Durch die Umstände gezwungen, sich im Kampf zu schulen, waren viele Achter schwierige oder problematische Kinder, die dauernd Ärger hatten und zum Schuldirektor geschickt wurden. Einige Achter schlossen sich Banden an unter dem Vorwand, für Gerechtigkeit zu kämpfen. Andere erbrachten gute Leistungen in der Schule; aus einigen wurden mächtige fette Typen, andere wiederum kämpften weiterhin für die Unterlegenen, gegen den Machtmißbrauch des fetten Typen in allen Bereichen – im Geschäftsleben oder als Lehrer oder Politiker oder Aktivisten für eine Sache.

Da Achter in so jungen Jahren lernten, sich gegen alle Gefühle von Verletzlichkeit zu stählen, brauchen sie als Erwachsene einen stärkeren Anstoß als andere, um sich lebendig zu fühlen. Aber wenn Sie an der Oberfläche einer Acht kratzen (tun Sie das vorsichtig), werden Sie sehen, daß sie sich nicht für den Dschungelkönig, sondern für ein großmütiges, verspieltes Kätzchen und ein unkompliziertes Unschuldslamm hält. So kann man Achter leicht verletzen mit einer achtlosen Bemerkung über ihre mangelnde Sensibilität oder ihre Rüpelhaftigkeit. »Ich bin viel verletzlicher, als man meint, und sehr sensibel«, beharrt die Acht laut und schlägt immer wieder mit der Faust auf den Tisch, bis man es kapiert. (Und es ist sicherlich wahr.)

Die gute Nachricht

Achter sind die epischen Helden des Enneagramms. Das Leben besteht für sie aus lauter Kraftproben, bei denen sie ihre Macht einsetzen, um die Rücksichtslosen, die Dummköpfe und vermeintlichen Thronanwärter zu vernichten und daneben noch die Achtbaren zu beschützen, die sich nicht selbst schützen können. Die Guardian Angels sind ein typischer Achter-Verein, Mitglieder einer Selbstschutzorganisation, die zum Schutz der Bürger das Recht selbst in die Hand nimmt. Achter treten für alles ein, was ihnen anvertraut wurde, ob das nun ihr Team in der Arbeit, ihre Klienten oder ihre juristischen Fälle sind. Achter *genießen* es, ihre Macht auszuüben. Achter herrschen, ohne sich Gedanken über eine Beurteilung zu machen (wie eine Eins) oder Vergeltung zu fürchten (wie eine Sechs) oder sich wegen unbeabsichtigter Folgen verrückt zu machen (wie eine Neun). Eine so direkt und natürlich ausgedrückte Macht, ohne die Zweideutigkeit, die nochmaliges Nachdenken mit sich bringt, ist einfach schlicht und elegant.

Die meisten von uns bewundern die Achter, weil sie sich direkt auf das Leben einlassen und ein unschuldiges sinnliches Vergnügen an Erfahrungen und Ereignissen haben. Leo Rosten schrieb über Winston Churchill:

Er sah wie ein Toby-Krug, eine Dickens-Figur, aus, aber er war dazu geboren zu befehligen, zu kämpfen, zu inspirieren, sich durchzusetzen. Er lebte mit unstillbarer Begeisterung, schlürfte Unmengen von Champagner, Brandy, Whisky und Wein, spielte den ganzen Tag mit langen Zigarren; arbeitete bis Mittag im Bett, aß um drei zu Mittag, machte einen Mittagsschlaf – eine Stunde, zwei Stunden, unbekleidet im Bett –, arbeitete dann weiter und nach dem Abendessen wieder bis drei oder vier Uhr oder bis der Morgen dämmerte. Er liebte … die Pose der Ritterlichkeit, das Gewand von Königen.[1]

Rauh und zärtlich

Achter haben einen ganzheitlichen, erdverbundenen Charme, ungemein viel Schwung und Energie und oft viel Sinn für Humor und gehören daher zu den beliebtesten Enneagrammtypen.

Aber trotz all ihrer unermeßlichen Vorräte an Stärke, Energie und Schwung sind Achter eine überraschende Kombination aus Grobheit und Zärtlichkeit. Sie sehen sich selbst gern so wie die gebürtigen Israelis: als *sabras,* ein Wüstenkaktus, der außen stachlig, innen aber weich und süß ist. Eine Acht mag zwar zugeben, daß sie äußerlich schroff wirkt, aber sie weiß, daß sie ein großes Herz hat.

Achter sind außer sich, wenn sie sehen, daß wehrlose Menschen mißhandelt werden, und sie zögern nicht, die Täter zur Rede zu stellen.

Unverblümt für Wahrheit und Gerechtigkeit

Achter sind mächtige, aufrichtige, knallharte Bulldozer. Sie können Rüpel sein, aber im besten Fall sind sie Stierkämpfer, die den Stier bei den Hörnern packen.

»Ich lache immer, wenn mich jemand nach Rebound-Techniken fragt«, sagt der Basketballspieler Charles Barkley, der Power Forward der Phoenix Suns (DIE Achter-Position schlechthin). »Sie wollen meine Geheimnisse erfahren, wenn es ums Rebound geht. Den meisten jungen Spielern wird gesagt, sie sollten sich zuerst auf das Ausblocken unter dem Korb konzentrieren; ›such deinen Gegner und stelle Körperkontakt her‹. Oder sie sollten die Drehung und die Flugbahn des Balls studieren. Also, das ist alles Quatsch.›Ja, ich habe eine Technik‹, sage ich immer. ›Sie heißt einfach: Los, hol dir den verdammten Ball!‹«[2]

Die Acht ist unverblümt und macht keine Umschweife und kann andere mit ihrer ungeschliffenen Direktheit überfahren, aber auch eine mächtige Kraft für das Gute sein. Meg, ehemalige Bürgermeisterin und eine Acht, benutzte ihre machtvolle persönliche

Präsenz ganz automatisch dazu, bei tumultartigen Stadtratssitzungen für Ruhe zu sorgen. Auch sorgte sie dafür, daß Bürger, die sich normalerweise nicht trauten, sich auf einer Ratssitzung zu Wort zu melden, unbehelligt vors Mikrofon treten und sprechen konnten.

Richard, eine Acht, ist Leiter eines Programms, das Bandenmitgliedern im Mittleren Westen zu Bauhilfsarbeitern ausbildet. Das wichtigste am Programm ist nach Richards Ansicht, zu lernen, wie man sich eine Arbeit erhalten kann: sein Leben so zu organisieren, daß man pünktlich kommt und lernt, mit dem Chef auszukommen und innerhalb einer Firmenstruktur zu arbeiten.

»Eine Art, um etwas über diese Burschen herauszukriegen, ist, sie *körperlich anzutreiben.* So finde ich heraus, was mit ihnen los ist, auf wen ich mich verlassen kann und auf wen nicht. Manchmal lehnen sie sich gegen mich auf. Ich versuche, sie zu zivilisieren, ohne ihren Geist zu zerbrechen. Wenn ich mit ihnen fertig bin, sind sie auf jeden Fall für die Arbeiterschaft bereit.

»Mein anderes Problem«, sagt Richard, »ist, dafür zu sorgen, daß die Leute im Baugewerbe fair zu diesen Burschen sind.«

»Wie machen Sie das?« fragte ich.

»Ich *überzeuge* sie. Ich mache ihnen ein Angebot, das sie nicht ablehnen können. Ich erkläre, daß ihnen, wenn sie in der Gemeinde Häuser bauen, in der die Kursabgänger wohnen, damit geholfen wird, wenn sie sie einstellen.«

Achter machen schwer Druck gegen die einschränkenden Konventionen der Geschäftswelt und der Gesellschaft. Und wenn es anschließend Streit gibt, so ist das in ihren Augen einfach das Ergebnis davon, die Wahrheit zu sagen – Angeberei und Ungerechtigkeit zu entlarven. Der Basketballspieler Charles Barkley sagt: »›Kontrovers‹ ist das Wort, das ich oft in Zusammenhang mit meiner Person höre, und ganz offen gesagt, das verletzt mich. Was einige kontrovers nennen mögen, nenne ich ›die Wahrheit sagen‹. Ich verursache keine Kontroversen; die gibt es schon, be-

vor ich den Mund aufmache. Ich mache sie nur darauf aufmerksam. Wenn das kontrovers ist – von mir aus.«[3]
Achter glauben, daß die Wahrheit befreit. Anders als Sechser, die taktisch und verschlagen sein können, sind Achter ohne Arglist: Sie bekommen, was sie sehen. Obwohl sie rachsüchtig sein können, ist ihre Vergeltung nicht besonders subtil oder manipulativ. Sie sind nachtragend und handeln entsprechend. Und dann ist die Sache meistens für sie erledigt.

Die schlechte Nachricht

Polyphem, der Zyklop, der Odysseus fing und die meisten seiner Kameraden verschlang, war eine klassische Acht. Mit seinem riesigen Auge mitten auf der Stirn konnte der Zyklop nur geradeaus blicken. Da gibt es nicht viel »Perspektive«. Achter können nicht vernetzt denken oder ein Problem geschickt angehen. Der ursprüngliche Plan von General Norman Schwartzkopf, einer Acht, für die Operation »Wüstensturm« sah einfach vor, mit feuernden Gewehren geradewegs auf die irakischen Streitkräfte loszustürmen, aber die Militärstrategen bestanden auf einem raffinierteren Angriff von der Flanke.
Achter verleugnen Komplexität. Ihre Welt ist entweder schwarz oder weiß; sie sind entweder Freund oder Feind, stark oder schwach, sympathisch oder nicht.

Wütend aus Leidenschaft

Achter gehören zusammen mit Einsern und Neunern zur Wuttriade. Wut ist die typische Ausdrucksweise der Acht. In der Gewißheit, daß sich alle um sie herum ebensosehr für Macht und Kontrolle interessieren wie sie, können Achter dominierend, einschüchternd und arrogant sein. Da ihnen Anstand nichts gilt, glauben sie, die Wahrheit werde durch einen Kampf klar. Für sie bedeutet ein guter Kampf so etwas wie ein Gespräch, ein nützlicher Informationsaustausch. »Mir gefällt ein Typ, der die Faust gegen mich erhebt«, sagt Henry, eine Acht und Scheidungsanwalt. »Jemand, mit dem ich mich auseinandersetzen kann.«

Achter wollen nicht nur kämpfen, sondern gewinnen. Und nicht nur gewinnen, sondern den Widersacher fertigmachen. Ein Kollege sagte über den Geschäftsführer von Disney, Michael Eisner: »Er hat eine Übertriebenheit an sich, die mich schon immer gestört hat. Disney macht Geschäfte, die zu knallhart sind, und wenn ein Geschäft zu knallhart ist, funktioniert es letzten Endes nie.«[4]

In einem Artikel im *New York Observer* beschreibt Robert Sam Anson Eisner ziemlich unverschämt als jemanden, »der so wie Dustin Hoffman äußert, ›My Job is to fuck you‹; der mit den Worten zitiert wurde, daß Lügen zum ›Geschäft‹ gehört, der auf Rache gegen seine Feinde sinnt und dessen Unternehmen Feinde mit nicht weniger als 800 Prozessen im Jahr verfolgt. »Eisner«, sagt er, »schätzte bei seinen leitenden Angestellten Wildheit … *Er hatte die höchste Freude an Streitigkeiten, ja ermutigte Helfer, ihn zu bekämpfen, weil er meinte, daß aus dem Kessel der ›Fuck Yous‹ und ›Sie spinnen‹ eine reine Wahrheit auftauchte*« (Hervorhebung von mir).[5] Achter glauben, die Wahrheit zeige sich in einem Kampf.

Während Achter sich offenbar in einem Meer von Streitsucht, Machtspielen und sogar gerichtlichen Prozessen zu Hause fühlen, neigen sie in Wirklichkeit dazu, *echtes* Engagement zu vermeiden. Da sie oft aufbrausend sind, sind Achter nicht in Kontakt mit ihrer wahren Wut wie Neuner und Einser. Unentwickelte Achter erkennen ihre Wut nicht an, sie leben sie nur aus.

Wenn Ihnen eine Acht unrecht getan hat, erwarten Sie nicht, daß sie den Fehler bei sich sucht. Achter haben etwas, was der Familientherapeut Ivan Boszormenyi-Nagy »destruktive Berechtigung« nennt. Als Folge des Mißbrauchs, den sie betrieben haben, als Folge der guten Kämpfe, die sie ausgefochten haben, meinen Achter, sie hätten auf ihrem Moralkonto einen Kontostand erreicht, der sie dazu berechtigt, sich ohne Schuldgefühle zu rächen. Erstaunlicherweise sind sie genauso *selbstgerecht* wie Einser.

Provokativ und rachsüchtig

Wie Jugendliche, die sich zu angewandter Insektenkunde hingezogen fühlen, pieksen Achter ihr Opfer gern, um zu sehen, wie es reagiert. Wird es davonrennen? Wird es kämpfen? Wird es aufgeben? Wie weit kann ich gehen? Sie werden im Enneagramm niemanden finden, der lieber auf Ihre Knöpfe drückt oder Dinge in Aufruhr bringt als eine Acht.

Eine bevorzugte Technik ist, einen Fehler oder Richtungswechsel zu vertuschen, indem man Chaos anrichtet und dann anderen die Schuld daran gibt. Roy Greenslade schreibt über seinen früheren Chef Robert Maxwell, den britischen Verlagsmagnaten: »Eine für Maxwell typische Panik begann mit einem Anruf aus heiterem Himmel, bei dem er losschimpfte. Darauf folgte eine Flut von Anrufen – etwa zwölf innerhalb einer Stunde – und viele Anrufe bei anderen Managern, die sich daraufhin gegenseitig anriefen. Nachdem er mehrere Leute mit der Ausführung derselben Anweisung beauftragt und damit alle hysterisch gemacht hatte, … berief er anschließend eine Versammlung ein. ›Warum rennt ihr alle herum wie kopflose Hühner?‹, schrie er dann.«[6]

Wenn sie sich ungerecht behandelt fühlen, zögern wütende Achter nicht, sich eine geeignete Rache auszudenken.

Denn die Achter sind im Enneagramm die Kenner der Rache, einem Gebiet, in dem sie zu Recht eine gewisse Subtilität beanspruchen können. Erinnern Sie sich an die Szene in dem Film *Der Pate*, als ein Nachbar, dessen Tochter verprügelt worden war, zu Don Corleone (einer Acht vom alten Schlag) kommt und den Paten bittet, die Angreifer zu ermorden? »Das kann ich nicht machen«, erwidert Corleone. »Das ist nicht gerecht. Ihre Tochter lebt noch … Wir sind keine Mörder, auch wenn der Leichenbestatter das behauptet.« Statt dessen schickte er seine Soldaten hin, die die Täter verprügeln sollten, so wie diese die junge Frau verprügelt hatten. Für Achter muß die Bestrafung zum Verbrechen passen. Aber täuschen Sie sich nicht: es *gibt* eine Bestrafung.

Exzessiv

»Die Straße des Exzesses führt zum Palast der Weisheit«, schrieb William Blake. Achter sind Menschen mit enormem körperlichem und energetischem Appetit; egal was es ist – Essen, Sex, Arbeit – sie können nicht genug bekommen.

Wenn Fünfer Minimalisten sind, sind Achter Maximalisten. Wie Einsern fehlt ihnen der Regelwiderstand. Ihr Schalter steht entweder auf EIN oder AUS. Egal wie das Spiel heißt, Achter wollen es noch einmal bis an die Grenzen treiben. Achter haben das Gefühl, daß mehr – größer, länger, lauter, starker – ihnen Befriedigung verschafft, aber das tut es nicht.

Fidel Castro, eine Acht, hielt Reden von vier, sechs, acht und mehr Stunden, bis ihm die Puste ausging.

In der Praxis heißt das, daß es Achtern schwerfällt (wenn nicht sogar unmöglich ist), ihr Verhalten zu maßigen. Darla, eine dynamische, tyrannische »Bulldogge«, die ständig in Bewegung ist, ist Chefin einer Firma für Damensportbekleidung. Sie bellt ihre Befehle. Sie ist laut und gewöhnlich. Sie arbeitet nonstop und full power. Sie bekommt Wutanfälle. Sie macht die Meinung anderer Leute nieder. Sie nimmt den ganzen Raum ein. Alles ist immer volle Kraft voraus. Sie ist in vieler Hinsicht der klassische Dampfwalzen-Chef aus der Hölle, und ihre Angestellten fühlen sich von ihr plattgemacht.

Mitarbeiter einer Acht erleben möglicherweise schnell einen Burnout, da die Firma mit Vollgas geführt wird.

Herr der Domäne

»L'état, c'est moi«, sagte Ludwig XIV. Achter beanspruchen Territorium. Sie sind in ihrer Domäne die Herrscher. Als Lyndon B. Johnson Präsident war, sprang er in einen Hubschrauber, der gerade abheben wollte. »Herr Präsident«, sagte der Marine Guard, »Ihr Hubschrauber steht dort drüben.« »Mein Sohn«, sagte Johnson, »es sind *alles* meine Hubschrauber.«

Eine Konsequenz des Territorialverhaltens der Acht ist, daß sich Achter-Chefs nicht scheuen, bei ihren Untergebenen einzumischen, die letztendlich nur Erweiterungen ihrer selbst sind.

Da sich die Achter für die Meister ihrer Domäne halten (wie ihre Nachbarn, die Neuner), verzetteln sie sich auch unbekümmert mit unbedeutenden Einzelheiten oder Problemfällen oder lassen sich davon ablenken. So bestand der britische Verlagsmagnat Robert Maxwell darauf, lächerlich geringe Ausgaben manchmal zu befürworten, dann wieder zu mißbilligen, und entmachtete und entwürdigte so seine dienstältesten Manager.

Mit einer Acht arbeiten
Eine Acht beeinflussen

Achter werden automatisch auf Ihre Nachfragen reagieren, wenn Sie zeigen, daß Ihre Wünsche ihre Macht und ihren Einfluß festigen. (Vergleichen Sie mit Vierern, die sich der Welt der Gefühle und Eindrücke öffnen, oder mit Sechsern, bei denen Sie an Ihre persönlichen Pläne oder Unterschiede appellieren können.) Appellieren Sie an ihren Wunsch, mit jemandem ein Hühnchen zu rupfen und Böses zu richten, Ungerechtes zu bestrafen und das Gerechte zu belohnen, daß die Machtlosen Macht bekommen und daß alles aufregend oder sehr vergnüglich sein wird. Achter haben es gern, wenn sie spüren, daß ihr Einsatz Eindruck hinterläßt.

Wie motiviert man eine Acht? Sagen Sie ihr, daß sie etwas nicht tun kann. Diane, eine Acht und Produktionsmanagerin, sagt: »Ich mag es, wenn mir jemand sagt, ich könne etwas nicht. Das ist wie Muttermilch. Ich stürme immer voll voraus, egal ob ich weiß, wie es geht oder nicht.«

Eine Acht will der Held mit dem schwarzen Hut sein: der böse Sergeant, der Ihr Leben rettet, der rauhe, aber herzliche Schuldirektor, der mit einem Baseballschläger die Schule zurück zu Disziplin und Respektabilität bringt. Also werfen Sie den Fehdehandschuh, sagen Sie: »Hier sind unsere Wahlmöglichkeiten. Wenn Sie diesen Weg wählen, wird es schwieriger sein. Er ist unkonventionell. Wir werden uns vielleicht lächerlich machen. Wir müssen knallhart sein. Aber wir haben die und die Vorteile. Es kann funktionieren. Es ist Ihre Entscheidung.« Das ist für eine Acht sehr verführerisch. Achter prüfen sich gern in einer Umgebung ohne Sicherheitsnetz.

Im schlimmsten Fall dulden Achter keine Widerrede oder offene Diskussion. Wie Saddam Hussein oder Lyndon B. Johnson verlangen sie, daß Informationen und Diskussionen vorgefaßte Meinungen unterstützen. Aber im besten Fall bringen sie wirkungsvolles Können in ein offenes Streitgespräch ein. Sie haben keine Angst, die Integrität, das Engagement oder den Grad des Könnens von Menschen auf die Probe zu stellen oder irgendwelche Illusionen zu entlarven, denen sich Kämpfer vielleicht hingeben. Ist die Schlacht vorbei, sind die besten Achter Realisten, die ihre eigene Position neu bewerten können.

Achter reagieren nicht gut darauf, wenn man sie am falschen Ende eines Machtspiels in die Enge treibt. Penny, die High-Tech-Abteilungsleiterin, sagt: »Da stellt's mir die Haare auf, und ich werde sehr störrisch, wenn jemand sagt: ›Und Sie machen das so, wie ich will!‹ Ha! Mich können Sie nicht so einfach überrumpeln!«

Aber es ist genauso falsch, bei einer Acht Schwäche zu zeigen.

Achter beschützen zwar die *edlen* Schwachen, die sich nicht selbst schützen können, die meisten empfinden aber nur noch Verachtung für Waschlappen, Jammerlappen und Bluffer. Achter haben achtungsvollen Respekt, wenn Sie Standpunkte haben und diese auch vertreten, ohne Bücklinge zu machen.

Aber wenn Sie Ihre Macht gegen Ihren Achter-Chef herauskehren, wird ihm nichts anderes übrigbleiben, als ein Großfeuer zu eröffnen.

Die meisten Achter haben es lieber, wenn Sie auf sie zugehen. Reagieren Sie auf ihre Wut – nicht freundlich, sondern direkt, bestimmt, absichtsvoll. Lassen Sie sich nicht beirren. Fühlen Sie Ihre Macht.

Wenn eine Acht die Beherrschung verliert, wollen Sie sich vielleicht zurückziehen, falls Sie Ihre Macht nicht ausspielen. Sie können das auch in Worte fassen: »Ich muß mit Ihnen über etwas Wichtiges reden. Ich komme nach dem Feuerwerk wieder.«

Wenn Sie zu einer Acht ein gutes Verhältnis haben und sie immer wieder explodiert, reagieren Sie so: »Sie glauben wohl noch an Ihren eigenen Schwachsinn!« Das bringt die Acht vielleicht zur Besinnung. Die Vorstellung, Schwachsinn *offenzulegen*, auch wenn es ihr eigener ist, ist für Achter höchst attraktiv.

Eine Acht, ehemaliger Abteilungsleiter in einer multinationalen Firma, berichtete mir von einem kleinen Abendessen, das er vor dreißig Jahren mit dem damaligen Geschäftsführer hatte. »Ich war der jüngste dort. Es war mein erstes richtiges Treffen mit dem alten Mann. Ich hatte herumgepoltert, gab Ratschläge, das Geschäft und das Leben betreffend – *ich redete Schwachsinn* –, als sich der alte Mann mir zuwandte und sagte: ›Ich bin nicht blöd, Sir.‹ Natürlich hätte ich mich am liebsten in ein Loch verkrochen. Mir wurde klar, daß ich Schwachsinn redete, nur um mich reden zu hören. Der alte Mann machte mich fertig, und das war das zentrale Ereignis in meiner Karriere. Ich habe daraus gelernt.«

Die besten Achter haben aus der Erfahrung gelernt, daß ihnen in vielen Situationen wichtige Untertöne entgehen, und sie wissen den Rat einer vertrauten Person zu schätzen.

Wie eine Acht Entscheidungen trifft

Achter sind impulsiv und heißblütig. Sie treffen Entscheidungen in der Hitze des Gefechts. Sie hassen es, über etwas zu brüten. Unschlüssigkeit halten sie nicht aus. Wenn Sie etwas präsentieren wollen, tun Sie es direkt und kraftvoll. Vielleicht wollen Sie mehrere Alternativen oder nur eine einzige anbieten, in beiden Fällen will die Acht aber von Ihnen hören: »Es ist Ihre Entscheidung.«

Informationsverarbeitung ist nicht die Stärke der Achter. Sie wollen ihren eigenen Stil durchsetzen. »Wenn ich nicht aus dem Bauch heraus handeln kann, bin ich hier fehl am Platz«, sagt Don, eine Acht und Prozeßanwalt. »Ich weiß, welches Ergebnis ich will, und dann arbeite ich darauf hin. Wenn ich weiß, was getan werden muß, habe ich das Gefühl, richtig zu handeln.«

Natürlich verdirbt Eile manches. Aber Achter würden eher die Scherben auflesen als sich im Maßhalten üben.

Einige Achter sind Diktatoren und lassen Ihre Meinung einfach nicht gelten. Charles de Gaulle (eine Acht) formulierte es folgendermaßen: »Ich habe mir Ihre Ansichten angehört. Sie harmonieren nicht mit meinen. Die Entscheidung wurde einstimmig angenommen.« Andere sprechen bei gemeinsamen Entscheidungen Lippenbekenntnisse und treffen dann hinter verschlossenen Türen ihre eigenen Entscheidungen. Der Chef eines amerikanischen Großunternehmens sagte in meiner Anwesenheit: »Wir werden dieses Mitspracherecht bei Entscheidungsfindungen durchführen. Wenn jemand nicht damit zurechtkommt, soll er in mein Büro kommen, wir klären das dann in zehn Minuten.«

Vielen Achtern erscheinen die Meinungen anderer Leute blaß, in weite Ferne gerückt und klein, so als schaute man von der falschen Seite in ein Fernglas. Es ist anscheinend überflüssig, sich mit anderen zu beraten. Und Achter lassen sich nicht beirren, bloß weil die Mehrheit gegen sie ist.

Der Führungsstil der Acht

Achter sind geborene Tyrannen. Im alten Griechenland waren Tyrannen Selfmademänner, die die Macht ergriffen, ohne sie wie ein König geerbt zu haben. Viele Tyrannen waren sehr beliebt, andere waren herrisch.

Einige Achter üben Macht durch Wutanfälle und Furcht vor Repressalien aus, andere sind gutmütige Diktatoren. Auf jeden Fall arbeiten Achter lieber, indem sie selbst entscheiden, statt sich nach bestehenden, lähmenden Regeln zu richten. Boris Jelzin bestand auf solch einer Autorität, als er Präsident von Rußland wurde, und hat viele Anordnungen erlassen, um die Legislative oder den politischen Prozeß zu umgehen. De Gaulle schrieb sich ähnliche Machtbefugnisse zu, als er Frankreichs Präsident wurde. Natürlich besitzt auch Saddam Hussein solch eine Autorität.

Beim Führen durch Erlasse geht es nicht um Effizienz, gute Verkaufszahlen oder um die Feinabstimmung – das ist Sache der Dreier. Durch Erlasse etwas bewerkstelligen ist nützlich, ja erwünscht, wenn alles auseinanderfällt und man einen starken Führer, keinen Waschlappen braucht. Und wenn Sie Ihren Erlaß ändern müssen, sind Sie an kein demokratisches Mitspracherecht gebunden. Sie geben einfach eine neue Anordnung heraus.

Achter können großartige, kühne und gerissene Kerle sein und hinter den Kulissen eine einheitliche Linie aufbauen. Achter handeln Übereinkünfte aus, wie der körperlich furchteinflößende, direkte Lyndon B. Johnson, als er im Senat die Mehrheit hatte. Vergleichen Sie Johnsons kraftvolle, auf Intuition beruhende Achter-Energie mit der messerscharfen, geistigen Energie von Newt Gingrich, dem Sprecher des Weißen Hauses und einer Sieben, der seine Truppen für »neue Ideen« und mentalen Sport begeistern kann. Oder vergleichen Sie Johnson mit den ehemaligen Fraktionsvorsitzenden der Republikaner, Gerald Ford und Bob Michel, beides friedfertige Neuner, die sich ohne viel Aufhebens an eine Zusammenarbeit mit der Opposition gewöhnten.

Die Acht kann wirksam ein instabiles, unerforschtes Umfeld zähmen, in dem Willensstärke, ja Dreistigkeit verlangt wird. Bestimmte Märkte sind das Milieu der Achter: Immobilienmakeln, Schwerindustrie, große Ölgesellschaften – die alle eine Geschichte haben, daß sie sich über Menschen, Konkurrenten, Regierungsstellen und Mutter Erde rücksichtslos hinwegsetzen. Achter können auch in der knallharten Welt der Telekommunikation, den Medien und High-Tech nützlich sein.

Oft merken Achter nicht, wie furchteinflößend sie wirken. Oscar, eine Acht, der neue Verantwortliche in einem großen medizinischen Zentrum an der Ostküste, stellt sich den Leuten im Firmengebäude nicht einmal mit einem Hallo vor. Er prüft den Namen auf ihrem Namensschild und fragt: »Sagen Sie mir, wer Sie sind, was Sie tun und welche Qualifikation Sie für Ihre Arbeit haben.« Er meint, so lerne er die Leute kennen. Aber die laufen vor ihm weg, wenn sie ihn sehen.

Die meisten Achter mögen es, wenn ihre Autorität herausgefordert wird. Sie haben nicht viel Respekt vor Autoritätshierarchien, in die sie nicht mit einbezogen sind. Ich fragte Oscar einmal, ob er sich für einen Teamspieler halte. »Verdammt richtig«, sagte er. »Teamkapitän.«

Der Arbeitsstil der Acht

Achter bevorzugen im allgemeinen Arbeiten, die ihnen viel Autonomie gestatten, und ein Arbeitsumfeld, in denen die Beziehungen fließend sind. Je weniger ein Achter-Mitarbeiter mit komplizierten Büroabläufen zu tun hat, desto besser.

Achter machen ihre Ansprüche problemlos geltend, wenn der Aufbau des Imperiums und Unternehmerschaft für Erfolg erforderlich sind und wo ein starker Wille und ein dickes Fell als Vorteile zählen. Sie glänzen und sind überglücklich als Verwalter ihres Lehnsgutes – sei es nun Verkauf oder Marketing, Logistik oder die Leitung von Einrichtungen, Firmen oder Franchising. Sie können großherzig und hinreißend sein, wenn Sie merken, daß sie die Macht haben, werden aber aggressiv und unangenehm, wenn sie sich unter Druck gesetzt, machtunfähig oder unter der Fuchtel von jemand anderem fühlen.

Acht-Mitarbeiter können besonders gut mit – oder gegen – Achter-Chefs arbeiten. »Ich habe kein Problem damit, für einen Chef zu arbeiten, wenn ich ihn respektieren kann«, sagt Tom, der für einen Immobilienmakler, auch eine Acht, arbeitet. »Wenn er keine Achtung verdient, sollte er nicht König sein, und er wird es auch nicht lange bleiben.« Beide Achter verstehen die Regeln eines Machtspiels.

Manchmal eignen sich Achter überhaupt nicht als Angestellte. In ihrer One-Woman-off-Broadway-Show *Blown Sideways Through Life* beschreibt Claudia Shear, eine Acht, die fünfundsechzig Jobs, die sie in ihrem kurzen Leben gehabt hat. Der leiseste Hauch von Erniedrigung veranlaßte sie, zu kündigen und weiterzusuchen. »Wenn ich lächle und ja sage, habe ich das Gefühl, als hätte ich nur Sand und Scheiße in meinem Mund«, deklamiert sie. »Ich lasse nicht zu, daß Chefs und Geld mir vorschreiben, was ich zu tun habe.« Shear hält sich für eine Gladiatorin, keine dynamische Mitarbeiterin wie eine Drei.

Die Lernweise der Acht

Achter bevorzugen wie Dreier praktische Erfahrung. Sie wollen Dinge in der realen Welt testen. Bei einem Seminar oder einer Trainingsstunde wollen sie Kontakt. Aber anders als Dreier, die mitmachen und der Star sein wollen, sind Achter Provokateure, die kühne Fragen stellen. Sie wollen sich bewegen, ihren Körper einsetzen. Gedankenspiele langweilen sie. Geben Sie ihnen die Anregung, nach der sie sich sehnen. Wundern Sie sich nicht, wenn sie streitlustig werden oder viel Raum einnehmen; sie genießen die Reaktion der anderen auf ihre Unverschämtheit. Lassen Sie ihnen das Vergnügen. Aber Achter testen gern Grenzen aus; sorgen Sie dafür, daß Sie ganz klar sagen, wo diese Grenzen sind.

Die Achter-Organisation

Das Achtersystem ist eine Reaktion auf einen wilden Markt, wo zum Nachdenken, zum Geben und Nehmen oder Einvernehmen zu erzielen nicht genügend Zeit oder Raum ist. Ein Rettungsteam für Überschwemmungen beispielsweise kann sich im Notfall nicht intensiv damit beschäftigen, daß man Federn lassen muß. Der Erfolg an solch einem Schauplatz erfordert starken, zielgerichteten Willen und die Fähigkeit, dementsprechend zu handeln – beides Achter-Eigenschaften.

In einer solchen Organisation nehmen menschliche Fragen nach Willen und Macht eine untergeordnete Stellung ein. Probleme werden meistens so gelöst, daß Dinge untereinander handfest ausgetragen werden. Zartbesaitete Naturen sind hier fehl am Platz.

Ein Umfeld wie die weltweiten Medienholdings, Immobiliengeschäfte, Reedereien, Schwerindustrie und – im letzten Jahrhundert – Stahl und Eisenbahnen hätten Achter erfunden, wenn es sie nicht schon gegeben hätte. Solche Industriezweige schätzen die Fähigkeit der Acht, sich im unbarmherzigen Wettbewerb, gegen Regierungsbeauftragte, konkurrierende Anteilhaber (wie Landbesitzer oder in neuerer Zeit Umweltschützer) und besonders gegen das Chaos ihres Marktsektors knallhart zu behaupten. (Interessanterweise verwandeln sich Achter-Organisationen wie Eisenbahn und Stahlindustrie, sobald sie ihre Machtmission erfüllt haben, in Neuner.)

Achter-Organisationen sind am besten geeignet, wenn man prompt und entschlossen – unter Umständen brutal – vorgehen muß, um die Konkurrenz auszuschalten und sich den Marktanteil einzuverleiben. Die Brauerei Anheuser-Busch ist eine Achter-Organisation – niemand in der Bierbranche ist militanter –, die die Konkurrenz mit einer Flut von Werbung und einer überwältigenden Vertriebsstruktur erschlägt.

Auch Microsoft gehört dazu. Seine Sehnsucht nach Macht ist anscheinend unendlich groß. Die Zeitschrift *Fortune* fragt: »Gibt es irgend etwas, was Bill Gates nicht haben will?« In seiner derzeitigen Form ist Microsoft nicht deshalb berühmt, weil es effizient ist oder die genialsten oder qualitativ anspruchsvollsten Produkte herstellt oder gar, weil es eine führende Marktposition einnimmt. Im Grunde, so *Fortune*, »war Microsoft dafür berüchtigt, plumpe Produkte zu produzieren, die oft schlechter als die der Konkurrenz sind, und sie verspätet auf den Markt zu bringen.«[7] Microsoft ist viel eher dafür bekannt, Geschäftsverhandlungen mit seinen Partnern platzen zu lassen und von seinem Marketingvorteil ungehindert Gebrauch zu machen. (Vergleichen Sie das mit der Dreier-Organisation McDonald's, die bewußt ihre Lieferanten – Bäcker, Kartoffelanbauer und Papierwarenhersteller – ins Team mit einbezog und sie sagenhaft reich machte.)

Sie nehmen kühne Wagnisse auf sich. Wenn sich diese auszahlen, wie bei Microsoft, setzen Achter-Organisationen sichtbare Zeichen.

Das Beste aus einer Acht herausholen

Wenn Achter gestreßt sind, fühlen sie ihre Isolation und Machtlosigkeit auf Streßpunkt Fünf. Der große Bär zieht sich in die Höhle zurück, um seine Wunden zu lecken, seinen Grenzzaun zu reparieren und sich ein Bild von den Ereignissen zu machen.

Statt Elefant im Porzellanladen des Lebens zu spielen, der sich mit Macht holt, was er haben will, kommt die Acht weiter, wenn sie ihre Macht im Dienst an anderen einsetzt – das ist der Standpunkt der Zwei, des Höchstleistungspunktes der Acht.

Achter, die knallharten Pragmatiker, lassen ihre Illusionen – und ihren Idealismus – auf Schattenpunkt Sieben zurück. Wenn die Achter die Vision der Sieben mit der Akzeptanz der Neun, die Dinge so wie sind zu akzeptieren, ausbalancieren, handeln sie mit natürlicher Macht. Unschuld ist die Tugend der Acht. Der Verbündete Neun ist das friedliche Königreich der Acht – das sich jeder Löwenkönig oder jede Löwenkönigin wünscht.

Streßpunkt: Fünf

Achter bringen Wut leicht zum Ausdruck, auch wenn die Geschäfte normal laufen oder sie aufgeregt sind. Aber die Achter gehen von Natur aus mit Volldampf vor. Aufs Köpfeeinschlagen versteht sich eine Acht, sogar auf eine recht wilde Art. Sie blüht bei heftigen Gefühlen auf.

Wenn Achter *wirklich* Streß erleben, bricht das berühmte Achter-Kraftwerk zusammen. Achter auf Streßpunkt Fünf merken, wie ihnen die Kraft ausgeht. Das ist für sie tatsächlich stressig, ja erschreckend. Unter Streß fühlen sie sich, als ob sie ihre Macht verlieren oder auseinanderfallen.

Aber der Streßpunkt Fünf ist gar nicht so schlecht für die Acht. Im Fünfer-Zustand ziehen sich Achter zurück. Sie sammeln sich und sind nachdenklich statt aktiv. Sie betrachten sich die Ereignisse leidenschaftslos, sammeln Informationen, nehmen einen Standpunkt ein und tanken neue Energien. Tom, eine Acht und Manager, der befürchtete, bei einer Firmenverkleinerung entlassen zu werden, sagt: »Ich wurde ganz still und war jeden Tag gut vorbereitet. Ich konzentrierte mich nur auf meine eigene Arbeit. Ich verteilte alle Aufträge. Ich erhielt alle notwendigen Informationen, so daß ich klar denken konnte. Als sie mich zu einem langen Gespräch hereinholten, glaube ich, rettete mich meine Zurückhaltung und daß alles in Ordnung war.«

Am einen Ende der Achter-Fünfer-Linie steht Wissen, am anderen steht Macht – zwei Seiten derselben Münze. Fünfer wissen, daß Wissen Macht bedeutet. Achter wissen, daß Macht Wissen ist und daß man die Welt nur durch Macht wirklich kennenlernen kann.

Höchstleistungspunkt: Zwei

Wenn Achter in den Zweier-Zustand geraten, machen sie von ihrer Macht und ihrem Charisma Gebrauch, um sich für die ihnen anvertrauten Menschen einzusetzen. Sie werden zu beschützenden, *dienenden Führern*. Ihre Ziele stehen dann im Einklang mit den Zielen derer, für die sie verantwortlich sind. Sie tun etwas, weil sie die Sensibilität anderer respektieren und davon betroffen sind.

Viola, eine Acht und Rechtsanwältin in der Unterhaltungsbranche, die für ihr schroffes, kämpferisches Auftreten bekannt war, erzählte mir, um wieviel einfacher und erfreulicher es für sie war, eine Übereinkunft auszuhandeln, wenn alle beteiligten Vollmachtgeber und Anwälte Frauen waren, denn: »Unabhängig davon, welchen Standpunkt jede einzelne von uns hat, treffen wir uns alle im Zweier-Zustand. Jede ist um einen Abschluß bemüht, der im Interesse aller liegt. Es herrscht eine Gegenseitigkeit, die in dieser Branche sonst nicht existiert. Jede vertraut darauf, daß keine der anderen schaden will; wenn sie es doch täte, würde es auf sie zurückfallen.«

Flügel

Schattenpunkt: Sieben

Achter sind genauso idealistisch wie Siebener. Deshalb werden sie so wütend. Achter glauben an eine gerechte Welt (wie sie sie sehen) und explodieren, wenn sie eine Ungerechtigkeit sehen – die ihnen oder anderen widerfährt.

Achter sind oberflächlich gesehen brutale Realisten, aber darunter sind sie verspielte Idealisten, die für die Möglichkeit einer positiven Zukunft empfänglich sind (genauso wie Siebener). Das Anerkennen ihres Schattens kann diese meist erdverbundenen Menschen wie einen Ballon steigen lassen. Sie werden effektiver, wenn sie die Sache unbeschwerter angehen und sich die Vogelperspektive aneignen. Statt nur stur geradeaus zu stürmen, sehen sie eine Fülle von Alternativen und entscheiden sich schnell und elegant für die geeignete Lösung, statt mit Gewalt etwas Unmögliches zu erzwingen.

Verbündeter: Neun

Achter haben dasselbe Problem mit kühnem, direktem Handeln wie Vierer mit Gefühlen: Sie stecken so tief in ihrer Aktivität, daß ihnen der Zusammenhang oder Bezugsrahmen fehlt, um sie zu würdigen oder zu verstehen. Achter im Neuner-Zustand sind immer noch sehr mächtige Handelnde, aber sie sind sich des Bezugsrahmens (die anderen Menschen, das Team, die Firma) bewußt, in dem sie arbeiten.

Die Neun ist das heimelige, friedliche Königreich, in dem die Acht, der König der Löwen, sich neben ein Lamm legen kann. Im Neuner-Zustand gehen Achter mit dem Fluß, statt sich ihren eigenen Weg zu bahnen. Die Kraft der Neun kommt daher, weil sie auf ihr Gegenüber eingeht und sich dann zurückzieht. Kampfsportler wissen, daß das die wirkungsvollste Haltung überhaupt ist.

Die Acht setzt Ereignisse in Gang, die Neun läßt sie geschehen. Der beste Rat für eine Acht ist: einfach geschehen lassen.

Kardinalregeln
Wenn Sie mit einer Acht arbeiten

- Behaupten Sie sich. Achter hassen es, wenn Sie vor ihnen kleinlaut werden.
- Spucken Sie's aus. Achter wollen Neuigkeiten gern schnell und direkt erfahren. Schwafeln Sie nicht. Beschönigen Sie absolut nichts.
- Jammern Sie auch nicht. Die Acht will sich nicht Ihre Ausreden anhören, sondern Ergebnisse sehen.
- Achter wollen Respekt. Ganz ähnlich wie Zweier, die Respekt für ihre unverzichtbaren Beiträge brauchen, muß man Achter wie Respektpersonen, nicht wie unbedeutende Handlanger behandeln.
- Gegen eine Acht aufbegehren ist etwas anderes, als den Einsatz zu erhöhen, denn dann bleibt ihr nichts anderes übrig, als Sie fertigzumachen. Erkennen Sie ihre Macht an, aber Ihre eigene auch.
- Sagen Sie einer Acht niemals, was sie nicht tun kann. Ihnen

wird Hören und Sehen vergehen, wenn sie sich an die Arbeit macht.

- Erklären Sie Probleme in Schwarz-Weiß-Begriffen. Achter haben wenig Toleranz für Feinheiten oder philosophischen Kontext.

- Ist dieser Kampf notwendig? Wenn nicht, machen Sie das Geschäft ohne ihn. Ist diese Klausel für den Abschluß wesentlich? Wenn ja, erklären Sie der Acht, daß dadurch das Geschäft platzt, und treten Sie den Beweis Ihrer Behauptung an.

- So hart es auch sein mag, aber sagen Sie Achtern immer direkt und unverblümt, wenn sie Mist gebaut haben oder Sie verrückt machen. Eisiges Schweigen macht sie verrückt. Schweigen ist ihr Streßpunkt.

- Achter haben gern die Verantwortung auf ihrem Terrain, welches sie naturgemäß ausdehnen wollen. Wenn Sie nicht wollen, daß Ihr Achter-Mitarbeiter Ihnen dauernd in die Waden zwickt, setzen Sie deutliche Grenzen und machen Sie sich darauf gefaßt, daß er sie immer wieder austesten wird.

Wenn Sie eine Acht sind

- Sich hintergangen fühlen ist nicht dasselbe wie hintergangen werden. Üben Sie nicht eher Vergeltung, bis Sie die Situation überprüft haben.

- Werden Sie eine noch mächtigere Acht, indem Sie Ihr Arsenal um Dinge wie Zuhören und Verhandeln vergrößern (siehe Verbündeter Neun). Lassen Sie andere Leute zu Ende denken und ausreden, bevor Sie dazwischenfunken.

- Differenzieren Sie. Bevor Sie jemanden plattmachen, fragen Sie sich, ob Sie bereit sind, die Konsequenzen zu tragen (zum Beispiel sich entschuldigen zu müssen – oder gefeuert zu werden).

- Brechen Sie nicht so schnell Ihre Brücken ab. Es fällt alles auf sie zurück. Menschen, über die Sie sich ärgern, brauchen nicht wegen jedem Fehler, den sie machen, zu büßen.
- Auf viele Menschen haben Ihre Drohungen und Wutanfälle einfach keine Wirkung. Bringen Sie klar zum Ausdruck, wie sich die Person, die Sie bedrohen, verhalten soll, damit Sie tatsächlich zufrieden sind.
- Mischen Sie sich nicht einfach ein, sondern fragen Sie um Erlaubnis. Seien Sie diplomatisch: Hören Sie auf die Antwort. Lernen Sie, welche Regeln Sie verletzen, bevor Sie sie verletzen.
- Überlegen Sie, wie Sie sich die Talente anderer zunutze machen können. Das erreichen Sie, wenn Sie Ihre Mitarbeiter nach ihren Zielen fragen (die Perspektive des Höchstleistungspunktes Zwei). Statt sie dauernd auf Schwachstellen hin zu prüfen, sollten Sie Ihre Achter-Macht dazu einsetzen, um ihr positives Potential zu verstärken (siehe Schatten Fünf).
- Machen Sie sich bewußt, daß Ihr Impuls, jemanden zu beschimpfen, ein Zeichen für Ihre Unsicherheit sein kann oder Zeichen Ihrer Angst, sich und Ihre Verletzlichkeit bloßzustellen.
- Überlegen Sie, ob Ihre Sorge um Fairneß und Schutz des Unterlegenen andere unnötig in die Defensive drängt.
- Seien Sie sich darüber im klaren, daß Sie durch Zorn oder die Befriedigung sinnlicher Genüsse vielleicht unangenehme Gefühle vermeiden wollen.

NEUN Der Vermittler

Alias Der Natürliche, der Friedenschließer, der Verhandler

Weltsicht Alles wird sich finden, wenn wir ruhig, liebenswürdig und in Kontakt bleiben.

Gute Seiten einfühlsam, verfügbar, unbeeindruckt, ausgeglichen, zuverlässig, bescheiden, herzlich, Salz der Erde.

Schlechte Seiten apathisch, faul, sträubt sich gegen Veränderung, unentschlossen, langweilig, mit seinen Gewohnheiten verheiratet, im Raum verloren.

Führungsstil kollegial, läßt anderen ein Mitspracherecht, bezieht andere mit ein, reaktiv, teilt den Verdienst; und – manchmal – passiv-aggressiv und dickköpfig.

Glaubensbekenntnis Laß es geschehen. Treib den Fluß nicht an.

Was sie mögen Frieden, Harmonie, Einheit, Teamgeist, Fairneß, Selbstlosigkeit, Unausweichlichkeit, die unkomplizierteste Alternative.

Was sie nicht mögen Konkurrenz, den einzig wahren Weg, Ihre Autorität, ihre eigene Autorität, Fristen.

Gesprächs-/Kommunikationsstil Sagen, Epen (langatmig, weitschweifig, sich wiederholende Schilderungen), dummes Zeug quasseln.

Geben Ihnen das Gefühl, akzeptiert, verstanden, beruhigt, warm umfangen zu werden; und – manchmal – nicht zu wissen, was erwartet wird, Watte im Kopf zu haben, verloren, überfordert zu sein und Wut über ihre liebenswerte Transusigkeit zu empfinden.

Erscheinung ruhig, schlicht, gemütlich, bequem angezogen, manchmal unordentlich und ungekämmt.

Gutes Arbeitsumfeld gleichbleibend und vorhersagbar, mit klarer Verteilung der Verantwortlichkeiten, kollegial, gegenseitige Hilfe, wenig Konflikte.

Schlechtes Arbeitsumfeld autoritär, Hochdruck, da, wo der Mensch zweitrangig wird.

Bücher Carl Rogers, *On Becoming a Person*; Chester Barnard, *The Functions of the Executive*; Aurelius Augustinus, *Die Bekenntnisse.*

Redewendungen »Ich habe mich in meinem Leben hauptsächlich mit dem Leben anderer Völker beschäftigt« (Margaret Mead); »Ich will es mir noch einmal durch den Kopf gehen lassen«; »Wir bleiben bei unserer Ansicht«; »Bring hier keine Unruhe rein«; »Wir sind die Welt«; »Leben und leben lassen.«

Überzeugte Neuner Dwight Eisenhower, Ronald Reagan, Gerald Ford, Lance Ito, Julia Child, Ringo Starr, John Major, Bruce Babbitt, Chester Barnard, Carl Rogers, John Goodman, Gabby Hayes, Dan Quayle, Edith Bunker, Margaret Mead, Königin Elizabeth II., Nancy Kerrigan, Jerry Seinfeld, die amerikanische Postbehörde, Bali, Polynesien.

Höchstleistungspunkt 3 direkte, fokussierte Aktion auf ein eindeutiges Ziel hin.

Streßpunkt 6 wird durch Mißtrauen, Zweifel, Angst vor einer Katastrophe oder den Absichten anderer zum Handeln getrieben.

Verbündeter 1 wird energetisiert durch Ordnung, Prioritäten und durch das Wissen, daß es ein eindeutiges Richtig und ein klares Falsch gibt.

Schatten 8 erdet sich, wenn sie ihre Macht ausübt, willentlich fühlt, sich Gehör verschafft und handelt, durch Wut und Beherrschung, durch den Willen, sich festzulegen.

Tugend richtiges Handeln.

Laster Faulheit.

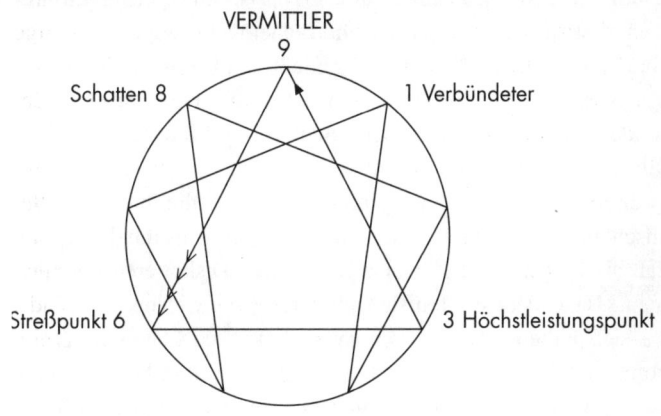

VERMITTLER
9

Schatten 8

1 Verbündeter

Streßpunkt 6

3 Höchstleistungspunkt

Bekanntschaft mit einer Neun

Toms Geschichte

Tom, Leiter der sozialen Dienste eines Staates im Mittleren Westen, hat sein ganzes Leben lang glücklich in der Staatsregierung gearbeitet. Vor seiner Beförderung an die höchste Stelle war er viele Jahre lang unter drei verschiedenen Direktoren stellvertretender Direktor seiner Behörde. Tom war sich nie sicher, ob er den höchsten Posten haben wollte, aber irgendwann wurde diese Stelle frei, der Gouverneur hatte es eilig, und Tom besaß soviel Erfahrung und sowenig Feinde, daß er einstimmig gewählt wurde. Das war ein Riesenerfolg.

»Wenn man ihn nicht wirklich gut kennt, scheint er die Seele eines Vizepräsidenten zu haben«, sagt ein Mitglied des Beraterkomitees. »Es beschäftigt ihn anscheinend dauernd, was jeder einzelne tut. Über Tom kursiert der Witz, daß bei seinem Tod blitzartig das Leben eines anderen Menschen vor seinen Augen abläuft.«

»Sein hervorstechendster Charakterzug ist ein Sinn für Zusammenarbeit. Er ist ein partnerschaftlicher Typ«, sagt Aaron, ein Hauptabgeordneter. »Dadurch genießt er überall großes Ansehen, sogar bei kleinen Splitterparteien. Tom ist nicht kleinlich, sondern gibt großzügige Richtlinien vor und läßt für ihre Ausführung sehr viel Freiraum.«

Während Tom ruhig bleibt, streiten die Leute, die ihm berichten, anscheinend dauernd über irgend etwas. (Ich wies ihn darauf hin, daß sie liebenswürdigerweise für ihn das Diskutieren übernehmen.) Besonders streiten sie sich darüber, an welche Richtlinien sie sich halten müssen, wenn von ihm keine klaren Vorgaben kommen. »Er ist ein Supertyp«, sagt eine Mitarbeiterin. »Ich wünschte nur, er würde deutlicher ausdrücken, was er von uns bei diesen Fragen erwartet. Aber er haßt es, unter Druck gesetzt zu werden. Er hört dann zu und nickt freundlich, wird aber nichts unternehmen. Genauso will er Entscheidungen treffen. Er läßt uns streiten und vermittelt dann eine Lösung.«

In den vergangenen zwanzig Jahren hat Tom jedes Jahr an einer Sieben-Tage-Fahrradrallye – keinem Rennen – quer durch seinen Staat teilgenommen. Tausende Menschen nehmen daran teil. Trophäen aus jedem Jahr hängen an der Wand seines Büros. »Warum machen Sie das nach so langer Zeit eigentlich immer noch?« necke ich ihn. »Ich bleibe gern am Ball«, antwortet er. »Dasselbe tue ich in meiner Arbeit. Ich warte ab, und die Ergebnisse, die eintreffen sollen, treffen ein.«

Das national anerkannte Vermittlungsprogramm der Dienststelle ist so ein Fall. Das Programm, Toms Baby, wird von Referendaren durchgeführt, die Vermittlung als Alternative zu staatlich verordneten »Prozeßanhörungen« für Sozialhilfeempfänger anbieten, die Entscheide des Ministeriums anfechten wollen. »Die Richter, die Finanzleute und die Bürokraten – sie alle hatten Einwände«, sagt Tom, »aber dieses Vermittlungsprogramm führte ein Eigenleben. Wir machten einfach immer wieder neue Vorschläge, bis wir eine Übereinstimmung erzielt hatten, oder vielleicht ging auch allen anderen die Luft aus. Ich bin einfach dabeigeblieben.

»Das hier ist eine Dienstleistungsorganisation«, sagt Tom. »Es geht nicht um uns, sondern um die Kunden. Das Vermittlungsprogramm sorgt dafür, daß jeder eine Chance bekommt, angehört zu werden. *Dann finden sich die Lösungen ganz von allein.*«

»Jetzt wissen Sie, weshalb dieser Spruch von F. Scott Fitzgerald auf meinem Schwarzen Brett steht«, sagt ein Mitarbeiter. Er lautet: »Erstklassige Intelligenz läßt sich daran testen, ob man sich zwei widersprüchliche Ideen gleichzeitig merken und immer noch intelligent sein kann.«

Erkennen Sie Tom? Tom ist eine Neun.

Die Grundvoraussetzung

Neuner sind die umgänglichsten von allen Enneagrammtypen. Sie können mühelos Kompromisse schließen, weil sie sich so auf die Absichten ihrer Mitmenschen eingestellt haben, daß sie darüber ihre eigenen Absichten, Wünsche, Ziele und Bedürfnisse aus den Augen verlieren. Ihre *Selbstlosigkeit* und ihre Sensibilität für die oft unvereinbaren Ansichten anderer Menschen macht sie zu geborenen Vermittlern und Beratern, die Einstimmigkeit erzielen und turbulente Situationen beschwichtigen können.

Besonnen und *im Zeitlupentempo* halten Neuner Druck stand, besonders bei Geschäftsabschlüssen. »Laufen Sie nie einem Bus nach«, riet Mel Brooks als der zweitausend Jahre alte Mann, eine Neun. »Es kommt immer ein anderer nach.« Gleichzeitig bedeutet diese lockere Einstellung manchmal, daß Neunern der Sinn für Entschlossenheit fehlt. Mitarbeitern erscheinen sie möglicherweise als etwas schlampige, langsam sprechende und sich bewegende Bürokraten, die leicht überfordert sind und ihre Versprechen nicht einhalten.

Während die draufgängerische Drei an beiden Küsten den typisch amerikanischen Stil vertritt, ist die Neun charakteristisch für den Gesellschaftsstil der Landesmitte. Viele Präsidenten der heutigen Zeit, die Neuner waren, stammten aus dem Landesinneren: Eisenhower, Ford und Reagan waren alle beliebt, hatten ein sonniges Gemüt und gesunden Respekt vor der Tradition und waren letztendlich volkstümliche Männer, liebenswürdige neutrale Figuren, die inmitten des Tumultes um sie herum Ruhe und Wärme bewahrten. Neuner sind »das Salz der Erde«. Auch wenn viele daran zweifelten, ob Präsident Ford in der harten Zeit nach Watergate ein Wunder geschehen lassen könne, setzte er immer auf Verläßlichkeit und nicht auf schnelles, unbedachtes Handeln. »Ich bin ein Ford, kein Lincoln«, sagte er bescheiden, wie eine echte Neun.

Die besten Neuner sind der Stein der Weisen im Enneagramm. Der magische Stein der Weisen hatte die Macht, niedere Substanzen in reines Gold zu verwandeln, ohne sich dabei selbst zu verändern. Neuner können Ihre Begabungen, Ihre wahren Bedürfnisse und Ihre Berufung sehen und haben ein angeborenes Einfühlungsvermögen, um diese ans Tageslicht zu bringen, oft ohne daß Sie es merken. Um aus anderen das Beste herauszuholen, versäumen Neuner manchmal, dasselbe bei sich zu tun. Der biblische Moses, ein widerspenstiger Führer und der Inbegriff einer Neun, weigerte sich, solange er konnte, selbstbestimmt zu leben, indem er Gott sagte, dieser habe den Falschen ausgewählt. Wie ein typischer Neuner-Manager, der zwischen seinem Vorgesetzten und seinen Mitarbeitern hin und her gerissen ist, war Moses hin und her gerissen zwischen einem eifersüchtigen Gott, den er besänftigen mußte, und einem jammernden, ungehorsamen Volk, das er züchtigen sollte. Aber selten verlor er die Geduld – bis er vom Berg Sinai herabstieg und sah, daß die Israeliten ein goldenes Kalb anbeteten. Da zerschmetterte er die Gesetzestafeln, auf die Gott ihm die Zehn Gebote geschrieben hatte, am Boden. Durch diesen ungewöhnlichen Wutausbruch verwirkte er, laut einigen Berichten, das Recht, das Gelobte Land zu betreten – die allerschlimmste Bestrafung für eine Neun, die einfach nur dazugehören will. Kein Wunder, daß Neuner Vorsicht gelernt haben, wenn es darum geht, ihre Wut direkt zum Ausdruck zu bringen. Wie Moses kann Ihnen jede Neun ein Lied davon singen, wie sie wütend auszog, um für ihr Recht zu kämpfen, und eines draufbekam.

Psychologie

Als Kinder lernten Neuner, ihre eigenen Sehnsüchte zu unterdrücken, um Konflikte zu vermeiden und nicht den Kontakt mit den Menschen zu verlieren, an denen sie hingen. Wie Achter und Einser (ihre Gefährten in der Machttriade) paßten sie ihren Willen an, um zu überleben. Achter reagierten auf diese schwierige Lage, indem sie bei allen Dingen auf ihrer Methode beharrten, und Einser, indem sie sich mit dem Unterdrücker identifizierten und bei allem auf dem Willen des *Unterdrückers* beharrten. Neuner hingegen wählten den Mittelweg zwischen Gehorsam (Eins) und Trotz (Acht). Sie lernten meisterhaft, Frieden aufrechtzuerhalten und mit anderen in Verbindung zu bleiben, indem sie scheinbar zustimmten, sich in alle Aspekte einer Frage und in alle Beteiligten einer Diskussion hineinversetzten und ihre eigenen Bedürfnisse, Ansichten, Wünsche und ihren Willen gewaltsam unterdrückten. Heimlich (meistens unbewußt) ärgerten sich Neuner darüber, daß sie sich aufgeben mußten.
Einige Neuner hatten Eltern, die ständig miteinander in Konflikt gerieten, und die Neun war zwischen beiden hin und her gerissen. Andere Neuner stammten aus Großfamilien, in denen es un-

möglich war oder als störend empfunden wurde, starke individuelle Wünsche zum Ausdruck zu bringen. Das spiegelt sich wider in dem, was Freud den »Kampf um den Nachttopf« nannte. Neuner gaben nach – oder erweckten zumindest diesen Eindruck.

Die Strategie der Neuner war mitzumachen, um weiterzukommen. Sie lernten, alle extremen Gefühle abzutöten, insbesondere das Gefühl, etwas zu *begehren*. (Vergleichen Sie mit der Vier, die süchtig ist nach Begehren *und* dem Gefühl, ein einsamer Verbannter zu sein.) Dieses Abtöten von Gefühlen erweckt den Eindruck, erwachsene Neuner seien umgänglich, fühlten sich wohl in ihrer Haut, ja wirkten spirituell fortgeschritten. Sie sind scheinbar mit allem zufrieden. »Akzeptiere mich«, sagt die Neun, »und dann werde ich meine Wut, meine starken Gefühle, meine Pläne, mein Selbst aufgeben.« Aber diese Gefühle lassen sich nur für eine gewisse Zeitlang unterdrücken.

Die gute Nachricht

Neuner sind Menschen mit enormem *Wohlwollen*. Langsam und beständig können sie sich im Rudel abkämpfen, Bedürfnisse, Ideen und Pläne anderer unterstützen und ermutigen. Anders als Dreier oder Achter wollen sie nicht im Rampenlicht stehen, aber wenn es sich ergäbe, wäre es ihnen auch recht.

Geborene Vermittler

Neuner spüren intuitiv, was schon die alten Weisen des Ostens wußten: Scheinbare Gegensätze sind in Wahrheit nur unterschiedliche Sichtweisen. Sie haben ein unglaubliches Talent, für Ausgewogenheit zu sorgen. Mehr als jeder andere Enneagrammtyp wissen sie, wie man *Paradoxe* und Widersprüche *toleriert*. Sie können die Wahrheit bei widersprüchlichen Meinungen (und

Enneagrammstilen) gleichzeitig erkennen und sich integer von einer Position zur nächsten bewegen. Die besten Neuner sind die wahren Meister des Enneagramms.

Neuner lassen sich selten zu Extremen verleiten und operieren daher geschickt im Mittelfeld. Eine Drei, die von Beschwerden in der Kundendienstabteilung eines großen Warenhauses erfährt, wird sich wahrscheinlich als Vertreter dieses Hauses nach außen betrachten. Eine antiautoritäre Sechs könnte sich als Verbraucheranwalt sehen, der in Opposition zur Firmenleitung steht. Eine Neun betrachtet sich wahrscheinlich als im Mittelfeld stehend, als Vermittler zwischen der Firma und dem Kunden.

Neuner sind großartige Teamleiter. »Ich weiß immer ganz genau, was jemand zur Gruppe beiträgt, auch wenn es demjenigen selbst nicht klar ist«, sagt Steve, eine Neun und Produktmanager.

Ähnlich ist es mit ihrer Vermittlertätigkeit. Weil sie das besondere Talent haben, sich mit jedem zu identifizieren, der gerade spricht, geben die Neuner allen streitenden Parteien das Gefühl, angehört und verstanden zu werden. Genau so funktioniert Vermittlung. Die Beteiligten kommen zu einer Übereinkunft, weil sie die Position des anderen verstehen und sich hineinversetzen können. Viele der anderen Enneagrammtypen meinen, sie beherrschten diese Fähigkeit gut, aber den Neunern ist sie wirklich angeboren.

Das Geschick, andere zu ermächtigen

Die besten Neuner wissen, wie sie aus Menschen, mit denen sie zusammenarbeiten, das Beste herausholen. Während sich unentwickelte Neuner, die nicht nein sagen können, die Probleme anderer aufladen und sich darin verstricken, wissen entwickelte Neuner, daß jeder einzelne seine Antworten am besten kennt. Neuner ermächtigen andere, indem sie ihre Fähigkeit anerkennen, unabhängig zu kompetenten Entscheidungen zu gelangen;

das merkwürdige Paradox dabei ist, daß Neuner aber nicht immer genauso handeln, wenn es sie selbst betrifft.

Kerm Campbell, der Geschäftsführer des führenden Möbelherstellers Herman Miller, berichtet von einem Treffen mit einem langjährigen Mitarbeiter. »Er arbeitete an einem Programm, und ich fragte ihn, wie er zurechtkomme. Er erwiderte, er habe noch nicht viel getan und wolle meinen Standpunkt wissen. Ich sagte ihm lediglich, daß meine Position die seine sei. Er schien recht erstaunt, begriff aber, was ich meinte.«[1]

Der große Neuner-Psychologe Carl Rogers begründete eine ganze Psychotherapie auf diesem Prinzip. Er lehnte es ab, seinen Klienten Lösungen aufzudrängen, und bot ihnen statt dessen etwas an, das er die »bedingungslose positive Achtung« nannte.

Laut Rogers werden durch solch ein Annehmen von Gefühlen Antworten freigesetzt, die der Klient schon kannte, aber nicht sehen konnte. Das ist etwas, was Neuner oft ganz automatisch für andere tun. Es ist auch die beste Methode, eine Neun in der Arbeit aufblühen zu lassen, denn sie will sich und ihre eigenen Ideen nicht so gern in den Vordergrund stellen und verkümmert, wenn man sie kritisiert oder sie sich in einer Konkurrenzsituation wiederfindet.

Manchmal verwechselt man Neuner und Zweier, aber Zweier erraten geschickt Ihre Gefühle, ohne deshalb ihre eigenen Ziele aus den Augen zu verlieren, und passen zwar ihre Maske, nicht aber ihr Programm an. Neuner hingegen lassen ihre Maske unverändert, aber ihre Pläne sind formbar wie Knetmasse. Lisa, eine Neun, PR-Chefin einer großen Universität, sagt: »Ich setze mich sehr dafür ein, die leitenden Angestellten dazu zu bringen, sich Zeit für mich zu nehmen. Sie sind alle verschieden. Einige möchten ein formelles Programm mit Zeitplänen. Der Präsident möchte, daß ich sonntags nachmittags Zeit habe, um Anrufe entgegenzunehmen. Viele Dekane würden mich am liebsten noch auf der Toilette abpassen. Meinen Job erledige ich am besten so, weil ich flexibel bin und schnell reagiere. Denken Sie bitte nicht, ich sei nicht aggressiv. Ich passe mich aggressiv an ihre Pläne und ihren Stil an. Es ist keine leichte Aufgabe, für andere Zeit und Raum zu schaffen.«

Gelassen

Neuner fließen von allen Enneagrammtypen am besten »mit dem Strom«. Anders als Einser schreiben sie selten ein straffes Programm oder – wie Fünfer – ein problemlösendes Grundgerüst vor. Für Neuner sind Leben und Arbeit komplexe *organische* Prozesse, in die man sich auf eigene Gefahr einläßt. Hören wir den einflußreichsten Managementtheoretiker der dreißiger und vierziger Jahre, Chester Barnard, eine Neun, der eine leitende Position bei einer Telefongesellschaft bekleidete: »Es gibt unzählige Dinge, die Menschen auf dieser Erde zu tun haben und die genauso funktionieren müssen wir ein physiologisches System, ohne bewußte Steuerung. In dem Moment, wo man sich dessen bewußt wird, verliert man die Kontrolle.« Solch ein organisches Neuner-Verhalten taucht unter Bezeichnungen wie Systemtheorie, Chaostheorie und Gruppe-als-Ganzes-Vorgehensweise wieder auf.

Beständig und engagiert

Neuner sind beständig. Siebener sind große Planer, sie haben großartige Ideen und bringen Begeisterung mit, aber man kann sich von einem Tag auf den anderen nicht auf sie verlassen. Neuner, Gewohnheitstiere, ermöglichen die Planung. So sagt Donna, die Personalleiterin: »Meine Mitarbeiter wissen, wie sie arbeiten sollen. Meine Chefs wissen, was sie erwarten können. Ich war immer der Ansicht, daß man viel mehr Anerkennung bekommt, wenn man einfach fleißig und beständig ist.«

Zwar mag es sein, daß sie lieber nicht eingreifen oder warten, bis sie dazu gezwungen werden, aber sobald sie einmal in die Gänge kommen, sind Neuner wie Achter und Einser, ihre Kollegen in der Machttriade: harte Arbeiter, die sehr methodisch und bedacht vorgehen.

Die schlechte Nachricht

Na ja, er ist ein guter Zuhörer, aber er hört eigentlich nicht richtig zu.

Kommentar über Ronald Reagan

Das Kernproblem für Neuner ist, daß sie die Wertvorstellungen und Pläne anderer zu ihren eigenen machen. Das kann zu einem herzlichen und verschwommenen Dazugehörigkeitsgefühl führen, das sie sich um den Preis ihrer Ziele erkauft haben.

Mit ihrem Drang, mit anderen eine Einheit zu bilden, verschwinden Neuner-Mitarbeiter oft im Hintergrund. Neuner-Chefs können es sich meistens nicht leisten, unsichtbar zu bleiben, aber sie verwischen sogar zweckmäßige Grenzen und Ziele. Das kann ihre Mitarbeiter zu Watteköpfen machen. Als Odysseus' Gefährten im Land der Lotusesser anhielten, verloren sie jegliche Lust, irgend etwas zu tun, vergaßen ihre Heimat und zogen Odysseus beinahe auch noch ins Verderben.

Lotusessende Neuner können das auch mit Ihnen machen. Oberflächlich wirken sie freundlich und gewährend, aber auf der dunklen Seite der Neun lauert tödliche Absicht. »Wenn Sie mit uns arbeiten wollen, müssen Sie die Anteile von sich aufgeben, die nicht dazupassen. Wir akzeptieren Sie völlig, aber nur so lange, wie Sie mit uns eins werden.« Die unangenehmste Seite der Neuner ist, daß sie Andersartigkeit scheinbar gutheißen, aber jeden dazu zwingen, mit Willensfragen konform zu gehen.

»Ich wechselte einmal in eine andere Abteilung bei einem Elektronikhersteller. Zuerst war ich in einer großen, produktionsorientierten Abteilung, die von einer Drei geleitet wurde. Dann kam ich in eine kleine unkonventionelle Forschungsabteilung, die eine Neun leitete«, erinnert sich Leslie, eine Eins. »Zuerst war ich ganz begeistert, weil alle wie eine große glückliche Familie wirkten. Aber es dauerte nicht lange, da merkte ich, welchen Preis meine Kollegen dafür bezahlten. Der Job wurde mir schmackhaft gemacht mit dem Argument, hier herrsche kein Termindruck. Das stimmte zwar, aber es bedeutete auch, daß es keine individuelle Rückmeldung gab. Ich blühe auf, wenn ich Rückmeldungen bekomme, aber es gab niemals irgendwelche Leistungsüberblicke, und mein Chef haßte es, wenn ich einmal im Jahr einen Termin mit ihm vereinbaren wollte, um über meine Bezahlung zu sprechen. Das Jahr, in dem ich resignierte und keine Gehaltserhöhung forderte, war das Jahr, in dem ich die größte Gehaltserhöhung überhaupt bekam. Ich glaube, ich wurde dafür belohnt, daß ich mich schließlich angepaßt hatte.«

Konfliktvermeider

Neuner vermeiden Konfrontationen und Konflikte, nicht weil sie politisch oder strategisch sind wie Sechser, sondern weil sie, wie wir gesehen haben, lieber »mit dem Strom schwimmen«. Das ist entweder eine ganz hehre Einstellung oder der absolute Ausverkauf seiner selbst.

Richter Lance Ito ist solch ein Fall. Seine Qualitäten als Richter, die überhaupt erst dazu führten, daß man ihn mit dem O.-J.-Simpson-Prozeß betraute – seine ruhige, ausgeglichene, schwer reizbare Art, sein zwanghaftes Bemühen, beide Seiten auszubalancieren –, waren es auch, was seine Kontrolle über die Verfahren unterminierte. Itos Zwanglosigkeit und sein zurückhaltender Humor zerstreuten vieles von der Spannung und den Konflikten in der Anfangsphase des Falles, aber während er sich bemühte, eine »nette Neun« zu sein, büßte er seine Macht und Autorität ein. Er ließ den Prozeß ohne festgelegten Zeitplan dahinplätschern. Er ließ sich von wütenden Anwälten beider Seiten unter Druck setzen, die behaupteten, die Gegenpartei werde bevorzugt behandelt – eine raffiniert kalkulierte Masche, um eine hoffnungslos um Ausgleich bemühte Neun ins Wanken zu bringen.

Nicht gewillt, starke Positionen einzunehmen und sie auch zu vertreten, geriet Ito regelmäßig ins Schwafeln. Sehr schnell fanden die Anwälte heraus, daß die unverrückbarsten seiner ernsten Drohungen, Vorschriften und Entscheide verhandelbar waren. Als er in einer Spätphase des Prozesses versuchte, mehrere Entscheide durchzusetzen, wirkte er unglaubwürdig und anmaßend.

Für Neuner führt der Wunsch, Konflikte zu vermeiden, zu einer gewissen Resignation. Da sie sich schon von vornherein für uneffektiv halten (meinen, nichts ausrichten zu können) und weil die etablierten Kräfte unveränderlich scheinen, erfordern Veränderungen oder eine Stellungnahme scheinbar soviel Energie und Konzentration. Statt dessen akzeptieren Neuner lieber das, was ihnen vorgesetzt wird. »Und so ist es halt«, seufzte die Neun Walter Cronkite jeden Abend. Cronkite bemerkte ebenfalls: »Genau die Befangenheit gegenüber Stellungnahmen ist im Journalismus ein Zeichen von Professionalität. Ich habe sie mein Leben lang unterdrückt.«

Langsam, wenn es ums Handeln geht

Dieser Mensch ist entweder tot, oder meine Uhr ist stehengeblieben.

Groucho Marx

Für viele Neuner ist die Kehrseite von »mit dem Strom schwimmen« ein entschiedener Widerstand gegen bewußte, geplante Veränderung. Neuner »mauern« im Enneagramm am besten. Sie haben eine besondere Begabung dafür, dickköpfig und störrisch zu sein und sich dabei auch noch im Recht zu fühlen, wenn sie nicht handeln – wirken aber bei alldem so, als seien sie mit allem einverstanden.

Viele Neuner gelten als phlegmatisch und träge. Warum? Weil so vieles in Betracht gezogen werden muß: ihre eigenen Ansichten, die ihrer Kollegen und der Firma, die Meinungen ihrer Kunden und Konkurrenten, die Politik und Technologie, sogar moralische und philosophische Erwägungen.

June beispielsweise ist sehr intelligent, aber sie hat eine Stelle als Katalogisiererin bei einer großen Direktmarketingfirma angenommen, obwohl sie ausgebildete Programmiererin ist. Wenn es innerhalb der Firma etwas zu programmieren gibt, wie das regelmäßig vorkommt, macht sie sich mit »Überlegungen« verrückt: »Oh, der Soundso ist dafür auch qualifiziert, mir gefällt es da, wo ich bin. Warum soll ich Aufregung reinbringen?« Sie freundete sich mit dem Leiter einer anderen Abteilung an, der ihr genau den Programmierjob anbot, den sie nach eigenen Worten seit Monaten haben wollte. June freut sich, daß der Manager zu ihr kam (viele Neuner wollen lieber entdeckt werden als vorsprechen). »Ich darf nicht emotional werden«, erzählte sie mir, »denn wenn man zu aufgeregt wird, vermasselt man sich die Sache. Das Problem ist, daß ich, wenn ich wirklich einen Programmierjob haben wollte, bei einer anderen Firma besser aufgehoben wäre.

Aber ich stürze mich nie Hals über Kopf in etwas hinein, und es tröstet mich dann ein wenig, wenn ich es nicht bekomme.«

Sie sehen den Wald vor lauter Bäumen nicht

Neuner sehen Ereignisse immer in einem größeren Zusammenhang. Es ist bemerkenswert, wie Neuner die Dynamik größerer Systeme verstehen, aber wenn es um das Arbeitsleben der Neun selbst geht, kann ein globaler Standpunkt zu Stagnation führen. »Was macht es schon aus?« fragt diese Art von Neun, für die kein Ereignis Folgen hat. Andere Neuner, die übertrieben darauf reagieren, in eine Gesamtübersicht einbezogen zu werden, halten unbeirrt an ihren Gewohnheiten fest und richten ihre Aufmerksamkeit starr auf kleine Einzelheiten, die jedoch lösbar wären.

Ein Industrieller und Anleger aus Südamerika, eine Neun, rief mich um Rat bei einem Konflikt an, den er mit einigen Partnern bei einem Minenprojekt hatte. Ich bat ihn um eine kurze Erläuterung. Statt dessen begann er mit einer faszinierenden, einenhalbstündigen Diskussion über die Geschichte der Spanier und ihre Kriege mit den Indianern und deren Unterwerfung. Die Spanier begriffen nicht, welche Folgen das hatte. Auch seine derzeitigen Partner begriffen das nicht, und deshalb war es zum Streit mit ihnen gekommen. Sie wollten schnell rein- und wieder rauskommen. Er sah die Vorteile dieses Geschäfts, wollte aber auch die physische Umgebung und die Arbeiter berücksichtigen. Er sah, daß die Regierung daran beteiligt sein würde, und wollte die Fehler der Geschichte nicht wiederholen.

Zuerst bewunderte ich den Standpunkt dieses Industriellen. Als echte Neun verstand er die Nachwirkungen seiner Aktionen. Dann taten mir allmählich seine Partner leid, die einen einfachen Geschäftsplan wollten.

Die Lösung war für eine Neun ein Kinderspiel: Warum nicht beides? Manchmal werden Neuner stur, weil sie Angst haben, sich zu verkaufen. Meister der Kompromisse, wenn es um andere geht, befürchten sie, daß jeder Kompromiß, auf den sie sich für ihre eigene Person einlassen, bedeutet, daß jemand rücksichtslos auf ihren Zielen herumtrampelt, wie es in ihrer Kindheit der Fall war. Wenn es um sie selber geht, vergessen sie zu verhandeln.

»Machen Sie sich die Mühe, einen Geschäftsplan zu erstellen, wie eine Drei«, sagte ich. »Aber lassen Sie sich nicht davon einschränken. Erklären Sie Ihren Partnern außerdem, woher Sie kommen, sonst ist eine ernsthafte Zusammenarbeit mit ihnen nicht möglich.«

Er war hell begeistert. Er hatte nicht erwartet, seine Wünsche

geltend machen zu können und obendrein das Geschäft abzuschließen. Neuner können hoffnungslos und resigniert sein; die
Aussicht, daß ihre eigenen Bedürfnisse erfüllt werden *und* sie
trotzdem mit ihrer Gruppe in Kontakt bleiben können, verändert
ihr Leben.

Leicht abzulenken

Die Weigerung der Neuner, sich auf weniger Dinge zu konzentrieren, bedeutet manchmal, daß sie sich von unbedeutenden und
unwichtigen Dingen angezogen fühlen – wie Motten vom Licht.
Sie gehen Zerstreuungen nach, so wie Sechser vermeintlichen
Verschwörungen nachgehen. (Sie werden sie finden, ob es sie
gibt oder nicht.) Als Meister oberflächlichen Zeitvertreibs lassen
sie sich leicht von Unterbrechungen und von anderen Menschen
während der Arbeit ablenken.

Im schlimmsten Fall achten Neuner mehr auf das Drumherum
als auf den Kern der Sache. Jan, eine Drei, der in der Marketingabteilung eines internationalen Herstellers arbeitet, sagt: »Die
zuständige Bibliothekarin hier ist eine Neun. Manchmal brauche
ich schnell Antwort auf eine Frage, aber ich habe Angst davor,
sie anzurufen. Man kommt nicht mehr vom Telefon los, weil sie
das Problem in alle Richtungen dreht und wendet. Dann schickt
sie Nachschlagebücher, Zeitschriftenartikel, Internet-Ausdrucke,
mehr, als man je braucht. Bis das Zeug kommt, hat man seine
Frage schon vergessen.«

Wenn die Arbeit intensives Engagement und Konzentration erfordert, kann die Neigung der Neun, zu viele Fragen offenzulas-
sen, hinderlich werden. Wenn Sie bei einer Neun an der Oberfläche kratzen und sich vielleicht fragen, ob sie nicht ihren Beruf
verfehlt hat, kommt darunter möglicherweise jemand zum Vorschein, der unfähig ist, innerhalb eines Unternehmens für eine
ersehnte Karriere zu kämpfen oder nach einer Umstrukturierung
mehr Gehalt zu fordern.

Losgelöst

Neuner mögen abgeklärt und sorglos wirken, aber zumindest bei
weltlichen Dingen kann es vorkommen, daß sie gerade wegen ihrer Unerschütterlichkeit Einzelheiten vergessen und den An-
schluß versäumen.

Als vor einigen Jahren mein Onkel starb, war ich dafür verantwortlich, das Börsen-Portfolio aus seinem Nachlaß auf ein Konto
bei einer Brokerfirma zu transferieren und es dann an die Hinter-
bliebenen zu verteilen. Die Firma setzte die Sache komplett in
den Sand. »Keine Sorge«, sagte der Manager, eine Neun, der
sich nicht einmal auskannte. »In hundert Jahren fragt keiner
mehr danach.« Er wollte mich damit besänftigen, aber statt dessen wurde ich wütend. Letztlich ging alles gut aus, aber eben im
»Neuner-Tempo«. Wenn man versucht, eine Neun zur Eile zu
drängen, stellt sie sich stur.

Shelly, Therapeutin und Leiterin einer Beratungsstelle, ruft fast
nie am selben Tag zurück, auch bei Kollegen nicht. »Es wird
nichts so heiß gegessen, wie's gekocht wird. Oft löst sich das
Problem ganz von selbst«, sagt sie. Bei einigen Problemen ist
das so, bei anderen aber nicht. Jedenfalls wählen Neuner immer
den normalen Kochtopf und nicht den Schnellkochtopf.

Tarnungskünstler

Neuner tarnen ihre Macht aus einem Harmoniebedürfnis heraus.
Anders als die chamäleonartigen Dreier, die sich einmischen, um
sich hervorzutun, verbergen Neuner ihren Einfluß und ihre Bedeutung hinter einem lockeren Lächeln, einem entgegenkom-
menden Wesen und Zustimmung. Oft behaupten sie, Opfer äußerer Umstände zu sein – oder meinen es zu sein –, auf die sie keinen Einfluß haben.

Einige Neuner kompensieren ihre Reaktion auf andere und ihre
Unfähigkeit oder mangelnde Bereitschaft, klare Grenzen zu setzen, damit, daß sie übermäßig stur, pingelig, autoritär oder gries-

grämig sind. Aber unter dieser Schutztarnung gilt ihr Hauptaugenmerk immer noch den Plänen anderer, nicht ihren eigenen.
Als Mitglieder der Machttriade sind Neuner genauso eigenwillig
wie Achter und Einser, aber aufgrund ihrer Vorbehalte gegenüber
direkter Aggression (gut versteckt beim Schattenpunkt der Neun,
der Acht) beurteilen Neuner sich selbst, ihre Autorität und ihre
Ansichten indirekt gleichwohl sehr stark. Da sie passiv-aggressi-
ver als alle anderen Enneagrammtypen ist, sagt die Neun, die immer noch gegen den unzulänglichen Elternteil kämpft, der ihre
Wünsche mißachtete: »Du kannst mich zwar dazu bringen, ja zu
sagen, aber nicht, es auch zu tun.« Wenn Sie den machtvollen
Willen der Neun verstehen wollen, denken Sie an John Mitchells
Ermahnung, als er Oberster Staatsanwalt war: »Achten Sie darauf, was wir tun, nicht auf das, was wir sagen.«
Rob ist Leiter einer Regierungsstelle in einer mittelgroßen Stadt
im Nordosten der USA. Er gilt als erfahren und wird selten wütend, zumindest nach außen hin. Aus seiner Sicht hat er das Büro
fest im Griff, ohne unangenehm werden zu müssen. Als Rob erfuhr, daß einer seiner fünf Abteilungsleiter ihn hinterrücks ver-
leumdete, sprach er ihn nicht direkt darauf an, aber als sich die
Gelegenheit bot, versetzte Rob ihn in eine weitaus unbeliebtere
Abteilung. »Ich stellte es als Erfahrungstraining dar, aber jeder
wußte, daß ich ihn damit bestrafte.
Der Typ ist aber bei allem, was er anpackt, sehr gut«, fuhr Rob
fort. »Ich wollte ihn nicht loswerden. Er organisierte die neue
Abteilung um und verbesserte sie beträchtlich. Er brauchte meine Unterstützung und bekam sie auch. Er merkte, daß ich nicht
bloß ein Jammerlappen war, sondern einiges unternehmen würde, um ihm zu helfen.
Danach versetzte ich ihn an seinen alten Platz zurück. Er war
zweieinhalb Jahre dort und ist sehr glücklich und um einiges klü-
ger geworden. Und ist von mir überzeugt – wie ich von ihm.«

Mit einer Neun arbeiten
Eine Neun beeinflussen

Wenn Sie mit einer Neun arbeiten, scheuen Sie sich nicht, Ihren Standpunkt, Ihre Prioritäten und Ziele offenzulegen. Neunern gefällt es, Dinge von Ihrer Warte aus zu sehen, und sie werden auf Sie eingehen. Zeigen Sie sich kooperativ, gehen Sie nicht in Konfrontation, drängen Sie nicht. Neuner sind so eigenwillig wie jeder andere Enneagrammtyp. Sie wollen, daß alles reibungslos läuft.

Am besten beeinflussen Sie eine Neun, wenn Sie betonen, was Sie gemeinsam durch Zusammenarbeit bewirken können. Neuner schätzen unverhohlene Konkurrenz innerhalb eines Teams meistens nicht. »Ich mag es nicht, wenn Leute nur ihr eigenes Süppchen kochen«, sagte Brad, der Neuner-Manager einer Abteilung in einem Unternehmen für Lern-Software. »Es ärgert mich, wenn jemand aggressiv ist oder sich in den Vordergrund spielt. Wir sollen hier alle am gleichen Strang ziehen.«

Die Arbeit mit einer Neun kann frustrierend sein, als kämpfe man gegen Windmühlenflügel. Machen Sie es doch andersherum: Die meisten Neuner sind glücklich, wenn Sie in ihren Fachgebieten die Verantwortung übernehmen. Wenn Sie für eine Neun arbeiten und aufsteigen wollen, entwerfen Sie einen Karriereplan und überprüfen Sie ihn immer wieder mit Ihrem Chef, damit er versteht, daß dieser Plan immer wieder diskutiert werden soll. Wenn Sie dann noch zu einem bestimmten Zeitpunkt eine Entscheidung brauchen, treffen Sie sie selbst, und bitten Sie den Chef um sein Einverständnis. Seien Sie nicht penetrant oder arrogant; Sie werden den kürzeren ziehen. Zeigen Sie sich statt dessen kooperativ.

Wie eine Neun Entscheidungen trifft

Keine Entscheidung ist auch eine Entscheidung.

Chester Barnard

Das Problem bei Entscheidungen ist, daß sie fast immer weitere Entscheidungen notwendig machen.

Ian McNett

Der heilige Augustinus, eine Neun, sagte: »Handeln ist Sünde.« Neuner grübeln gerne. Sie drehen und wenden die Sache und käuen sie zufrieden wieder. Eine Entscheidung zu erzwingen mag ihnen wie ein Eingriff in die natürlichen Prozesse erscheinen. Lieber würden sie darauf warten, daß sich Dinge von selbst erledigen.

Meist vermeiden Neuner Entscheidungen, indem sie um mehr Informationen bitten, zu Vorsicht oder Zurückhaltung mahnen oder darauf hinweisen, welchen Einfluß die betreffende Entscheidung auf die Gefühle anderer haben könnte. Eine bei Neunern beliebte Vermeidungstaktik ist, darauf zu beharren, daß mehrere Standpunkte gehört werden müssen.

Treffen Neuner tatsächlich einmal eine Entscheidung direkt, können sie besonders gute Ergebnisse erzielen, weil sie so viele Standpunkte mit einbeziehen. Wie viele Neuner hatte Ronald Reagan ein »Küchenkabinett« – kollegiale Typen, die Angelegenheiten drehten und wendeten und Empfehlungen abgaben, ohne ihre eigenen Ambitionen oder Egos einfließen zu lassen. (Wenn sie es doch taten, wurden sie rausgeschmissen.) »Worum (Reagan) seine Berater oft bat«, so seine Biographin Lou Cannon, »war, ›etwas zu erledigen‹, das heißt, ein Mittelfeld zwischen unvereinbaren Optionen zu finden, wo keines existierte.«[2] Neunern gefallen gemeinschaftlich gefällte Entscheidungen besser, bei denen im besten Fall alle eine Mitspracherecht haben, die aber im schlimmsten Fall zu »Gruppendenken« verkommen. Diesen Begriff prägte der Psychologe Irving Janis und beschrieb damit Situationen, in denen sich jeder darauf verläßt, daß der andere überlegt und verantwortlich handelt.

Das stressigste Arbeitsumfeld für eine Neun ist, wenn sie ständig mit Situationen bombardiert wird, die spontan entschieden werden müssen und bei denen man nicht auf frühere Lösungen zurückgreifen kann, und wenn die Zeit fehlt, um nachzugrübeln und zu einer Übereinkunft zu kommen. Schneller, nicht routinemäßiger Kauf und Verkauf oder Verhandlungen mit streitsüchtigen Beteiligten bringen eine Neun meist ins Wanken. Als Gewohnheitstiere sagen die Neuner: »Wir wollen uns die Vergangenheit ansehen und sie in die Zukunft projizieren.« Das ist eine gute Methode, um das Rad nicht neu erfinden zu müssen und für die Folgen geradezustehen.

Da Neuner gern aus dem Bauch heraus handeln, bekommen sie oft Verstopfung. Neunern fällt es schwer zu sagen: »Ich will das.« Aber die meisten Neuner können entscheiden, was sie am wenigsten wollen. Präsentieren Sie ihnen alle Möglichkeiten und helfen Sie ihnen, die unerwünschtesten zu streichen, bis sie zu einer Entscheidung kommen. Die so anpassungsfähigen Neuner sind froh, sich an das, was übrigbleibt, anzupassen.

Die Art, wie Neuner Entscheidungen fällen, ist nützlich:

- wenn es viel Input oder viele Beteiligte gibt, deren Meinungen mit berücksichtigt werden müssen
- wenn Konfliktpotential zum Problem wird
- wenn Fragen gründlich erörtert werden müssen und auch Zeit dafür ist
- wenn als bestes Ergebnis eine Entscheidung herauskommt, an der möglichst viele Menschen beteiligt sind und die möglichst viele Standpunkte mit einbezieht.

Ich habe Verwaltungen beraten, die für die Erstellung von Entwicklungsplänen zuständig sind. Wenn hitzköpfige Geschäftsleute, Eigenheimbesitzer und unterschiedliche Interessengruppen und Aktivisten zusammenarbeiten müssen, ist die vermittelnde Vorgehensweise der Neun am besten geeignet. Die besten Entscheidungen in dieser Situationen gibt es, wenn die konkurrierenden Vertreter sich die unterschiedlichsten Standpunkte angehört haben, sie verstehen und sich jeder mit einbezogen fühlt – das ist die gute Seite der Neun.

Der Führungsstil der Neun

Über einen guten Führer, der wenig spricht,
wenn sein Werk vollendet und sein Ziel erreicht ist,
wird jeder sagen: »Wir haben das selbst gemacht.«

Lao Tse, *Tao Te King*

Die besten Neuner-Manager sind freundliche, geruhsame Betreuer, die keine Richtung vorschreiben, die andere inspirieren und durch Übereinstimmung führen. Aaron, eine Drei, die für Tom, den Leiter für soziale Dienste, arbeitet, sagt: »Tom erläßt sehr weitgespannte Direktiven und läßt viel Spielraum für ihre Ausführung. Er will an der Sache beteiligt sein, aber das meiste braucht er nicht vorher von einem zu hören, und selten sagt er voraus, was einer tun wird.« Die Vorgaben sind so allgemein gehalten, daß es eher um Kollegialität und gegenseitigen Respekt geht.

Ronald Reagan war der Prototyp eines Neuner-Managers. Laut Lou Cannon »delegierte Reagan viel mehr an Kabinettsmitglieder als die meisten seiner Vorgänger. Er gewährte ihnen weitgehende Autorität. Einerseits vertuschte diese delegierte Präsidentschaft, daß Reagan in vielen Dingen nicht Bescheid wußte. Aber es spiegelte auch seinen Glauben an die Tugenden seiner Kabinettsregierung und sein Vertrauen wider, daß er fähige Manager auswählen konnte, die seine Politik umsetzen sollten. Vom Temperament und der Erfahrung her war Reagan einfach nicht der Mensch fürs Detail. Selbst bei Dingen, über die er bestens informiert war, entschied er sich bewußt dafür, sein Augenmerk auf die großen Ziele zu richten – was er erreichen wollte – und die Einzelheiten anderen zu überlassen. Er war entsetzt darüber, daß Präsident Carter sich so in Einzelheiten vertieft hatte, daß er sich sogar die Zeit nahm zu bestimmen, wer den Tenniscourt des Weißen Hauses benutzen durfte. [Jimmy Carter ist eine Eins.] Reagan … betrachtete sich als Führer, als Verbindungsmann, als ausführender Entscheidungstreffender, als Vorstandsvorsitzender.«[3]

Für Chester Barnard, den Neuner-Managementtheoretiker, bestand die Aufgabe eines Managers darin, zu delegieren: »Man kann nicht von der Spitze aus die vielfältigen Aktivitäten der Gruppierungen unten dirigieren«, lehrte er und sprach sich schon ein halbes Jahrhundert, bevor es in Mode kam, für die Entscheidungskompetenzen des mittleren Managements aus. »Es muß eine Reaktion und eine Antwort auf die Bedingungen vor Ort geben, die man niemandem, der weit weg sitzt, übertragen kann … Es kann sonst böse Folgen haben.«

Die besten Neuner-Manager führen, indem sie mit ihren Mitarbeitern ständig im Dialog bleiben und ihnen deren eigene Ideen zur Vorgehensweise entlocken. Die schlechtesten Neuner-Manager versuchen, ihre Mitarbeiter ganz und gar am Vorwärtskommen zu hindern, weil sie große Angst haben, man könnte sie zum Handeln zwingen.

Neuner-Chefs kennen sehr viele Techniken, um der Konfrontation mit problematischen Mitarbeitern auszuweichen. Typisch ist, daß ein Neuner-Manager dem gesamten Personal eine Mit-

teilung schreibt, statt sich einen bestimmten Mitarbeiter vorzu-
knöpfen. »Wenn jemand zu spät kommt, schicke ich jedem eine
Mitteilung, in der ich ihn daran erinnere, um welche Zeit er hier-
sein soll«, sagt Rob, der Leiter einer Dienststelle. »Auf diese Art
brauche ich niemanden in Verlegenheit zu bringen.«
Meistens sind Neuner-Manager eher an Weiterkommen interessiert als an Problemen. Die meisten Menschen versuchen, Probleme zu lösen, indem sie sie isoliert betrachten und lösen und
dabei vielleicht Kritik als Versagen auffassen und auf eine logische Lösung hinarbeiten. Neuner sind meistens nicht daran
interessiert, sich mit Kritik auseinanderzusetzen, weil bei Kritik
Menschen beteiligt sind. Sie warten lieber mit »organischen«
Lösungen auf, die es (auch problematischen) Mitarbeitern ermöglichen, weiterhin ihren Beitrag zu leisten und teilzunehmen.

Der Arbeitsstil der Neun

Neuner-Mitarbeiter schätzen Kooperation, Teamwork und guten
Willen. Sie bevorzugen ein Arbeitsumfeld mit wenig Streß, we-
nig Konflikten, wenig Termindruck und wenig Berichten. Klare
Arbeitsplatzbeschreibungen und Autoritätsvorgaben wurden für
Neuner geschaffen, die am glücklichsten sind, wenn sie wissen,
welches Spiel gespielt wird. Das gleiche gilt für die alltäglichen
Arbeitsvorgänge. Während Siebener und Vierer von vorgeschrie-
benen Büroabläufen frustriert sind, weil sie ihre Initiative und
Kreativität im Keim ersticken, können Routinearbeiten für
Neuner befreiend sein. Viele Neuner wissen, wie wir gesehen haben, daß man am besten fair auf eine große Klientel eingehen
kann, wenn man sich auf gut funktionierende Routinearbeitsab-
läufe verlassen kann – so wie die Klientel, die man in Regie-
rungsbürokratien oder -einrichtungen antrifft.
Bei Neunern läßt sich unter Umständen eine gewisse Passivität

in bezug auf die Arbeit feststellen, die mit der Auffassung einhergeht, daß sich am Ende alles von selbst erledigt, wenn man es nur lang genug hinauszögert. Einen oder zwei Fehler zu machen ist nicht besonders alarmierend; Irrtümer haben nicht denselben Stellenwert wie für eine Eins oder Sechs, weil die Neun glaubt, daß meistens noch reichlich Zeit ist, um sie auszubügeln.

Neuner setzen sich selbst selten spezifische Leistungsziele, sondern verlassen sich statt dessen auf passives Prioritätensetzen. Oft fühlen sie sich, wenn sie reagieren können, wohler, als wenn sie aktiv werden müssen. Linda, eine Neun, die manchmal meine Beratungspartnerin ist, sagt: »Ich kann am besten arbeiten, wenn jemand anderes den Anfang macht. Dann habe ich eine Menge zu sagen.«

Bemühen Sie sich aktiv um die Zusammenarbeit mit Ihrem Neuner-Kollegen oder -mitarbeiter. Fragen Sie ihn, was er denkt – und was er *darüber hinaus* denkt. Viele Neuner strahlen vor Freude, wenn Sie sie nach ihrer Meinung fragen. Die Erfahrung hat sie gelehrt, sich kurz zu fassen, aus Angst, sie würden auf andere wie Dauerredner wirken. Sie sitzen auf ihrem Wissen. Neuner offenbaren ihre Gedanken zunächst versuchsweise, und dann bricht der Damm. Neuner haben ein magisches Gespür für unterschiedlichste Ansichten, die Sie vielleicht übersehen haben, aber Sie müssen ihnen einfach das geben, was sie Ihnen geben – Zeit und Raum, um die Ansichten Gestalt werden zu lassen.

Die Lernweise der Neun

Neuner lernen durch *Osmose*. Osmose ist ein organischer Prozeß (der Liebling der Neun), bei dem verschieden konzentrierte Lösungen zu beiden Seiten einer Membran zu einem Gleichgewicht finden. Anders formuliert: Neuner lernen gut bei Intensivkursen oder erweiterten Seminaren und Retreats, wo sie sich auf den

Rhythmus und die Nähe der Gruppe als Ganzes beziehen können. Tatsächlich bringen Neuner besonders gute Leistungen in Gruppen, wo sie mit den Erwartungen verschmelzen und wo sie ihre Lernfähigkeit testen und den Fortschritt der anderen als Teil eines sicheren, fortlaufenden Gesprächs spüren können. In einer von Hochdruck, Konkurrenz, hohem Tempo und hohem Leistungsdruck geprägten Umgebung kommen Neuner nicht so gut zurecht.

Die Neuner-Organisation

Dieser Laden braucht ein Abführmittel.
Bob Geldof, Rock-Promoter, über die Bürokratie
der Europäischen Gemeinschaft

Neuner-Organisationen schaffen Ordnung aus dem Chaos. Sie standardisieren Produktions- oder Entscheidungsverfahren, um unglaublich viel Routine-Input zuverlässig, vorhersagbar und ordentlich bewältigen zu können. Die Kultur der Neun herrscht in Organisationen wie der amerikanischen Postbehörde, Versicherungsgesellschaften, öffentlichen Betrieben, der Eisenbahn, großen Schulbezirken und Bürokratien.

Laut dem Soziologen Max Weber entwickelte sich die Bürokratie in Europa als Reaktion auf unzuverlässige Achter-Umgebungen, in denen Könige oder starke Führer Regierungsstellen impulsiv und willkürlich leiteten und ihren Freunden, Verwandten und Kriechern zu Posten verhalfen. Weber vertrat die Ansicht, Regierungsentscheidungen dürften nicht von Vetternwirtschaft oder den Launen einzelner abhängig sein. Die Bürokratie wurde entwickelt, um ein *ehrenhafte*, beständige Struktur für die Ausübung von Autorität und Entscheidungsfindung zu schaffen.

Kommt es in solchen Organisationen zu Entscheidungen, kann

deren Sinn oder Bedeutung unklar oder verschieden interpretierbar sein. Solche politischen Abkommen sind in der Diplomatie gang und gäbe, wo der Abschluß eines Vertrags unter Umständen wichtiger ist als sein Inhalt. Damit kommen die beteiligten Parteien weiter, ohne jede Kleinigkeit auszuhandeln.

Das Schlechte an Bürokratien – so wie die schlechte Seite der Neun – ist, daß es ihnen an Gehalt fehlt: Neuner-Organisationen klammern sich zu sehr an Routine und Verfahrensweisen – und vermeiden es, Ziele genauer ins Auge zu fassen, die alles ins Wanken bringen können, wie beispielsweise eine Präzisierung des Auftrags, Kostenreduzierung oder aggressiveres Auftreten auf dem Markt.

Neuner-Organisationen bewerten die Organisation höher als den Einsatz des einzelnen, sie schätzen die Sippe höher als das Individuum. Mitarbeiter in einem Neunersystem – beispielsweise die der mittleren und unteren Dienstebene der Behörden der Vereinigten Staaten – haben meistens einen sicheren Arbeitsplatz und werden befördert, ohne daß dabei ihre Kompetenz oder Produktivität eine Rolle spielt. In einem fehlerhaften Neunersystem werden Dienstalter und Dienstjahre höher bewertet als die Qualität, Vorzüglichkeit oder der persönliche Anteil an der Arbeit.

Das Beste aus einer Neun herausholen

Die Neuner entwickeln sich weiter, wenn sie sich auf ihre Macht und ihren Willen berufen (im Achter-Zustand, ihrem Schatten) und starke, auf Werten basierende Prioritäten setzen (Verbündeter Eins). Damit erhält die Neun die Freiheit, wirkungsvoll, effektiv und zielstrebig mit klaren Zielen zu handeln – wie ihr Höchstleistungspunkt, die Drei. Die Tugend der Neun ist richtiges Handeln. Wenn Neuner gestreßt sind, geraten sie in den Sechser-Zustand (Streßpunkt), wo sie sich isoliert, argwöhnisch und als Opfer mißtrauischer, kritischer Menschen fühlen. Aber die Sorge der Sechs ist auch ein Weckruf, damit die Neun endlich den Hintern hochkriegt und handelt.

Mikes Geschichte

Mike, eine Neun, leitet Programme zur Unterstützung von Mitarbeitern in einer Fabrik in Iowa. »Er ist echt super«, sagt der Firmenmanager Dave, eine Sechs. »Jeder liebt ihn. Er berät Mitarbeiter, die in der Krise stecken. Er holt sie in die Programme, damit sie lernen, wie sie mit Alkohol- oder Drogenmißbrauch oder finanziellen Problemen umgehen lernen. Im Grunde ist er als Manager ganz in Ordnung, obwohl er seine Post nicht liest, keine Statistiken schreibt und nicht zu Sitzungen kommt, wenn er sollte, aber wir verlassen uns in anderer Hinsicht auf Mike. »Wir stehen gerade jetzt vor einem Riesenproblem«, fuhr Dave fort. »Wie die meisten anderen Unternehmen mußten wir uns mit einer Reduzierung des Personals auseinandersetzen. Ich brauche von Mike nur einen Arbeitsplatz – er hat fünf Leute, und wir wollen vier davon behalten. Ich überließ es ihm, wen von den fünf er entlassen wollte. Mike sagte: ›In Ordnung, wir telefonieren später.‹ Das war vor fast einem Monat, und seither hat sich nichts getan.«

Mike erzählte mir, er wolle abwarten, ob sich die Lage änderte. »Vielleicht erledigt sich das Problem von selbst«, sagte er. »Vielleicht bekommen wir einen dicken Auftrag.«

Aber Dave hatte keine Zeit mehr. Er sagte zu Mike: »Hör zu, entweder du tust es oder ich.«

»Ich sitze wirklich zwischen zwei Stühlen«, sagte Mike. »Ich verstehe Daves Lage vollkommen.«

Streßpunkt: Sechs

Neuner geraten in den Sechser-Zustand, wenn sie frustriert und überfordert sind. In diesem Streß-Zustand kommen sie sich wie die Opfer engstirniger, nicht vertrauenswürdiger oder streit-süchtiger Menschen vor, die einen geheimen Plan verfolgen. Sie verlieren ihre lockere Art und unterstellen anderen böse Absichten.

»Ich möchte zu gern wissen, ob Dave und die Erbsenzähler wissen, was sie tun«, sagte Mike zu mir. »Weiß er überhaupt, wie sich diese Entlassungen auf die Firmenmoral auswirken werden? Das wird alles auf ihn zurückfallen.«

Bequemlichkeitsliebende Neuner können im Sechser-Zustand ungemütlich werden. Aber die Sechs dient auch als Weckruf für die Neun. »Wenn ich in den Sechser-Zustand gerate«, sagt Nancy, freiberufliche Beraterin und eine Neun, »mache ich mir Sorgen, daß aus mir mal eine Stadtstreicherin wird. Diese Vorstellung ist so unangenehm, daß ich sofort einen Auftrag anleiere.«

Höchstleistungspunkt: Drei

Die Neun im Dreier-Zustand sieht, was getan werden muß, und tut es; sie verzettelt sich nicht wie eine festgefahrene Neun und legt auch keine Scheuklappen an wie eine Sechs. Die Neun, die normalerweise entspannt oder faul wirkt, setzt die enorme Energie frei, die ihr durch die dauernde Grübelei verlorengeht. Im Dreier-Zustand stehen Flexibilität, Tempo und Vorwärtskommen im Vordergrund.

Mikes Lösung, die in der Firma als die »Achtzig-Prozent-Lösung« bekannt wurde, sah vor, daß er und das Team eine feste Einheit bilden mußten, da nicht jeder im Team in Teilzeit arbeitete. Mikes bereits beträchtlicher Einfluß wuchs noch. Man bat ihn, vor Teams zu sprechen und innerhalb der Firma öfter Beratungen durchzuführen. Herausgeber eines Trainings- und Entwicklungs-Newsletters berichteten über die Situation, und Mike sprach darüber in einer Konferenz. »Dadurch wurden wir viel engagierter und bewußter. Die detaillierten Listen mit den Aufgaben, die jeder von uns erledigt, gaben uns Macht. Nun konnten wir viel mehr erledigen und sind viel effektiver, weil wir uns unserer Aufgaben viel bewußter sind – wir sind gezwungen, Entscheidungen zu treffen – und haben eine größere Verpflichtung zu beweisen, daß die Lösung funktioniert. Wir sind jetzt alles Dreier! Na ja«, sagte Mike, »warum sollte ich nicht versuchen, alle fünf Mitarbeiter als Teilzeitkräfte zu behalten?«

Flügel

Schattenpunkt: Acht

Hüte dich vor dem Zorn eines geduldigen Menschen.

Dryden

Oft verleugnete Mike seinen Achter-Schatten, den direkten Ausdruck von Wut und die Konfliktbereitschaft. *Die Acht sorgt durch Macht für Gerechtigkeit.* Wenn die Neun die Acht anerkennt, wirkt die Kraft der Wut erdend: darauf kann man alles bauen. An Wut kommt die Neun nicht »vorbei«. Sie ist eher wie ein Prüfstein, mit dem sie ganz natürlich klar Stellung beziehen kann.

Wenn Neuner eine Beziehung zu ihrer Wut entwickeln, wird die Zeitspanne zwischen dem Ereignis, das sie wütend macht, und dem Ausdruck der Wut kürzer. Das ist der Weg des Wachstums für die Neun.

»Ich kämpfe für meine Leute«, sagte Mike klipp und klar zu Dave. »Ich werde sie alle behalten. Ich habe mit ihnen darüber gesprochen, und wir sind uns einig, daß es allen recht ist, wenn jeder nur noch achtzig Prozent der Zeit arbeitet.«

Verbündeter: Eins

Die Neun fährt sich bei dem Versuch, es allen rechtzumachen, fest. Sie befreit sich, wenn sie Führungsprinzipien anwendet (Verbündeter Eins). Die Berufung auf Prinzipien ist für die Neun der Schlüssel zu entschlossenem Handeln. Neuner müssen herausfinden, wofür sie sich einsetzen; alles andere ergibt sich dann von selbst. Anders als Neuner bringen Einser klar zum Ausdruck, daß einige Dinge wichtiger als andere sind; sie können mühelos Prioritäten setzen.

Kardinalregeln
Wenn Sie mit einer Neun arbeiten

- Die Zusagen eines Neuner-Chefs sind sanft und voller Eventualitäten. Halten Sie diese Zusagen zusammen mit dem, was Sie getan haben, und den weiteren Arbeitsschritten in einer Mitteilung fest.
- Halten Sie das Schweigen einer Neun nicht irrtümlich für Zustimmung, und betrachten Sie ein Ja nicht unbedingt als Antwort. Wenn Sie Zweifel haben, wie Ihr Neuner-Chef zu einer für Sie wichtigen Sache steht, dann fragen Sie ihn.
- Neuner hassen Wichtigtuerei und Angeberei genausosehr wie Achter. Erzählen Sie einer bescheidenen Neun nicht, Sie wüßten mehr oder hätten mehr Macht, als Sie tatsächlich haben; und wenn Sie sie haben, dann lassen Sie sie nicht heraushängen.
- Formulieren Sie ganz klare Leistungsziele. Neuner werden ausweichend und vergeßlich, wenn von Vereinbarungen die Rede ist. Deshalb läßt man sie am besten von ihnen schriftlich

festhalten, besser noch, läßt sich von ihnen ausformulieren. Wenn Sie bezweifeln, ob ein Neuner-Mitarbeiter ein bestimmtes Projekt zu Ende führen kann, bitten Sie ihn, die Vereinbarung zusammenzufassen und besonderes Gewicht auf vereinbarte Zwischenschritte und Termine zu legen. Wenn Ihr Chef eine Neun ist, sollten Sie es übernehmen, Ihre Arbeitsplatzbeschreibung und Prüfungsmaßstäbe schriftlich festzuhalten.

- Neuner reden sich ihre eigene Bedeutung aus. Das ist ein Grund dafür, weshalb sie nicht gut mithalten. Man muß sie daran erinnern, daß ihre Aufgaben wichtig sind, daß sie selbst wichtig sind und daß Menschen von ihnen abhängig sind, um ihre Arbeit erledigen zu können.

- Am besten ermutigt man eine Neun mitzumachen, wenn man sie fragt, was sie von dem Programm hält. Wenn man sie nach ihrer Meinung fragt, können sie sich besser konzentrieren – und haben das Gefühl, etwas wert zu sein. Und wenn sich Neuner verstanden und geschätzt fühlen, dann kann ein Wunder geschehen.

- Neuner sind überfordert, wenn sie ein Projekt als Ganzes und seine Verbindung zu anderen Dingen betrachten sollen. Sie müssen ihren Anteil daran kennen. Drücken Sie es deutlich aus. Aus Gewohnheit und Erfahrung lernen Neuner, bloß ihren Job zu verrichten, aber sie fühlen sich am wohlsten, wenn sie das Gefühl haben, größere Verantwortung zu tragen.

- Kontrollieren und dominieren Sie eine Neun nicht, das nimmt sie übel. Bemühen Sie sich um Zusammenarbeit und Kooperation.

- Treffen Sie sich möglichst regelmäßig mit Ihren Neuner-Mitarbeitern. Sie sind zu hervorragenden Leistungen fähig, wenn sie Ihre ungeteilte Aufmerksamkeit haben. Sorgen Sie dafür, daß Sie sich wirklich Zeit für sie nehmen: Es ist für Neuner

307

ein ziemlicher Dämpfer, wenn Sie durch Telefonate, Störungen oder andere Arbeit abgelenkt werden.

Wenn Sie eine Neun sind

- Fragen Sie nie mehr danach, was Sie als nächstes *tun* sollen, sondern lieber, was Sie als nächstes *abschließen* sollen, und tun Sie es dann auch. Auch wenn Ablenkungen Sie in Versuchung führen, lernen Sie, alles, was Sie tun, zu Ende zu führen, und sei es auch nur um der Disziplin willen.
- Halten Sie nach Art der Eins Ihre Aufgaben bei all Ihren Projekten schriftlich fest, damit deutlich wird, welchen Schritt Sie machen und weshalb. Machen Sie es auch mit Ihrem Leben so. Stellen Sie Ihre Absichten ganz klar. Die romantische Vorstellung eines Lebens ohne Ziele ist für eine Neun ein falsches Versprechen.
- »Folgen Sie Ihrem Glück«, sagte Joseph Campbell. Lernen Sie von Vierern. Akzeptieren Sie, daß es für Sie unangenehm ist, Wünsche zu äußern. Lassen Sie sich etwas Zeit, um Ihren Standpunkt herauszufinden. Teilen Sie ihn dann anderen früh – oder sogar als erstes – mit, damit Sie sich zum Handeln verpflichten.
- Entscheiden Sie sich für die weniger wünschenswerten Optionen oder eliminieren Sie sie. Verschleppen Sie nicht Entscheidungen, die getroffen werden *können*. Es ist eindeutiger und nicht so verwirrend, die Entscheidung zu treffen und dann weiterzumachen.
- Fragen Sie sich bei jedem Punkt, den Sie angehen: Ist das *Ihre* Sache? Stellen Sie klar, daß Ihre Ziele und Verantwortungsbereiche mit denen anderer nichts zu tun haben. Warum ermächtigen Sie sie nicht statt dessen, ihre eigenen Probleme zu lösen?

- Schränken Sie Ihr Gesichtsfeld ein. Auch wenn Sie alles in einen umfassenden Rahmen einfügen wollen, ist das vielleicht nicht immer sinnvoll. Wenn Sie sich auf weniges konzentrieren, läßt sich vieles leichter lösen.
- Sprechen Sie aus, was Sie zu sagen haben, ohne es zu bewerten oder zu untergraben. Lernen Sie, präzise und direkt zu werden. Und glauben Sie nicht, Sie müßten Ihre Worte wiederholen – Sie sind nicht unsichtbar. Vertrauen Sie darauf, daß andere Sie beim ersten Mal hören. Als Elizabeth, eine Neun und Trainingsberaterin, ihre Stelle antrat, wurde sie oft kritisiert, weil sie sich wiederholte. »Als ich merkte, daß mich die Leute tatsächlich schon beim ersten Mal gehört hatten, war ich zutiefst berührt.«
- Schlagen Sie die Forderungen Ihrer Untergebenen nach Entscheidungen nicht in den Wind. Manchmal benötigen Mitarbeiter echte Führung, und die Kunden brauchen eine Antwort – nicht nur Höflichkeiten und Akzeptanz im Vertrauen darauf, daß »sich am Ende alles von selbst erledigt«.
- Als Menschen mit dem Blick für das große Gesamtbild können Sie es sich leisten, Leute einzustellen, die sich um Details kümmern und Dinge durchziehen. Lassen Sie sich von einer Eins bei der Organisation helfen.
- Verzichten Sie nicht auf alles: auf Ehre, auf Autorität, auf Verantwortung.
- Verzichten Sie vor allem nicht auf die Auszeichnungen, die besagen, daß Sie eine namhafte, wichtige und einflußreiche Autorität sind.
- Harmonie mit und Nähe zu anderen ist Ihr gutes Recht, aber Sie brauchen sie nicht immer und in jeder Situation. Es gibt viele andere Kriterien, anhand derer man die Leistungsfähigkeit eines Arbeitsteams beurteilen kann.

JEDER MIT JEDEM
Wie jeder der Typen mit den anderen interagiert

Eins arbeitet mit Eins

Jimmy Carter und Rosalyn Carter, beides Moralisten, die manchmal moralisierend sind, bilden eine Partnerschaft von Perfektionisten.

Wenn beide Einser sich darauf verständigen, was richtig und falsch ist, kann es zu einer effektiven, sehr produktiven, hochgeistigen Kollaboration kommen, einem Team, das – wie oft die Carters – eine Stimme des Gewissens ist. Oder sie halten sich für den großen Heiligen und wenden sich hochnäsig von denen ab, die »nicht richtig« sind. Die Zusammenarbeit kann in einen Kampf darüber ausarten, wessen Vorstellung perfekter ist. Aber egal wie kritisch Einser sich scheinbar gegenüberstehen, der eigentliche Kampf spielt sich zwischen jeder Eins und ihren eigenen Maßstäben, ihrem Über-Ich und dem Gefühl für das, was richtig ist, ab.

Wenn die Eins der Chef ist. Wenn Sie Einser-Chef einer Eins sind, teilt Ihr Mitarbeiter vielleicht Ihre Energie und Ihr Engagement, nicht aber Ihr Verständnis für das, was angemessen ist, oder Ihre besonderen Maßstäbe. Eine Einser-Verwaltungsassistentin dachte, ihr Einser-Chef würde sicher bemerken und anerkennen, daß sie oft bis spätabends Überstunden machte, aber er war der Ansicht, diese Extraarbeit sei das mindeste, und daher gab es keine besonderen Auszeichnungen oder Prämien dafür.

Eine Eins bekommt immer Probleme mit einem Einser-Chef,

weil beide meinen, sie besäßen die höhere Moral oder die besseren Voraussetzungen. Sie fühlen sich wohler, wenn sie bewußt zusammen mit ihrer Begeisterung und hohen Energie ihre Wertmaßstäbe anlegen und sich für die Firma unentbehrlich machen können. Einser werden sich immer verpflichtet fühlen, etwas nach ihren Maßstäben richtig zu machen. Der Schlüssel für Einser ist, sich immer zu bemühen, die Wertsysteme anderer zu verstehen, statt einfach davon auszugehen, daß sie das Monopol auf Korrektheit haben.

Eins arbeitet mit Zwei

Das ist die Beziehung zwischen dem Perfektionisten und dem Helfer. Die perfektionistische Eins hat sich ewig gültigen Wahrheiten verschrieben, während der Helfer Zwei sich für Gleichheit engagiert – die Vorschriften können für bestimmte Leute unter besonderen Umständen gebeugt werden. Einser haben Prinzipien, während Zweier Beziehungen haben und für Menschen und das Problem jeweils flexible Lösungen finden.

Debbie, eine Eins, und Marianne, eine Zwei, arbeiten zusammen bei einer Wohlfahrtseinrichtung im Staat New York. Mandy, ihre Chefin und eine Drei, sagt: »Debbie klatscht immer über Marianne. Marianne verstößt dauernd gegen die Vorschriften, und Debbie kommt viermal am Tag zu mir, um mich darauf hinzuweisen. Wir sind eine Regierungsstelle, müssen uns also an die Vorschriften halten, und deshalb stimme ich Debbie immer zu, aber ich unternehme nie etwas dagegen, weil fast alles, was Marianne tut, für die Klienten verdammt nützlich ist.«

Manchmal meinen Einser, sie *seien* Zweier, weil sie doch nur versuchen zu helfen. Tatsächlich versuchen Einser wie auch Zweier zwanghaft, einander zu helfen; im besten Fall beruht das auf Gegenseitigkeit.

Wenn die Eins der Chef und die Zwei der Mitarbeiter ist. Einser halten sich an die Vorschriften, und Zweier, die es ihrem Chef unbedingt recht machen wollen, schaffen das normalerweise mühelos. Die Zwei mildert oft den Eindruck eines schroffen Einser-Chefs auf Mitarbeiter und Kunden ab. Vielleicht hat die Eins einen Kollegen verärgert, aber die Zwei steht mit seiner Sekretärin gut, so daß die Eins immer noch bekommt, was sie braucht, oft ohne zu wissen, daß etwas nicht stimmt. Aber täuschen Sie sich nicht: Das wichtigste für die Zwei ist Einigkeit mit dem Chef. Bei einem Kampf am Arbeitsplatz steht die Zwei – vielleicht als einziger Mitarbeiter (er weiß um die bevorstehenden Entlassungen oder Prämien) – auf der Seite ihres Chefs und der anderen Manager, während alle anderen von außen angreifen.

Wenn Sie der Einser-Chef sind, denken Sie daran, daß Zweier jeder Couleur für mehr als nur Geld arbeiten. Sie wollen, daß Sie ihre Dienste und ihre bedingungslose Ergebenheit ehrlich anerkennen – Dinge, die Sie für selbstverständlich halten. Denken Sie daran, daß Ihre Schimpfkanonaden mit Sicherheit nicht das gewünschte Korrektiv sind: Die Zwei wird wahrscheinlich in Tränen aufgelöst nach Hause gehen, und es kann lange dauern, bis die Wunde verheilt. Zweier werden sich rächen.

Wenn Sie ein Zweier-Mitarbeiter mit einem Einser-Chef sind, werden Ihnen die persönlichen und emotionalen Bedürfnisse Ihres Chefs viel eher als ihm selbst klar sein. Wenn man Sie kritisiert, dann geben Sie Ihren Fehler zu und vermitteln Sie der Eins deutlich, was Sie daraus gelernt haben.

Wenn die Eins Mitarbeiter und die Zwei der Chef ist. Einser versuchen, auf jeden dieselben Vorschriften anzuwenden, Zweier haben Favoriten. Da kann eine Einser-Mitarbeiterin ausrasten, die genau wissen will, was man braucht, um weiterzukommen, und der unpersönliche Maßstäbe lieber sind. Wenn sie dafür Smalltalk machen oder, noch schlimmer, Süßholz raspeln müssen, werden viele Einser auf der Strecke bleiben. Selbst Einser, die sich geschätzt fühlen, werden trotzdem mit der Impulsivität, der Flexibilität der Zwei und ihrer Tendenz zum Unsteten leben müssen.

Wenn Sie ein Einser-Mitarbeiter mit einem Zweier-Chef sind, überlegen Sie, ob Sie sich nicht lieber an den fließenden persönlichen Prozeß Ihres Chefs anpassen wollen, statt stur auf Ihrem eigenen Ethos zu insistieren. Diese Beziehung kommt in Schwung, wenn sich die Eins daran erinnert, daß ein herzliches Verhältnis und voneinander abhängige Gegenseitigkeit kein Kompromiß sind, sondern daß sie damit tatsächlich ans gewünschte Ziel gelangen kann. Es ist sehr heilsam für Einser, sich die liebenswürdigen Techniken der Zwei anzueignen.

Wenn Sie der Zweier-Chef sind, dürfen Sie nicht vergessen, daß Ihr Einser-Mitarbeiter nicht nach Zuwendung, sondern nach Spezifikationen sucht: was nötig ist, um die Arbeit zu erledigen. Aber Vorsicht: Wenn die Arbeit, mit der Sie sie betraut haben, für andere heikle Fragen aufwirft, weiß Ihre Eins vielleicht nicht, was sie machen soll. »Wenn ich Diane eine Aufgabe übertrage, liest sie alles durch, redet mit allen und kommt dann mit dem perfekten Bericht zurück«, sagt ihre Chefin Louise, eine Zwei. »Aber wenn ich ihr sage, sie solle etwas verändern, dann streiken ihre Hände. In ihrem Eifer, alles richtig zu machen, gibt sie jedem das Gefühl, er mache es falsch.« Stellen Sie sich, falls notwendig, darauf ein, für sie einzuspringen.

Eins arbeitet mit Drei

Das ist die Beziehung zwischen »Qualitätskontrolle« und »Verkauf«. Im besten Fall unterstützen sie sich gegenseitig. Die perfektionistische Eins sorgt für hohe Qualität, und die produktive Drei vermarktet das Produkt. Im schlimmsten Fall untergraben sie sich gegenseitig: Die Eins vertritt gegenüber dem Kunden unrealistische oder unbedeutende Maßstäbe, und die Drei verkauft mehr, als geliefert werden kann, oder verspricht Dinge, die sie nicht halten kann.

Perfektionistische Einser und produktive Dreier überbrücken, wie Peter Drucker es formulierte, den Unterschied zwischen effizient und effektiv. Effizient sein bedeutet, etwas richtig zu machen, wie eine Eins. Effektiv sein bedeutet, das Augenmerk auf die Ergebnisse zu richten, wie eine Drei. »Er will es richtig machen«, sagt der Dreier-Chef über seinen Einser-Mitarbeiter. »Ich will es auch richtig machen; hier in der Firma heißt das, Dinge schnell zu erledigen. Ich halte mich nicht gern mit Einzelheiten auf, die später sowieso keinem auffallen und die nicht stören.«

Einser wie auch Dreier sind, was Arbeit betrifft, zwanghaft und engagiert. Beide haben viel Energie, was bedeuten kann, daß die Beziehung ziemlich »geladen« ist, und Einser und Dreier sind oft engagiert, unterhaltsam und unterstützen sich gegenseitig, da beide die Aufgabe aus der jeweils eigenen, unterschiedlichen Perspektive betrachten.

Aber diese hochenergetisierten, verantwortlichen Stile können sich aneinander reiben. Dreier meinen dann, die Einser mit ihren spitzen Ellbogen säßen auf dem hohen Roß der Moral oder hängten sich an unwichtigen Dingen auf; Einser meinen, Dreier seien rücksichtslos, oberflächlich und trügerisch.

Wenn die Eins der Chef und die Drei der Mitarbeiter ist. Wenn Sie als Drei für eine Eins arbeiten, wird Ihr Chef von Ihren strahlenden Augen und Ihrem aufgeweckten Wesen beeindruckt sein, aber wenn Sie es zu weit treiben, wirken Sie oberflächlich. Ihr Chef schätzt es, wenn Sie Ihre Arbeit gründlich erledigen und wohlüberlegte Entscheidungen treffen.

Wenn Sie ein Einser-Chef mit einem Dreier-Mitarbeiter sind, setzen Sie hohe Maßstäbe, daß Sie das Ziel mit angemessenen Belohnungen unbedingt erreichen wollen. Dreier können in einem Einser-Universum handeln, wenn es sich für sie lohnt. Und erwarten Sie nicht, daß Ihr Dreier-Mitarbeiter sich für Fehler ebenso hart bestraft wie Sie. Dreier machen aus Fehlern einen Erfolg: sie haben etwas daraus gelernt, wurden dadurch auf einen produktiveren Weg geführt oder haben einige wichtige Kontakte geknüpft.

Wenn die Eins Mitarbeiter ist und die Drei der Chef. Wenn Sie ein Einser-Mitarbeiter sind, wird Ihr Dreier-Chef Ihre Berichterstattung oft zu detailliert finden. Am »perfektesten« präsentiert man das Material so, daß es dem Dreier-Chef nützt. Die meisten Einser können umdenken und einen stromlinienförmigen Arbeitsplan für den Dreier-Chef erstellen, auch wenn sie sich selbst nicht damit wohl fühlen würden.

Dreier-Chefs ist unkomplizierte Teamarbeit und die Verpflichtung der Aufgabe gegenüber lieber als ein Privatprogramm. Für Einser sind das A und O die offiziellen Vorschriften, sie führen sie aber starr oder formal aus. Wenn Sie der Einser-Mitarbeiter sind, können Sie mit ein bißchen Smalltalk bei Ihrem Chef weit kommen und der Drei zu verstehen geben, daß Sie mit zum Team gehören.

Eins arbeitet mit Vier

Einser und Vierer sind Perfektionisten. Das Einser-Ideal ist Moral mit »objektiven« Maßstäben; die Ideale der Vier, des Kenners, sind emotional und ästhetisch und richten sich nach subjektiven Maßstäben.

Beide haben es gern, wenn die Arbeit hervorragend erledigt wird. Vierer sind genauso kritisch wie Einser, wenn Menschen einer Aufgabe nicht gewachsen sind. Sie wissen, was richtig ist, andere nicht. Beide sind erbarmungslos und sehr tatkräftig, wenn es darum geht, etwas auf den richtigen Stand zu bringen.

Aber sie halten nicht aus böser Absicht oder Herzlosigkeit an

Maßstäben fest. Eins und Vier machen sich beide Sorgen um die Kluft zwischen dem, was ist, und dem, wie es sein sollte. Ihre Intensität läßt Leidenschaft, Verpflichtung und Engagement erkennen. Beiden kann es Schwierigkeiten bereiten, Alternativen zu ihrer Methode zu sehen. Wenn sie ihren Willen dann doch durchsetzen, kommt etwas Überragendes dabei heraus.

Wenn die Eins der Chef und die Vier der Mitarbeiter ist. Für Ihren Einser-Chef haben die Vorschriften etwas Ästhetisches an sich: Die Form folgt der Funktion. Schönheit erwächst aus einfachem, schlichtem Sich-Anpassen an den Zweck. Das ist die schlichte, aber tiefe Anmut der Shaker.

Einser führen ein strenges Regiment: Ordentlichkeit, Vorschriften und prinzipienorientiertes Handeln allein zählen. Sprunghafte Vierer erkennen, daß das Einser-Reich ein großartiges Zuhause für sie sein kann. Die Eins bringt unabhängig von der Art der Arbeit die kreativen Bemühungen der Vier groß heraus. Vierer, die ihren Einser-Chefs vertrauen, haben völlig freie Hand, weil sie wissen, daß sie unter dem nüchternen Blick der Eins mit ihrer Kreativität experimentieren und sie wiederverarbeiten können. Aber erwarten Sie keine Sonderbehandlung, wenn Sie sich verspäten oder »Gefühle haben«. Einser sind entsetzlich fair und wollen gern jeden gleich behandeln.

Die Kehrseite ist, daß einige Einser-Chefs bei ihrem Vierer-Mitarbeiter großen Wert auf Details legen werden, was die Vier für ablenkend, langweilig, nichtschöpferisch oder banal hält (wie Finanzen oder formale Berichtverfahren).

Einser tadeln andere, Vierer tadeln sich selbst. Eine Vier sagte rückblickend über ihren Einser-Chef: »Immer wenn etwas schiefging, dachte er, ich sei schuld, und ich dachte das auch.«

Wenn Sie ein Einser-Chef mit einem Vierer-Mitarbeiter sind, könnte es sein, daß sein theatralisches Getue und seine Launen Sie stören. Setzen Sie Ihre höchst effektiven Einser-Angewohnheiten als Ruder, nicht als Knüppel ein.

Wenn die Eins Mitarbeiter ist und die Vier der Chef. Kreative oder künstlerisch veranlagte Vierer-Chefs überlassen oft einer Eins die Verwaltung oder die Finanzen. Dieses Arrangement kann außerordentlich gut funktionieren. Die Vier fördert die Vision; die Eins organisiert, entwickelt Strategien, kodifiziert Systeme, zieht geschäftliche Abschlüsse durch, führt Aufzeichnungen und sorgt dafür, daß die Vier nicht über die Stränge schlägt. Die Eins hilft der Vier auch dabei, in Krisen Ruhe zu bewahren.

Aber wenn Sie der Vierer-Chef sind, fühlen Sie sich von Ihrem Einser-Mitarbeiter vielleicht kritisiert oder eingeschränkt. Wenn Sie der Mitarbeiter sind, ärgern Sie sich unter Umständen darüber, daß Ihr Chef so veranlagt ist und so impulsiv von Stimmungsausbrüchen beherrscht wird.

Vierer dürfen nicht vergessen, daß es bei Einsern unpersönlich zugeht. Einser müssen daran denken, daß es bei Vierern persönlich zugeht. Wenn Eins und Vier ihre übergroße Genauigkeit auf die Aufgabe richten, dann tritt das Gefühl, persönlich verletzt worden zu sein, in den Hintergrund. Jeder der beiden bringt dann seine hohen moralischen und ästhetischen Besonderheiten zum Wohl der Arbeit ein.

Eins arbeitet mit Fünf

Manchmal werden Einser mit Fünfern verwechselt, weil sie beide verläßlich, beherrscht und diszipliniert sind. Beide können großartige Lehrer und Mentoren sein. Aber Einser sind zwanghaft – sie fühlen sich verpflichtet, andere zu ändern und ihnen zu helfen. Fünfer hingegen können sich durchaus heraushalten. Die Fünf René Descartes sagte: »Ich denke, also bin ich.« Immanuel Kant, eine Eins, machte aus diesem Spruch: »Ich sollte, also bin ich.«

Der Perfektionist und der Weise arbeiten gut zusammen, wenn sie sich auf gemeinsame Regeln, Grenzen und Verfahrensweisen einigen. Beide respektieren klare Richtlinien und achten besonders genau auf Details, die sie interessieren. Gemeinsam planen sie gut für Eventualitäten voraus. Einser sind auf ihren Perfektionismus stolz, Fünfer auf ihre Zauberkünste.

Problematisch wird es, wenn die Fünf das moralistische Verhalten der Eins als aufdringlich oder anmaßend empfindet oder die Eins das distanzierte Verhalten der Fünf für eine Weigerung hält, Verantwortung zu übernehmen. Beide können sich in Einzelheiten und damit den Gesamtüberblick verlieren: Die Eins besteht darauf, recht zu haben und darin bestätigt zu werden, bevor sie etwas unternehmen kann, und die Fünf interessiert sich für irgendein theoretisches Faktum am Rand eines Problems.

Wenn die Eins der Chef ist und die Fünf der Mitarbeiter. Einser sagen Fünfern sehr gern, wie sie ihre Arbeit besser machen können, aber Fünfer machen sich dazu lieber ihre eigenen Gedanken. Einser mögen detaillierte Berichte über die einzelnen Arbeitsschritte, aber Fünfer wollen ihre Gedanken erst dann preisgeben, wenn sie fertig sind.

Diese Beziehung kommt in Schwung, wenn der Einser-Chef dem Fünfer-Mitarbeiter innerhalb eines klar definierten eigenen Bereichs Spielraum gibt. Lassen Sie sich im Gegenzug von der Fünf bereits vorher die vertraglich geregelte Zustimmung geben, daß sie Ihnen Wünsche, Entwicklungsberichte und ähnliches übermittelt. Fünfer akzeptieren objektive Vorschriften als feste Grenzen, mit denen sie sich selbst und ihre Privatsphäre schützen können. Werden Sie sich also ganz klar über die Parameter und Ziele Ihres Chefs; Einser nehmen sehr vieles wörtlich und haben keine Probleme damit, ihre Erwartungen auszusprechen.

Einser sind konventionell, Fünfer nicht. Auf Einser wirkt Korrektheit an sich schon stark motivierend – nicht so auf Fünfer,

die sich an die Vorschriften halten, damit ihre Fehler nicht auffallen.

Wenn Sie ein Fünfer-Mitarbeiter sind, wollen Sie sich vielleicht
nicht an die Vorschriften Ihres Chefs halten, sich aber wenigstens
bewußt dagegen entscheiden.

Wenn die Eins der Mitarbeiter und die Fünf der Chef ist. Als
übereifriger Einser-Mitarbeiter wünschen Sie sich vielleicht
mehr Anleitung und Rückmeldungen, als Ihnen Ihr Fünfer-Manager zu geben bereit ist, weil er sich lieber heraushält. Sie können sie bekommen, wenn Sie Ihrem Chef etwas Raum geben.
Ein Brief oder eine E-Mail ist am besten, damit die Fünf die Unterlagen mit in ihre private Höhle nehmen und sich dort damit
befassen kann: »Beiliegend mein Arbeitsplan. Bitte sagen Sie
mir, was Sie davon halten.« Bedenken Sie, daß Fünfer empfindlich auf Kritik reagieren und sich nicht gern belehren lassen.
Drängen Sie sie nicht, sondern machen Sie Vorschläge und nennen Sie Gründe.

Wenn Sie der Fünfer-Chef sind, denken Sie daran, daß Einser Sie
meist beim Wort nehmen. Geben Sie sich einen Ruck und bringen Sie Ihre Wertmaßstäbe und Vorstellungen zum Ausdruck. Es
kann wirklich sehr nützlich für Fünfer sein, ihre Absichten auszusprechen, statt alles für sich zu behalten. Die meisten Einser
sind überaus bereit mitzumachen, solange sie wissen, worum es
geht und daß keine persönlichen Moralvorstellungen verletzt
werden.

Eins arbeitet mit Sechs

Die Einser-Sechser-Beziehung kann ein harter Brocken sein,
weil beide Typen sehr kritisch sind, aber gar nicht gern selbst kritisiert werden. Eine perfektionistische Eins glaubt, Kritik stelle
ihre Perfektion in Frage, und der Troubleshooter Sechs fragt sich

besorgt, ob Sie gegen ihn oder auf seiner Seite sind. Außerdem neigen beide dazu, Dinge schwarz-weiß zu sehen und mit Kanonen auf Spatzen zu schießen. Obendrein können sie beide große Zögerer sein. Damit eine Zusammenarbeit zwischen ihnen Früchte trägt, müssen sie ein gemeinsames Ziel vor Augen haben. Sechser kämpfen gern gegen Ungerechtigkeit, böse Absichten und ausufernde Autorität – was in etwa dem prinzipienorientierten Verhalten der Eins entspricht. Sie sind die beiden entschlossensten Enneagrammtypen; haben sie einmal eine Stellung bezogen, können Sie sich darauf gefaßt machen, daß sie sie heftig verteidigen werden.

Wenn die Eins der Chef und die Sechs der Mitarbeiter ist. Wenn Sie der Chef sind, halten Sie sich mit Kritik so lange zurück, bis Sie Ihrem Sechser-Mitarbeiter das Gefühl gegeben haben, zum Team zu gehören. Wenn Sie unbedingt einen Fehler finden müssen, bemühen Sie sich zu erklären, daß das Problem in der Arbeit, nicht bei der betreffenden Person zu suchen ist. Sechser-Mitarbeiter bringen gute Leistungen, wenn sie Ihre Denkweise verstehen und spüren, daß Sie gerecht sind und kein geheimes Programm verfolgen. Das konsequente Verhalten einer Eins kann für eine Sechs sehr hilfreich sein.

Wenn Sie als Sechs für eine Eins arbeiten, wird sich Ihr Einser-Chef darüber freuen, daß Sie auf Details achten und sich Mühe geben, Fehler zu vermeiden. Am besten bringen Sie Ihre Loyalität ihm gegenüber dadurch zum Ausdruck, daß Sie herausfinden, was »es richtig machen« für ihn bedeutet.

Wenn die Eins der Mitarbeiter und die Sechs der Chef ist. Wenn Sie als Eins für eine Sechs arbeiten, wissen Sie, was sie falsch macht, und wollen ihr das mitteilen. Aber schon der Versuch zu helfen kann sehr leicht dazu führen, daß Ihr überempfindlicher Chef das Gefühl hat, Sie würden ihn kritisieren. Wenn Sie jedoch Ihre Beurteilungen und Kritik aus Höflichkeit oder Diskretion zurückhalten, wird sich so lange Groll in Ihnen aufstauen, bis Ihr

Chef das bemerkt (oder Sie explodieren). Sechser haben ein mei-
sterhaftes Gespür dafür, wenn etwas verschwiegen wird. Ihr
Chef wird Ihre Wut wahrnehmen (mit ziemlicher Sicherheit besser als Sie), was ihm wiederum das Gefühl vermitteln könnte,
daß Sie nicht zu ihm halten. Machen Sie Ihre Vorbehalte oder
Ansichten klar, ohne übers Ziel hinauszuschießen.

Wenn es hart auf hart kommt, sind Sie Ihrem Gewissen oder einer sogar noch »höheren Autorität« mehr verpflichtet als Ihrem
Chef. Das ist das Schlimmste für eine Sechs, die die Gewißheit
braucht, daß Sie auf *ihrer* Seite stehen. Nehmen Sie ihr die
Angst, indem Sie ihr zeigen, daß es für Sie hohen Stellenwert
hat, mit ihr gegen den Feind zu kämpfen. Wenn die Sechs weiß,
daß Sie zu ihr halten, kann dieses Verhältnis sehr gut funktionieren. Sie haben viel mehr Freiheit.

Wenn Sie ein Sechser-Chef mit einem Einser-Mitarbeiter sind,
verfolgt der Mitarbeiter mit seiner Kritik selten die böse Absicht,
ihre Position zu untergraben. Die meisten Einser sind einfach
kritisch. Dahinter steckt keine böse Absicht, sie wissen oft gar
nicht, daß sie so kritisch sind. Sie wollen nur helfen. Reagieren
Sie auf die Kritik nicht wie auf einen persönlichen Angriff, sondern sehen Sie das Positive daran.

Eins arbeitet mit Sieben

Die Ameise und die Grille waren das erste Einser-Siebener-
Team. Der Perfektionist und der Visionär meinen vielleicht, sie
hätten nicht viel gemeinsam, aber das stimmt nicht. Siebener sehen die aufregenden Möglichkeiten, und Einser sehen die Möglichkeit zur tadellosen Ausführung. Beide sind in gewisser Weise
Idealisten. Und doch sind beide unbeugsam. Die Eins beharrt auf
ihrem begrenzten Vorstellungsvermögen und verachtet all jene,
die das nicht sehen. Die Sieben ist genauso stur, wenn sie in ihrer

Begeisterung all jene verachtet, die den Hintern nicht hochkriegen. Beide sind gleichermaßen unpraktisch veranlagt und schweben entweder in höheren Regionen (Sieben) oder geben Prinzipien den Vorzug vor Effektivität (Eins).

Wenn die Eins der Chef und die Sieben der Mitarbeiter ist. Wenn Sie als Sieben für eine Eins arbeiten, ist es Ihre Aufgabe, zumindest so lange beim Programm mitzumachen, daß Sie einen Einfluß darauf haben. Einser kochen vor Wut, ja explodieren, wenn Unverantwortlichkeit, mangelnde Beachtung von Details oder fehlendes Durchhaltevermögen zu peinlichen Fehlern führt. Ein Einser-Chef verlangt unter Umständen Einzelheiten zu Entwurfspezifikationen oder Fortschrittsberichten, die zu erstellen Ihnen schwer erscheint, während Sie wie ein Berserker an dem Projekt arbeiten. Obwohl es unangenehm sein mag, ist für eine Sieben in Streßzeiten nichts wirkungsvoller, als sich zu fügen. (Die Eins ist der heilsame Streßpunkt für die Sieben.)

Wenn Sie der Chef sind, wissen Sie aus Erfahrung, daß Siebener antiautoritär sind und Sie vielleicht gern auf den Arm nehmen, besonders wenn Sie sich und ihre Rolle zu ernst nehmen. In Ihren Augen erscheint Ihre Reaktion objektiv, spürbar, gerechtfertigt, ja beherrscht. In den Augen Ihres Mitarbeiters wirkt sie wie ein zutiefst persönlicher, verletzender Angriff. Gehen Sie mit Fingerspitzengefühl vor.

Dieses Verhältnis funktioniert gut, wenn der Einser-Chef der Engel der Sieben ist: Die Eins gibt ihrem Siebener-Mitarbeiter ihre Flügel und viel Luftraum. Siebener brauchen Einser, damit diese ihre Ideen Wirklichkeit werden lassen: damit sie ihnen helfen, bei einem Projekt, besonders einem langfristigen, nicht abzuspringen und vor allem, sich selbst ernstzunehmen. Obwohl es für eine Eins beunruhigend ist, ist die Sieben offen gegenüber Möglichkeiten, die die Eins vielleicht gar nicht erkennt.

Wenn die Eins der Mitarbeiter und die Sieben der Chef ist. Siebener führen, indem sie mit ihrer Begeisterung vorwärtsstürmen.

Pflichtbewußte Einser wären gern gefällig, aber unter einem Siebener-Chef scheint sich die Richtung (und ihre Pflichten) dauernd zu ändern, und die Grundvoraussetzungen und Ziele ihrer Abteilung auch. Einige Siebener-Chefs sind ausgesprochen unverantwortlich. Sie kümmern sich vielleicht um die Basketball-Saisonkarten für die Firma, vergessen aber, die Krankenversicherung zu verlängern. Das beunruhigt eine äußerst verantwortungsbewußte Eins.

Ein Einser-Mitarbeiter und ein Siebener-Chef können glücklich miteinander arbeiten, wenn beide Parteien so selbst-bewußt – und aufgeschlossen – sind, daß sie den Beitrag des anderen zu würdigen wissen. Eine Eins, die versteht, daß die Phantasieflüge ihres Siebener-Chefs sowohl inspirierend wie auch provokativ sein können, öffnet sich der Möglichkeit, daß sie aufgrund ihrer Zielstrebigkeit und festen Absicht seine wichtigste Geschäftsressource sein kann. Typischerweise sind Kunden oder andere Mitarbeiter von der charismatischen und überschäumenden Sieben fasziniert, zählen aber auf die Eins für verläßliche Informationen, Durchhaltevermögen und auch, daß sie die Sieben beeinflußt und dafür sorgt, daß sie sich an ihren Zeitplan und ihre Vereinbarungen hält. Und wenn eine Sieben das Engagement ihres Einser-Mitarbeiters für die Arbeit anerkennt, so erkennt sie sich selbst an.

Eins arbeitet mit Acht

Die perfektionistischen Einser sind die großen Vorschriftenbewahrer des Enneagramms. Die tonangebenden Achter sind von Haus aus Vorschriftenbrecher. Für Einser ist Tugend die höchste Macht, für Achter ist Macht die höchste Tugend.

Aus der Sicht der Acht, bei der das Hauptaugenmerk darauf liegt, Schwachsinn aufzudecken, wirkt das Moralisieren der Eins wie selbstgerechte Heuchelei. Auf die Eins wirkt die absichtlich provokante Bilderstürmerei der Acht wie hemmungslose Ketzerei. Als spiegelbildliche Lösungen ein und desselben Problems (Wut, wenn sie ihren Willen nicht durchsetzen können) ergänzen sich die tonangebende Acht und die perfektionistische Eins genau.

Einser und Achter wollen ihren Willen durchsetzen. Beide unternehmen etwas, damit das auch geschieht. Rücksichtslos und hartnäckig wollen sie Bestehendes verändern, überfahren dabei andere und verletzen deren Gefühle, ohne dies immer zu bemerken.

Wenn die Eins der Chef und die Acht der Mitarbeiter ist. Als Chefs geben Einser gern klare Vorschriften und Abläufe vor. Diese strenge Kontrolle löst bei der Acht den Wunsch aus, die Grenzen auszutesten. Anders als Siebener, die ebenfalls die Vorschriften der Eins übertreten, aber einer Konfrontation ausweichen, tun die Achter ihre anderslautende Meinung lautstark und in aller Öffentlichkeit kund. Ein Einser-Chef aber erwartet, daß man ihn kraft seiner Position respektiert. Wenn Sie der Mitarbeiter sind, denken Sie daran, daß Einser nicht in Verlegenheit gebracht werden wollen, besonders nicht vor anderen Mitarbeitern oder Kunden. Wenn Sie der Einser-Chef sind, versuchen Sie, Ihren Achter-Mitarbeitern ihr eigenes Reich zu geben, damit sie ihr expansives Wesen innerhalb der Grenzen ungehindert ausleben können.

Wenn Ihr Chef eine Eins ist, halten Sie die Prinzipien-Position Ihres Chefs nicht irrtümlich für ein Machtspiel. Als Acht meinen Sie oft, sich an Prinzipien zu halten, während Sie in Wahrheit Ihren Einfluß geltend machen. Von Ihrem Einser-Chef können Sie den Unterschied lernen.

Wenn die Eins der Mitarbeiter und die Acht der Chef ist. Wenn Sie der Chef sind, hüten Sie sich davor, sich Ihrem Einser-Mitarbeiter aufzudrängen. Platzen Sie nicht in sein Büro, mischen Sie sich auch nicht in seinen Verantwortungsbereich ein, es sei denn, Sie wollen ihn vorsätzlich ärgern. Und geben Sie keine Versprechen, um dann etwas ganz anderes zu machen. Genauso wie Siebener kann solch ein impulsiver Richtungswechsel einen Einser-Mitarbeiter verrückt machen.

Ihre Einser-Mitarbeiter können Ihnen ein Fundament liefern, auf dem Sie Ihr Reich gründen. Für eine Acht sind Vorschriften, Reglementierungen, Verfahrensweisen und Konventionen ein rotes Tuch. Achtern entgeht vielleicht, wie nützlich solche Wegweiser eigentlich sein können. Einser leben den Achtern Beständigkeit, Mäßigung und Beherrschung vor, genau das, was diese brauchen, um in ihrer Arbeit effektiv statt einfach nur explosiv zu sein. Im Gegenzug flößen Achter der Eins Energie, Kühnheit und Lebensfreude ein und gleichzeitig die Erlaubnis, sie einzusetzen.

Eins arbeitet mit Neun

Die perfektionistischen Einser versuchen, durch den Bau von Dämmen und Kanälen das Fließen des Stroms zu kontrollieren. Neuner kontrollieren den Strom, indem sie scheinbar mit ihm schwimmen. Für beide ist das Thema Wut von zentraler Bedeutung, und sie sind schnell voneinander enttäuscht, wenn etwas nicht nach ihren Vorstellungen läuft.

Wie alle benachbarten Punkte auf dem Enneagramm sind Einser und Neuner Gegensätze, aber bei diesen beiden wird das besonders deutlich. Einser sind sauber, ordentlich, konzentriert, urteilend und proaktiv. Neuner sind unbekümmert, verschwommen und reaktiv.

Beide bringen Bestleistungen, wenn sie aus unpersönlichem gutem Willen heraus handeln, so daß persönlich gefärbte Urteile nicht in die Quere kommen. Solch eine Absicht entwickelt sich, wenn sich beide auf das Unternehmen einstellen: die Neun mit dem Arbeitsteam als Ganzem und mit den üblichen Abläufen, die Eins mit den Prinzipien, Absichten und der größeren Vision.

Wenn die Eins der Chef und die Neun der Mitarbeiter ist. Neuner können äußerst zuverlässige, verantwortungsbewußte Mitarbeiter sein, die sich meisterhaft auf Kooperation verstehen. Wenn Sie der Chef sind, werden sie sich sicher nicht aggressiv um Ihre Arbeit reißen. Sie sind glücklich, wenn Sie die Verantwortung und die Kopfschmerzen haben.

Sie müssen aber akzeptieren, daß Ihr Neuner-Mitarbeiter sich nicht so wie Sie seiner Arbeit moralisch verpflichtet fühlt. Ihr Neuner-Mitarbeiter könnte widerspenstig reagieren, wenn Sie ihn darum bitten, etwas zu tun, das nicht direkt zu seinen Aufgaben gehört. Er fühlt sich dann ausgebeutet. Er kann möglicherweise so weit gehen, bei der Gewerkschaft eine Klage einzureichen, ohne sich direkt bei Ihnen zu beschweren.

Der normale Führungsstil der Eins – von Ausnahmen abgesehen – funktioniert langfristig gesehen mit Neuner-Mitarbeitern nicht so gut. Neuner brauchen das Gefühl, akzeptiert und anerkannt zu werden – nicht wegen ihrer Leistungen, sondern wegen ihrer Person. Je mehr Sie Druck machen und versuchen zu korrigieren, desto mehr stellen sich Neuner – die unverrückbaren Objekte im Enneagramm – stur. Statt dessen lassen sie Zeit vergehen, bevor sie einer Anweisung nachkommen, um zu sehen, ob sie auch nach einiger Zeit, wenn sich die Lage geändert hat, noch gültig ist, ob Sie zu Ihren Worten stehen oder ob es die ganze Aufregung überhaupt lohnt.

Wenn Sie der Neuner-Mitarbeiter sind, versuchen Sie, sich bei Ihrem Einser-Chef Hilfe bei einem Arbeitsplanentwurf zu holen – das ist eine seiner Stärken und Ihr Schwachpunkt. Einser sind großartige Mentoren und tun das sehr gern.

Wenn die Eins der Mitarbeiter und die Neun der Chef ist. Wenn Sie der Einser-Mitarbeiter sind, haben Sie vielleicht den Eindruck, Ihr Neuner-Chef gebe Ihnen nicht genug Richtlinien.

Warten Sie nicht darauf, daß er es tut, sondern geben Sie die Richtung vor. Verfassen Sie notfalls auch Ihre Arbeitsplatzbeschreibung selbst. Für Ihren Chef bedeutet das Zusammenarbeit, der Startpunkt der Neun.

Wenn Sie der Chef sind, verletzt Sie möglicherweise die Kritiksucht der Eins, aber Sie können das kritische Auge der Eins wirklich nutzen. Versuchen Sie, Ihren Einser-Mitarbeiter für Arbeiten einzuteilen, bei denen er seine Selbstdisziplin und Entschlossenheit als Detailfanatiker am besten einsetzen kann, um Systeme zu entwickeln, die Ihr Geschäft aufblühen lassen.

Zwei arbeitet mit Zwei

Sie meinen vielleicht, ein Zweier-Paar sei eine schlechte Kombination bei der Arbeit, weil jeder versucht, den anderen in seiner Dienstfertigkeit zu übertrumpfen. Natürlich könnte ein Paar von Helfern, die beide um die Beachtung des Chefs buhlen, katastrophal sein. Aber berufliche Beziehungen zwischen Zweiern können wirklich gut funktionieren, besonders dann, wenn eine erfolgreiche leitende Zwei einen großartigen Zweier-Assistenten hat. Sie konkurrieren überhaupt nicht miteinander, weil sie verschiedenen Herren dienen. Die Zwei in der leitenden Position dient wiederum ihrem Chef und den Kunden; der Zweier-Mitarbeiter dient seinem Zweier-Chef. In dieser Beziehung geht es immer um Beziehung.

Wenn die Zwei der Chef ist. Wenn eine Zwei wahre Macht hat, bekommt die Situation durch die Zweier-Assistentin eine andere Färbung, die indirekt den Handlungsverlauf mitbestimmt, während ihr Chef als Front wirkt. Leitende Zweier lieben Macht: Sie mögen es, wenn man sich auf sie verläßt, sie verteilen gern Freigebigkeit, und wenn ihr Name an der Tür steht, haben sie keine Scheu, ihre Macht direkt auszuüben.

Wenn Sie eine Zwei sind und eine Zwei für Sie arbeitet, wissen Sie schon, daß Sie dafür sorgen müssen, daß Sie beide eine besondere Beziehung haben. Sie wissen auch, wie Sie ihr für all ihre Beiträge danken.

Wenn die Zwei der Mitarbeiter ist. Wenn Sie als Zwei eine Zweier-Chefin haben, wissen Sie, daß Sie sie immer auf dem laufenden über Ihr aktives Netzwerken und besonders über Ihre Bemühungen um sie halten. Nicht selten vergißt der Zweier-Mitarbeiter, der im Sinne des Chefs gehandelt hat, indem er unterschrieb, etwas weiterleitete oder seine Zustimmung gab, seinen Chef darüber zu informieren, und der Chef war darauf nicht gefaßt – eine schwierige Situation für einen imagebewußten Zweier-Chef, bei dem Zusammenarbeit großgeschrieben wird. Hier kann sich der Zweier-Mitarbeiter nur vielmals entschuldigen.

Zweier-Mitarbeiter brauchen normalerweise ihre Anerkennung nicht öffentlich kundzutun, aber ihr Zweier-Chef muß und wird sich bei ihnen für ihre Unentbehrlichkeit bedanken.

Zwei arbeitet mit Drei

Ein Helfer und ein Produktiver können eine erstklassige, höchst leistungsfähige Kombination ergeben. Beide Typen wollen einen guten Eindruck machen. Beide sind aufgabenorientiert und gut organisiert, so daß sie effektiv sein können. Beide bringen Dinge gern hinter sich und arbeiten mit interessanten, hochqualifizierten Leuten. Beide können zielstrebig, ja rücksichtslos sein und, um ihren Willen durchzusetzen, Leute überfahren, die für ihre Ziele uninteressant sind.

Wenn die Zwei der Chef und die Drei der Mitarbeiter ist. Zweier-Manager können wirklich sachlich-nüchtern sein, ganz das Gegenteil von dem Image der netten, ergebenen Zwei. Schlaue Zweier wissen, daß es hier um Geschäftsführung geht, und verschaffen sich Macht und Ruhm durch gute Geschäftsführung. Diese Beziehung funktioniert ganz gut, weil die Zwei der Drei nur dann Grenzen setzt, wenn diese vergißt, wo was zu holen ist. Wenn Sie der Chef sind, denken Sie daran, daß die Drei nicht so sehr auf eine gute Beziehung aus ist, sondern eher von Aufstiegsmöglichkeiten, finanziellen Vorteilen oder der Gelegenheit, ihre Marktfähigkeit zu erweitern, motiviert wird.

Wenn Sie der Mitarbeiter sind, dann tragen Sie die emotionalen Kosten. Die Zwei bringt der Drei bei, auf dem Weg zum Ziel die Gefühle anderer nützlicher Menschen nicht zu überfahren. Zweier werden Ihren Arbeitseinsatz und Ihr Engagement zu schätzen wissen, aber vergessen Sie nicht, etwas Persönliches mit einfließen zu lassen. Denken Sie daran: Beim Geschäft geht es für Zweier um Menschen.

Wenn die Zwei der Mitarbeiter und die Drei der Chef ist. Eine sehr häufig vorkommende Beziehung ist der umtriebige Dreier-Chef, dem sein Zweier-Assistent etwas Menschlichkeit vermittelt, indem er mit den Bittstellern verhandelt, die Bedürfnisse des Chefs vorausahnt, bevor sie diesem bewußt werden, und daran denkt, dem Chef einen Strauß Blumen zu schicken.

Zweier wissen, wie sie andere durch ihre eigene Großzügigkeit verpflichten. Wenn Sie der Chef sind, könnte es sein, daß Ihre Zweier-Mitarbeiterin Sie am Samstag zu einem Familienpicknick einlädt. In der folgenden Woche plant sie dann Ihre privaten Termine und trifft Entscheidungen für Sie, die darauf beruhen, was sie beim Picknick erfahren hat. Viele Dreier-Chefs spielen da gerne mit, weil die Zwei so schwer arbeitet, um gute Arbeit zu leisten, und dringende Aufgaben übernimmt und der Drei bei allem noch ein gutes Gefühl vermittelt. Manche Dreier fühlen sich dadurch jedoch erdrückt.

Wenn Sie ein Dreier-Chef sind, dürfen Sie *niemals* vergessen, daß Ihre Zweier-Mitarbeiterin dafür Anerkennung möchte, wie sehr sie gebraucht wird. Das ist ihr Treibstoff.

Wenn Sie der Zweier-Mitarbeiter sind, werden Ihre Macht und Ihr Einfluß immer größer, je öfter Ihr Chef sieht, daß Sie ihm tatsächlich einen Teil der Verantwortung abnehmen. Erwarten Sie nicht allzuviel Zugeständnisse im zwischenmenschlichen Bereich, wenn Sie nicht mitspielen. Aber wenn die Drei das Gefühl hat, daß die Arbeit erledigt wird, dann können Sie das Tempo wirkungsvoll bestimmen, und sie wird damit einverstanden sein.

Zwei arbeitet mit Vier

Dem Helfer Zwei und dem Kenner Vier, die beide charismatisch und verführerisch sind, ist das Gefühlsleben ein zentrales Anliegen. Beide sind bereit, wegen eines zwischenmenschlichen Bandes gegen die Vorschriften zu handeln. Aber wo Zweier Ihnen ihre Unersetzlichkeit klarzumachen versuchen, wollen Vierer von Ihnen, daß Sie ihr Anderssein akzeptieren. Da sich Zweier und Vierer auf unterschiedliche Dinge spezialisiert haben, können sie als Kollegen ganz gut zusammenarbeiten.

Beide suchen jedoch bei anderen nach dem eigenen Selbstwert. Zweier sind stolz und neidisch auf die Anerkennung, die die Vier aufgrund ihres einzigartigen, profunden Beitrags bekommt. Vierer, die sich meistens als Außenseiter fühlen, sind oft neidisch darauf, wie leicht das Leben für die Zweier ist, die anderen gefallen wollen und ein Gespür für Macht haben.

Das Gemeinsame dieser beiden Enneagrammtypen ist, daß sie lernen müssen, ihre eigenen gefühlsmäßigen Bedürfnisse mit denen anderer ins Gleichgewicht zu bringen. Die besten Vierer lassen sich von ihrem schöpferischen Fluß leiten. Die besten Zweier wachsen als Helfer für andere über sich hinaus. Ein jeder entwickelt sich weiter, wenn er die innere Sichtweise des anderen zu seiner eigenen macht.

Wenn die Zwei der Chef und die Vier der Mitarbeiter ist. Zwei-er-Manager sind begeistert und ermutigend. Es liegt ihnen wirklich am Herzen, was ihre Mitarbeiter über sie denken; den chronisch unzufriedenen Vierern können sie es wahrscheinlich nur sehr schwer rechtmachen.

Wenn Sie der Zweier-Chef sind, dürfen Sie nicht vergessen, daß Vierer oft nicht wirklich nach einer Problemlösung suchen (die Spezialität der Zwei), sondern nur einen Aufhänger für ihre Unzufriedenheit brauchen.

Wenn Sie der Vierer-Mitarbeiter sind, dann wird Ihnen die Anpassungsfähigkeit gegenüber Kunden und anderen leichtfertig und falsch vorkommen, weil Sie sich der Authentizität verschrieben haben. Zweier wollen ihren Mitarbeitern helfen; solche Chefs sprechen am besten auf Vierer an, die nicht immer wieder darauf hinweisen, daß sie absolut unzufrieden sind.

Wenn die Zwei der Mitarbeiter und die Vier der Chef ist. Wenn Vierer ein großes Projekt oder ein künstlerisches Unterfangen leiten, steht ihnen oft eine Zwei zur Seite, die sie bewundert und unterstützt. Vierer können wegen Kleinigkeiten sehr pingelig sein, und Zweier wissen, wie sie darauf unbekümmert reagieren. Der Vierer-Chef möchte für seinen einzigartigen Geschmack und seine Sensibilität geachtet werden. Zweier verstehen es am besten von allen Enneagrammtypen, der Vier das Gefühl geben, als Person etwas Besonderes zu sein.

Wenn Sie der Vierer-Chef sind, sorgen Sie dafür, daß Sie kurz aus Ihrer Selbstversenkung heraustreten, um Ihrem Zweier-Mitarbeiter für seine Beiträge zu danken. Wenn Sie ihn nicht anerkennen oder seine Leistungen für selbstverständlich halten, kann er mißmutig und rachsüchtig werden.

Wenn Sie der Zweier-Mitarbeiter sind, geben Sie acht, Ihren Aufgabenbereich nicht zu überschreiten. Manchmal versuchen Zweier, ihre Vorgesetzten herumzukommandieren. Das kommt

bei einer elitären Vier, die allem ihren eigenen Stempel aufdrücken will, nicht immer gut an.

Sorgen Sie außerdem dafür, daß Sie Ihre Hilfe auf geschäftsbe-
zogene Aktivitäten beschränken. Es passiert oft, daß Zweier für
tyrannische oder energieraubende Vierer-Chefs, die ständig
wichtige Konferenzen absagen und auf den Gefühlen anderer
Menschen herumtrampeln, den Kopf hinhalten müssen.

Zwei arbeitet mit Fünf

Der Helfer Zwei und der Weise Fünf sehen wie Gegensätze aus.
Fünfer hassen die Vorstellung, von anderen abhängig zu sein; der
größte Wunsch der Zweier ist, daß andere von ihnen abhängig
sind. Aber im Grunde legen sowohl die Zwei als auch die Fünf
großen Wert auf persönliche Eigenständigkeit. Zweier wollen
den Anschein erwecken, sie hätten keine Bedürfnisse. Fünfer
weigern sich, ihre Bedürfnisse wahrzunehmen.

In gewisser Hinsicht sind die Zweier, die für ihre hervorragenden
Leistungen berühmt sind, eigentlich viel knauseriger als Fünfer,
weil sie erwarten, genausoviel oder mehr zurückzubekommen,
als sie gegeben haben. Fünfer wollen lediglich außergewöhnliche Bewertung für ihre Bemühungen. Natürlich glauben Zweier
(wie die Siebener), daß die Quelle nie versiegen wird; Fünfer
nicht.

Wenn die Zwei der Chef und die Fünf der Mitarbeiter ist. Wenn
Sie der Chef sind, müssen Sie achtgeben, daß Sie nicht das Kindheitsdrama der Fünf aufdecken und wiederholen: Ein aufdringli-
cher Elternteil veranlaßte viele Fünfer, sich zurückzuziehen und
Wände um sich zu errichten.

Einige Zweier-Chefs versuchen, ihre Fünfer-Mitarbeiter »aufzu-
rütteln«, und stoßen auf eine hohe Mauer. Aber die meisten
Zweier können diese Linie ganz gut weiterverfolgen. Zweier-

Chefs schwatzen mit ihrem Fünfer-Mitarbeiter, wobei sie es sich im Büro der Fünf, einem Heiligtum, das niemand sonst betritt, bequem machen. Die besten Zweier-Chefs schützen ihre Fünfer und warnen andere, wenn es erforderlich ist. Sie ermuntern, wenn nötig, die Fünfer auch, andere Leute mit einzubeziehen. Natürlich kann der Zweier-Chef aus einer Gewohnheit heraus die Fünf, so wie es seine Art ist, auch mit Dankbarkeit überschütten. Die meisten Fünfer läßt das völlig kalt. Sie wollen ganz speziell geachtet werden: dafür, wie schlau und klug sie sind, wegen ihrer Einblicke und der Geheimnisse, die sie hüten.

Für Zweier gehört es zu einer beständigen, besonderen Beziehung, etwas auszudiskutieren und von allen Seiten zu betrachten. Fünfer wollen sich aus eigenem Antrieb zurückziehen und ihre eigenen Probleme durch Nachdenken lösen. Es ist also viel besser, Sie stellen Ihrer Fünfer-Mitarbeiterin ein Problem dar, stehen ihr für Kommentare und weitere Informationen zur Verfügung und lassen ihr Zeit, sich allein Gedanken darüber zu machen und ihre Gefühle zu empfinden.

Wenn Sie der Fünfer-Mitarbeiter sind, treten Sie meistens als der technische, wissenschaftliche oder akademische Ratgeber Ihres Chefs auf. Es gibt die Tendenz, die Zwei zu »Ihrem Botschafter mit der Welt« zu machen, damit Sie sich nicht darum kümmern müssen, Ihr eigenes Menschennetzwerk aufzubauen und zu pflegen. Dann gibt es noch die gegenläufige Tendenz (als mißtrauische Fünf), sich besorgt zu fragen, was die Zwei vorhat und ob sie zuviel Macht besitzt und Sie allzusehr in die Pflicht nehmen wird. In beiden Fällen sorgt sich die Fünf um den Verlust ihrer Unabhängigkeit, da die Zwei Abhängigkeiten schafft. Die Antwort heißt weder Unabhängigkeit noch Abhängigkeit, sondern Interdependenz, eine ausgewogene Beziehung. Eine ausgeglichene Fünf tauscht Informationen und Sachwissen mit der Zwei aus, wobei sie sich weder zu stark isoliert noch sich vereinnahmen läßt, und pflegt ebenfalls direkten Kontakt zu Kollegen, Kunden und der Industrie.

Wenn die Zwei der Mitarbeiter und die Fünf der Chef ist. Ein Fünfer-Chef ist das perfekte Projekt für einen Zweier-Untergebenen, der die besagten »Zweier-Muskeln« spielen lassen und dem Fünfer-Chef als Schnittstelle zur Welt dienen will. Oft glättet die Zweier-Mitarbeiterin die rauhen Kanten der Fünf.

Aber diese Beziehung kann sich verschlechtern, wenn die Fünf ein allzu schwieriger Fall ist. Begehen Sie als Fünfer-Chef nicht den Fehler zu meinen, eine Fünf könne nur begrenzt oft Dankeschön sagen. Erkennen Sie die Zwei an und danken Sie ihr regelmäßig für ihre Leistungen, auch wenn Ihr Computer Sie daran erinnern muß.

Wenn Sie der Mitarbeiter sind und Ihre Arbeit im Grunde mögen, werden Sie Ihren Dank von jenen bekommen, die mit der Fünf zu tun haben und Unterlagen oder Zugang oder Entscheidungen brauchen, die Sie ihr abgewinnen können.

Zwei arbeitet mit Sechs

Die entwaffnende Sechs kann oft wie eine schöntuerische, schmeichlerische Zwei aussehen, da sie auf die Anliegen ihres Gegenübers reagieren will. Letztlich sind Troubleshooter-Sechser aber vorsichtig und helfende Zweier impulsiv. Zweier werden eine schnelle Entscheidung treffen wollen, aber die Sechs will darüber nachdenken. Die Sechs fragt sich, ob die Zwei vertrauenswürdig ist. Die Zwei fragt sich, ob man der Sechs irgendwie helfen kann.

Wenn Zwei der Chef und Sechs der Mitarbeiter ist. Wenn Sie der Chef sind, vermeiden Sie gern die Routine. Sie sind lieber flexibel, weil Sie damit Ihrer Meinung nach am besten mit Menschen zurechtkommen. Ihre Tendenz, Sondervereinbarungen zu treffen, stört Ihren Sechser-Mitarbeiter nicht, solange er von dieser Großzügigkeit profitiert. Andernfalls aber wird es wie die schlimmste Verschwörung aussehen. Für eine Sechs gibt es nichts Schlimmeres, als von einer ungerechten Autorität hintergangen zu werden. Sie will Verantwortlichkeit und Vorhersagbarkeit: klare Rollen, klare Aufgaben und klare Autoritätshierarchien. Sie handeln seelenruhig nach Gefühl und Impuls, aber Ihrem Sechser-Mitarbeiter geht es am besten, wenn er das Gefühl hat, daß alles klar ist und Aktionen und Entscheidungen eine rationale Grundlage haben. Zweier können die Sechser beruhigen, indem sie ihnen die Ideen und Voraussetzungen, die Grundlage für Entscheidungen, mitteilen.

Wenn Sie der Mitarbeiter sind, haben Sie schon gemerkt, daß Ihr Chef mit komplexen Problemanalysen nichts zu tun haben will, sondern sich lieber auf seine Intuition verläßt. Sie können ihn als zuverlässiger Troubleshooter ergänzen, der mit Gewehr im Anschlag nach Feinden Ausschau hält. Die Sechs kann den Zweier-Chef auf Schwierigkeiten hinweisen, die sich durch sein gedankenloses Vorwärtsstürmen ergeben. Zweier haben einen Riecher dafür, mächtige Menschen aufzuspüren und sich ihnen anzuschließen; Sechser sind Meister darin, darauf zu achten, daß der Chef nicht aufs Kreuz gelegt wird.

Wenn die Zwei Mitarbeiter und die Sechs der Chef ist. Wenn Sie der Zweier-Mitarbeiter sind, sollte alles in bester Ordnung sein, solange Ihr Sechser-Chef sich nur um sein eigenes Terrain kümmert und sich um sich, seine Arbeit und seine Feinde Sorgen macht; Sie können diese Besorgnisse als mitfühlender Resonanzboden mittragen, während Sie gleichzeitig Ihren Einfluß ausdehnen und sich unentbehrlich machen. Ihrem Chef wird Ihre offensichtliche Ergebenheit gefallen. Aber Vorsicht: Wenn der Sechser-Chef Ihre Schmeicheleien für ein Machtspiel hält, wird er möglicherweise mißtrauisch und macht einen Rückzieher.

Da Ihnen Entscheidungen leichtfallen, könnte es Sie frustrieren, daß Ihr Chef diese meist hinauszögert oder unbedingt wissen will, was alles schiefgehen könnte. An diesem Wesenszug der Sechs können Sie nicht viel ändern. Sie können nur dafür sorgen, daß Sie ihm alle Fakten liefern und genug Zeit geben, um sie zu verarbeiten. Wenn Sie der Chef sind, müssen Sie verstehen, wie sehr sich Ihr Zweier-Mitarbeiter nach Anerkennung sehnt. Das wird einigen steifen Sechsern schwerfallen, die Dankbarkeit nicht so selbstverständlich zum Ausdruck bringen. Sie können der Zwei entgegenkommen und sich trotzdem treu bleiben, wenn Sie sie aufgrund der rationalen Analyse spezifischer Aufgaben loben, die sie erledigt hat und die zum gewünschten Ergebnis geführt haben. Auf diese Weise haben Sie nicht den Eindruck, daß Sie sich von Gefühlen oder der Angst haben übermannen lassen, aufgrund Ihrer Offenherzigkeit falsch verstanden oder ausgenutzt zu werden. Zweier sind besonders daran interessiert, für Sie oder den Vorgang unentbehrlich gewesen zu sein, und daß Ihre Beziehung tragfähig und beständig ist und auf Gegenseitigkeit beruht.

Zwei arbeitet mit Sieben

Das klassische Beispiel einer Zweier-Siebener-Beziehung sind Wendy Darling und Peter Pan. Der Visionär Sieben schwebt in den Wolken, der Helfer Zwei ist verzaubert, aber aufs Praktische und Mütterliche orientiert, wie zum Beispiel einen Schatten anzunähen oder Peter Pan daran zu erinnern, erwachsen zu werden. Meistens sieht das dann so aus, daß die Sieben auf ihre spannenden Projekte und die Zwei als Helfer auf die Sieben konzentriert ist.

Zwei und Sieben erfreuen sich von allen Enneagrammtypen am meisten an sich selbst. Beide sind optimistisch, haben sehr viel Energie und spüren, daß ihre Talente ihnen die Welt öffnen können. Beide sind mit ihrem Schatten verhältnismäßig wenig in Kontakt und quälen sich nicht besonders mit Innenschau herum. Zwei und Sieben sind die emotionalen und mentalen Varianten des jeweils anderen. Zweier gehen geschickt mit Gefühlen (anderer Menschen) um und Siebener mit phantastischen Ideen. Aber Zweier kratzen nur an der Gefühlsoberfläche, und Siebener sind trotz ihres Strahlens eher einfallsreich als weise. (Siebener erlangen Weisheit, wenn sie in den Fünfer-Zustand, ihren Höchstleistungspunkt, geraten. Zweier gewinnen an Tiefe, wenn sie sich auf Höchstleistungspunkt Vier zubewegen.)

Wenn die Zwei der Chef und die Sieben der Mitarbeiter ist. Zweier sind trotz all ihrer Gefühlsbetontheit im Umgang mit anderen praktisch veranlagt. Auch ist es ihnen sehr wichtig zu wissen, was ihre Kunden denken. Siebener, die eine unpraktische Ader haben, kümmert das viel weniger. Ihnen als Zweier-Chef bereitet es unter Umständen Sorgen, daß Ihre Siebener-Mitarbeiterin Sie in Verlegenheit bringt, weil sie Versprechen nicht einhält, Termine verpaßt oder ganz allgemein unstet ist.

Aber Zweier in einer Machtposition können sich am unbeschwerten Strahlen der Sieben, ihrer Naivität und besonders ihrem offensichtlichen Bedürfnis aufladen, daß die Zwei sie bewundert und ihr ein praktisches Forum zur Verfügung stellt, in dem sie ihre immer vielversprechenden Siebener-Sachen macht. Zweier mögen Abhängigkeit, und die Sieben ist gern der kleine Zauberer.

Eine ungebundene Sieben zu zügeln kann einer Zwei manchmal Probleme bereiten. Schlimmstenfalls machen Zweier einem Schuldgefühle, da fällt der Sieben einfach der Unterkiefer herunter. Die raffiniertesten Zweier sorgen dafür, daß das Lächeln der Sieben nicht erstirbt: »Für den nächsten Teil des Projekts brauche ich Ihre ganze einfallsreiche Aufmerksamkeit. Es wird Ihrer Karriere förderlich sein, aber ich brauche eine feste Zusage. Wollen Sie mitmachen?« Siebener sind gewandte geistige Akrobaten, die die gefühlsmäßigen Entscheidungen und Pläne der Zwei mit modernen, irrwitzigen, interdisziplinären Ideen und Beispielen stützen und rechtfertigen können.

Siebener setzen sich für großartige Ideen und Pläne ein; Zweier leisten Dienst für besondere Menschen. Siebener denken global, Zweier handeln lokal. Wenn Sie als Sieben mit einem Zweier-Chef Erfolg haben wollen, dann beachten Sie: Zweier wollen spezifische, persönliche, auf Menschen ausgerichtete Vorgehensweisen, die zu praktischen Ergebnissen führen.

Wenn die Zwei der Mitarbeiter und die Sieben der Chef ist. Siebener lieben Anerkennung und Aufmerksamkeit, und Zweier teilen dies gern aus. Siebener vergessen die Kehrseite des Zweier-Handels: die Zwei braucht nämlich auch Aufmerksamkeit. Wenn Sie der Chef sind, sind Schwierigkeiten vorprogrammiert, wenn Sie arrogant werden oder die Zwei von oben herab behandeln; wenn Sie vergessen, daß die Zwei im Mittelpunkt steht, wird sie sich rächen.

Diese Partnerschaft kann sehr gut funktionieren, denn Siebener sind Theoretiker; Zweier verleihen den Ideen der Sieben eine menschliche Note, indem sie sie in Bezug zu Menschen setzen. Außerdem sind Siebener, auch wenn sie von Gerechtigkeit reden, im Grunde elitär; Zweier schätzen es besonders, persönliche, spezielle und unverzichtbare Helfer des großen Führers zu sein, aber man muß sie anerkennen.

Wenn Sie der Mitarbeiter sind, verstehen Sie es meisterhaft, für Ihren schwierigen, mit sich selbst beschäftigten Chef das Tor zur Welt zu sein. Mit Ihrer Hilfe verstehen andere Mitarbeiter seine Absichten. Ihre vielleicht größte Gabe für eine mißtrauische, zögerliche Sieben ist, daß Sie auf einen Abschluß drängen, um einen Verkauf zu tätigen und ein wenig Anerkennung zu bekommen! Aber Sie werden in Schwierigkeiten kommen, wenn Sie die Spekulationen der Sieben allzu ernst nehmen. Zum Glück begreifen Sie schnell, und es bereitet Ihnen besonderes Vergnügen, die Gedanken Ihres Chefs zu erraten, so daß Sie sich ausrechnen können, welche seiner Pläne ernstzunehmen sind.

Zwei arbeitet mit Acht

Da sie beide das Machtspiel spielen, sind der Helfer Zwei und die tonangebende Acht häufig auf besondere Art eng verbunden. Beide handeln impulsiv und können mit Frustrationen nicht gut umgehen. Keiner von beiden hält sich streng an die Vorschriften. Das kann zu einer waghalsigen, effektiven Zusammenarbeit *oder* einem Machtkampf führen, den entweder die Acht durch brutale Stärke gewinnt oder die Zwei, die Beziehungen spielen läßt und an Gefälligkeiten appelliert.

Beide geben vor, im Dienst anderer zu handeln. Zweier dienen ihrem Herrn, Achter ihrem Team und einer gerechten Sache. Zweier wirken meistens durch andere, Achter sind unverblümter und direkter. Diese Beziehung funktioniert gut, wenn sich jeder in die Sichtweise des anderen hineinversetzt, um wahrhaft zu dienen.

Wenn die Zwei der Chef und die Acht der Mitarbeiter ist. Wenn Sie der Zweier-Chef einer Acht sind, wissen Sie beide, daß Sie einen wichtigen Verbündeten haben, der etwas von Macht versteht. Niemand führt die Achter so wie Zweier, und zwar aus folgendem Grund: Achter wollen Vorschriften beugen oder verletzen. Zweier haben nichts dagegen, Vorschriften für ihre Lieblinge zu übertreten, solange sie dafür Lehnstreue erhalten.

Aber wenn Sie als Acht für eine Zwei arbeiten, denken Sie daran, daß Ihr Zweier-Chef die Regeln nur so lange verletzt, wie Ihre Bemühungen von Erfolg gekrönt sind und Sie immer darauf achten, ihn ebenfalls in Schutz zu nehmen. Zweier kümmern sich um die Wahrnehmungen anderer, auch wenn Sie es nicht tun.

Stellen Sie Ihre Privilegien vor anderen nicht zu sehr zur Schau, sonst wird Ihr Chef Sie zügeln.

Wenn die Zwei der Mitarbeiter und die Acht der Chef ist. Zweier kultivieren oft die Mächtigen. Achter sind mächtig. Aber Zweier sind viel strategischer als Achter. Sie denken über die Reaktionen der anderen in einer Weise nach, wie es Achter selten tun. Zweier können sich mit ungünstigen Umständen viel länger abfinden, als eine Acht warten kann, ihren Willen durchzusetzen.

Wenn Sie eine Zwei sind und für eine Acht arbeiten, haben Sie sich wahrscheinlich schon selbst in den Vertrautenkreis der Acht eingeschmeichelt – durch harte Arbeit, verantwortungsvolles Handeln und besonders durch Ihr Auftreten als loyaler Untertan im Achter-Reich. Sobald Sie einmal drin sind, wird die Acht Sie an alles heranlassen. Sie wird Sie mit einer Sonderbehandlung belohnen: mit Macht – genau das, was Sie wollen.

Die typischste Form dieses Duos ist, wenn die Acht der Zwei Macht übertragen hat und diese dann kühn handelt.

Wenn Sie der Chef sind, sollten Sie wissen, daß Ihr Zweier-Mitarbeiter viel größeres Gespür für Ihre Schwächen und Verletzlichkeiten hat als Sie. Ihre Zweier-Mitarbeiterin kann Sie vor Schwierigkeiten bewahren und Ihnen helfen, im Umgang mit Menschen viel effektiver zu sein. Meistens kann sie Ihnen wertvolle Einsichten und Berichte von der Bürofront übermitteln. Sie können sich darauf verlassen, daß sie in Ihrem Namen handelt.

Zwei arbeitet mit Neun

Vermittelnde Neuner und helfende Zweier haben beide in erster Linie die gegenseitige Unterstützung im Auge. Sie sind mitfühlend, sympathisch und arbeiten, um hineinzupassen. Trotz ihrer zurückhaltenden Ausdrucksweise können beide andere – meistens auf Umwegen – stark beeinflussen. Zweier bekommen Macht, indem sie sich um Ereignisse und Menschen kümmern und dann nahtlos geschäftspolitische Entscheidungen treffen. Neuner behalten sich ein nachträgliches Veto vor, indem sie scheinbar oder tatsächlich ihre Zustimmung zu einem Handlungsverlauf geben, dann aber eigenmächtig handeln und sich nicht an die Abmachungen halten.

Wenn die Zwei der Chef und die Neun der Mitarbeiter ist. Wenn Sie ein Zweier-Chef sind, hüten Sie sich davor, allzu direktiv oder aufdringlich zu sein; eine Neun wird sich da nur stur stellen. Die besten Zweier-Chefs setzen ihr messerscharfes Einfühlungsvermögen ein, um zu sehen, was die Neun wirklich braucht, und arbeiten dann aktiv mit ihr zusammen, um diesen Bedürfnissen zu entsprechen. Oft hilft man damit einer Neun, Prioritäten zu setzen, und ermutigt sie, ihren Willen direkt kundzutun.

Sie neigen dazu, sich für den Mittelpunkt wichtiger Menschen zu sehen; Sie geben Dingen eine persönliche Note, und es fällt Ihnen wirklich schwer, Ihr Handeln in ein eigenständiges Projekt oder eine Organisation einfließen zu lassen, die nicht direkt von Ihnen abhängt. Neuner verstehen von Natur aus, wie wirkungsvoll Gewohnheiten sind, und können, wenn das Geschäft wächst und die anfallende Arbeit die Kapazitäten eines einzelnen charismatischen Führers übersteigt, Systeme, Verfahrensweisen und Methoden im Arbeitsablauf entwickeln, die die Arbeit erleichtern.

Wenn Sie der Neuner-Mitarbeiter sind, verwechseln Sie die Sorge Ihres Zweier-Chefs um Sie als Individuum nicht mit mangelndem Interesse am Endergebnis. Zweier interessieren sich für beides und können sich schnell zwischen Persönlichem und Beruflichem hin und her bewegen. Neuner akzeptieren meistens »gegebene Tatsachen«, aber Zweier-Manager wollen »den Lauf der Dinge erzwingen«; sie sind ehrgeizig und wollen Dinge hinter sich bringen, und sie lassen Dinge geschehen – auf ihre Weise. Neuner sind ebenfalls eigensinnig, aber sie sind passiv-aggressiv. Ihr Wille äußert sich als Widerstand, wenn man sie zu etwas zwingt – auch wenn man es sanft macht wie eine Zwei. Diese Beziehung funktioniert am besten, wenn beide den anderen als kooperierend betrachten. Die Neun muß wissen, daß die Zwei nichts erzwingt. Die Zwei muß wissen, daß die Neun mitmacht.

Zweier-Mitarbeiter und Neuner-Chef. Neuner identifizieren sich mühelos mit den täglich anfallenden Routinearbeiten der Einrichtung, für die sie arbeiten.

Neuner sehen langfristige Muster und Trends in großen Zusammenhängen und üben meistens keinen Druck aus. Zweier leben viel mehr in der Gegenwart und wollen ihren Willen sofort durchsetzen.

Wenn Sie eine Zwei sind und für eine Neun arbeiten, sind Sie vielleicht von der Unentschlossenheit Ihres Neuner-Chefs frustriert. Hier schaffen Sie Abhilfe, indem Sie die Wahlmöglichkeiten abstecken, so daß die Neun eine Wahl treffen kann.

Wenn Sie eine Neun sind und eine Zwei als Mitarbeiter haben, denken Sie daran, daß Zweier sehr gern eingreifen. Zweier hinterlassen gern Eindruck, können sich aber festfahren, weil es so lange dauert, bei einem Neuner-Chef eine Veränderung durchzusetzen. Die Zwei erledigt ihre Arbeit, und scheinbar geschehen die Entscheidungen einfach.

Wenn diese Beziehung gut funktioniert, nimmt die Zwei die Wünsche der Neun vorweg, und die Neun braucht nicht nachzufragen. Oft will die Neun Verschmelzung, ein Gefühl von spürbarer, natürlicher, müheloser Zusammenarbeit. Das kann der Zwei gerade recht sein, wenn es ihrem Machtverhältnisplan dienlich ist.

Drei arbeitet mit Drei

Das hochenergiegeladene, tatkräftige produktive Dreier-Duo erledigt Dinge mit viel Begeisterung und Engagement und ohne langes Nachdenken.

Wenn die Drei der Chef ist. Für den Dreier-Chef ist die Managementtheorie ganz einfach. »Meine Managementphilosophie heißt: untergehen oder schwimmen. Entweder kapieren die Leute, was wir hier tun, oder nicht. Ich erwarte, daß Sie herausbekommen, wie Sie Ihre Arbeit erledigen. Wenn nicht, suchen Sie sich eine andere.« Dreier-Mitarbeiter blühen in so einer Umgebung auf. Andere Dreier geben vielleicht viel für Schulungen aus, aber die sind dann zielgerichtet.

Wenn die Drei der Mitarbeiter ist. Dreier-Chefs setzen Ziele, Dreier-Mitarbeiter setzen sie um. Dreier sehnen sich nach harter Arbeit und harterkämpften Gewinnen. Sie brauchen das Ansehen, das ihnen der Erfolg beschert. Dreier motiviert man mit der Zuckerbrot-und-Peitsche-Methode. Sie wollen ihr Pensum erledigen, damit sie die Reise nach Hawaii gewinnen – nicht so sehr, um die Reise zu genießen, sondern weil sie dann unter den Gewinnern sind.

Dreier werden in der Firma meistens von anderen Dreiern inspiriert. In den Verkaufs- oder Marketingabteilungen einer großen Firma, einer Rundfunkanstalt, eines Herstellers oder Dienstleistungsunternehmens trifft man viele Dreier. Sie werden durch Konkurrenz untereinander angetrieben, die effektivsten, die erfolgreichsten, die einsatzfreudigsten, die fähigsten zu sein.

Aber Konkurrenz kann aus der Kontrolle geraten. Manchmal lassen Dreier-Chefs ihre Dreier-Mitarbeiter aufeinander los. In diesem Fall versuchen Dreier, die miteinander arbeiten, vielleicht einen Wettbewerbsvorteil vor den anderen zu erzielen, indem sie Informationen zurückhalten, Leute von Konferenzen ausschließen, Zugangsbeschränkungen zu Höherstehenden erlassen oder einfach Ausflüchte machen. Passen Sie auf!

Drei arbeitet mit Vier

An einem Dreier-Arbeitsplatz wie der oben erwähnten Marketingabteilung werden Sie wahrscheinlich irgendwo hinten ein wunderschön eingerichtetes Büro entdecken – das Zuhause einer Vier, die sich mit dem Design von Marketingmaterial beschäftigt. Kenner-Vierer verleihen dem Leistungsstil der Drei Klasse und Gehalt, und produktive Dreier wissen, wie sie die künstlerische Begabung einer Vier für den Markt nutzen können.

Wenn die Drei der Chef und die Vier der Mitarbeiter ist. Die Beziehung zwischen einem Dreier-Chef und einem Vierer-Mitarbeiter funktioniert besonders gut, wenn die Drei den Vierer-Mitarbeiter als etwas Einzigartiges behandelt. Sie wird problematisch, wenn die Dreier Menschen als etwas Ersetzbares behandeln. Sobald eine Aufgabe vollendet ist, konzentriert sich der Dreier-Chef automatisch wieder auf die Personen, die die nächste Aufgabe unterstützen werden. Vierer kommen sich durch dieses Verhalten vernachlässigt vor. Ein raffinierter Dreier-Chef zeigt der Vier, daß sie einen Platz hat und sich dort gern selbst verwirklichen kann.

Wenn Sie der Chef sind, müssen Sie wissen, daß Ihr Vierer-Mitarbeiter Ihre unverhohlene Zuckerbrot-und-Peitsche-Methode als persönliche Beleidigung auffaßt. Anders als Dreier finden Vierer nicht durch ihr Gehalt oder Prämien oder eine Beförderung zu ihrer Identität (obwohl sie anderen das neiden können, was sie selbst nicht haben). Kommen Sie auch nicht auf die Idee, auf die Stimmungsschwankungen der Vier und ihre Neigung zu Depressionen direkt zu reagieren. Damit beschwören Sie ein Unglück herauf. Es ist viel sinnvoller, der Vier für ihre Arbeit Parameter aufzustellen und ihr Raum für ihre Launen zu gewähren. Wenn Sie der Mitarbeiter sind, hat Ihr Dreier-Chef vielleicht Probleme mit Ihren Launen. Er will nicht, daß Ihre Gefühle der Produktion in die Quere kommen. Vierer wachsen, wenn sie lernen, auf ihre Gefühle zu achten, statt ihre Gefühle zu sein.

Wenn die Drei der Mitarbeiter und die Vier der Chef ist. Oft trifft man einen Vierer-Künstler, Designer oder kreativen Kopf, der eine Drei angestellt hat, die die geschäftlichen Abläufe leitet. Der Vierer-Chef ist meistens hoch erfreut darüber, daß die Drei auf Dinge achtet, die er selbst für stumpfsinnige Plackerei hält, wie Finanzen oder Berichterstattung.

Diese Beziehung funktioniert am besten, wenn diese beiden imagebewußten Typen daran denken, was der andere wert ist. Dreier wollen für berufliche Leistungen, Vierer für emotionale oder künstlerische Kreativität und Leistungen anerkannt werden. Wenn Sie der Dreier-Mitarbeiter sind, wollen Sie vielleicht schneller als Ihr Vierer-Chef einen Geschäftsabschluß tätigen. Klären Sie also, welchen emotionalen oder künstlerischen Plan Ihr Vierer-Chef hat. Dann brauchen Sie nicht verfrüht auf einen Abschluß zu drängen.

Hüten Sie sich, Ihr Können allzusehr anzupreisen, die Wahrheit zu verheimlichen oder Schlimmeres zu tun. Vermeiden Sie Ihre angeborene Neigung zu maßloser Übertreibung. Vierer hassen erschwindelte Beförderung.

»Jedes Wort meines Liedes ist ernstgemeint«, sagte die Vier Judy Garland.

Denken Sie als Vierer-Chef daran, daß Ihr Dreier-Mitarbeiter gern wissen möchte, welche Aufgaben er hat, damit er sie kompetent erfüllen kann. Er will Sie mit seinen Dreier-Fähigkeiten beeindrucken. Dreier wissen, wie man Arbeit vermarktet. Einige Vierer verachten die kommerzielle Seite ihres Schattens, aber die Drei ist eine kritische Stütze für jedes kommerzielle Vierer-Unternehmen.

Drei arbeitet mit Fünf

Die produktive Drei und die weise Fünf sind gute Geschäftspartner, wenn die Drei sich um Verkauf, Marketing, Kunden und das Image kümmert und die Fünf die Finanzen regelt, Verträge entwirft, Unterlagen auswertet, Forschung betreibt und die fortlaufende Arbeit der Firma managt.

Oft hat die Drei die Ausgangsidee, und die Fünf weiß, wie man sie verwirklichen kann. Ray Kroc hatte die Idee zu McDonald's. Er befaßte sich mit Franchise, erfand den Look, holte sich die richtigen Leute und entwickelte die Produkte, hatte aber keine Vorstellung davon, wie man damit Geld machen könnte – bis die Fünf Harry Sonneborn die geniale Idee hatte, McDonald's im wesentlichen zu einer Immobilien-Leasing-Firma zu machen.

Wenn die Drei der Chef und die Fünf der Mitarbeiter ist. In vielen großen High-Tech-Firmen leitet ein Dreier-Chef die Forschungs- und Entwicklungsabteilung, in denen Fünfer-Ingenieure arbeiten. Dadurch kann sich die Drei anderen Dingen widmen, und die Fünfer können sich auf interessante technische Fragen konzentrieren.

Wenn Sie eine Drei sind und eine Fünf als Mitarbeiter haben, wissen Sie, daß sie sich nicht von Ihrer Begeisterung mitreißen läßt und argwöhnt, manipuliert zu werden. Obwohl Sie von Natur aus Menschen motivieren können, sprechen am ehesten andere Dreier auf Ihren Stil an. Sie werden merken, daß diese Beziehung am besten dann funktioniert, wenn Sie Ihrem Fünfer-Mitarbeiter Zeit und Raum zum Nachdenken und Planen lassen, damit er durchdachte, verständliche Analysen liefern kann.

Wenn Sie als Fünf für eine Drei arbeiten, können Sie ihr helfen, indem Sie ihr vermitteln, daß Sie anwesend und beim Team dabei sind. »Ich mache schwere Zeiten mit Fünfern durch«, sagte ein Dreier-Manager eines Luftfahrtunternehmens. »Ich weiß nicht, was sie denken. Ein Geben und Nehmen läßt sich nur schwer bewerkstelligen.« Versuchen Sie, Ihre Argumente und Vorschläge im Hinblick auf die Ziele Ihres Chefs oder die der Firma zu formulieren, statt bloß eine knappe, objektive Analyse vorzubringen.

Wenn die Drei der Mitarbeiter und die Fünf der Chef ist. Obwohl Fünfer manchmal wie Philosophen oder zerstreute Professoren wirken, streben sie insgeheim danach, Herren ihres Universums zu sein. Das führt dazu, daß sie Dinge auf ihre ganz eigene Art erledigen.

Wenn Sie eine Drei sind und für einen Fünfer-Chef arbeiten, können Sie Punkte gewinnen, wenn Sie Ihr Tempo verlangsamen und Ihrem Chef das Gefühl geben, daß Sie eine bestimmte Situation gründlich überprüft haben und nicht einfach blindlings vorpreschen. Lesen Sie die langen, detaillierten Mitteilungen genau durch, die er sich hinter seiner geschlossenen Tür ausdenkt. Überraschungen bringen Sie nicht aus dem Konzept; Sie sind bereit, notfalls etwas in Ordnung zu bringen, aber erst, wenn Sie schon angefangen haben. Ihr Chef ist da anders: Er möchte die Einzelheiten im voraus festhalten, damit es keine Überraschungen gibt.

Wenn Sie der Fünfer-Chef sind, stellen Sie Ihren Dreier-Mitarbeiter als Puffer draußen vor Ihre Tür. Wahrscheinlich nehmen Sie die Macht und den Einfluß, den Ihre Puffer-Person ausübt, als akzeptables Opfer dafür in Kauf, daß sie Sie gegen unvorhersehbare Konfrontationen mit Untergebenen und Außenstehenden abschirmt. Unternehmen Sie hin und wieder Erkundungsstreifzüge in den Dschungel.

Drei arbeitet mit Sechs

Bei der Linie auf dem Enneagramm, die die produktive Drei mit dem Troubleshooter Sechs verbindet, geht es darum, den Drang vorwärtszustürmen (Drei) mit dem Bedürfnis nach Umsicht (Sechs) auszubalancieren. Dreier, die zu schnell vorwärtspreschen, übersehen oft wichtige Probleme. Aber Sechser können in einem Hochgeschwindigkeits-Unternehmen, das Verträge sofort abschließen und Probleme später lösen muß, wie ein Hemmschuh wirken. Wenn ein »Hü« zur rechten Zeit mit einem »Brr« zum richtigen Zeitpunkt ausbalanciert wird, kann dieses Duo wirklich Höhenflüge machen.

Dreier halten sich zum Teil deshalb für erfolgreich, weil sie Meldungen über Mißerfolg ignorieren. Die Spezialitäten der Sechs – Nachdenken, Zweifeln, sich etwas immer wieder durch den Kopf gehen lassen – vertiefen die Erfahrung der Drei und geben ihr einen Sinn. Im Gegenzug gibt die Begeisterung der Drei für Aktion der Sechs die Gelegenheiten und Erfahrungen, auf die sie zurückgreifen kann.

Wenn die Drei der Chef und die Sechs der Mitarbeiter ist. Wenn Sie als Dreier-Chef einen Sechser-Mitarbeiter in der Firma haben, kann dieser ein sagenhafter Troubleshooter sein, der eventuell auftretende Probleme benennen und auf Dinge hinweisen kann, die Ihnen entgehen. Aber die Sechs neigt dazu, die Probleme so aufzublähen, daß sie lähmend wirken. Als Chef können Sie der Sechs helfen, zum richtigen Zeitpunkt zu handeln.

Wenn Sie der Sechser-Mitarbeiter sind, sprechen Sie Ihre Besorgnis über Probleme oder Verschwörungen oder das Vorhaben Ihres Chefs direkt, deutlich und unverblümt aus. Vergessen Sie nicht Empfehlungen zur Vorgehensweise. Manchmal meinen Sechser, es genüge, das Problem zu benennen.

Wenn die Drei der Mitarbeiter und die Sechs der Chef ist. Sechsern ist es immer ein Anliegen, die eigene Autorität auszuüben.

Eine Drei, die ständig auf Hochtouren ist, läßt in einem Sechser-Chef die Befürchtung aufkommen, die Dinge seien außer Kontrolle geraten. Wenn Sie der Dreier-Mitarbeiter sind, werden die Unschlüssigkeit und Zauderei Ihres Chefs sicher frustrierend für Sie sein, aber Sie können nur dann ungehindert weitermachen, wenn Sie Ihr Tempo soweit drosseln, daß Sie auf seine Anliegen Punkt für Punkt eingehen. Weiß Ihr Chef erst einmal, daß Sie verstehen und respektieren, weshalb Vorsicht angebracht ist, wird er Sie unterstützen. Wenn Sie sich von der Neigung der Drei hinreißen lassen und Dinge aufblähen, übertreiben oder gar lügen, dann wird Ihr Chef sein Vertrauen in Sie verlieren.

Sie sind zum Teil ein wichtiger Vermittler, der die Ideen Ihres Chefs in die Außenwelt bringt. Ihre Bereitschaft, immer sichtbar zu sein und das Verdienst einzuheimsen, kann für Ihren Chef ein Segen, aber auch ein Anlaß zu Streit sein, denn er ist zwar von seinem Wesen her zurückhaltend, will andererseits aber auch nicht übergangen werden.

Wenn Sie der Sechser-Chef sind, sorgen Sie dafür, daß Ihr Dreier-Mitarbeiter weiß, daß es zu seinen Aufgaben gehört, über die eventuellen Nachteile zu berichten und Sie darüber zu informieren. Sie müssen einer Drei klipp und klar sagen, daß sie schneller als geplant vorgeht. Manchmal sagen Sechser-Chefs nicht deutlich genug, welches die Vorgaben für gute Arbeit sind. Sie wollen ihre Vorschriften geheimhalten, um sie je nach den Umständen ändern zu können. Halten Sie Maßgaben für Leistungsbewertung schriftlich fest.

Dreier-Mitarbeiter müssen »öffentlich« anerkannt und gewürdigt werden. Viele Sechser (nicht alle) gehen viel zu vorsichtig mit Lob um, aus Angst, dies würde sie verletzlich machen oder sie herabsetzen.

Drei arbeitet mit Sieben

Das ist die Beziehung zwischen Marketing (Sieben) und Verkauf (Drei). Die produktive Drei und die visionäre Sieben ähneln sich in gewisser Weise. Beide sind Typen mit viel Energie, Optimismus und Tatkraft. Aber wo Dreier bereit sind, sich hinzusetzen und die Arbeit zu tun, brauchen Siebener dauernd eine Infusion aufregender Ideen und Möglichkeiten. Diese beiden Optimisten übersehen Menschen und vermeiden es, zwischenmenschliche Probleme durchzuarbeiten, aus Angst, sich zu verzetteln.

Die beiden Enneagramm-Typen unterscheiden sich in ihrer Art, etwas zu erfassen. Dreier sind kontinuierliche Denker. Ihr Universum ist linear. »Wenn ich das tue, wird jenes passieren. Wenn ich hart arbeite, werde ich erfolgreich sein.« Siebener sind nicht-kontinuierliche, nicht-lineare Denker: »Wenn ich das tue, dann könnte *alles mögliche* passieren!«

Dreier finden vielleicht die Geschwindigkeit, mit der Siebener ihre Meinung ändern, beunruhigend, Siebener mag es aufschrecken, wie schnell Dreier Ideen in die Tat umsetzen. Tatsächlich gibt es für Dreier so etwas wie Gegenwart nicht; für Siebener gibt es so etwas wie Zukunft nicht.

Wenn diese Beziehung gut funktioniert, teilen sich Drei und Sieben gegenseitig ihre blinden Flecken mit, wenn sie ein Problem auf verschiedene Art angehen.

Wenn die Drei der Chef und die Sieben der Mitarbeiter ist. Siebener-Mitarbeiter werden weniger durch Ziele als durch Begeisterung motiviert. Siebener sind in dieser Hinsicht Amateure (sie tun es »aus Liebe«); Dreier sind Profis, die sich abquälen, ob sie Lust dazu haben oder nicht. Wenn Sie also ein Dreier-Chef sind, dann motivieren Sie Ihren Siebener-Mitarbeiter durch aufregende neue Ideen, Möglichkeiten und Spaß – nicht mit dem, was Sie selbst motivieren würde, wie Pflichtgefühl, Ansehen und Leistung.

Für Dreier ist es befreiend, sich für die Vollendung eines bestimmten Projektes zu verpflichten, das bringt sie auf Trab. Für Siebener ist es ein Gefängnis. Dasselbe gilt für Abschlußtermine: Ihnen machen sie Lust, Ihrem Siebener-Mitarbeiter bereiten sie Frust. Versichern Sie der Sieben, wenn möglich, daß sie die Frage später noch einmal auf den Tisch bringen kann – dann blüht sie regelrecht auf.

Wenn Sie der Siebener-Mitarbeiter eines Dreier-Chefs sind, haben Sie die Gelegenheit, sich mit ihm als Vorbild ernstzunehmen. Gehen Sie mit einem Ziel vor Augen in Konferenzen mit dem Chef – zielen Sie auf eine Entscheidung ab, holen Sie sich »grünes Licht« oder holen Sie Rat ein –, statt einfach die Erfahrung zu genießen und mal zu sehen, was passiert.

Wenn die Drei der Mitarbeiter und die Sieben der Chef ist. Die Sieben kann der perfekte Chef für das Arbeitstier Drei sein. Sie kann der Drei durch ihr überschäumendes Wesen und ihren Elan genau den Zauber geben, den sie braucht, ganz ähnlich wie der Zauberer von Oz, eine Sieben und ein hinterlistiger Ölverkäufer, der dem Blechmann, einer Drei, ein Herz gab (beziehungsweise ihn daran erinnerte, daß er bereits eines besaß). Dreier wiederum können für Siebener-Chefs ein Geschenk des Himmels sein. Sie verwirklichen und konkretisieren Projekte. Sie stecken den Rahmen ab und setzen Pläne um. Wenn die Sieben grünes Licht – und klare Hinweise – gibt, fangen sie an. Dinge werden erledigt.

Wenn Sie der Dreier-Mitarbeiter sind, frustriert Sie der Widerstand Ihres Siebener-Chefs, irgend etwas zu Ende zu führen. Verhandeln Sie mit ihm, damit Sie möglichst viel Spielraum bekommen, um Geschäfte abzuschließen, und erinnern Sie ihn daran, daß es immer wieder neue Geschäfte geben wird. Und versuchen Sie nicht, der Sieben eine kalte Dusche zu verpassen.

Drei arbeitet mit Acht

Produktive Dreier und tonangebende Achter sind die proaktivsten und tatkräftigsten Typen des Enneagramms, die ich auf Firmenseminaren am häufigsten gesehen habe. Keiner von beiden scheut sich, Verantwortung zu übernehmen und Einfluß auszuüben. Oft gründet ein barscher, alter, knallharter Achter-Typ ein Unternehmen, das dann seine jungen, sehr geschäftigen Dreier-Betriebswirtschaftler übernehmen, sich um die Planung und die Finanzen kümmern, dem Ganzen eine Struktur verleihen und das Geschäft auf den Markt zuschneiden.

Achter wollen bloß die Macht; Dreier wollen nicht nur leistungsfähig, sondern obendrein effizient und kompetent sein. In gewisser Weise sind Achter mehr ihrer Art, Dinge zu erledigen, verpflichtet: Macht auszuüben und sie zu genießen. Dreier fühlen sich viel mehr ihren Ergebnissen verpflichtet und werden ihr Vorhaben im Hinblick auf das Ziel gestalten.

Es kann sein, daß Dreier und Achter den zwischenmenschlichen Bereich übersehen, wenn sie in einer Arbeit stecken. Bei Dreiern sieht es so aus, als fließe Eiswasser in ihren Adern, bei Achtern ist es Feuer.

Dreier sind praktisch veranlagte Typen und meist nicht nachtragend. Sie haben keine Zeit, rückwirkend Rache zu nehmen, weil sie mit voller Kraft vorausstürmen. Jedenfalls könnten Sie mit einem schnellen Meinungsumschwung Ihren früheren Feind auf Ihre Seite bringen. Achter hingegen nehmen Beleidigungen persönlich und geben erst Ruhe, wenn angemessene Rache den Punktestand ausgleicht.

Wenn die Drei der Chef und die Acht der Mitarbeiter ist. Achter brauchen ihr eigenes Reich, in dem sie schalten und walten können. Wenn Sie eine Drei sind und eine Acht arbeitet für Sie, ist das Geheimnis, stabile, berechtigte Grenzen zu ziehen und eindeutige Ziele zu formulieren. Dann kann die Acht innerhalb dieser Grenzen Ihr Geschäft nach Belieben leiten, um die angestrebten Ziele zu erreichen. Aber Vorsicht: Achtern macht es Spaß, diese Grenzen auszutesten, und oft rechtfertigen sie dies damit, daß sie Sie auf Ihre Widerstandskraft prüfen wollen.

Wenn Sie eine Acht sind und für eine Drei arbeiten, wird Ihr Chef darauf achten, daß Sie nicht meinen, Sie arbeiteten hier selbständig. Manchmal vermitteln Achter die Botschaft, daß sie mehr an eigener Macht als am Erfolg für die Gruppe interessiert sind. Nutzen Sie solche angeborenen, manchmal aber vernachlässigten Achter-Begabungen dazu, andere zu beschützen und zu fördern (Höchstleistungspunkt Zwei).

Wenn die Drei der Mitarbeiter und die Acht der Chef ist. Achter stellen gern Hürden und Bedingungen auf und revidieren sie dann nach Belieben. Dreier sind sehr flexibel, brauchen aber eine ziemlich klare Vorstellung davon, was Gewinnen bedeutet. Wenn Sie ein Achter-Chef sind, geben sie Ihren Dreier-Mitarbeitern während eines Projekts eindeutige Anhaltspunkte für Leistung. Negative Achter vergessen, daß Dreier ein Erfolgsspiel spielen. Kommen Sie nicht auf die Idee zu meinen, die Drei sei nur ein loyaler Untergebener Ihres Achter-Reiches.

Wenn Sie eine Drei sind, die für eine Achter-Chefin arbeitet, dann geraten Sie nicht mit ihr aneinander, machen Sie aber auch keinen Rückzieher. Achter mögen es, wenn ihre Kollegen »ihren Mann stehen«, damit sie sehen, »wo sie stehen«. Aber geben Sie höllisch acht, daß Sie nicht in Eigenwerbung oder übermäßige Prahlerei abgleiten. Achter, deren Mission es ist, Schwachsinn aufzudecken, werden auf eine in ihren Augen leichtgewichtige Drei, die sie hereinlegt, losgehen.

Drei arbeitet mit Neun

Die produktiven Dreier sind von Konkurrenzdenken geprägt und wollen glänzen. Die vermittelnden Neuner zeigen ihr Konkurrenzdenken selten offen und sind auf Bündnisse mit der Gruppe als Ganzem ausgerichtet. Dreier sind proaktiv, Neuner sind reaktiv. Bei der Linie, die Drei und Neun im Enneagramm verbindet, geht es darum, die Balance zwischen unmittelbarem, verantwortungsbewußtem Handeln (Drei) und dem Vertrauen zum System, zum Prozeß und Ihren Kollegen (Neun) zu finden. Diese Beziehung funktioniert gut, wenn die Neun die Drei ungehindert agieren läßt und die Drei der Neun die Freiheit gewährt, innerhalb des Kontexts ihrer breiten Perspektive zu reagieren.

Wenn die Drei der Chef und die Neun der Mitarbeiter ist. Dreier gehen und reden schneller als die meisten anderen. Neuner sind langsamer und umständlicher als die meisten anderen. Es kann sein, daß Dreier-Chefs (und -Mitarbeiter) letztlich aus lauter Frustration die Sätze der Neun zu Ende führen. Viele Dreier erleben, daß die Passivität der Neuner genauso gezielt ist wie ihr eigenes Verhalten. Da kann es der Drei so vorkommen, als sei die Neun gehässig. Weil Neuner sich meist von der begeisterten Drei für ein Ziel motivieren lassen, kann es für eine Drei sehr frustrierend sein, eine Neun als Untergebenen zu haben – so als kämpfte sie gegen Windmühlenflügel.

Aber Dreier-Chefs – der Höchstleistungspunkt der Neun – können den Neuner-Mitarbeitern wirklich dabei helfen, Prioritäten zu setzen und Termine einzuhalten. Geben Sie ihnen das Gefühl, akzeptiert zu werden und Teil der Gruppe zu sein. Am wichtigsten ist, daß Dreier große Hilfe leisten können, um der Tendenz der Neun zu zwanghaftem Revidieren von Entscheidungen zuwiderzulaufen, indem sie einmal abgeschlossene Fragen nicht mehr erörtern.

Wenn Sie ein Neuner-Mitarbeiter sind, müssen Sie für eine gute

Zusammenarbeit mit einem Dreier-Chef überzeugend sein. Sagen Sie, was Sie zu sagen haben, seien Sie bereit zu entscheiden und bleiben Sie dann begeistert bei Ihrem Standpunkt und führen Sie ihn sofort aus. Machen Sie keine großen Umschweife, denn das vertragen Dreier nicht.

Wenn die Drei der Mitarbeiter und die Neun der Chef ist. Wenn Sie der Chef sind, fühlt sich Ihr Dreier-Mitarbeiter vielleicht entmutigt durch das, was wie mangelnde Orientierung und fehlende Konzentration bei Ihnen aussieht. Dreier entscheiden gern schnell. Neuner mögen es, wenn Entscheidungen sich ergeben, nachdem sie dem Prozeß und der Natur ihren Lauf gelassen haben. Statt Ihren Mitarbeiter hinzuhalten, sagen Sie ihm möglichst genau, was Ihnen eine Entscheidung erleichtern würde. Und dann sollten Sie auch dabei bleiben.

Wenn Sie der Dreier-Mitarbeiter sind, achten Sie darauf, daß Ihr Neuner-Chef sich nicht über Gebühr angetrieben oder bedrängt fühlt. Dreier sind von Natur aus unnachgiebig. Sie werden keine Probleme bekommen, wenn Sie etwas erledigen wollen und ihr Chef einwilligt. Aber wehe der Drei, die meint, sie könne einen Neuner-Chef bedrängen, der nicht ihrer Meinung ist. Die Neun hat meistens den längeren Atem.

Vier arbeitet mit Vier

Ganz gleich ob ein Vierer-Paar zurechtkommt oder nicht – es geht dabei immer um einen ästhetischen Zweck: Beide versuchen, etwas Wunderschönes oder Sinnvolles zu tun. Wie bei dem Einser-Paar lautet hier die entscheidende Frage, ob ihre Vorstellungen übereinstimmen.

Wenn ja, hat vielleicht jeder zunächst das Gefühl: »Ach, endlich versteht mich jemand.« Weil sich aber die Kenner-Vierer selten verstanden fühlen, wundern Sie sich nicht, wenn sich Ihre Wege wegen eines Mißverständnisses oder einer Enttäuschung irgendwann trennen. Das Konkurrenzdenken der Vier – das so stark wie das der Drei ist – äußerst sich oft als Neid.

Wenn Sie eine Vier sind, mit einer Vier arbeiten und diese Beziehung gut laufen soll, müssen Sie daran denken, die andere Vier zu fragen, wie es ihr geht, bevor Sie selbst Ihren Gefühlsausbruch bekommen.

Wenn die Vier der Chef ist. Zu ihrer eigenen Sicherheit wollen Vierer-Chefs wissen, daß Sie ihre Ästhetik und ihre Vision anerkennen und es Ihnen Freude bereitet, ihre besondere Welt zu teilen. Aber sie wollen auch, daß Sie Leidenschaft in Ihre Arbeit einfließen lassen. Je mehr Sie Ihren Job als Berufung oder Mission betrachten, desto besser ist es.

Wenn die Vier der Mitarbeiter ist. Vierer-Mitarbeiter blühen auf, wenn sich ihr persönlicher Sinn für ästhetische Berufung mit den Zielen des Unternehmens vereinbaren läßt. Selten gibt es eine hundertprozentige Übereinstimmung (wieder mal die Unzufriedenheit der Vier), aber der Vier geht es nicht um Bequemlichkeit, sondern um erlesene Produktion unter schwierigen Umständen (wie eine Auster, die das unbequeme Sandkorn erträgt, um eine Perle zu produzieren).

Vier arbeitet mit Fünf

Trotz aller offensichtlichen Unterschiede haben der Kenner Vier und der Weise Fünf vieles gemeinsam. Beide neigen zu Introvertiertheit und machen ihr privates Arbeitsumfeld immer zu einem Bollwerk gegen die große Masse und zum persönlichen Prüfstein.

Aber wo Vierer emotional sind und alles allzu persönlich nehmen, sind Fünfer mental und unpersönlich. Vierer fühlen sich am wohlsten, wenn sie von intensiven Gefühlen erfüllt sind; Fünfer vermeiden Gefühle und lassen sich vom geistigen Leben anregen.

Vierer zieht es oft zu Fünfern, eben weil sie emotional verschlossen sind (das reizt Vierer besonders). Fünfer beeindruckt die kühne Bereitschaft der Vier, Gefühle und Menschen mit einzubeziehen.

Wenn die Vier der Chef und die Fünf der Mitarbeiter ist. Vierer können aufdringlich sein: Sie meinen, sie wüßten, was am besten ist, und erwarten, daß Sie sicher zustimmen. Wenn Sie ein Fünfer-Mitarbeiter sind und einen Vierer-Chef haben, müssen Sie Ihre emotionalen und physischen Grenzen abstecken. Wenn Sie der Vierer-Chef einer Fünf sind, täten Sie gut daran, das besondere Wissen Ihres Mitarbeiters anzuerkennen und seine Privatsphäre zu schützen.

Einer meiner Kunden ist eine von einer Vier geleitete Firma im Bereich Facharchitektur und Ingenieurwesen. In diesem Unternehmen arbeiten Vierer und Fünfer Seite an Seite an weltweiten Projekten. Vierer und Fünfer können sehr eifersüchtig aufeinander sein, und so ist es auch hier. Die Fünfer neiden den Vierern ihre Grazie und Gefühlstiefe. Die Vierer sind auf die Sachlichkeit und Brillanz der Fünfer neidisch. Alle Fünfer-Mitarbeiter ärgert es, daß die beiden Firmenleiter Privatbüros haben. Alle anderen arbeiten an Zeichentischen in einem überfüllten Loft mit Oberlicht.

Für die Fünfer gibt es zuviel Interaktion und nicht genug Privatsphäre. Sie haben daher gelernt, ihre eigenen psycho-emotionalen Grenzen zu setzen. »Nein«, sagte ein Fünfer-Ingenieur zu seinem Vierer-Chef, »ich kann morgen nicht nach Brunei fliegen. Ich brauche mehr Zeit, um so eine Reise zu planen.« Der Ingenieur erzählte mir später: »Das hätte ich, als ich hier anfing zu arbeiten, niemals fertiggebracht. Aber wenn man hier nur eine Krise nach der anderen erlebt, dann ist eigentlich nichts mehr so kritisch.«

Wenn die Vier der Mitarbeiter und die Fünf der Chef ist. Wenn Sie ein Vierer-Mitarbeiter sind, wollen Sie Dingen eine besondere Note verleihen. Sie wollen die fünffarbige Broschüre. Sie wollen das Geschäftstreffen lieber in dem netten Café an der Ecke stattfinden lassen. Aber Ihre Fünfer-Chefin befürchtet, Sie würden sie in punkto Zeit, Energie oder Geld zu etwas verpflichten, was sie später bereuen wird.

Seien Sie möglichst kreativ, ohne den Chef zu etwas zu verpflichten oder das Budget zu überziehen. Zeigen Sie Ihrer Chefin, daß Sie wissen, daß sie sich wegen Ihrer Verschwendungssucht Sorgen macht. Achten Sie gleichzeitig auf Ihre Grenzen. Geben Sie besonders acht, Ihren Chef nicht mit Ihrer Melancholie oder dem drängenden Anliegen zu belasten, alles müsse sinnvoll sein – das empfindet die Fünf als belastend. Begründen Sie Ihre Pläne und Entscheidungen logisch und mit stichhaltigen Beweisen, auch wenn Sie sie aufgrund von Gefühlen und Intuition getroffen haben.

Wenn Sie der Fünfer-Chef sind, mögen Sie die Impulsivität Ihres Vierer-Mitarbeiters und seine mangelnde Beherrschung seiner Gefühle verachten. Aufgepaßt: Vierer reagieren auf dieses Urteil sensibel, und es sagt wahrscheinlich sowieso mehr über Sie aus. Die Vier hält Sie vielleicht für unempfänglich und wenig mitteilsam. Diese Konstellation funktioniert am besten, wenn die Fünf der Vier erlaubt, ihren Schatten emotional zu stärken, und die Vier kann von der Fünf Geduld und leidenschaftlich leidenschaftsloses Beobachten lernen.

Vier arbeitet mit Sechs

Da Kenner-Vierer oft nur die Mängel sehen, schwelgen sie in süßer Vorfreude und kommen dann zu dem Schluß, daß das Ereignis selbst selten genauso gut ist. Troubleshooter-Sechser sind da ganz anders. Sie sorgen sich um mögliche Ereignisse, aber sobald einmal etwas geschieht, ist es selten schlechter als erwartet.

Vierer und Sechser haben Traumen erlitten und sind ein bißchen lebensmüde. Beide suchen nach dem echten Deal, dem verborgenen Sinn oder der unausgesprochenen Wahrheit. Aber hier stehen sich Fakten (Sechs) und Gefühle (Vier) gegenüber. Sechser suchen mit ihren Augen und ihrem Verstand nach Hinweisen, Informationslücken, Ungereimtheiten. Sie unterdrücken starke Emotionen, um weiterhin logisch zu denken. Vierer vertrauen auf ihre tiefen, machtvollen Gefühle und folgen ihnen, aber manchmal handeln sie wild und impulsiv, weil sie von ihren Stimmungen getrieben werden.

Diese Beziehung funktioniert wirklich gut, wenn die Vier, die so Angst vor dem Verlassenwerden hat, die Sechs als unerschütterlich und loyal erlebt, und die Sechs, die so Angst hat, hereingelegt zu werden, die Vier als beständig, authentisch und echt wahrnimmt.

Wenn die Vier der Chef und die Sechs der Mitarbeiter ist. Wenn Sie ein Vierer-Chef sind, brauchen Sie das Gefühl, etwas Besonderes zu sein, aber Ihr Sechser-Mitarbeiter braucht das Gefühl der Sicherheit. Behandelt man eine Sechs als etwas Besonderes, argwöhnt sie, sie werde hereingelegt. Sechser mögen Voraussagbarkeit, logisches Denken und emotionale Transparenz, aber das sind nicht Ihre Stärken. Launenhaftigkeit und unvorhersagbare, impulsiv getroffene Entscheidungen, die schlechte Seite der Vier, regen die Sechs auf, die Ihre Gefühle irrtümlich als Kritik an ihr oder als Beweis dafür wertet, daß etwas gegen sie im Gang ist.

Wenn Sie der Mitarbeiter sind, finden sich Vierer-Chefs oft in einer Position wieder, in der ihre tiefgründige, kreative Vorstellung und Leidenschaft von der Außenwelt falsch verstanden werden. Die loyale, logische Sechs ist ein tröstlicher, vertrauenswürdiger Verbündeter, der mit ihr gegen die Heiden und Treulosen kämpft.

Wenn die Vier der Mitarbeiter und die Sechs der Chef ist. Wenn Sie der Vierer-Mitarbeiter sind, haben Sie und Ihr Chef scheinbar gegensätzliches Temperament: Während Sie darauf warten, daß es losgeht, wartet er darauf, daß endlich Schluß ist. Und während Sie Ihre Meinung vertreten und wissen, was Sie wollen, ringt Ihr Sechser-Chef mit Entscheidungen. Die Lösung für eine Zusammenarbeit mit einem Sechser-Chef ist folgende: Gründen Sie Ihre Entscheidungen auf Ihren erlesenen Geschmack und Ihre besonderen Einsichten, aber zeigen Sie Verständnis dafür, daß Ihr Chef mehr am Fortschritt in der Marketingforschung und logischen Gründen interessiert sein wird.

Sie können beide manchmal ziemlich bedrückt sein. Ihre Chefin macht ihren Mitarbeitern Vorwürfe. Sie neigen zu Selbstvorwürfen. Es mag verlockend sein, sich ihre Vorwürfe zusätzlich zu Ihren eigenen anzuhören. Besser ist es jedoch, Selbstachtung aufzubauen, indem Sie trotz emotionaler Höhen und Tiefen bei der Arbeit bleiben. Wenn es hart auf hart geht, tun Sie gut daran, auf standardisierte Vorgehensweisen und Routinehandgriffe zurückzugreifen, auch wenn das normalerweise nicht Ihre Art ist.

Wenn Sie der Sechser-Chef sind, werden Sie merken, daß Ihre Vierer-Mitarbeiterin auf Dinge empfindlich reagiert, die Sie unbeeindruckt lassen – zum Beispiel Feinheiten in der Präsentation und bei Gefühlen. Sicherlich werden Sie diese Meldungen nützlich finden, aber denken Sie daran, daß Sie Vierer ausdrücklich für ihre Gaben anerkennen müssen.

Vier arbeitet mit Sieben

Emotionale Melancholie (Kenner Vier) versus intellektueller Optimismus (Sieben): Was für eine außergewöhnliche Polarität! Inspirierende Siebener haben Esprit, aber es fehlt ihnen das Innenleben – das Gespür für ein seelenvolles Selbst, in dem die melancholischen Vierer leben. Siebener führen das unbeherrschte Leben, von dem Sokrates sprach, aber Vierer führen das allzu beherrschte Leben.

Doch es gibt Ähnlichkeiten. Siebener sind Rattenfänger, Vierer verführerische Sirenen. Beide freuen sich, am Gewöhnlichen etwas Zauberhaftes zu entdecken, und sie können die Talente des anderen publik machen. Diese Beziehung kommt in Schwung, wenn jeder die ungewöhnliche Art des anderen respektiert. Eine Katastrophe gibt es, wenn die Vier die Sieben wegen ihrer Oberflächlichkeit verachtet und die Sieben das Gefühl hat, die Vier wolle sie fertigmachen.

Wenn die Vier der Chef und die Sieben der Mitarbeiter ist. Vierer-Chefs können von der ungebändigten Phantasie der Sieben bezaubert sein. Aber wo Vierer ihre Projekte ernstnehmen und hart arbeiten, um sie zu verwirklichen (auch wenn das Endergebnis eine Enttäuschung ist), lassen sich Siebener nicht auf eine derartige emotionale Verpflichtung ein, sondern lassen sich statt dessen zum nächsten Projekt treiben.

Wenn Sie eine Vier sind, für die eine Sieben arbeitet, versuchen Sie, sie fliegen zu lassen und ihr einen Flughelfer (jemandem, der ihr hilft, bei der Stange zu bleiben) zur Verfügung zu stellen, wenn sie landen muß. Machen Sie sich die Tatsache zunutze, daß sie vor Ideen nur so sprudelt.

Wenn Sie eine Sieben sind, die für eine Vier arbeitet, lernen Sie, über die Inspirationsphase hinaus bei einem kniffligen Problem zu bleiben und sich durchzuarbeiten. Nutzen Sie die Tiefgründigkeit Ihres Vierer-Chefs als Ressource. Es ist leicht, eine Vier zu entlassen, die sich zu ernst nimmt, aber Siebener brauchen die Tiefgründigkeit der Vier ganz dringend.

Wenn die Vier der Mitarbeiter und die Sieben der Chef ist. Diese Konfiguration funktioniert gut, wenn ein Siebener-Chef einen Vierer-Mitarbeiter aus der großen Masse herausgreift, weil er seine besonderen Möglichkeiten erkennt, und ihn persönlich ermutigt, genauso wie die Vier Cinderella es sich erhoffte. Die Vier verleiht der Phantasie der Sieben Gehalt und Gewicht. Die Sieben zaubert Ideen herbei und die Vier das damit einhergehende Gefühl.

Wenn Sie ein Siebener-Chef sind, können Ihre Aufmerksamkeiten die Vier aus ihrer Selbstversunkenheit wie durch Zauberei herausholen. Aber seien Sie vorsichtig: Wenn sich Ihre Aufmerksamkeit anderen Projekten zuwendet, wie das unweigerlich der Fall sein wird, dann könnte sich Ihr Vierer-Mitarbeiter vernachlässigt vorkommen.

Wenn Sie eine Vier sind und für eine Sieben arbeiten, achten Sie darauf, nicht pingelig, kritisch oder anmaßend zu sein. Siebener ertragen Kritik nur schwer, und Ratschläge und Berichte gibt man am besten optimistisch und leicht unbeteiligt, nicht mit der Dringlichkeit und dem Feuereifer, den Sie normalerweise bevorzugen.

Vier arbeitet mit Acht

Eine Kenner-Vier mit einer tonangebenden Acht ist eines der großen Paare des Enneagramms, bei dem sich Gegensätze anziehen. Acht und Vier sind vielleicht die beiden intensivsten der neun Typen: großartig, schwierig, herrisch und auf jeweils ihrer Methode beharrend. Diese häufig anzutreffende Beziehung funktioniert oft gut, weil jeder vom anderen fasziniert ist und es mit der Energie des anderen aufnehmen kann.

Wie bei Zwei und Acht besteht auch zwischen Vier und Acht ein spezielles Band; Vorschriften und Konventionen greifen hier nicht. Achter sind furchtlose Menschen, die den Augenblick leben und dabei wenige Gewissensbisse – wenn überhaupt welche – haben. Vierer leben in der romantischen Vergangenheit und Zukunft. Zum Glück können Achter die Vierer in die materielle Welt befördern, während Vierer die Achter inspirieren, über ihren Tellerrand hinauszublicken und eine echtere Wirklichkeit in sich zu entdecken.

Wenn die Vier der Chef und die Acht der Mitarbeiter ist. Vierer-Chefs können sehr praktisch veranlagte, bewanderte Manager sein, aber es gibt Probleme, wenn schwierige, dickköpfige Achter-Mitarbeiter auf Anspielungen oder gar einen direkten Hinweis nicht reagieren. Wenn Sie eine Vier sind und einen Achter-Mitarbeiter haben, müssen Sie sich behaupten, damit die Acht merkt, daß Ihre Grenzen einen Sinn haben. Sie brauchen den Konflikt nicht auf die Spitze zu treiben; bleiben Sie einfach bei Ihrer klaren Vorstellung davon, wie etwas sein sollte.

Diese Beziehung funktioniert gut, wenn der Vierer-Chef nicht in Selbstmitleid zerfließt oder das arme Opfer spielt. Achter verstehen, wenn Vierer das Gefühl haben, man habe ihnen Unrecht getan, dann knöpfen sie sich die Ganoven vor. Die Acht kann Ihr bester Champion sein.

Wenn Sie der Achter-Mitarbeiter eines Vierer-Chefs sind, hat Ihr Chef immer eine großartige Vision. Ihre Fähigkeiten lassen die Vision real werden, indem sie die Vier gegen Angriffe von außen verteidigen und insbesondere verhindern, daß sie innerlich platzt. Wenn Sie die Gefühlsduselei einer Vier aufregt oder ärgert, bedenken Sie: Vierer erinnern Achter immer daran, nach innen auf ihre wahre Macht zu blicken; es liegt an der Acht, ob sie die Botschaft versteht.

Wenn die Vier der Mitarbeiter und die Acht der Chef ist. Wenn Sie der Achter-Chef sind, ist es ein Fehler, wenn Sie Ihren Vierer-Mitarbeiter bedrängen, herumkommandieren oder übermäßig überwachen. Er wird sich noch isolierter und falsch verstanden fühlen – seine grundlegende Verteidigungsstrategie – und sich immer mehr in sich zurückziehen. Suchen Sie nach Wegen, damit die Vier ihrer Arbeit ihren eigenen kreativen Stempel aufdrücken kann. Und wo Sie Widerstand leisten, schauen Sie sich von der Feinfühligkeit und emotionalen Geschicklichkeit der Vier etwas ab, die Ihnen zeigen könnte, wie man eine schwierige Situation elegant bewältigt.

Wenn Sie der Vierer-Mitarbeiter sind, sollten Sie wissen, daß Ihr Achter-Chef damit beschäftigt ist, seine Macht auszuüben. Achter wollen spielen; sie vergewissern sich einfach, daß Sie ihre Macht und ihren Einfluß anerkennen. Wenn Sie sie herausfordern, haben Sie mit Sicherheit bald einen gewaltigen Achter-Kampf am Hals.

Die besten Achter wollen ihre Macht effektiv einsetzen. Sie möchten vielleicht kreative Parameter aufstellen, erwarten von Ihnen aber, daß Sie ihre Vorstellungen kühn in die Tat umsetzen. Achter-Chefs brauchen Ihre Vorschläge – die sie normalerweise zu schätzen wissen – und werden die Zusammenarbeit gegen den Rest der Welt verteidigen.

Vier arbeitet mit Neun

Eine Verbindung der Kenner-Vier mit dem Vermittler Neun ist ein weiteres ausgezeichnetes Gegensatzpaar. Neuner müssen vor allem lernen, zu wollen, was sie wollen – darin sind die Vierer ganz groß; Vierer müssen vor allem Gleichmut lernen – für die Neun eine unerläßliche Bedingung.

Wenn die Vier der Chef und die Neun der Mitarbeiter ist. Vierer-Chefs haben klare Vorstellungen und ein klares Programm. Sie wissen, wie es sein sollte. Neuner sind meistens damit zufrieden weiterzumachen. Aber Vierer können mit sich selbst beschäftigt sein, was bedeutet, daß ein Neuner-Mitarbeiter sich übergangen oder an der Aktion nur am Rand beteiligt fühlt – damit lebt das Kindheitsdrama der Neun, übersehen worden zu sein, wieder auf, und sie wird passiv-aggressiv.

Ihre Neigung zu Kritiklust kann auf Ihren Neuner-Mitarbeiter wie Drängen wirken. Neuner können Ihnen Informationen beschaffen, die Sie mit Ihrem begrenzten Gesichtsfeld vielleicht verpaßt haben, aber man muß sie darum bitten; sie rücken sie nicht heraus, wenn Sie arrogant Ihren eigenen Kurs verfolgen.

Wenn Sie der Neuner-Mitarbeiter sind, können Sie für Ihren Vierer-Chef ein unerschütterlicher Anker sein. Die Neun hat den Vorteil, daß sie Zutritt zur subjektiven Wirklichkeit der Vier hat und sich auch von einem objektiven Standpunkt aus äußern kann. Die Neun tut sich selbst einen Gefallen, wenn sie auf die starke Vorstellung der Vier reagiert, um zu sehen, in welchen Punkten sie zustimmt und wo nicht, und dadurch ihre eigene Position findet.

Wenn die Vier der Mitarbeiter und die Neun der Chef ist. Wenn Sie der Neuner-Chef sind, wollen Sie ein sympathisches, konfliktfreies Arbeitsteam. Sie wollen jeden gleich behandeln. Aber Vierer möchten gern eine Sonderbehandlung. Die einfühlsamsten Neuner-Chefs behandeln Menschen so, wie sie selbst behandelt werden möchten.

Wenn Sie der Vierer-Mitarbeiter sind, sollten Sie wissen, daß Neuner darauf warten, daß sich Probleme und Möglichkeiten von selbst ergeben. Für kreative Typen wie die Vierer kann eine optimistische, gleichmütige Leben-und-leben-lassen-Neuner-Umgebung individuelle Initiative und Risikobereitschaft erzeugen. (Eine negative Neun entmutigt Initiative.) Stecken Sie Ihre Basis mit Ihren Kollegen bereits vorher ab, damit sich Ihre Projekte scheinbar aus dem allgemeinen Geschäftsverlauf ergeben – ohne viel Sturm und Drang, genauso wie es die Neun möchte.

Fünf arbeitet mit Fünf

Oft werden Sie ein Fünfer-Paar an einer problemlösenden Aufgabe arbeiten sehen. Diese Weisen, die wahrscheinlich gewissenhaft sind und ehrerbietig miteinander umgehen, wissen beide, daß Energie, Geld und Zeit begrenzt sind und straff gemanagt werden müssen. Die Energie wird nach innen gerichtet, ob persönlich oder innerhalb der Gruppe. Das könnte bedeuten, daß es einem Fünfer-Team schwerfällt, seine Arbeit öffentlich bekanntzumachen oder zu koordinieren. Es ist schwer, in das Inselreich eines Fünfer-Paars einzudringen.

Trotz all ihrer emotionalen »Kühle« sind Fünfer-Paare sehr sensibel füreinander. Oft scheinen sie intuitiv die Gewohnheiten, Vorlieben, Essenszeiten und Geheimnisse des anderen zu kennen, ohne daß darüber viel geredet wurde.

Wenn die Fünf der Chef ist. Ein Fünfer-Chef bietet Fünfer-Mitarbeitern genau den Respekt vor Grenzen und Raum, den er für sich selbst beansprucht. Ich kenne einen Fünfer-Ingenieur, dessen Chefin eine Fünf ist. »Sie stiehlt mir nie meine Zeit mit Scherzen oder anderer Ablenkung«, sagt er bewundernd. »Ich kann mich bei ihr direkt in meine Arbeit vertiefen.«

Wenn die Fünf Mitarbeiter ist. Fünfer-Mitarbeiter brauchen meistens nicht viel Orientierungshilfen. Sie wissen, was zu tun ist, und tun es. Aber sie machen sich wahrscheinlich nicht allzu viele Gedanken darüber, was der Kollege im Büro nebenan macht. Ein Fünfer-Forscher sagte zu mir: »Ich fühle mich den Menschen in meinem akademischen Bereich, die ich nie kennengelernt habe, näher als dem Kollegen, der direkt neben mir arbeitet.«

Fünf arbeitet mit Sechs

Fünf und Sechs verstehen Vorsicht und die Notwendigkeit einer Privatsphäre. Der Weise Fünf ist der Guru mit dem Spezialwissen, und der Troubleshooter Sechs ist der Spieler, der die Außenwelt abwehrt. Zusammen bilden sie eine private Zweierclique, wie George Bush, eine Sechs, der eine besondere Beziehung zu Brent Scowcroft, einer weisen Fünf, seinem Vertrauten und Sicherheitsberater, hatte. Die Sechs weiß, daß sie der Fünf und ihren persönlichen Gedanken vertrauen kann – sehr wichtig für eine Sechs –, und die Fünf hat gern einen einzigen Schutzpatron, den sie mit Informationen füttern kann.

Wenn die Fünf der Chef und die Sechs der Mitarbeiter ist. Der Hinter-geschlossenen-Türen-Stil und das Pokergesicht der Fünf können die Sechs mißtrauisch werden lassen. Wenn Sie der Fünfer-Chef sind, reden Sie möglichst oft darüber, was in Ihrem Büro abläuft, auch wenn Ihnen das zuwider ist. Denken Sie daran, daß die meisten Sechser den psychischen Kleber mögen, den die Zugehörigkeit zu einer Gruppe vermittelt. Wenn Sie sich zu sehr abschotten, richten sich am Ende womöglich Vorwürfe und Argwohn gegen Sie.

Wenn Sie der Sechser-Mitarbeiter sind, überprüfen Sie Dinge, wenn es sein muß, aber geben Sie Ihrem Fünfer-Chef auch möglichst viel Raum. Sechser können echte Schwarzseher und manchmal sehr emotional und aufgewühlt sein, was für eine Fünf störend ist, die versucht, Ängste und Emotionen unter Verschluß zu halten.

Sechser setzen sich gern für die Guten gegen die Bösen ein, aber Ihr Fünfer-Chef wird Ihnen mehr vertrauen, wenn er merkt, daß Sie objektiv sind, wenn Sie kein persönliches Interesse oder einen geheimen Plan verfolgen. Vermasseln Sie sich Ihre Präsentation nicht durch Ihre Befürchtungen.

Wenn die Fünf der Mitarbeiter und die Sechs der Chef ist. Sechser lassen sich Daten gern löffelweise von einer kundigen vertrauenswürdigen Fünf einflößen. Fünfer haben dafür ein gutes Auge und berichten einer Sechs objektiv darüber. Ein Fünfer-Mitarbeiter, der für einen Sechser-Chef arbeitet, ist oft ein verläßlicher Kumpel, der keine eigenen Absichten verfolgt und sich nicht in den Vordergrund spielt.

Wenn Sie der Sechser-Chef sind, bewundern Sie an Ihrem Fünfer-Mitarbeiter wahrscheinlich dessen emotionale Distanz. Aber was Sie sicher nicht mögen, ist, daß er Sie über seine Arbeit im unklaren läßt. Erstellen Sie eine einfache, aber formale Berichtsstruktur, auch wenn ihm das nicht paßt. Auf diese Weise kann Ihr Mitarbeiter seine Arbeit allein erledigen, ohne das Gefühl zu haben, daß Sie ihm die ganze Zeit über die Schulter schauen.

Wenn Sie der Fünfer-Mitarbeiter sind, sind Sie schon draufgekommen, daß Sie Ihren Sechser-Chef von einer kühlen, logischen Warte aus beraten müssen. Aber aufgepaßt. Sie neigen stark zu Zurückhaltung und Eigensinn. Es gibt Schwierigkeiten, wenn Sie nicht damit herausrücken, woran Sie gerade arbeiten, oder wenn die hartnäckigen Forderungen Ihres Chefs nach Berichten Sie auslaugen und Sie darauf einfach mit Schweigen reagieren. Nehmen Sie sich die Zeit, den oben vorgeschlagenen Arbeitsplan zu erstellen. Wenn es erst einmal unpersönliche Strukturen gibt und diese befolgt werden, werden Sie sich beide besser fühlen.

Fünf arbeitet mit Sieben

Die Kombination einer weisen Fünf mit einer visionären Sieben ist fast so wie eine Mischung aus Öl und Wasser. Fünfer nageln Ideen gern fest; Siebener lassen sie lieber treiben. Fünfer mögen Präzision; Siebener blühen bei mehreren Lösungsmöglichkeiten auf. Fünfer sind lineare Denker, die durch klares Verständnis von spezifischen Dingen zu einer allgemeinen Theorie gelangen. Siebener entwerfen eine großartige Theorie und prüfen sie dann an Fallbeispielen. Aber beide Typen dieser mentalen Triade verstehen etwas von großen intellektuellen Plänen und komplexen Ideen und lassen sich davon anregen. Für beide ist eine gute Idee genausoviel wert wie eine gute Tat.

Das ist die Beziehung zwischen Forschung oder Ingenieurwesen und Marketing. Dilbert, der Cartoonheld von Scott Adams, ein Fünfer-Ingenieur, wird zum Marketing abgeordnet, was normalerweise Sache der Sieben ist. Der Eingang zur Marketingabteilung ist von römischen Säulen gerahmt, auf denen ein Schild mit der Aufschrift »Marketing – Minimum zwei Getränke« prangt. Drinnen kann man ein Saufgelage erkennen. So sieht eine Fünf die Sieben.

Wenn die Fünf der Chef und die Sieben der Mitarbeiter ist. Fünfer neigen dazu, alles für sich zu behalten. Siebener sind meist freimütig und könnten sich von der häufigen Kontrolle der Fünf eingeengt fühlen. Wenn Sie der Fünfer-Chef sind, fällt Ihnen vielleicht auf, daß Ihr Siebener-Mitarbeiter tausend einfallsreiche Ideen hat – so viele, daß Ihnen ganz schwindlig davon wird. (Fünfer nehmen Ideen in einer Weise ernst, die der Sieben fremd ist.) Lernen Sie, die Sieben ernstzunehmen, ohne jede ihrer Ideen ernstnehmen zu müssen.

Sie können Ihrer Sieben helfen, wenn Sie sie festnageln. Helfen Sie ihr zu entscheiden, welche Idee sie weiterverfolgen soll. Helfen Sie der Sieben dabei, eine Idee wirklich umzusetzen, statt sie nur als Gedankenspiel zu betreiben.

Wenn Sie der Siebener-Mitarbeiter sind, muß Ihr Fünfer-Chef wissen, daß Sie Ihre Arbeit ernst nehmen. Dabei hilft Durchhaltevermögen. Nehmen Sie sich Zeit, Ihre Berichte mit gründlichen, verständlichen Anhängen und Bemerkungen zu versehen.

Wenn die Fünf der Mitarbeiter und die Sieben der Chef ist. Wenn Sie der Mitarbeiter sind, wird Ihre Begeisterung Ihren Siebener-

Chef von einem Projekt genausosehr wie die Vorzüge des Projekts überzeugen. Fünfer-Mitarbeitern von Siebener-Chefs geht es gut, wenn sie sich für die Ideen ihres Chefs oder wenigstens für ihre eigenen begeistern. Fünfer sind normalerweise von ihren eigenen Ideen besonders begeistert, aber sie sagen keinem etwas davon.

Wenn Sie ein Siebener-Chef sind, sind Sie wahrscheinlich sehr helle, aber vielleicht in einer Weise emotional unbekümmert, die besonders auf empfindsame Fünfer verletzend oder grausam wirken kann. Bedenken Sie den Einfluß Ihres emotionalen Selbst. Und vergessen Sie nicht, daß die Fünf ihre eigentliche Arbeit im stillen Kämmerlein erledigt.

Fünf arbeitet mit Acht

Die tonangebende Acht ist der explosivste der Enneagrammtypen. Die weise Fünf ist der implosivste, denn sie hütet so etwas wie eine begrenzte Menge Energie. Je mehr Raum die Acht einnimmt, desto unsichtbarer wird die Fünf. Aber Fünfer sind nicht schwach; sie haben die stärksten, undurchdringlichsten Grenzen im Enneagramm.

Vielleicht funktioniert die Zusammenarbeit von Fünf und Acht am Arbeitsplatz aufgrund ihrer Unterschiede oft so gut. Selten konkurrieren sie wegen Kleinigkeiten und können die Stärken des anderen erkennen. Die besten Fünfer finden die Bereitschaft der Acht, andere und den Markt zu verpflichten, transformierend. Raffinierte Achter verstehen, welche Macht in der Objektivität liegt. Und wie die Acht im zwischenmenschlichen Bereich, kann die Fünf im intellektuellen Bereich ein rechter Tyrann sein. Es ist hilfreich für Fünfer zu sehen, wie Achter den Experten unter ihren Mitarbeitern freie Hand lassen, die über Daten, Ratschläge oder Weisheit verfügen, die das Reich der Acht stützen. Genauso ist es für Achter hilfreich zu sehen, wie die ruhige, reservierte Maske der Fünf über ein grimmiges Geschäftsgebaren hinwegtäuscht.

Wenn die Fünf der Chef und die Acht der Mitarbeiter ist. Wenn Sie der Fünfer-Chef sind, wissen Sie bereits, daß Ihr Achter-Mitarbeiter manchmal starke Zügel braucht. Als Mitarbeiter setzen sie möglicherweise Ihren Vorschriften oder Ihrer Autorität hart zu. Aber Sie können mit Ihrer Acht umgehen – immerhin haben Sie selbst starke Grenzen. Und im besten Fall kann Ihnen Ihr Mitarbeiter den Einsatzwillen und die Begeisterung liefern, damit Ihre wie auch seine Ideen verwirklicht werden.

Wenn Sie der Mitarbeiter sind, betrachten Sie Ihren Fünfer-Chef nicht als leichtes Opfer. Es stimmt, daß er manchmal überfordert ist, aber er wird deshalb nicht vor Ihrem Druck kapitulieren. Selbst die besten Fünfer können störrisch sein. Besser ist, Sie appellieren persönlich oder schriftlich an die Logik, so wie Ihr Chef sie definiert.

Wenn die Fünf der Mitarbeiter und die Acht der Chef ist. Wenn Sie eine Fünf sind und für eine Acht arbeiten, will Ihr Chef gern alle Fakten auf dem Tisch liegen haben. Fünfer möchten sich natürlich soweit wie möglich abschirmen. Geben Sie Ihrem Chef das Gefühl, daß alles sichtbar ist. Achter brauchen nicht alle Einzelheiten zu kennen, sie wollen nur das Gefühl haben, daß sie alles im Griff haben. Wenn Sie am Arbeitsplatz irgendein Problem haben, kehren Sie es nicht unter den Teppich, sondern rücken Sie damit heraus. Es fällt Ihnen kein Stein aus der Krone, wenn Sie lernen, ein bißchen direkter zu sein und eine kühne Begegnung zu riskieren. Dann weiß Ihr Achter-Chef, daß er Ihnen vertrauen kann.

Schlimmstenfalls sind Achter-Chefs Tyrannen, die ihre Fünfer-Mitarbeiter über den Haufen rennen, aber im besten Fall verlassen sie sich darauf, daß ihre Fünfer ihnen sagen, wenn sie zu weit gegangen sind. Manchmal bedrängen Achter Fünfer einfach zum

Spaß, nur um zu sehen, was passiert. Einige Fünfer treten dann aus Gewohnheit den Rückzug an. Die besten Fünfer aber behaupten sich.

Wenn Sie eine Acht sind und sich eine Fünf unter Ihren Mitarbeitern befindet, passen Sie auf, daß Sie nicht ihre potentiell wichtigen Beiträge verlieren, weil Sie auf Ihrem hochenergetischen, aggressiven Kommunikationsstil bestehen. Lassen Sie die Fünf Berichte oder E-Mails schreiben und sich oder Ihrem Assistenten Zusammenfassungen davon geben.

Fünf arbeitet mit Neun

Weise Fünfer fühlen sich von allen Enneagrammtypen am ehesten Grenzen verpflichtet. Vermittelnde Neuner sind die grenzenlosesten. Neuner sind gesellig und konventionell und tragen Sorge dafür, daß Konflikte und Mißbilligung vermieden werden. Fünfer sind nicht besonders gesellig (obwohl sie das vielleicht vorgeben) und innerhalb ihrer privaten Welt unkonventionell. Fünfer sind überzeugend und fokussiert. Neuner bringen eine breite Perspektive ein. Beide neigen zu einer gewissen Hoffnungslosigkeit, zu verzweifeln oder zu schnell aufzugeben, so, daß sie unfähig oder nicht bereit sind, selbst die Früchte ihrer Arbeit zu genießen. Doch diese Beziehung kann gut funktionieren, weil die Neuner tolerante Gewohnheitstiere sind und die Fünfer keine Überraschungen mögen.

Wenn die Fünf der Chef und die Neun der Mitarbeiter ist. Wie können Sie als Neun mit Ihrem Fünfer-Chef auskommen? Ihr Chef will die Fakten, nüchtern und direkt. Besprechungen dürfen nicht langatmig sein. Kommen Sie zur Sache. Legen Sie Ihre Position dar und betonen Sie Ihren Beitrag (beides fällt der Neun schwer). Halten Sie die Entscheidungspunkte für die Fünf fest. Und dann gehen Sie.

Wie können Sie als Fünf mit Ihrem Neuner-Mitarbeiter zurechtkommen? Sie wissen, was Sie wollen, aber Sie verspüren keine Lust, anderen auf die Sprünge zu helfen, wenn das zu anstrengend ist. Fünfer kommen von selbst in die Gänge, aber Neuner brauchen einen Anstoß. Eine Neun gewinnt man, indem man sie für interaktive Zusammenarbeit oder Gruppenaktivitäten einspannt, bei denen ein besonderer Anreiz winkt. Neuner lassen ihre besten Vermittlerfähigkeiten spielen, wenn sie Kluften zwischen den einzelnen Gruppen überbrücken und zwischen Arbeitsteams oder -projekten kommunizieren dürfen. Fünfer lernen etwas, wenn Neuner Verbindungen zu Menschen und Gruppen herstellen. Sie selbst wollen sich vielleicht nicht einmischen, aber Ihr Neuner-Mitarbeiter hat gern das Gefühl der Verbundenheit.

Zu guter Letzt noch ein Rat: Werden Sie nicht unnötig ungeduldig oder schneiden Ihrem Neuner-Mitarbeiter das Wort ab, wenn er anfängt zu reden. Gute Neuner haben eine außerordentlich breite und ausgewogene Sicht – sie haben viel »random access memory« – und können Ihnen dabei helfen, Ihre Vorstellung über Ihre kostbaren intellektuellen Sorgen hinaus nützlich zu erweitern, wenn Sie es ihnen gestatten.

Wenn die Fünf der Mitarbeiter und die Neun der Chef ist. Wenn Sie der Neuner-Chef sind, möchten Sie, daß Ihre Leute Teil des Teams sind; Ihr Fünfer-Mitarbeiter möchte sich abseits halten, möchte aber sicher erfahren, wie weit sich seine Arbeit in den großen Plan einfügt. Fünfer können sich mit Ideen, wenn nicht sogar mit »Good vibrations« dem Team anschließen. Sie fühlen sich zwar von Gefühlen überflutet, nicht aber von den Informationen, die sie brauchen. Formulieren Sie Ihre Vereinbarungen für die Fünf klar und präzise.

Wenn Sie der Fünfer-Mitarbeiter sind, finden Sie einen Neuner-Chef vielleicht ideal. Fünfer widersetzen sich von allen Enneagrammtypen am ehesten den Forderungen, die man an sie stellt. Neuner stellen höchst unwahrscheinlich Forderungen. Einige Enneagrammtypen fühlen sich dann im luftleeren Raum, aber Sie wissen genau, was Sie mit dieser Art Freiheit anfangen können. Merken Sie sich die Neun!

Sechs arbeitet mit Sechs

Sechser wurden als Kinder betrogen. Deshalb halten sie nach Zeichen der Treulosigkeit bei ihren Kollegen Ausschau. Diese übergroße Wachsamkeit erweckt bei anderen Argwohn. Wenn Troubleshooter-Sechser zusammenarbeiten, argwöhnen sie, daß mehr vorgeht, als sie sehen. Häufige Mißverständnisse und unklare Signale sind die Folge.

Macht und Vertrauen sind bei Sechsern immer ein wichtiges Thema. »Welche Macht hast du über mich? Kann ich dir vertrauen?« fragt jede Sechs stumm die andere. Sechser mögen sich zwar sympathisch finden und herzlich miteinander umgehen, aber sie vermeiden Spontaneität und beschäftigen sich vorwiegend mit den negativen Aspekten einer Sache. Vollbrachte Leistungen werden kurz abgehandelt. Es kann lange dauern, bis sie sich zum Handeln entschließen.

Aber dieses Duo funktioniert gut, wenn die Sechser auf derselben Seite stehen und es darum geht, die Konkurrenz zu bezwingen, Katastrophen vorzubeugen oder sich für eine gerechte Sache einzusetzen. Sie können äußerst scharfsinnig sein, was andere außerhalb ihrer Zweiergruppe betrifft. Sie werden Ideen ausführlich besprechen und analysieren.

Wenn die Sechs der Chef ist. Sechser-Chefs müssen lernen, Autoritätspersonen zu werden. Da aber Autoritätsfragen der Sechs so sehr am Herzen liegen, erwägen die besten Sechser-Chefs ihre Chefrolle am ausführlichsten und ernsthaftesten.

Wenn Sie der Chef sind, werden Sie nicht anklagend, wenn Sie mißtrauisch sind. Setzen Sie sich mit Ihrem Sechser-Mitarbeiter zusammen, machen Sie Ihren Sorgen Luft und bitten Sie ihn, das gleiche zu tun. Wenn Ihr Sechser-Mitarbeiter das Gefühl hat, Sie mißtrauen ihm, dann erklären Sie ihm, daß Vertrauen langsam wächst. Sie können erklären, daß bestimmte Dinge dabei helfen, Vertrauen aufzubauen, zum Beispiel, wenn er sich an interne Termine und Zwischenleistungsziele hält.

Wenn die Sechs der Mitarbeiter ist. Wenn Sie der Mitarbeiter sind, werden Sie vielleicht, um jeglichen Zweifel auszuräumen, Ihren Chef zum starken Beschützer idealisieren oder selbst den Advokaten des Teufels spielen, der dem Chef das Leben besonders schwer macht. Zwischen Ihnen und Ihrem Chef geht es um gegenseitiges Vertrauen und Vertrauen zu sich selbst. Sie müssen lernen, unter einer Autorität zu arbeiten, ohne sich im Prozeß zu verlieren.

Da Sie ähnliche gedankliche Gewohnheiten haben, kann diese Beziehung extrem gut funktionieren, wenn Sie beide einen gemeinsamen Feind identifizieren: die Regierung, die Typen im anderen Büro, die Konkurrenz. Aber wenn Sie sich nicht darauf verständigen können, wer der Feind ist, richten Sie sich gegeneinander.

Wenn Ihr Chef etwas tut, was Ihnen Unbehagen bereitet, dann fragen Sie ihn nach Zweck und Absichten. Offenbaren Sie Ihre Eigeninteressen. Damit Ihr Sechser-Chef Ihnen vertraut, seien Sie vertrauenswürdig, transparent (auch wenn Sie unzufrieden sind), verantwortungsvoll und ein Teamspieler.

Sechs arbeitet mit Sieben

Eine Troubleshooter-Sechs und eine visionäre Sieben sind scheinbar ein Gegensatzpaar. Für Sechser ist nichts gewiß, für Siebener ist alles möglich. Träumer-Siebener glauben, das hoffnungslose Durcheinander auf ihrem Schreibtisch werde sich wie durch Zauberhand ordnen. Sechser argwöhnen, daß es bald zu einer Katastrophe kommen wird. Sechser sind ernsthafte und oft furchtsame Menschen. Siebener wirken selten ängstlich oder ernst.

Wenn die Sechs der Chef und die Sieben der Mitarbeiter ist. Wenn Sie der Sechser-Chef sind, fragen Sie sich vermutlich, ob Sie Ihrem Siebener-Mitarbeiter trauen können, der so offensichtlich Dinge beschönigt und möglicherweise dann nicht durchhält. Aber lassen Sie sich mit diesem schlauen Burschen Zeit. Er wird Ihre Horizonte für Möglichkeiten öffnen, die Ihnen entgehen, und mit seiner Chuzpe kann er sie auch irgendwann verwirklichen. Der Trick bei diesem Trickster ist: Nehmen Sie sich Zeit, Vereinbarungen und Abmachungen schriftlich festzuhalten und klare Termine und offensichtliche Konsequenzen auszusprechen. Geben Sie der Sieben aber trotzdem eine Schonfrist, weil sie mit Sicherheit den ersten Termin verschwitzt. Es wirkt zwar lächerlich, einen Termin zu vereinbaren, nur um ihn dann zu verschieben, aber versuchen Sie, gute Miene zum bösen Spiel zu machen. Siebener sprechen nun mal nicht gut auf Tadel an. Sie werden an dem zweiten Termin festhalten müssen, damit Ihr Siebener-Mitarbeiter weiß, daß er die Arbeit erledigen muß.

Wenn Sie der Siebener-Mitarbeiter sind, möchte Ihr Chef einen vorhersagbaren verläßlichen Handlungsablauf haben. Sie haben einen Sack voller Pläne, die alle dauernd im Fluß sind und sich je nach Ihren Umständen und Ihrer Stimmung ändern können. Das löst bei Ihrem Sechser-Chef garantiert Frustration und Nervosität aus. Und da Sie Hierarchien verachten, weil sie Ihrer Meinung nach nur Ihre Kreativität und Ihr Vergnügen blockieren, verletzen Sie Ihren Chef, wenn Sie ihn wie einen Kollegen behandeln, denn er bezieht seine Identität von seinem Platz in der Hierarchie, selbst wenn er seine Macht herunterspielt oder sie nur indirekt ausübt.

Siebener, die sich bei einem Sechser-Chef beliebt machen wollen, fahren dabei am besten, wenn sie ihre Arbeit zu Ende bringen, pünktlich und korrekt sind und Wort halten. All das ist für eine Sieben anstrengend, für ihr eigenes Wachstum aber von größter Wichtigkeit.

Wenn die Sechs der Mitarbeiter und die Sieben der Chef ist. Wenn Sie der Sechser-Mitarbeiter sind, sollten Sie wissen, daß Ihr dauerndes Genörgel und Schwarzsehen Ihren Siebener-Chef mit Sicherheit unglücklich macht. Siebener wollen gute Stimmung. Stellen Sie Fragen nicht als Zyniker oder Skeptiker, sondern als begeisterter Anhänger. Bringen Sie die Sieben mit Brainstorming auf Trab, und lassen Sie sich von ihr helfen: »Wie können wir das anpacken?«

Wenn Sie ein Siebener-Chef sind, sucht Ihr Sechser-Mitarbeiter nach einer vertrauenswürdigen Autorität, und das schon seit seiner Kindheit. Wenn Siebener der Chef sind, wirkt Autorität oft wie zufällig und verschwommen. Helfen Sie Ihrer Sechs, sich sicher zu fühlen, indem Sie auf ihre prüfenden Fragen direkt und verantwortungsvoll eingehen, statt sie mit wegwerfenden und herablassenden Kommentaren abzuspeisen, die nur Ihre eigene Unsicherheit als Autorität widerspiegeln. Nehmen Sie Ihre eigene inspirierende Führungsposition ernst. Das ist für eine Sieben immer von Bedeutung, besonders aber dann, wenn sich Sechser in der Nähe aufhalten.

Sechs arbeitet mit Acht

Tonangebende Achter haben keine Probleme damit, ihre Macht auszuüben. Da sie kein tückisches Wesen haben, stürmen sie direkt vorwärts. Troubleshooter-Sechser hingegen gehen viel strategischer und umsichtiger vor. Sie machen sich von Natur aus Sorgen – ob man es ihnen nun anmerkt oder nicht.

Doch sowohl die Sechs als auch die Acht halten sich für unsentimentale Realisten. Beide sind daran interessiert, Unrecht, besonders Machtmißbrauch, wiedergutzumachen und den Unterlegenen zu verteidigen. Beide sind sich einig, daß in der Firma eine Menge Dummköpfe sitzen und daß die Geschäftswelt ein Dschungel ist, in dem man sich in acht nehmen muß.

Wenn die Sechs der Chef und die Acht der Mitarbeiter ist. Wenn Sie der Sechser-Chef sind, ist die Welt, in der Sie leben, nicht das naturgegebene Spielfeld Ihres Achter-Mitarbeiters. Ihre drängenden Fragen (was z. B. die Fallstricke eines Projekts oder die Schwachpunkte einer Verhandlung angeht) prägen sich einer Acht meistens nicht sehr intensiv ein, so daß Sie vielleicht ein Megaphon benutzen müssen, um sie ihr zu vermitteln.

Sie halten direkte Konfrontation nicht nur für schwierig, sondern für unklug. Aber Ihr Achter-Mitarbeiter blüht dabei auf. Er ist versucht, Sie andauernd auf die Probe zu stellen. Sie können ihn wahrscheinlich davon nicht abbringen, aber Sie brauchen sich auch nicht ködern zu lassen. Ihr starkes Gespür für Ihre eigene Autorität – das haben alle besten Sechser – wird Sie retten.

Achter gehören zu den loyalsten Enneagrammtypen. Ein cleverer Sechser-Chef wird seinem loyalen Achter-Mitarbeiter ein Lehen geben, in dem er sich mehr oder weniger unabhängig bewegen kann. Dann können Sie gemeinsam die verkrustete Bürokratie bekämpfen und gleichzeitig Unterprivilegierte unterstützen, die es wert sind, und sich an jenen rächen, die so dumm sind und versuchen, Sie auszunutzen.

Wenn Sie der Achter-Mitarbeiter sind, will Ihr Chef wissen, daß Sie ihn nicht bedrohen, sondern seine Autorität als Boß anerkennen. Die Welt des Sechser-Chefs ist wie ein *film noir*: Es ist zwar nicht ganz klar, was vorgeht, aber es ist mit Sicherheit bedrohlich. Die Strategie des Sechser-Chefs ist es, die Geschehnisse genau im Auge zu behalten. Sie hingegen schauen nicht so genau hin. Etwas stört Sie, und schon stürmen Sie los. Das kann für Ihren Sechser-Chef erschreckend sein, der in diesem Fall einzig und allein Vorsicht für angebracht hält.

Als Acht handeln Sie gern, wie es Ihnen beliebt, und Sie schätzen Ihre Unabhängigkeit als Führungsperson und Manager. Aber Ihr Sechser-Chef wird sich weigern, Ihnen soviel Macht zuzugestehen, es sei denn, Sie bewahren einige Zeitlang einen kühlen Kopf und zeigen ihm Ihre Loyalität und Treue und deuten an, daß Sie es auch in Zukunft so halten wollen. Sobald Sie Ihr außerordentliches Zutrauen und Ihre Energie einsetzen, um sich zum Verbündeten und Verteidiger Ihres Chefs zu machen, wird er Ihnen erheblich mehr Freiraum lassen.

Wenn die Sechs der Mitarbeiter und die Acht der Chef ist. Achter haben wenig oder gar keine Bedenken, anderen zu sagen, was sie tun sollen, und scheuen sich auch nicht, sie zurechtzuweisen. Sechser haben dauernd Angst, die Autoritätsperson werde sie vernichten. Wenn Sie der Sechser-Mitarbeiter eines Achter-Chefs sind, suchen Sie möglicherweise nach verborgenen Plänen oder unmerklichen Hinweisen darauf, was Ihr Chef vorhat, obwohl es die gar nicht gibt. Und als Sechs möchten Sie vielleicht wenigstens manchmal zu Ihrer eigenen Sicherheit oder um des Projekts willen etwas für sich behalten. Ihr Chef findet das wahrscheinlich heimtückisch und ärgerlich. Achter wollen mit offenen Karten spielen.

Wenn Sie der Achter-Chef einer Sechs sind, haben Sie einen hauseigenen Beirat. Wenn Sie die Besorgnisse der Sechs als schwach oder sinnlos abtun, wie es manche Achter tun, versäumen Sie mit Sicherheit etwas Wichtiges. Die Situation kann nämlich die eher unsichtbaren Stärken der Sechs erforderlich machen: Einsicht, Verpflichtung, Übereinstimmung schaffen und strategisches Vorgehen.

Sechs arbeitet mit Neun

Die vermittelnden Neuner packen Probleme an, indem sie sich mit widerstreitenden Standpunkten verzetteln. Troubleshooter-Sechser sind genau das Gegenteil: Sie stellen den Feind deutlich heraus. »Sind Sie für oder gegen uns?« will die Sechs von der Neun wissen, aber die Neun ist in gewisser Hinsicht beides. Diese Beziehung kann äußerst erfolgreich sein, wenn jeder der beiden die Sichtweise des anderen mitberücksichtigt. Die Sechs nimmt die Scheuklappen ab und öffnet sich im Neuner-Zustand einer breiteren Perspektive, denn jetzt sieht sie Verbindungen, die sie früher übersah; die Neun bezieht im Sechser-Zustand endlich fokussiert und persönlich Stellung. Wenn beide danach streben, ihre Arbeit zu erledigen – die Dreier-Position –, dann ist das unerschütterliche innere Dreieck des Enneagramms komplett.

Wenn die Sechs der Chef und die Neun der Mitarbeiter ist. Die Sechs sucht nach Beweisen dafür, daß sie ihren Neuner-Mitarbeitern vertrauen kann. Die Unbekümmertheit der Neun kann auf eine immer wachsame, verkrampfte Sechs nachlässig und nicht vertrauenswürdig wirken. Aber mit ihrer Beständigkeit gelingt es der Neun, Vertrauen aufzubauen. Wenn Sie eine Neun sind und für eine Sechs arbeiten, seien Sie pünktlich. Achten Sie auf Details. Halten Sie sich an Vereinbarungen. Reagieren Sie auf die Anliegen Ihres Sechser-Chefs mit Betroffenheit, statt sie vermittelnd aus dem Weg zu räumen oder sie im Zusammenhang überzubewerten.

Wenn Sie der Sechser-Chef einer Neun sind, denken Sie daran, daß sich Neuner akzeptiert fühlen müssen, bevor sie glänzen können. Ihre angeborene Kritiksucht und Ihr Argwohn vereiteln das. Bitten Sie die Neun statt dessen, Entscheidungen zu treffen und auszuführen – Alternativen, Konsequenzen und beteiligte Parteien zu berücksichtigen – Dinge, die Ihnen entgangen sind, für die die Neun aber von Natur aus ein Gespür hat.

Wenn die Sechs der Mitarbeiter und die Neun der Chef ist.
Neuner sind nachgiebig und ruhig, weil sie glauben, die Organisation käme allein zurecht. Sechser machen sich Sorgen. Sechser-Mitarbeiter fragen sich, ob der Chef ihre Anliegen genauso ernstnimmt. Aber Neuner meinen, alles werde sich zum gegebenen Zeitpunkt fügen – und wahrscheinlich noch eher, wenn man sich nicht einmischt. Neuner sind auf gutes Gefühl, Gegenseitigkeit und Verbundenheit fokussiert. Lieber erfahren sie Harmonie, als sich mit unangenehmen Tatsachen herumzuschlagen, die zu Uneinigkeit führen. Die Spezialität der Sechs ist es, ihr Augenmerk auf unangenehme Dinge zu richten.

Wenn Sie eine Sechs sind und für eine Neun arbeiten, bringen Sie Ihre Besorgnisse klar und freundlich zum Ausdruck. Der Neun ist immer damit geholfen, wenn Sie nicht übertreiben und das Problem zugleich mit einer Lösung bei ihr abladen.

Außerdem messen Sie als Sechs den Aktionen Ihres Chefs wahrscheinlich mehr Bedeutung bei als er. Neuner sind einfach nicht zurückhaltend und strategisch wie Sechser. Sechser müssen sich Feinde und Verbündete schaffen, Neuner nicht. Neuner schaffen ein »Wir-Gefühl«. Hüten Sie sich, als Sechs jemanden anzugreifen, der in den Augen der Neun dazugehört, besonders Kollegen.

Wenn Sie die Neun und Chef einer Sechs sind, wirkt Ihr Beharren auf angenehmen Beziehungen wie eine Bedrohung oder List. Legen Sie statt dessen rational dar, weshalb Sie Dinge so und nicht anders machen. Übertünchen Sie Probleme nicht. Sechser mögen Probleme. Probleme zu bewältigen vermittelt ihnen ein Gefühl von Sicherheit und Einigkeit mit Ihnen.

Sieben arbeitet mit Sieben

Clevere, umgängliche, visionäre Siebener können ein ganz einfallsreiches Paar abgeben. Ihre Begeisterung verbindet sie. Sie lassen sich nicht von der Geschichte oder davon ablenken, »weil das schon immer so gemacht wurde«. Sie sind aktiv und aufgeschlossen. Aber die Regeln ihres Spiels, ihrer Pläne und ihre Prioritäten ändern sich so schnell, daß sich Kollegen und Assistenten regelmäßig anmelden müssen, weil die Siebener, abhängig vom Projekt, weiterarbeiten oder sich dafür engagieren.

Natürlich können Siebener narzißtisch sein und daher in einer Arbeitsgruppe mit anderen Siebenern um die Stelle der Chef-Sieben konkurrieren. Zusammenarbeit – besonders mit anderen Siebenern – kann ihnen schwerfallen, weil sie alles meist nur aus ihrer Sicht sehen. Anders als Neunergruppen, die meistens mühelos verschmelzen, reiben sich Siebener aneinander, wenn sie sich mit ihrem eigenen Siebener-Dilemma konfrontiert sehen: Ideen, die gestern noch so romantisch aussahen, werden aufgegeben, weil jeder schon wieder eine neue Idee, einen neuen Plan hat.

Wenn die Sieben der Chef ist. Siebener als Chefs erscheinen nach außen hin oft antiautoritär. Wenn es ihnen aber ans Leder geht und sie in den Einser-Zustand, ihren Streßpunkt, geraten, können sie eine Schimpfkanonade und Anweisungen loslassen, die jeder Eins Ehre machen würden.

Die besten Siebener-Chefs sind inspirierende Führer, die mit den verschiedenartigsten Disziplinen neue Wege begehen. Siebener-Chefs können phantastisch alle verstreuten Elemente zu einem Projekt zusammenführen. Im schlimmsten Fall sind sie unverantwortlich und ändern impulsiv die Richtung und verwirren ihre Anhänger. Die Phantasie der Siebener ist oft grenzenlos.

Wenn die Sieben der Mitarbeiter ist. Siebener als Mitarbeiter können problematisch sein, weil sie antiautoritär sind, ohne es zuzugeben. Sie lassen sich leicht ablenken, halten nicht aus eigener Kraft durch und denken anscheinend, sie arbeiteten als Selbständige, auch wenn Sie ihr Gehalt zahlen. Man muß sie immer wieder neu inspirieren, und zugleich inspirieren sie sich selbst und ihre Umgebung immer wieder aufs neue.

Sieben arbeitet mit Acht

Bei Acht und Sieben ist jeder die physische und geistige Variante des anderen. Siebener entwerfen hochfliegende Konzepte. Achter sind konkret veranlagte Menschen, die mit beiden Füßen auf der Erde stehen. Innerhalb ihres Reichs sind beide sehr zuversichtlich. Beide sorgen gern für Aufregung, schlagen dem Establishment ein Schnippchen und stellen gern konventionelles Wissen in Frage. Beide neigen auch zu Übertreibung, zum Glücksspiel und sorgen für Aufruhr, ja Wirbel.

Wenn die Sieben der Chef und die Acht der Mitarbeiter ist. Wenn Sie der Chef sind, ist Ihr Achter-Mitarbeiter vielleicht von Ihren leichtfertigen Richtungswechseln frustriert oder enttäuscht, weil Sie ihn anscheinend nicht unterstützen. Was für eine Verschwendung guter Kampfkraft! Gerade die Achter können eine Sieben unterstützen. Sie sind unerschütterlich und verantwortungsbewußt und befähigen sie, Dinge kraftvoll bis zu ihrer Vollendung in der realen Welt durchzuführen. Lassen Sie Ihrem Achter-Mitarbeiter bei einem spezifischen Projekt freie Hand, mit der Auflage, die Arbeit zu erledigen.

Wenn Sie der Mitarbeiter sind, wirken Sie auf Ihren Siebener-Chef vielleicht nicht überzeugend, so als hätten Sie Angst vor Verpflichtungen, und als ob Sie nur redeten und eigentlich gar keinen Einfluß ausüben wollten. Aber die Sieben hat genau das, was die Acht braucht: die Sicht aus der Vogelperspektive. Damit erweitert die Acht ihr Gesichtsfeld und lernt, in Systemen zu denken, ihre Phantasie spielen zu lassen und über ihren Einfluß und ihre Wirkung nachzudenken. Achter sind zu Höchstleistungen fähig, wenn sie sich ihrer Wirkung auf andere Menschen bewußt sind.

Wenn die Sieben der Mitarbeiter und die Acht der Chef ist. Achter-Chefs haben eine starke Hand und sind standhafte Führungspersönlichkeiten. Aber wenn Sie ein Achter-Chef sind, der seine Sieben zurechtweisen will, ist das ein Schlag ins Wasser. Sie kommt Ihnen mit Rationalisierungen, Ausflüchten und einem auffallenden Lächeln. Sie haben das Gefühl, sich auf Ihre Sieben nicht verlassen zu können. Siebener arbeiten in einem sich schnell bewegenden, interdisziplinären Team sehr gut. Stecken Sie Ihre Sieben nicht einfach in eine Schublade, um sie besser kontrollieren zu können, sondern ebnen Sie ihr den Weg, indem Sie sie für Ergebnisse *verantwortlich* machen und ihr die Macht geben, sie zu verwirklichen.

Achter-Chefs erscheinen den freigeistigen Siebenern erdverbunden und schwerfällig. Wenn Sie der Siebener-Mitarbeiter sind, ist es Ihre Aufgabe, die Acht unbeschwert zu machen, nicht durch Blödsinn, sondern indem Sie sie für Möglichkeiten, Flexibilität und Phantasie öffnen. Vorwärtsstürmende Achter lassen sich ablenken, weil sie wichtige Voraussetzungen übersehen oder diese sich verändert haben. Siebener übersehen selten eine Voraussetzung, die sich ändert.

Achter brauchen das Gefühl, daß die Sieben sie unterstützt, daß sie sich nicht von anderen Interessen ablenken läßt und daß sie zur Stelle ist, wenn es hart auf hart geht. Für die Sieben ist es eine Frage ernsthaften Engagements.

Sieben arbeitet mit Neun

Neuner bleiben durchaus ihr ganzes Berufsleben lang bei ein und derselben Firma: Sie mögen bequeme, langdauernde Beziehungen, wo sie als das, was sie sind, bekannt sind, ohne sich anpreisen zu müssen. Die vermittelnden Neuner sind konservativ – nicht unbedingt im politischen Sinn, sondern was ihr Interesse an Veränderungen und die Fähigkeit, diese zu tolerieren, betrifft. Visionäre Siebener hingegen sind Meister der Innovation; sie müssen sich weiterbewegen, müssen mit neuen Gelegenheiten Energie tanken. Unterwegs können sie schon mal Verpflichtungen und Menschen vergessen.

Von ihren unterschiedlichen Standpunkten aus bemühen sich Sieben und Neun beide darum, Konflikte, Zwist und schlechte Stimmung aus dem Weg zu räumen. Siebener wollen, daß alles optimistisch aussieht, und Neuner mögen keinen zwischenmenschlichen Streß. So kommt es, daß sie scheinbar Dinge nicht ausfechten, wenn aber gerade dies für die Zusamenarbeit notwendig wäre. Die Absage der Neun an Schwierigkeiten bedeutet, daß das Unternehmen plötzlich scheitern würde, wenn es nicht hundertprozentig sichere Abläufe und Verfahren gibt, die sie dazu zwingen, die Warnschilder zu beachten.

Wenn die Sieben der Chef und die Neun der Mitarbeiter ist. Wenn Sie der Siebener-Chef sind, haben Sie vermutlich unzählige Ideen, wie Sie Ihre Neuner-Untergebenen mit Energie versorgen und unterstützen können. Ihre Mitarbeiter fühlen sich jedoch sicher überfordert, wenn Sie ihnen nicht Zeit lassen, Ihre Vorschläge zu verarbeiten.

Neuner sind echte Arbeitstiere – ein Segen für Siebener, die Plackerei hassen. Ihre Neuner-Mitarbeiter freuen sich meistens, Ihre Routinearbeit zu erledigen, solange sie diesen Kurs beibehalten können und in Stimmung sind. Wenn Sie aus einer Laune heraus Ihre Pläne ändern, dann ziehen Sie ihnen wirklich den

Boden unter den Füßen weg. Noch schlimmer ist für eine Neun das störende Chaos, das die Sieben erzeugt, weil sie es einfach aufregend findet – zum Beispiel zu seltsamen Zeiten Arbeit zuteilen oder Konferenzen abhalten oder plötzlich verreisen oder in aller Eile unsinnige Termine festsetzen. Die besten Siebener-Chefs geben Neuner-Mitarbeitern ein Gefühl von Kontinuität, auch wenn es ihnen völlig gegen den Strich geht. Siebener-Chefs können Neuner ermutigen, das verantwortungsbewußte Sicherheitsnetz während ihrer häufigen Phantasieflüge zu sein. Für Neuner ist Stellungnahme eine große Aufgabe, bei der viel Energie mobilisiert wird. Für Siebener ist das Experimentieren mit einer Position nur ein Experiment und nichts Besonderes. Siebener-Chefs können Neuner ermutigen, dies auszuprobieren.

Wenn Sie ein Neuner-Mitarbeiter sind und Ihr Chef ist eine Sieben, dann resignieren Sie vielleicht, weil er so häufig und unvermeidlich einen anderen Kurs einschlägt. Neuner kamen aber ursprünglich oft in die Firma, weil ihnen die Begeisterung ihres Chefs gefiel. Es tauchen unweigerlich Probleme auf, wenn die Neuner sich darauf verlassen, daß die Sieben ihnen die Energie liefert, statt sie aus sich selbst und ihrem eigenen Leben zu schöpfen.

Wenn die Sieben der Mitarbeiter und die Neun der Chef ist.
Wenn Sie der Neuner-Chef sind, möchten Sie Dinge beständig, immer wieder auf dieselbe Art erledigen. Die ablehnende Haltung des Chamäleons Sieben etablierter Routine gegenüber ärgert Sie, und Sie halten sie für zu zeitraubend. Ihnen ist es viel lieber, daß Menschen in der Gruppe zusammenpassen. Aber Ihr Siebener-Mitarbeiter möchte als etwas Besonderes gelten und muß ständig mit Begeisterung und neuen Ideen gefüttert werden. Richten Sie einen (für die Gruppe) bequemen Platz ein, an dem die Sieben mit ihrer Vision experimentieren, sie anderen mitteilen und Hypothesen aufstellen kann, ohne daß das gleich Folgen hat.

Wenn Sie der Siebener-Mitarbeiter sind, machen Sie sich bewußt, daß Sie insgeheim das verachten, was in Ihren Augen die Schwerfälligkeit der Neun ist. Dessen sind Sie sich vielleicht nur vage bewußt, aber die Neun reagiert sehr empfindsam auf solch fehlende Akzeptanz. Es fällt auf Sie in der Form zurück, daß sie Ihnen nicht mehr soviel Freiraum läßt und Sie nicht mehr ermutigt. Statt sich nur auf Ihren intellektuellen Anspruch zu konzentrieren, fragen Sie doch mal nach den wahren Bedürfnissen Ihres Chefs. Dazu müssen Sie sich auf ein fortlaufendes Geben und Nehmen einlassen. Neuner besprechen alles gern gründlich und lassen dann die Schlußfolgerungen wie von selbst kommen. Verwechseln Sie Schweigen – oder im Fall der Neun sogar ein Ja – nicht mit Zustimmung oder einer Antwort. Wenn die Richtung einmal feststeht, möchten Neuner, daß Sie in enger Verbindung bleiben (»verschmelzen«), so daß überarbeitungsbedürftige Dinge durch Zusammenarbeit auch wirklich erledigt werden.

Acht arbeitet mit Acht

Wenn sich zwei Tonangeber treffen, kollidieren Welten. Achter werden von dem getrieben, was Alfred Adler »den Willen zu dominieren« nannte. Eine Doppel-Achter-Partnerschaft, ob als Kollegen oder als Chef und Mitarbeiter, läuft zwangsläufig auf einen Machtkampf hinaus, auch wenn er warmherzig verläuft. Achter können machtvolle Verbündete sein, die bereitwillig ihre Macht zum Wohl der Firma oder zu gegenseitigem Nutzen kanalisieren, aber die Beziehung kann auch zu einem unversöhnlichen, rücksichtslosen und blutigen Krieg ausarten.

Achter sind zwar schnell beleidigt, wenn sie eine Verletzung ihrer Vorrechte feststellen, haben aber ein verhältnismäßig dickes Fell gegenüber den feinen Gefühlsregungen oder vergänglichen Beweggründen und Wünschen anderer. Auch finden sie nicht leicht Zugang zu den empfindlichen Stellen ihrer eigenen inneren Landkarte oder zu Gefühlen wie Schuld und.Gewissensbissen. Die Folge ist, daß sich Achter zwar eng zusammenschließen können (auch mit anderen) und die Beziehung aufregend und besonders produktiv sein kann, Gefühle aber meist eine untergeordnete Rolle spielen.

Wenn die Acht der Chef ist. Als Chefs sind Achter starke Führungspersönlichkeiten, die absolute Ergebenheit erwarten. Dies honorieren sie großzügig mit Geld, Vergünstigungen und Macht. Die Standpunkte anderer erscheinen dürftig und belanglos, verglichen mit dem eindeutigen Kurs, den die Acht kraft ihres Willens vorgibt. Versuchen Sie als Achter-Chef, ob Sie nicht Situationen strukturieren können, die die Ziele Ihres Achter-Mitarbeiters nicht einfach zunichte machen, denn diesem bleibt dann nur die Wahl, sich zu rächen. Tyrannisches Verhalten und Drohungen lassen nur das Kindheitstrauma der Acht wiederaufleben. Schaffen Sie statt dessen einen Bereich, für den Ihr Achter-Mitarbeiter die Verantwortung trägt. Am allerbesten ist es für ein Achter-Paar, wenn die Firma größer oder die Arbeit mehr wird, so wie die Acht immer mehr Appetit auf Macht bekommt. Andernfalls wird der Achter-Mitarbeiter seinem Chef bald den Platz streitig machen.

Wenn die Acht der Mitarbeiter ist. Als Achter-Mitarbeiter einer Acht wird das, was Ihnen und Ihren Leuten sicher wie ein Kampf um Respekt und ein gerechtes Ergebnis vorkommt, auf Ihren Chef wie eine Bedrohung wirken. Er wird darauf ganz unkompliziert reagieren: Wie jede Acht, die Selbstachtung besitzt, wird er die Situation auf die Spitze treiben, bis er seinen Willen durchsetzt. Kneifen nutzt nichts. Zeigen Sie statt dessen Ihre wahre Stärke. Bleiben Sie hartnäckig, aber lassen Sie sich nicht auf einen Kampf ein. Geben Sie da nach, wo es sinnvoll ist. Wenn Sie dem Chef doch mit einem Machtkampf drohen, sollten Sie sicher sein, daß Sie ihn auch gewinnen, denn sonst sind Sie weg vom Fenster.

Acht arbeitet mit Neun

Die tonangebende Acht und der Vermittler Neun sind beides Willensmenschen. Beide sind sehr dickköpfig. Achter setzen ihren Willen durch, indem sie mit voller Kraft vorwärtsstürmen, Neuner setzen sich durch, indem sie nachgeben oder scheinbar nachgeben und länger als ihr Widersacher durchhalten.

Acht und Neun können zusammen ein großartiges Paar ergeben. Die Acht strebt am ehesten ein »friedliches Reich« an, das durch den Verbündeten Neun repräsentiert wird. Die Neun hat sich festgefahren, kann ihren unterdrückten Schatten nicht ausleben. Der Schatten ist eine Riesenwut darüber, daß sie gezwungen wurde, ihren Willen aufzugeben; die unverblümte Direktheit der Acht verleiht der Neun die Stärke, ihren eigenen Standpunkt direkt zu äußern.

Wenn die Acht der Chef und die Neun der Mitarbeiter ist. Die Acht ist ein Machthaber, der durch Verordnungen führt. Wenn Sie ein Neuner-Gewohnheitstier sind, wird es Sie aufregen, daß sich Prozeduren scheinbar je nach Laune Ihres Achter-Chefs ändern. Achter möchten gern wissen, daß sie auf die Menschen, die mit ihnen im Schützengraben liegen, im Fall einer Schlacht zählen können. Deshalb sorgen sie für Durcheinander, um zu sehen, wie jeder unter Kampfbedingungen reagiert. Ihre übliche Zerstreutheit, Ihre versöhnlichen Tendenzen, Ihre offensichtlich fehlende Begeisterung und vor allem Ihre unverwüstliche Fähigkeit, auch die andere Seite zu respektieren, könnten Ihren Chef mißtrauisch machen.

Ihr größtes Problem dürfte sein, daß Sie zuviel überlegen. Ihr Achter-Chef will so schnell wie möglich vorwärtskommen. Das Richtige tun oder etwas ins Gleichgewicht bringen ist ihm nicht so wichtig wie vorwärtszukommen. Alle Seiten mit einzubeziehen kommt ihm nämlich wie Willensschwäche vor. Treffen Sie Ihre Wahl immer wohlüberlegt: Wenn es sich um etwas Komplexes handelt, wie das oft bei einer Neun vorkommt, vereinfachen Sie es und tun Sie's einfach.

Wenn Sie der Achter-Chef sind, werden Sie schnell merken, daß die Neun nicht gut darauf reagiert, wenn Sie sie tyrannisieren. Heißen Sie statt dessen Ihre Neuner-Mitarbeiter als Teil des Unternehmens willkommen. Sie brauchen keine Position mit Entscheidungsbefugnis zu bekleiden, sondern wollen einfach nur das Gefühl dazuzugehören.

Übersehen Sie nicht, daß die Neun jedem Achter-Chef eine große Hilfe sein kann, besonders eine Neun, die eine öffentliche Position bekleidet. Neuner sind redselig, unbeschwert und freundlich und können für den Chef auch im nachhinein noch eine Vereinbarung neu verhandeln, ohne daß jemand so richtig mitbekommt, was passiert ist.

Wenn die Acht der Mitarbeiter und die Neun der Chef ist. Wenn Sie der Achter-Mitarbeiter sind, sind Sie sicher frustriert, weil sich Ihr Chef im Schneckentempo vorwärtsbewegt und bei Entscheidungen verkrampft und unschlüssig wirkt. Aber Sie können ihn nicht dazu zwingen oder herumkommandieren. Die Neun stellt sich einfach stur und rührt sich nicht vom Fleck. Lao Tse sagte: Im Krieg zwischen Neun (yin) und Acht (yang) gewinnt die Neun früher oder später immer. Die meisten Neuner-Chefs treten bereitwillig beachtlich viel Feldkommando an Achter ab, solange alles reibungslos läuft. Neuner wollen nichts mit zusätzlichen Konflikten zu tun haben, wollen auch keine unnötigen Entscheidungen treffen. Denken Sie an Patton, eine wagemutige Acht, die sich meistens durchsetzte. Aber wenn er es übertrieb, verwies ihn die Neun Eisenhower ganz schnell wieder an seinen Platz.

Wenn Sie der Neuner-Chef einer Acht sind, dann delegieren Sie. Was brauchen Sie, um die Entscheidung zu treffen? Muß ein Problem gelöst werden? Eine Abteilung neu strukturiert werden? Müssen einige Mitarbeiter über die Gründe informiert werden?

Überlassen Sie das der Acht. Aber setzen Sie ihrer Macht deutliche Grenzen. Achter wollen einfach von Natur aus ihr Reich vergrößern, und der Neun wird dringend empfohlen, keine Kompromisse zu schließen. Neuner mögen geben und nehmen, aber bei einer Acht ist es viel besser, strenge Grenzen zu setzen und ihnen mit Nachdruck Geltung zu verschaffen.

Neun arbeitet mit Neun

Neuner folgen lieber und reagieren. Wer macht also den Anfang? Wer setzt die Prioritäten? Ein Neuner-Paar kämpft vermutlich darum, eine Richtung einzuschlagen oder sie zu ändern.

Die besten Neuner handeln innerhalb ihres Aufgabenbereichs mit der Macht und Autorität ihrer Rolle und unterstützen sich nötigenfalls gegenseitig. Wenn sie nicht mehr weiter wissen, geben sie vermutlich klein bei, um einen Konflikt zu vermeiden. Das ist vermeintliche, aber keine echte Harmonie.

Was dieses Paar umbringt, sind Entscheidungen. Der Trick ist, existentiell zu handeln. Tun Sie etwas, das eine Stellungnahme auslöst. Dann können die anderen Neuner darauf reagieren und ihre außergewöhnlichen Fähigkeiten zur Zusammenarbeit dazu nutzen, um die unerwünschtesten Möglichkeiten der Reihe nach zu eliminieren.

Wenn die Neun der Chef ist. Neuner können Superchefs sein, die eine kollegiale, kooperative Atmosphäre schaffen und bei ihren jeweiligen Mitarbeitern die unterschiedlichsten Ansichten zum Vorschein bringen. Von allen Enneagrammtypen respektieren sie am ehesten das natürliche, organische Leben des Unternehmens. Neuner-Führer möchten, daß das Unternehmen von selbst in Schwung kommt. Das ist entweder die gefühlloseste Form von Vernachlässigung oder die höchste Form von Führerschaft.

Wenn Sie der Neuner-Chef eines Neuner-Mitarbeiters sind, *müs-*

sen Sie Ihre Vorstellung einbringen und Prioritäten setzen. Es müssen Verfahrensweisen etabliert werden, mit denen sich Ihre Mitarbeiter (nicht nur die Neuner) wohl fühlen. Sie halten sich vielleicht für einen wichtigen Delegierer, aber solange eine Aufgabe und ihr Ziel nicht sonnenklar sind, sieht es für Ihre Neuner-Mitarbeiter so aus, als schöben Sie ihnen den Schwarzen Peter zu. Geben Sie Ihrem Mitarbeiter einen festen Standpunkt, auf den er reagieren kann. Aber passen Sie auf: Übermäßiger Eigensinn seitens des Chefs kann dazu führen, daß der Mitarbeiter passiv-aggressiv wird.

Wenn die Neun der Mitarbeiter ist. Wenn Sie der Neuner-Mitarbeiter einer Neun sind, laufen Sie Gefahr, sich im Land der Lotusesser zu verlieren. Machen Sie von Ihren Neuner-Fähigkeiten Gebrauch und helfen Sie Ihrem Neuner-Chef beim Erstellen eines Plans für Sie und Ihre Arbeit. Fügen Sie ihn in den natürlichen Fluß der bereits erledigten Arbeit ein, aber sehen Sie zu, daß er Ihren Zielen, die Sie sich selbst gesetzt haben, entspricht. Bauen Sie Ihre Ansichten zu Zusammenarbeit und Einigkeit in den Zusammenhang ein. Seien Sie proaktiv, aber üben Sie keinen Druck aus.

Die richtige Anwendung des Enneagramms

Selbst die ältesten und esoterischsten Anwender des Enneagramms sprechen sich dafür aus, daß dieses äußerst pragmatische System richtig und praktisch eingesetzt werden soll. Also los, typisieren Sie. Aber geben Sie acht.

Denn in Wahrheit gibt es keine Enneagramm*typen* – es gibt nur Menschen, Menschen, die gewohnheitsmäßige Denk-, Seh- und Fühlmuster haben, Verhaltensmuster in Beziehungen, in Führungs-, in untergeordneten Positionen oder wenn sie Entscheidungen treffen müssen. Wenn man lernt, mit diesen Gewohnheiten und den Kräften umzugehen, die sie hervorrufen und antreiben, bekommt man Zugang zu einer Person und kann Verständnis für sie entwickeln, besonders wenn diese Person Sie sind. Das Enneagramm ist in erster Linie ein Instrument, mit dem man Mitgefühl erlernen kann.

Es gibt jedoch immer noch Menschen, die sich dem Thema wie Prokrustes nähern. Sie »kürzen« oder »strecken« sich die Typen zurecht, bis sie ins »Enneagramm-Bett« passen. »Du streitest genau wie eine Sechs! Du machst mir nur Vorwürfe!« beschimpfte eine Studentin ihren armen Ehemann, bis sie herausfanden, daß er in Wirklichkeit eine Vier war. Er hatte keine Ahnung, was ihm da widerfahren war. Er war *ennneagrammisiert* worden.

Enneagramm-»Masochisten« richten vielleicht noch mehr Schaden an. Das sind diejenigen, die sich auf die wahrgenommenen Grenzen ihres Typs beschränken. »Ich kann schlecht Beziehungen zu anderen aufbauen; ich bin eine Fünf«, sagt so ein Selbstquäler, überzeugt damit sich und andere und sperrt sich in ein selbsterrichtetes Enneagramm-Gefängnis ein.

Solche Menschen, die sich stur hinter ihrem Typ verschanzen, können das Enneagramm zu einem Teufelskreis machen. Sie benutzen ihre Wesensart als Ausrede, um noch mehr an ihren Mustern festzuhalten, statt sie als Gelegenheit zu nutzen, sie aufzugeben.

Im Enneagramm sind nämlich alle Typen miteinander verbunden und stehen jedem von uns zur Verfügung. Wenn Sie einmal wissen, wo Sie sich auf der Landkarte befinden, können Sie immer von A nach B gelangen. Beim Enneagramm geht es um Fluß – dann nämlich, wenn jeder Typ zu seinem Gegenpol wird. Es geht um Gleichgewicht, wenn wir unsere wesentlichen Polaritäten anerkennen. Beim Enneagramm geht es nicht darum, verschiedene Schubfächer zu bauen, sondern es ist ein Instrument, mit dem man sie sprengen kann.

Das Enneagramm lehrt uns, über das Verhalten hinaus auf die tieferliegende Absicht zu blicken. Wenn wir die Welt so wie andere, von ihrem Bezugsrahmen aus, sehen, können wir genauer hören und verstehen – und selbst deutlicher vernommen und verstanden werden. Wenn Sie Ihren eigenen Bezugsrahmen kennen, können Sie beiseite treten, sich auf Ihre angeborenen Fähigkeiten und Gaben mit Autorität und ohne Vorbehalt berufen, effektiv mit Herz und Macht arbeiten und die Welt be-GEIST-ern. Das war die Absicht der Hüter des Systems. Viel Glück.

Über das Enneagramm

Die Enneagrammstile sind sehr alt. Homer (ca. 750 v. Chr.) kannte die neun grundlegenden Themen im wesentlichen so, wie sie heute sind. Odysseus bereist jedes der Enneagrammreiche *in genau umgekehrter numerischer Reihenfolge*. Seine Reiseroute ist wie folgt:

2: Calypso, die Zweier-Nymphe, die Odysseus jedes weltliche Gut, sogar Unsterblichkeit anbietet, wenn er nur bei ihr bleibt.

1: Die Phäaken, perfekte Gastgeber, bei denen Ehre, Respekt, Fairplay und Höflichkeit und wunderschön zubereitete Speisen am meisten zählen.

9: Das Land der Lotusesser, verträumte, vergeßliche Neuner.

8: Die Zyklopen, mächtige, rachsüchtige Achter-Riesen; »sondern sie wohnen all auf den Häuptern hoher Gebirge/In gehöhlten Felsen, und jeder richtet nach Willkür/Seine Kinder und Weiber und kümmert sich nicht um den andern«.[1]

7: Äolien, eine seltsame Siebener-Insel, die auf dem Meer treibt, je nach Wind ihre Lage verändert und auf der Siebener-Bewohner feiern und sich vergnügen.

6: Die mißtrauischen Laestrygonen, Sechser, die Odysseus grundlos angreifen.

5: Die einsame Circe, die gerissene Fünfer-Zauberin.

4: Der Besuch im Hades, der psychischen Unterwelt. Die Sirenen, Vierer, die vorbeifahrende Seeleute mit klangvollem Gesang verzaubern und ins Verderben stürzen.

3: Scylla und Charybdis, ein Ungeheuer und ein Strudel, ein Felsen und ein unwirtlicher Ort, dem man nur durch geschicktes Segeln mit Höchstgeschwindigkeit entkommt.

Homer muß etwas von den Beziehungen der Enneagrammtypen untereinander gewußt haben, denn er kannte die entscheidende Reihenfolge. Er wußte wahrscheinlich von seit langer Zeit bestehenden östlichen Zivilisationen, den Chaldäern und den Persern, die ausgeklügelte Kosmologien entworfen hatten. Jahrhunderte später reiste Pythagoras (ca. 550 v. Chr.) in den Osten und studierte diese antiken Traditionen und vielleicht auch babylonisches Hebräisch. Wie der Philosoph Oscar Ichazo bemerkt hat, befindet sich das Enneagrammsymbol auf den geometrischen »Siegeln«, die Pythagoras und später die Platoniker benutzten, um die besonderen Eigenschaften und Beziehungen zwischen Zahlen aufzuzeigen.

Mit der ungewöhnlich schnellen Ausbreitung des Neuplatonismus fand die Materie über die frühen Kirchenväter Eingang in die katholische und orthodoxe Kirche und verbreitete sich schließlich Richtung Osten, wo sie sich mit dem Sufismus verband, und nach Westen, wo sie in Südfrankreich und Spanien in die jüdische Kabbala einfloß.

Die Grundthemen des Enneagramms – dazu gehört auch das Ausbalancieren mehrerer formaler Gegensätze als Entwicklungsweg – erreichten ihre Blütezeit in der Kabbala, dem wichtigsten Werk jüdischer Mystik.

Georges Gurdjieff (gestorben 1949), ein armenisch-russischer Lehrer, setzte das Enneagramm vorwiegend als mystisches Instrument, nicht aber als Persönlichkeitssystem ein. Für Gurdjieff war das Enneagramm »die fundamentale Hieroglyphe einer Universalsprache«, und er sagte, das Enneagramm mache für die, die es anzuwenden wußten, Büchereien überflüssig.

Die Ideen zum Persönlichkeits-Enneagramm, wie es heute gelehrt wird, stammen von Oscar Ichazo, einem ursprünglich aus

Bolivien stammenden Philosophen und Lehrer. In seinem Originalwerk stellte Ichazo in den 50er und 60er Jahren in Bolivien und Chile die Psychologie jedes Typs als Teil seines umfassenderen philosophischen Systems heraus. Mit dem Enneagrammsymbol beschrieb er das gewohnte, zyklische Wesen der Enneagrammstile, die Bedeutung der unterschiedlichen Pfeilrichtungen und ihre Entwicklungsmöglichkeiten. Er betonte stets, daß uns alle Stile zur Verfügung stehen, so daß seine geniale Version des Enneagramms viel mehr ist als eine Sammlung von Persönlichkeitstypen.

Ichazos Schüler, der Psychiater Claudio Naranjo, lehrte das System erstmalig in den USA im Jahr 1971, wobei er die Typen im Licht moderner Persönlichkeitstheorie darstellte. Aus diesen Lehren entwickelte sich eine breite Palette von Anwendungsmöglichkeiten für das Enneagramm im Bereich Führung, Kommunikation, Beziehungen und persönliche Entwicklung.

Danksagungen

Dieses Buch ist im Lauf meiner jahrelangen Unterrichts- und Beratungstätigkeit entstanden. In all den Jahren nahmen Hunderte von Menschen an Seminaren über die Enneagrammtypen teil. Besonders danke ich Diana Brennan, Sheri Clark, Lee Christian, Katherine Cole, Sue Colin, Becky Crusoe, Carole Cunningham, John Davis, Cathy Flanigan, Sam Fraser, Fritz Furrip, Annika Gruenn, Hans Gruenn, John Hornick, Margaret Kerry-Wilcox, Helene Hancock, Lowell Hancock, Bill Heiser, Linda Heiser, Carol Houst, Mary Ellen Knowles, Peggy Ogata, Peggy Painton, Jamie Persky, Liza Persky, John Phillips, Judy Phillips, Margaret Prietto, Kristin Pugliese, Rick Rodriguez, Thomas Rodriguez, Judith Searle, Richard Seraile, Sophia Sharpe, Don Speuhler, Jane Speuhler, Laura Sullivan, Suzanne Taylor, Katherine Welds, Phyllis Zatzick, Tommie Jo Zimmerman und ganz besonders den Rousseaus – Kathy, Ann, Cindy, Julie und Mary –, die weit reisten, um an meinen Seminaren teilzunehmen.

Viele Berufstätige und Profis nahmen sich die Zeit, sich für dieses Buch interviewen zu lassen. Mein Dank gilt hier Jessica Andrews, Laurie Biscaro, Rich Byrne, Jeannie Fields, Jim Goodwin, Doug Grue, Kristin Harrison, Jane Ingalls, Doug Ingoldsby, Peter Jay, Michael Kaplan, Joan Matyas, Alice Moore, Darlene Mumm, Ron Ogulnick, Peter Oldfield, Peggy Painton, Mike Perna, Peg Pinard, Roger Pugliese, Mark Rasmussen, Gary Robinson, Bobbie Rose, Elsie Rubin, Kevin Schultz, Carl Scott, Barney Sofro, Tim Spiegel, Alynne Wilkinson, Marjorie Yasueda und Howard Zelefsky.

Rhonda Spiegel, die Vizepräsidentin des St. Francis Medical Center in Santa Barbara und sicher eine der besten Zweier-Managerinnen, die es je gab, war der Schutzengel dieses Buches. Ich bedanke mich herzlich beim Präsidenten des St. Francis, Ron Biscaro, und Dave Glyer für den herzlichen Empfang und bei den Abteilungsleitern, die sich zu Interviews bereiterklärten: Cathy Arnold, Robyn Basiago, Patrick Connor, Michael Cruse, Tom Fisher, Ed Jones, Melody O'Shock, Andrea Portner und Leslie Willingham. Und besonderer Dank geht an Julie Smith, die alles anmutig und stilvoll ermöglichte.

Ein paar gute Freunde lasen das Manuskript und gaben wertvolle Kommentare ab: Michael Abrahams, Louise Cann, Darlene Chandler, Karen Donahue, Carl Elkins, Steve Levitt und Susan White. Meine Enneagrammkollegen haben mir sehr geholfen: Mona Coates, Robert Evans, Susan Forster, Michelle Indiana, Dale Knutsen, Sandhya McCracken, Mary Mortz, John Richards, Maggie Saucier, Linda Trudeau und Stuart Sovatsky. Die großartige Johanna Putnoi war meine Co-Verschwörerin beim Enneagramm, und ich bin ihr für unser fortlaufendes Gespräch zu tiefstem Dank verpflichtet . Niemand war in meinen Gedanken zur Enneagrammtheorie maßgebender als meine Freunde David Rapkin und Monica Leith. Danke.

Bei der Strategic Decisions Group bedanke ich mich für die Zeit und die Ermutigung von Steve Barreger, Don Creswell, Sam Holtzman, Bruce Judd, Konrad Knell, Joyce Mattea, Carl Spetzer, Leitha Spetzer und Yesh Subramanian.

Ebenfalls danke ich der wunderbaren Enneagrammgruppe im Herzen Iowas: Joni Baker, Ann Chase, Marianne Fons, Ernestine Griswold, Kristie Hirschman, Myron Hirschman, Peggy Huppert und Cordell Svengalis. Und besonders danke ich Jan Arkeny, der den Enneagrammkurs an der Universität von Iowa leitet. Dank geht an die Kerntruppe in San Diego: Tracy Carr, Tracy Lenda, David Riley, Alice Rogow, Sue Volkman und im Zentrum Patrick Fagenstrom.

Betsy Amster, meine Literaturagentin und mein guter Geist, vermittelte mir wesentliche weise Einsichten. Bei HarperCollins zeigten John Loudon und Karen Levine großes Engagement, ermutigten mich und setzten sich für dieses Projekt ein. Mimi

Kusch leitete die Produktion dieses Buches mit außergewöhnlicher Eleganz und Schwung. Wie durch Zauberhand ließ sie das, was geschehen mußte, geschehen. Judith Searle und Garrett Soden waren eifrige Lektoren. Dr. Rose McDermott leistete verblüffende Recherchearbeit.

Jeder, der mit dem Enneagramm arbeitet, verdankt eine ganze Menge den außergewöhnlichen Ideen von Oscar Ichazo. Ich danke ihm für unsere anregenden Diskussionen (ich will hier nicht Oscars komplexe Ideen vorstellen, sondern verweise die Leser statt dessen auf seine Originalwerke). Claudio Naranjos wissenschaftliche Darlegung der neun Typen im Licht der modernen Persönlichkeitstheorie war für alle ein Leuchtfeuer.

Ich bedanke mich bei meinen himmlischen, cleveren Literaturagentinnen Angela Miller und Betsy Amster, deren stetige Begeisterung und Ermutigung das Verfassen und die Veröffentlichung dieses Buches zu einem großen Vergnügen machte.

Wenn Sie an Seminaren und Beratung interessiert sind, fordern Sie Informationen an bei:

Michael J. Goldberg
Goldberg Consulting
32 West Anapamu Street
Santa Barbara, CA 93101
Tel. 001 (310) 288-1114
e:mail: enneawork@aol.com

Literaturverzeichnis

Zu Kapitel Eins:

1. Benjamin Franklin, *Autobiography*, Appleton, New York; (1900), S. 98; deutsch: Benjamin Franklin, Autobiographie, Beck Verlag München, 2. Auflage.
2. Steven Covey, *Die sieben Wege zur Effektivität*, Campus Verlag Frankfurt/Main 1994, Seite 106
3. David Greising, »Quality: How To Make It Pay«, *Business Week* (8.8.1994)
4. *Los Angeles Times*, 25.9.1995, E2
5. Zitiert aus Robert Whiting, »When Training Becomes an Education«, *Harvard Business Review* (Juli/August 1990), 71.
6. *Business Week*, »Quality: From Buzzword to Payoff«, 8.8.1994.

Zu Kapitel Zwei:

1. James Autry, *Love and Profit: The Art of Caring Leadership*, Avon Books, New York, (1991), S. 45; Mary Kay Ash, *Mary Kay*, Harper & Row, (1987), S. 26.
2. Mary Kay Ash, *Mary Kay*, S. 158.
3. Mary Kay Ash, *Mary Kay*, S. 169.
4. Mary Kay Ash, *Mary Kay, You Can Have It All*, Prima Publishing, Rocklin, CA (1995), S. 4.
5. Larry Spears, »Servant Leadership and the Greenleaf Legacy«, in *Reflections on Leadership*, ed. Larry Spears, John Wiley & Sons, New York (1995), S. 7.
6. Max De Pree, *Leadership Jazz*, Dell Publishing, New York, (1992), S. 219.
7. De Pree, *Die Kunst des Führens*, Frankfurt/Main 1992
8. Spears, »Servant Leadership«, S. 13.
9. Jan Carlzon, *Moment of Truth*, Harper & Row, New York, (1987), S. 36.

Zu Kapitel Drei:

1. Michael Maccoby, *Warum wir arbeiten*, Campus 1989
2. Sam Walton und John Huey, *Sam Walton: Made in America*, Bantam Books, New York, (1993) S. 47.
3. Zitiert von Robert H. Waterman Jr., *The Renewal Factor*, Bantam Books, New York (1987), S. 169; deutsch: *Leistung durch Innovation*, Hamburg 1988.
4. Ken Melrose, *Making the Grass Greener on Your Side*, Berrett-Koehler, San Francisco (1995), S. 151.
5. John F. Love, *McDonald's Behind the Arches*, Bantam, New York (1986), S. 7; deutsch: *Die McDonald's Story*, München 1996
6. Warren Bennis, *Leadership by Warren Bennis*, University of Cincinnati Press, Cincinnati (1972), S. 26; deutsch: *Führen lernen*, Heyne, München, 1996
7. Bennis, *Leadership by Warren Bennis*, S. 28.

Zu Kapitel Vier:

1. Stanley Marcus, *Quest for the Best*, Viking Press, New York (1979), S. 148.
2. Aus einem Interview in *Advertising Age* (18. Mai 1992).
3. Tom Peters und Robert Waterman, *In Search of Excellence*, Harper & Row, New York (1982), S. 184; deutsch: Robert Waterman, *Die neue Suche nach Spitzenleistungen*, Düsseldorf 1994.

Zu Kapitel Fünf:

1. Stephen Manes und Paul Andrews, *Gates. Wie der Microsoft Chef zum reichsten Mann Amerikas wurde*, Bonn 1993.
2. Erich Fromm, *Psychoanalyse und Ethik*, Rowohlt Verlag, Reinbek 1992, S. 59 – 60.
3. Fortune, 27.11.1995.

Zu Kapitel Sechs:

1. Zitiert in »Richard M. Nixon« aus: Tom Wickes, *Character Above All* (Hrsg. Rabert A. Wilson), Simon & Schuster, New York 1995

Zu Kapitel Sieben:

1. Danny Hillis, zitiert in Christopher Sykes, *No Ordinary Genius: The Illustrated Richard Feynman*, W. W. Norton, New York (1994), S. 180.

2. Tom Peters, *Thriving on Chaos*, Alfred A. Knopf, New York, (1987), S. 3; deutsch; *Kreatives Chaos*, Hoffmann und Campe, Hamburg 1988.

3. Anita Roddick, *Body and Soul*, Crown Publishers, New York, (1991), S. 111; deutsch: *Body and Soul, Erfolgsrezept Öko-Ethik*, Econ, Düsseldorf 1991.

4. Interview mit dem Autor, 4.4.1995.

5. Michael Adams, »Fly By«, *Successful Meetings* (August 1992), S. 38.

6. Skyes, *No Ordinary Genius*, S. 192 – 193.

7. Skyes, *No Ordinary Genius*, S. 210.

8. Tom Peters, *Thriving on Chaos*, Harper & Row (1987), S. 561; deutsch: *Kreatives Chaos*, Hamburg 1988.

9. Randall Lane, »I Want Gross«; *Forbes* 154, Nr. 7 (26.9.1994): S. 107.

10. Roddick, Body and Soul, S. 118, 218.

11. Der Begriff »adhocracy« stammt von Henry Mintzberg, *The Structuring of Organizations*, Prentice-Hall, Engelwood Cliffs, NJ (1979). Zur Übertragung der Olympischen Spiele als adhocracy siehe Stephen Robbins, *Organization Theory*, Prentice-Hall, Englewood Cliffs, NJ (1983), S. 329. deutsch: Mintzberg, Henry, *Die Mintzberg-Struktur. Organisationen effektiver gestalten*, moderne Industrie, München 1991.

12. Lee Smith, »The Lures and Limits of Innovation: 3M«, *Fortune* (20.10.1980), S. 86.
13. Carl Gustav Jung, *Symbole der Wandlung*, Walter Verlag, Düsseldorf 1991.

Zu Kapitel Acht:
1. Leo Rosten, *People I Have known, Loved or Admired*, McGraw-Hill, New York (1970), S. 66.
2. Charles Barkley und Roy S. Johnson, *Outrageous!* Simon & Schuster, New York, (1992), S. 47-48.
3. Barkley und Johnson, *Outrageous!*, S. 27 – 28.
4. Barry Diller, zitiert von Robert Sam Anson, »Heave-ho, Heave-ho! Mike Eisner Drives TV Head Out of His Grumpy Kingdom«, *New York Observer*, 27.3.1995, S. 20.
5. Anson, »Heave-ho«, S. 20.
6. Roy Greenslade, *The Rise and Fall of Robert Maxwell and His Empire*, Carol Publishing, New York (1992), S. 102.
7. *Fortune* (16.1.1995), S. 35.

Zu Neun:
1. Charles R. Day, Jr., »Kerm Cambell«, aus: *Industry Week* (7. Nov. 1994; S. 36)
2. Ion Cannon, *Reagan*, Putnam, New York 1982
3. Ion Cannon, *Reagan* (S. 341)

Über das Enneagramm:
1. Homer, *Die Odyssee*, 9. Gesang, Vers 113 – 115, nach dem Text der Erstausgabe hg. 1781; Winkler Verlag München, übertragen von Joh. Heinrich Voß.

Schicksalsdeutung

(4132)

(4168)

(86009)

(4213)

(4244)

(86014)

 **Knaur®**

Lebenshilfe

Ute York
Mondzeit
Ein praktischer Ratgeber
zur Nutzung der geheimnisvollen
Kräfte des Mondes

Mit Mondkalender

(86042)

Mathias Wendel
Ute York
**Maskenball
der Seele**
Neue Wege der esoterischen
Reinkarnations-Therapie

Esoterik

(86027)

Gertrud Erni
**Die Vaterunser-
Chakren-
Meditation**
Ein heilender Weg

Esoterik

(86044)

Carol S. Pearson
**Die Geburt
des Helden in uns**
Transformation durch die
zwölf Archetypen

Esoterik

(86018)

Don Richard Riso
**Das Enneagramm-
Handbuch**
Mit ausführlichem Testteil

Esoterik

(86031)

Otha Wingo
**Das
Huna-Arbeitsbuch**
Psychologie und praktische
Anwendung des Huna-Wissens

Esoterik

(86062)

Knaur®

Alternative
Therapien

Knaur®
Frances Büning
Paul Hambly
**Kräuterheilkunde
von A-Z**

ALTERNATIV HEILEN

(76075)

Knaur®
Nancy Lonsdorf
Veronica Butler · Melanie Brown
Ayurveda für Frauen
Gesundheit, Glück und
langes Leben durch indische Medizin

ALTERNATIV HEILEN

(76078)

Knaur®
David Hoffmann
**Mit Kräutern
jung bleiben**
Heilpflanzen für Gesundheit und
Lebensfreude

ALTERNATIV HEILEN

(76068)

Knaur®
Elke Sperling
**Das große Hausbuch
der lebendigen
Naturheilkunde**
Praxisbewährte Rezepte aus
Homöopathie, Kräuterheilkunde, Edelstein-,
Farb-, Aroma- und Bachblütentherapie

ALTERNATIV HEILEN

(76082)

Knaur®
Gay und Kathlyn Hendricks
**Die neuen
Körpertherapien**
Persönlichkeitsentwicklung durch
Integration von
Körper und Emotionen

ALTERNATIV HEILEN

(76083)

Feng Shui

Die uralte Wissenschaft der chinesischen Geomantie

(76073)

(76118)

(76103)